EL LOBO DE HOBBES

o   el caniche de ROUSSEAU

PEDRO GOMEZ

DEPOSITO LEGAL: M-005029/2013

Madrid. 2016

ÍNDICE

1.Introducción 11

2. Inicio... 19

3.La Maldad... 22

Capítulo I: **BREVE HISTORIA DE OCCIDENTE**

4. Carlos V y el Imperio... 33

5.Doctrina Católica... 38

6. Protestantismo... 40

7. Leyes de Pobres... 42

8. España campesina... 46

9.Revolución de 1640... 48

10.Colonización inglesa de América... 49

11.Empirismo... 51

12. Filósofos... 54

13. Bentham... 61

14.Ilustración... 63

15 Inglaterra... 75

16. Revolución Francesa... 78

17.Socialistas Utópicos... 82

18.Francia Postrevolucionaria... 85

19.Marxismo; Iª Internacional... 87

20.Ferrocarril... 95

21.Religión USA... 98

22.SPD 103

23.Europa a Comienzos del siglo XX.......................... 105

24.USA a comienzos del siglo XX................................ 112

25.Estado de Bienestar... 116

26.Consumismo y Plan Marshall.................................. 119

27.Kibutz... 124

28.Sorpasso.. 128

29.Caída de la URSS, Fin de la Historia......................... 132

Capítulo II: **PENSAMIENTO UNICO**

30.Capitalismo, Ingeniería Financiera..................... 139

31.Postcapitalismo, Laissez Faire................................. 143

32. Ideas filosóficas en el siglo XX............................... 152

33.Ideologia... 159

34. Pobreza.. 165

35.Indignados. 15M... 168

36.Izquierda... 179

Capítulo III: **UTILITARIMO**

37.Utilitarismo... 182

38. Filosofía Analítica.. 203

39.Valores de Alta Calidad... 223

40.Contráctualismo... 227

Capítulo IV: **MALDAD**

41.Primates.. 243

42. Alimento y Trabajo... 259

43.Poder y Propiedad.. 262

44.Conciencia y Ética... 266

45.Las Raíces del Mal.. 269

46 Maldad Común... 309

47. Envidia.. 323

Capítulo V: **NUEVO PARADIGMA**

48.Felicidad y Televisión... 329

49.Moralidad: me lo llevo... 339

50.Nuevo Paradigma.. 359

    51.Derecho al Trabajo.. 372

    52.Derechos y Responsabilidad................................... 381

    53.R.T.T. 387

    54.El Otro.. 398

    55.Justicia como Imparcialidad.................................. 405

56.Notas.. 437

57.Bibliografía.. 449

INTRODUCIÓN

Es bastante profuso el acuerdo respecto de la sentencia de que "el hombre es un lobo para el hombre". Conocido es que Rousseau opinaba que el hombre es tímido y bondadoso, por eso he pensado en el caniche. El lector no debe suponer que yo quiera indicar que Rousseau era suave o blando. En absoluto, pues es considerado el más radical de los filósofos, y siempre se permitió escribir tal cual sentía, a sabiendas de que ejercer su libertad en este capítulo, seguramente le acarrearía dificultades. En estos últimos años, de fuerte crisis (general) y escasa solidaridad, cada vez se oye más como comentario en la calle o en análisis, o en debates de entendidos, aquella frase atribuida a Hobbes: "el hombre es un lobo para el hombre". Quería sugerir a través del anterior título, que no es que el hombre sea egoísta y capaz de acciones malvadas, sino capaz de los mejores actos, y de los peores. En definitiva este libro trata sobre la duda o la controversia entre el bien y el mal, el hombre capaz de *bien social*, y el hombre hacedor del *mal social*: ¿lobo o caniche?

Desde que el hombre es más que animal, persigue la felicidad: una cierta satisfacción en relación con una serie de deseos o expectativas -racionales-. ¿Qué impide la felicidad? La maldad. En la realidad humana (social), la maldad se expresa a través de la competencia, el dominio, el rencor, la envidia, la codicia,… el poder. Hablaremos de todo esto, y por tanto de las estructuras de poder: relaciones de producción, trabajo, dinero. Es inevitable hablar de todo esto, para hablar de maldad.

Empecé este proyecto hacia el año 2007, creo recordar. Por aquellas fechas hubo algunas circunstancias que revolvieron mi conciencia más de lo normal. Recuerdo (se conoció en los noticiarios) que alguien en Madrid empujó (creo que por razones ideológicas) al andén del metro a un hombre de color, el cual perdió las piernas. Me pregunté varios días sobre este hecho, por qué ocurre. En otra ocasión iba yo en coche en Madrid por la calle General Perón, junto a otros 15 o 20 coches. De pronto vi como un coche se cruzaba delante de otro y le obligaba a parar. Del coche cruzado, salieron dos ocupantes y pegaron al conductor del coche atrapado y le rompieron la luna.

11

Algunos coches pitamos durante esos dos minutos, nadie se bajó. Se fueron los agresores, se arrinconó el coche dañado a la derecha, y casi nadie paró a interesarse u ofrecerle ayuda. Por desgracia, actos semejantes ocurren con relativa frecuencia. Esos días me pregunté sobre la inacción, la indiferencia, el miedo o la vergüenza. A raíz de estos pensamientos empecé a configurar mis ideas y a buscar información.

¿Por qué el mal? Cuando somos jóvenes creemos en la eternidad, la despreocupación, la alegría, la ayuda, la bondad; con 18 años el egoísmo y la consideración del otro como competencia aún no están arraigados, aún exhalamos un cierto aroma de generosidad. Por entonces vemos que el mal existe, pero aún creemos que las personas son buenas, por fuerza debe de ser culpa del medio social, la injusta distribución del poder y las estructuras han de ser las culpables, seguro que cambiando éstas, el mundo será mejor. Casi todos los jóvenes pensamos de esa manera, es imposible no ser hippy, rebelde, anarquista y romántico a esa edad; quien no piensa así con 18 años es que ha nacido viejo. Igual que a los 30 todo el mundo sabe que tiene la cartera en el bolsillo derecho, a los 20 todos han sentido el corazón en el lado izquierdo. ¿Acaso ese sentimiento juvenil es una enfermedad que se cura con la edad?, o es solo el reconocimiento de una dura realidad de competencia e individualismo, circunstancias que no acontecen a los 20 años, sencillamente porque aún apenas debes responsabilizarte de ti mismo. ¿Ocuparte de ti significa forzosamente competir con los demás? A los veintitantos se acaba la inocencia. El mundo bueno, ideal y soñado era el de los 20, pero parece que no es el real; el real es el de la economía y el trabajo, es decir, la competencia. Competencia significa superar, ganar, derrotar al contrario. El otro es un contrario porque no hay suficiente bienestar para todos, al menos en la forma en que están distribuidos los recursos. Para ganar, a veces acometemos acciones malas, estamos pues en el mal, la lucha, la sangre, la esclavitud, las guerras, el miedo, la muerte; siempre, a lo largo de la Historia, ha sido de esta manera. Muchos han visto y descrito esta realidad, el que mejor, Hobbes.

Siempre unos pocos fueron libres y jefes. Y mandaban. Sólo hacia 1750 surgieron otras ideas (La Ilustración, Rousseau) y se expandieron los derechos del hombre y la idea de libertad, antes no existía el hombre (pensante y libre, Kant), sino solo el hombre-nohombre. Para conocer este hombre, que no era hombre y que se hizo hombre, y que nos tiene contrariados, confusos y amedrentados en el presente, es preciso conocer al sujeto dominador de la cultura occidental, lo cual hago partiendo del siglo XVI, momento en que empieza a tejerse la actual Europa. La Ilustración y la Razón nos pusieron en el umbral del conocimiento, de la ética y del progreso, y posteriormente se alumbraron cambios sociales (socialismo del Este) que debían extirpar o alejar la explotación y la maldad, pero no fue así. ¿Qué falló? Aunque somos más doctos, la historia de poder y de relaciones sociales fue igual de cruel que los cuatro mil años anteriores. ¿Por qué, cómo se explica? Quizás haya que mirar más lejos.

Debemos examinar nuestra historia animal. Es conveniente tener claro que en nuestro fenotipo está almacenada toda la herencia de especie. No somos algo hecho de un molde, sino la consecuencia de la lenta evolución del simio (Langaney "somos el simio"). Hay dos momentos revolucionarios en nuestra evolución: el bipedismo, y el dominio del fuego, los cuales empujarán a una serie de comportamientos diferenciados. El gran cerebro capacitador, que solo está desde hace 150 mil años, es la consecuencia lógica de muchos pequeños cambios y avances en el modo de vida y alimentación del simio. Ese cerebro-inteligencia, es la gran diferencia con todos los otros animales, y es el que nos faculta para regalar bondad y para la planificación de la venganza, las guerras tribales, el daño y muerte constante, y la posterior conciencia de esos hechos y la necesidad de ponerle freno, dando paso de este modo a la civilización y el nacimiento de las normas, que después llamaremos cultura, moral y ética. Recientes excavaciones en Nataruk, en Kenia, desvelan una matanza de 27 individuos hace 10 mil años. El hecho muestra la violencia más ancestral y el aprendizaje permanente para matar a los enemigos. Rouseau decía que el hombre era bueno, tímido y huye de los conflictos. Lo que parecía lógico se acaba verificando: el mal es anterior a la sociedad-civilización. La civilización no se habría asentado sin aquellas primeras normas (consensuadas o impuestas), y el mundo actual no sería nada sin ética, la cual se acrecienta a través de los derechos del hombre, léase Ilustración.

El índice ofrece una idea de lo que se va a encontrar el lector. Ya he indicado que creo necesario conocer la historia de Occidente, solo de ese modo podremos comprender el tipo de hombre que somos en el presente, aunque los motivos de nuestra actuación se hallan repartidos entre esta historia y los poderes del fenotipo. Considero que no somos nada sin ética, a la que por cierto, hoy día hay que andar buscando; así nos va. Y cavilo que un mundo mejor debe volver los ojos a la ética, buscarla y encontrarla. Por eso, por todo

13

el libro voy dejando testigos de la ética, recapitulo al final toda la vida social en torno a la ética, y dedico un capítulo a analizar los principales modelos éticos, donde el Utilitarismo ha sido el modelo triunfante.

A mitad del libro retomo la realidad social y del hombre. Parte de esa realidad (el mal) le dibuja bien J. Kekes desde el estudio de la ambición, la envidia, y las propensiones (predisposiciones). Soluciones para disminuir el mal, propone ninguna muy convincente, seguramente porque no las hay. En la parte final, debemos volver los ojos a la realidad de la competencia y el deseo desaforado de consumo. En nuestra sociedad el consumo con frecuencia no es satisfecho, se llama frustración, que es una de las grandes causas del mal social, junto a la competencia: el deseo de estar por encima del semejante. Ha habido intentos loables de bienestar social, como ha sido el Estado de Bienestar, pero cuando la bonanza se contrae (Judt), se hace más difícil ser generoso.

Quiero transmitirle al lector el enfoque y organización que tiene la obra. Enseguida queda claro que no es un libro o ensayo de historia, aun cuando en el primer capítulo es eso lo que se va a encontrar; la historia es un apoyo, imprescindible. El libro analiza y busca las explicaciones del mal, o digamos mejor, ausencia o merma de felicidad (el bien). Para captar la esencia del mal, es decir, acerca de los actos humanos dañinos, es preciso comprender sus mecanismos, desarrollo y desencadenantes, para lo cual es necesario conocer el progreso y evolución social del hombre. Nuestro hombre, es el hombre social que se desenvuelve en el mundo occidental (existen más hombres), motivo por el que hemos de indagar acerca de cómo trascurría su vida, la cual tiene que ver con los poderes, las leyes, los estados, los soberanos, el alimento y la propiedad; es decir, la historia de los estados más influyentes de Europa en cada época. La historia de Occidente está aquí tratada de modo breve, el mínimo que considero imprescindible para que el lector capte y pueda seguir la evolución del poder y las sociedades, percatándose de cómo evoluciona el comportamiento social, a la par de los retrocesos o conquistas sociales. No está todo, no puede estar (ocuparía en exceso y no es el propósito), pero creo que sí están las hechos o circunstancias principales que acontecieron en los diversos pueblos, lo cual permite entender por qué ocurrían unas cosas, y no otras. Por ejemplo el lector sí encontrará una cierta exposición sobre Lutero o sobre la Revolución Francesa, hechos principalísimos para entender el devenir posterior de Europa; y encontrará algunas líneas sobre las Power Law, porque aunque sólo se dieran en Inglaterra, fueron allí muy importantes, y explican buena parte de la evolución y autocontrol de las clases bajas inglesas. El lector no encontrará exposiciones sobre guerras, batallas ni los hechos de los grandes reyes, no encontrará menciones a Felipe II ni al rey Sol ni a Bismarck; no es ese el objetivo, ni imprescindible para comprender y seguir la evolución de las ideas, que son la base de la actuación humana, la cual favorece o limita el bienestar. Dado que hablamos de ideas, y después de derechos, habrá referencias continuas a la evolución del pensamiento filosófico y a algunos de sus principales artífices.

No me ha parecido esclarecedor exponer hechos históricos por un lado e ideas de los filósofos por otro. He considerado más acertado ir colocando las ideas junto a su correspondiente momento histórico. Las ideas, y la evolución de las sociedades y el momento político, son inseparables. Por tanto, lo que el lector encontrará es una relativa linealidad histórica. ¿En qué momento histórico debía iniciar? Es dudoso. Yo he decidido, que para comprender las razones y motivaciones del presente comportamiento humano, era suficiente comenzar en los inicios de la Europa moderna, en el siglo XVI. No considero imprescindible que para advertir la maldad actual sea preciso hacer un análisis de todo la historia humana, no veo la necesidad de detenernos en Grecia, Roma o el Medievo; las razones de la maldad son casi las mismas en Roma que en el año 1900, por supuesto son distintas las ideas que acompañan a la sociedad en cada período. Me interesa el hombre y el mal de hoy, y creo que se le puede explicar sin detenernos en la vida de hace 2000 años. En cambio, sí considero que en diversos momentos será preciso bucear en acontecimientos más lejanos, y en desarrollos atávicos de la especie humana.

No creo necesario redundar sobre lo que ya se ve en el índice, ni creo que le interese mucho al lector los motivos (siempre dudosos) por los que una materia es capítulo segundo, cuarto o tercero, aun cuando en teoría si tiene alguna lógica para el autor, que creo no valen la pena señalar o bien aportan muy poco. Sí puedo decir que la sustancia (un término metafísico que no me gusta utilizar) del libro se apiña en el capítulo V, porque mi pretensión nunca puede ser solo mostrar o exhibir el mal, sino más bien reflexionar sobre él y proponer, no buenas acciones o moralinas (espero no caer en esos desatinos), pero sí un modo de conocer y encarar el mal, y poner de manifiesto que el mal se puede limitar, o dicho de otro modo, que más bien social es posible, si queremos. Añadir que en cierto modo el capítulo IV es la antesala del V, y que es, el que más propiamente trata sobre la maldad, en su forma social o general (libro de J. Kekes), y particular. En este libro se hablará muchas veces de ética. Quizás nadie debería dar lecciones de ética personal. Yo incido sobre la ética, que creo debería ser la base de todo, pero no pretendo ni situarme por encima ni dar lecciones, aunque sí me implico emocional y racionalmente, no puedo ser aséptico o neutral respecto de los sentimientos y la justicia, no soy una planta. Lo que ocurre, es que hablar de ética requiere cierto rigor, porque no puede ser igual que hablar de futbol o de vacaciones. Tampoco podemos establecer una dialéctica simple y de colorines, bajo el supuesto de "todo el mundo es bueno". Evidentemente no es un libro para leer en la playa, bajo la sombrilla y con el vermut al lado. No es preciso ser un adalid de la ética para coincidir con muchas reflexiones, pero tampoco es apto para todas las conciencia. Si lo fuera, sería algo vacuo y no valdría la tinta que se ha gastado.

Deseo hacer dos apostillas. La primera, que utilizo quizás en exceso el término "el hombre", que lo hago de modo genérico, y me parece no hay otro modo de referirse a las personas anteriores a 1800, toda vez que casi no existían las personas, y menor consideración aun tenían las mujeres. Segunda: me importa el concepto "buenismo". En absoluto quiero utilizar este término en la acepción sociopolítica que actualmente le confieren desde sectores liberales. Yo utilizo el término en clave de crítica social, contra el conformismo y el optimismo fácil y bobalicón, pretendo criticar el adormecimiento del espíritu y el nihilismo.

Como punto final quiero señalar que creo preciso confiar en el Estado de Derecho y la justicia, "otras fórmulas" trajeron mayores desgracias. Yo creo y defiendo la democracia, pero no me gusta una democracia edulcorada, una democracia "pret a porter", que sea mangoneada por intereses espurios o conveniencias de "profesionales", donde ni siquiera los referéndums sean vinculantes. No debe entenderse que la política y los políticos sean necesariamente malos, ni que deba proponerse como mejor otro sistema, aun cuando el fiscal Torres Dulce mostrara dudas sobre el interés político de atajar la corrupción. Tengo claro que la democracia parlamentaria y representativa es el sistema menos malo. Los fanatismos son perversos, y los proyectos mesiánicos solo aportan frustración. Es bueno que haya instituciones asentadas, pero instituciones buenas (Rawls), al servicio de los ciudadanos. Unas instituciones "desviadas" son el germen de la decadencia y el caos social.

16

INICIO

Confieso haber hallado muy poco bien entre los hombres. Por lo que he llegado a saber de ellos, en su mayoría no son más que escoria, tanto si apelan a tal o cual doctrina ética como si no reconocen ninguna". *S. Freud.*

La vida está llena de mentiras. La verdad sólo cuando sea inevitable.

En la película "Enemigo a las Puertas" (J. Jacques Annaud) el envidioso comisario político le confiesa al francotirador ruso: "Estamos persiguiendo una sociedad de hombres buenos, donde erradiquemos las desigualdades, y resulta que en lo más profundo de nuestros corazones, seguimos siendo diferentes, y anida la envidia". El ser racional siempre tiene como anhelo un mundo de justicia e igualdad, donde supuestamente haya armonía y desterremos el mal. Perseguimos ese anhelo porque no nos gusta el mundo de la maldad y las injusticias, que en ocasiones se esparce sobre nuestras vidas. Por eso esa utopía nunca se entiende del todo como utopía, y de vez en cuando prende la llama de la lucha romántica. Continuaba el comisario. "Pero siempre habrá diferencias, unos sois ricos en amor y otros somos desesperados del amor". Naturalmente que habrá diferencias, porque no somos cosas ni materia inanimada, pero no está escrito que las diferencias naturales deban implicar grandes diferencias en las posibilidades de desarrollo personal y social; se han de poder aminorar las diferencias exógenas o de estructura social, que son la base de la diferencia y del bienestar (o malestar) material y social. Las sociedades más igualitarias proveen hombres más felices. Las diferencias innatas o personales son fáciles de admitir en razón de que todo el mundo comprende la causa de esas diferencias, las que molestan o perjudican son las grandes diferencias sociales, generadas en virtud de la actividad social sustentada en la fuerza y el status, y que por tanto deberían poder ser modificadas merced a una poderosa herramienta única en la naturaleza: un cerebro de 1.500 gramos. Ese cerebro posibilita comprender acerca de las consecuencias del mal social e individual, y permite realizar acciones contrarias al mal, como sería la generosidad y el altruismo. Merced a ese instrumento único, el comisario envidioso pudo cambiar desde la envidia al altruismo: "Ella te quería a ti. Por una vez voy a hacer algo por ti, y te voy a ayudar". Elevó la cabeza y el francotirador alemán le metió una bala en la frente, descubriendo de este modo su escondite.

Se puede aminorar el mal social actuando sobre la dinámica y estructuras sociales. La injusta estructura social influye y mucho en la infelicidad y la maldad, ya que es causa de desdichas y de frustración (y de fortunas inmerecidas). A este planteamiento, J. Kekes le llama explicaciones externo-activas y le niega valor como causa del mal, al advertir del horror de los países del "socialismo real". "Si las acciones malas fueron causadas por las condiciones políticas que corrompieron a aquellos sometidos a ellas, entonces las acciones malas deberían variar con el cambio[1]..., pero no variaron;...URSS de Stalin, Hitler, Pol Pot...". Kekes cree que no tiene trascendencia cambiar el modelo social. Él minusvalora en exceso como causa del mal la estructura social y las injusticias derivadas de esa estructura. Y como él, todos cuántos defienden (quienes cabalgan a lomos de un buen status) posiciones conservadoras. En el libro de Reinhard Bendix *Clase, Status y Poder*, los investigadores David y Moore defienden el status, el presente modelo, y cualesquiera diferencia social (que suponen merecida, y emanada del esfuerzo). El proyecto de quienes de este modo se posicionan lo basa todo en el crecimiento, el aumento del PIB, la suma global que decía Bentham; "que yo me enriquezca que ya caerán algunas migajas" dicen hoy día los empresarios contrarios a los impuestos. Parece claro que el mero crecimiento no aporta soluciones. En la otra orilla se sitúa la concepción de casi todos los progresistas (optimistas), que deudores de la Ilustración, Rousseau, Marx, Kant, etc., encuentran la causa de todos los males en las alforjas de la estructura clasista, la superestructura cultural y la desigualdad social; "cambiemos el mundo" rezaban algunos slóganes, pero el mundo no cambia. En su concepción hay que "barrer" la injusta estructura social (cambiarla), de modo que el hombre que viviría en un mundo sin estratos sociales o muy amortiguados gozara de mayor igualdad y tuviera cubiertas las necesidades, hecho que disminuiría automáticamente la maldad. Tal exposición es cercana a lo que siempre hemos conocido por socialismo: revoluciones sociales que han subvertido la estructura social y depuesto a quienes siempre detentaban el poder. El diseño podría ser correcto, pero es insuficiente. El comisario podía entender que el mal es consecuencia de la sociedad corrupta, pero cree que hay algo más, algo profundo en la psique de las personas. Como refiere Kekes, en los regímenes socialistas se barrió a los eternos dueños, y en su lugar se auparon muchos de los explotados (cuyo corazón decía luchar contra la explotación), que pronto pasaron de explotados a explotadores. Cómo es posible. No se aventura una explicación fácil. Siempre y en todas partes, unos pocos se convierten en poderosos, y explotan a una mayoría débil (siempre hay quien promete que la próxima vez no será de ese modo); ha cambiado el Sistema, pero no las formas de poder, los vicios y la maldad. Se canjean las caras y nombres de los poderosos, pero no el círculo: explotados y explotadores. A la vista de lo anterior se puede pensar que el ser humano es incapaz de renunciar al dominio. Desde el campo de la ilusión aún cabe una defensa y un alegato: hubo un ejercicio pernicioso del poder porque esas sociedades no estaban preparadas. En una sociedad comunista (teórica, dado que nunca se ha visto) todos aportan y cada uno solo toma lo que necesita y no existe la envidia; nadie estaría interesado en el ejercicio del poder, es más, el Estado se disuelve decía Marx, y solo existe el individuo "pleno". No seguiremos mucho por el camino de los sueños, solo remachar que solo unos poquitos de cada cien suspiran por ese mundo, y que la gente quiere y ama las diferencias (es una enorme verdad, que, por cierto, no se suele reconocer). Más adelante examinaremos en qué grado. Ahora apuntar que la razón de este hecho está en que casi todos están convencidos de que llegará su "oportunidad".

Llegados a este punto, se constata que los primeros no quieren indagar en las causas del mal ni quieren cambios, porque les beneficia el actual Sistema; y los segundos conciben todo el mal como mal social, y aunque se choquen contra el muro no ven más allá. Algo falla en ambas concepciones.

El planteamiento roussoniano (aportó optimismo y progreso) cifró todo el esfuerzo en cambiar y mejorar las condiciones sociales, creyendo posible la generosidad; por contra la oscura visión de Hobbes y Mandeville incidían en la maldad o vicios del hombre y el egoísmo como motor principal (único) de la acción humana. Sin desmerecer el enorme peso que tienen las estructuras sociales, me animo a bucear más lejos, ¿cómo era el hombre antes del poder?

la maldad

En septiembre de 2012 apareció una notica sobre el acoso que unos chicos de 15 años dispensaban a una cuidadora de ruta escolar en un autobús en Norteamérica. La mujer se llamaba Calvin Clain, pero estaba muy gorda. Las burlas eran tremendas a base de insultos, escupitajos, empujones y collejas; ella lloraba, y sentía la mayor de las rabias e impotencia. Que fácil, divertida y zafia, se presenta a veces la cobardía.

Nada es simplemente porque sí. Desde que el mundo es mundo, o mejor desde que el hombre tiene 1,5 kg. de cerebro, desde que tiene conciencia de su realidad, el hombre ha intentado dominar, y la extensión racional de ese dominio con relativa frecuencia ha derivado en maldad. El hombre libre trabajaba (recolectaba) para comer, pero el ser dominante descubrió que se puede obligar a otros a que hagan el trabajo que le permita comer sin trabajar. Así se inició la esclavitud, que consisten en quitar a otros la libertad. Quien obliga a algo hace daño, eso es la maldad.

¿Qué es la maldad? ¿Por qué existe el mal? Aristóteles había perfilado la idea de que no existen dos mundos (al contrario que Platón) sino uno solo, y que por tanto el mal no existe plenamente, sino que se trata de la ausencia del bien. Siguiendo la retórica aristotélica, S. Agustín dirá que el mal es la privación del bien; y en palabras de Sto. Tomás el mal es una imperfección o perversión del bien. No parece que esto nos deje satisfechos, ni nos aclare de modo palmario qué cosa es el mal, más en concreto el mal particular que padecemos, o que vemos y sabemos que otros sufren. Teniendo siempre presente que el mal es un hecho, y que en cambio su percepción y valoración siempre es subjetiva y por tanto capaz de generar múltiples encuadres y definiciones, probemos con una definición más prosaica y cercana a la realidad, menos abstracta y más tangible, cruda y áspera, aunque no abarque todas las connotaciones que entraña el mal. Válganos una definición sencilla: el mal es una acción intencionada, referenciada a alguien, que causa daño o dolor innecesario. Dolor, que puede revestir varias presentaciones: físico, psicológico ("me duele el alma"), o ambos. Desde cuanta antigüedad nuestra mente pueda abarcar, siempre ha existido el mal. Maldad entendida en un sentido amplio, como daño o castigo, también acontece entre los leones, hienas, lobos, etc.; cabe dudar si incluso entre especies más nimias, como las amebas, circunstancia que en este momento no vale la pena considerar. Pero habrá quien argumente -con razón- que buena parte del daño que infringen los tigres o los lobos no es maldad, sino meros actos de agresividad (defensa) derivados de la lucha por el alimento y la supervivencia. Para el caso que examinamos, el hombre, nos interesa el mal especialmente a partir del momento en que acontece la civilización, aunque aún será difícil establecer el acuerdo respecto de qué exactamente llamamos civilización, ni cuanto pudo extenderse el proceso de inicio. El inicio de la civilización es una forma de convivencia que pudo acaecer en el Neolítico, hace unos 14000 – 7000 años, cuando se establecieron formas de vida basadas en el sedentarismo, en contraste con la época precedente que estribaba fundamentalmente en la recolección y caza, por lo que habían de mudarse de continuo siguiendo la trashumancia de las manadas. No obstante, por civilización, suele entenderse el inicio de las ciudades, por tanto debe datarse hacia el año 3.000-2.000 a.c. En algún momento, empujados por razones climáticas, vino a resultar complicado el traslado continuo y entendieron la necesidad de establecerse, tal vez coincidiendo con el hallazgo de la agricultura. Antes de ese momento, las agrupaciones humanas serían tribus con escasa relación en el entorno humano: cierto número de familias con lazos comunes a partir de una abuela. Cuando el clima les fuerza a considerar la dependencia y utilidad de la agricultura, diversas tribus se asientan en espacios cercanos y desarrollan las mismas actividades agrícolas, y también diferentes ocupaciones, de modo que entre distintas tribus se generan intercambios.

Partiendo de que conceptualizamos al hombre como racional, cuando nos referimos al mundo animal no hablamos de maldad, sino de agresividad, porque la agresividad se supone instintiva, y la maldad intencionada -

intencionalidad, concepto clave en el mal, Kant-. Los antropólogos hablan de agresividad en los animales como de un instinto necesario de supervivencia y adaptación. Dando por sentado que desde siempre existe la maldad -o al menos la forma menos evolucionada, agresividad-, por qué preocuparnos por algo que acontece desde tiempos tan remotos. Por otra parte tenemos la sensación de que en diversos períodos de la antigüedad ha debido de haber mayores dosis de maldad proporcional que cuanta rodea nuestras vidas en el presente. Conocemos -merced a diversas fuentes de trasmisión, generalmente escritura- innumerables actos y episodios de violencia, revanchas, exterminio; en definitiva, maldad que ha acontecido a lo largo de la historia en casi todos los pueblos y civilizaciones. No se precisa gran ejercicio de memoria para visualizar escenas (captadas a través de películas o libros) sangrientas, de violencia y tortura extremas, acaecidas en las batallas de los romanos, cuando se trataba de reducir la resistencia de una ciudad o lograr rendiciones o confesiones de un enemigo, con sutilezas que podían ir (lo de menos, el mero hecho de quitarle la vida) desde descuartizarle, a quemarle vivo, arrancarle la piel a tiras; innumerables actos de barbarie que tenemos la suerte de conocer sólo por referencias. He mencionado a los romanos, pero igualmente acontecían en la civilización persa, en las batallas de Alejandro, durante la destrucción de Troya, o durante los innumerables escarceos, cercos y guerras de los señores o reyes feudales de todas las naciones y latitudes; mapa de barbarie que abarca por igual desde el poder de los emperadores chinos, hasta las delicadezas de los mayas, los sables de Saladino o las torturas de la Inquisición (bendecidas por el Papa). Barbarie llamaban los romanos (valga a su favor que eran el pueblo más avanzado -además de dominante- en todos los campos) a los otros pueblos, pero ellos eran igual de brutos e inhumanos, aunque se ufanaran de poseer riquezas y arte y de regirse mediante un sistema semidemocrático: la República y el Senado. Y aunque nos suene raro a la luz del supuesto progreso, las mismas citadas barbaridades se han cometido en el siglo XX, e incluso en el XXI. Toda la historia de la civilización hasta el siglo XVIII cabría calificarla en cierto modo de barbarie, en el sentido de que imperaba el poder omnímodo de un o pocos hombres que regían en función de su capricho, decidiendo sobre las haciendas y vidas de los hombres, sin atender consideraciones humanas, ni razones de la "razón", "razón" que apenas asomaba en aquellas fechas. El seso parece que tardó en hacerse presente en los asuntos políticos (los que gobiernan la vida de los hombres). Seso siempre hubo a lo largo de la historia en algunas contadas mentes privilegiadas, que florecieron en muchas épocas y en todos los pueblos; especialmente luminoso fue el siglo *de las Luces*. A consecuencia de las nuevas ideas filosóficas y políticas que encendieron la Ilustración, de la pluma de pensadores como Hume, Montesquieu, Rousseau, principalmente en Francia e Inglaterra, el gobierno de los pueblos hubo de explorar fórmulas democráticas, de representación y de reparto de poder, a la vez que se alumbró el nacimiento del hombre, el hombre común.

En aquella época, un aluvión de nuevas ideas favorecieron la explosión de las capacidades de la mente creadora, inicio que fue de una carrera sin fin hacia el "progreso", la Ilustración; aunque desde hace décadas una parte significativa de los intelectuales cuestione qué es el progreso y qué hizo mal la Ilustración (Horkheimer y Adorno *Dialéctica de la Ilustración*). Progreso técnico sí, porque el desarrollo humano parece que se ha torcido, semeja que siguiéramos en el Neolítico. Las actuaciones malvadas eran un hecho en el pasado lejano, lo inaceptable es que lo son del mismo modo ahora, en el presente. Rousseau, Kant y otros filósofos optimistas, expusieron su convicción de que mediante la educación (herramienta en la que creían casi todos los sabios) el ser racional iría haciendo acopio de conocimiento, a la par que mayores dosis de bondad; el término benevolencia le emplearían varios filósofos. Parece evidente que en este terreno el optimismo se ha despeñado. Sería cansado y desmoralizador recordar los muchos acontecimientos históricos -del pasado cercano- en que la actuación humana es acertado calificarla de barbarie: las grandes guerras del siglo XX, y los innumerables conflictos locales en todos los continentes, que todos los años asolan la esperanza de paz. "La mayoría de las culturas[2] humanas han sido relatos de rapiña, codicia y explotación. El pasado siglo estuvo manchado de sangre desde el primero hasta el último instante", igual que el inicio del presente.

Me preguntaba líneas atrás por qué preocuparnos por algo -la maldad- que acontece desde tiempos tan remotos. La razón es que el mal entorpece, socaba y lastima nuestras vidas; parece lógico desear que haya menos mal. Creo que es importante seguir la huella del mal y encontrar las razones que explican su presencia. En cierto modo parece una labor gratuita dado que casi todo el mundo parece tener claro cuál sea la causa, aun cuando nadie sea capaz de encontrar la fórmula o el modelo para disminuirlo. No obstante, unos tienen claro que el mal es una dualidad que siempre estará presente y apenas se proponen ni se preguntan nada más. Para los más (de entre los que piensan), el mal tiene que ver con la economía y las estructuras sociales casi de modo exclusivo, no conciben ningún otro enfoque ni resquicio que no encaje en ese planteamiento. Plantear la maldad algo más allá de esta vertiente es pueril. No les cabe ninguna duda en su planteamiento (bastante acertado, por cierto) aunque la Historia les haya permitido ver que el cambio de poder y estructuras sociales no ha disminuido en nada la maldad humana. Yo estoy empeñado en examinar el mal más allá de las relaciones de producción, aun cuando coincido en que este capítulo explica mucho del constante mal social.

Religión

En el campo de la religión, al referirnos al mal, podemos empezar mencionando el concepto de Dualismo: coexisten dos mundos o dos principios, el del bien que se identifica con la luz y el espíritu, y el del mal que se identifica con las tinieblas y la materia. El primero tiene su origen y dirección en Dios, el segundo en el Demiurgo del mal o Demonio. El enfoque dualista hunde sus raíces en China y Persia; más cerca de nuestra cultura lo encontramos en la Grecia de los filósofos. Platón entiende que hay dos mundos: el mundo inteligible de las ideas, eterno, inmutable y necesario; y el mundo sensible de la materia, perecedero, mudable y corruptible (Él hablará del alma encerrada en el cuerpo). Solo el primer mundo es digno de aprecio y está ligado a Dios omnisciente. Cercana, pero algo diferente, es la visión del mal que aporta Aristóteles, quien no habla de dos mundos, de dos entidades; en cierto modo habla solo de una. El mal es la privación del bien, no existiría plenamente, cabe considerar al mal como una entidad menor; y este enfoque es el que trascendió a Roma y al Cristianismo. En el enfoque de S. Agustín el mal no es algo que es, o que acontece, es solo la privación del bien, el mal no existe en sí mismo, se da en el bien solo como defecto. El mal ha sido introducido en el mundo por el pecado de la criatura inteligente y libre. Dios todo lo hizo bueno, y no hay cosas malas sino malas voluntades, el hombre tentado obra libremente y se aparta de la bondad de Dios. Sto. Tomás opinaba que el mal es una imperfección o perversión del bien. Más cerca del racionalismo, veremos que Leibniz (filósofo alemán, segunda mitad del XVII) enfocaba el mal en su obra *Teodicea* a partir de premisas semejantes a Platón: un mundo material corrupto y el ideal mundo de las ideas y el espíritu dependiente de Dios, que aunque es el único creador de todo, es ajeno a los malos actos del hombre, que puede decidir en función del libre albedrío. Con la Teodicea se proponía explicar el mal y justificar la bondad de Dios. El mal se encuentra en el hombre a causa del pecado original de Adán. De entre todos los mundos posibles, Dios escogió este porque es el mejor de los mundos posibles. No consideraré el mal en el terreno religioso de un modo más amplio. No me parece que explique gran cosa (o mejor nada) respecto del mal social y real que padecemos. Pienso que ese breve bosquejo permite entender lo que opina la Iglesia, cuya doctrina sigue a pies juntillas la exposición de Leibniz: Dios es bueno y perfecto y el mal es causa del demonio (demiurgo), que engañó (por medio de la mujer, hecho que no olvida la iglesia) al hombre. Si considerara algo más respecto de la religión me acercaría al pensamiento de D. Bonhoeffer (pastor alemán ejecutado por los nazis en 1943). Me gusta más que el planteamiento contradictorio de Nietzche (Dios ha muerto). Enuncia Bonhoeffer que el mundo se ha vuelto consciente de sí mismo y de sus leyes, es un mundo completamente autónomo. "El único modo de ser honrados es reconocer que hemos de vivir en el mundo como si Dios no existiese. Debemos dejar de considerara a Dios como un salvavidas". Me fío de la ética de las personas consecuentes, y dudo de los "rebeldes" que vuelven al redil en la tercera edad.

De la consideración del mal desde la vertiente filosófica, trataremos en diversos momentos, a través del pensamiento de diversos autores. Será Hobbes uno de los primeros en enfocar la maldad como parte del proceso de civilización, sin referirse a Dios, sino apuntando a la naturaleza más primitiva y tosca del hombre, y a la permanente conflictividad de las fuerzas sociales. Hobbes afirma que el hombre es malo por naturaleza, porque es egoísta, persigue la ambición y la avaricia, y su estado natural es guerrear de continuo con el objetivo de establecer su dominio.

Cabe ahora que nos ocupemos de exponer unas breves pinceladas acerca de la "maldad real o común" -la maldad estándar-, que acontece en nuestra vida diaria, y que genera desánimo en el ambiente presuntamente cívico en que se desarrolla parte de nuestra actividad habitual o laboral. Me refería en estas líneas a los actos de maldad de los que somos meros sufridores o espectadores pasivos. Debemos incluir en la colección de maldades los actos que atentan directamente contra nuestra psicología o nuestro físico, así como los daños económicos que sin duda ocupan una parcela de la maldad, y el presunto daño que se genera a partir de la exposición sucesiva a actos de maldad visual en los medios (qué eufemismo, dado que esa maldad es generalmente consumida de modo compulsivo y voluntario). Indicar primero que entiendo por *maldad común o estándar* los actos de maldad que están lejos del mal de los grandes acontecimientos o noticias, generalmente políticas o sociales de gran envergadura; lejos de los grandes noticiarios, las grandes guerras y los tochos sobre estudios de criminalidad, como pudieran ser sucesos como Auschwitz y también el de los grandes asesinos psicópatas, o grandes traficantes de las trampas del dinero. Ya sé que existió Stalin, Hitler, el destripador de Londres, etc.; esos son los malos que llenan grandes titulares.

En definitiva la maldad afecta a nuestras vidas, vino con el hombre y vino para quedarse. Lo fácil sería aceptar la sugerencia mental de que maldad hubo en toda la historia del ser humano, y que en todas las épocas abunda la maldad, y la barbarie. La maldad tiene una relación estrecha y lineal con el conocimiento y la capacidad, con la voluntad que decía Kant. Me siento tentado de señalar que la maldad es mal en cualquier parte, pero seguro que hay importantes connotaciones y diferencias en según qué latitudes geográficas, que nos harían difícil entender algunos comportamientos que a la luz de otros ojos y otros cerebros tengan explicaciones diferentes o plausibles. Estaremos de acuerdo en que la cuestión de los valores -virtudes y vicios- no admite similitud o comparativa en todas las culturas, por lo que lo único seguro es que nos refiramos a Occidente y su historia en el análisis de cuestión tan peliaguda. El mal campa libre por igual en Chequia, China, África, Ecuador, Nueva Zelanda, España y la OCDE, pero no se le puede examinar con los mismos lentes en todas las partes. Tampoco puede servir el relativismo moral que permite pasar los ojos sobre el mal sin verlo, verlo sin juzgarlo, como si de algún modo debiéramos suponer que el mal que vemos en otras partes tal vez no sea mal, como sí no debiéramos ruborizarnos ni cuestionarnos sobre ciertos actos "incomprensibles o inadmisibles" que se dan cita en otras culturas. Ahora se nos exige respetar la diferencia cultural. Escaparía a mi capacidad y propósito si quiera inmiscuirme en los valores de esas culturas, por lo que cuanto refiera sobre el mal, tendrá por destino y análisis las culturas semejantes (OCDE), de origen cristiano, aun cuando es fácil suponer que el mal no ha de ser muy diferente en ninguna parte, puesto que siempre tratamos sobre el ser humano, semejante en cualquier punto de este planeta, e influido básicamente por los mismos instintos originarios.

Si no vemos la realidad, no vemos nada. Es fácil dejarse engañar por otros, y en ocasiones por uno mismo. El mundo de hoy día está dominado en todos los sentidos (poder y cultura) por el *mundo anglosajón*, y aunque es cierta la

28

diversa influencia de otros pueblos y culturas, ninguna marca tanto el paso *como esa cultura*, de lo que se deduce que intentar conocer la sociedad y al hombre significa centrarnos sobre todo en ese pueblo -inglés antes, norteamericano hoy-. *Hay que conocer la historia inglesa, sus momentos decisivos, su evolución,* así comprenderemos el porqué de los actuales valores, intereses y motivaciones del hombre. El mal es el mismo en todo Occidente, pero entiendo que no podemos meternos de cabeza en mitad de la tormenta, hay que rastrearle a través de la Historia. Necesitamos conocer la evolución de Europa, *su Historia,* tratar de comprender el porqué de algunas actitudes y valores del presente, *rastrear sus huellas.* Ellos, junto con franceses, españoles, alemanes, etc., han sido los mayores protagonistas de la Historia Moderna. No creo necesario ni esclarecedor adentrarnos más allá del siglo XVI, en esa época empieza la Europa moderna, aquí acontece la diversidad religiosa y el cisma de Lutero, que son cruciales en el devenir del desarrollo social y político posterior. Otras culturas no han tenido un Lutero, ni se permitió la crítica. Cabe suponer que este motivo explica muchas cosas del presente.

Como mero apéndice señalar que Roma cayó en el 400, y Occidente se sumió durante 1000 años en la oscuridad, "ayudado" por el cristianismo, que pasó a ser el gran poder de la mano de Constantino y Teodosio. La religión fue siempre la primera forma de poder. El Renacimiento devolvería la luz al mundo en el siglo XIV. Antes todo obedecía al oscurantismo de Roma; quienes se atrevían a disentir fueron tachados de herejes y quemados en la hoguera o pasados a cuchillo, como ocurrió con los Cátaros de Beziers y Montsegur. Cuando los que quedaban se rindieron, el obispo, aliado del exterminador Monfort, ordenó: "Degolladlos a todos, Dios reconocerá a los suyos". En la novela de H. Eco *El Nombre de la Rosa* (en torno al 1200) se muestra una general sociedad europea confusa, miedosa y llena de pillos y delincuentes, donde abundan los predicadores que empuñan armas, los salteadores de todos los caminos, los que explotan la ignorancia y el miedo predicando sobre el fin del mundo (las siete trompetas. "Cuidado con la tercera trompeta, morirá la tercera parte de las criaturas que vivan en el mar"). Eva -la mujer- será siempre la serpiente maligna, culpable de las desgracias del hombre. Los monjes y la iglesia convencidos: la hembra es vehículo del demonio. "Como Eloísa sedujo a Abelardo, porque no olvidéis que a través de la hembra penetra el demonio en el corazón de los hombres". "La hembra es el vehículo del demonio"[3].   Al hombre debía corresponderle un valle de lágrimas, un tránsito de sufrimiento, donde no haya lugar para el placer, la diversión o la risa.   Dice el temible [4] fraile ciego Jorge a Guillermo: "La risa sacude el cuerpo, deforma los rasgos de la cara, hace que el hombre parezca un mono". Guillermo Guill le contesta: "Los monos no ríen, la risa es propia del hombre, es signo de su racionalidad", pero el monje Jorge seguía apostillando: "También la palabra es signo de la racionalidad humana, y con la palabra puede insultarse a Dios". "La risa[5] es signo de estulticia, la risa fomenta la duda".El cielo y el infierno lo pusieron en duda Giordano Bruno, Galileo, Copérnico y otros, osadía por la que fueron quemados o encarcelados, y durante siglos millones de ignorantes vivieron atemorizados por la idea del fuego eterno, que ahora nos dicen, solo es un juego o una metáfora. ¡Imperdonable!

Capítulo I: **BREVE HISTORIA DE OCCIDENTE**

Carlos V y el Imperio

España, "Crisol de culturas" que gustamos decir, inicia su andadura en 1492, cuando los Reyes Católicos conquistan Granada, quedando así unificada toda España. En 1492, a los reyes les convence el proyecto del marinero genovés Cristóbal Colón, de modo que financian el viaje del descubrimiento de América, que en el futuro habría de reportar a los reyes de España lustre, poder y suculento botín, que será dilapidado en fragosas batallas de sostenimiento del Imperio y protección de la Fe Católica. Organizaron un moderno y poderoso ejército de la mano de su capitán Gonzalo de Córdoba que se extendió a las conquistas de Italia. Fruto de su política de alianzas – mediante el matrimonio- acabó heredando la corana de España su nieto, Carlos V de Alemania, quien de este modo sumaba a la corona importantes y extensos dominios en aquellas tierras. Dominios que le darían grandeza, y preocupaciones y ruina económica, a causa de las continuas guerras.

Reinaba Carlos V en España y el Imperio -dominaba Europa-, y en Roma dirigía la obra de Dios su aliado el papa Pablo X, cuando emergió en el seno de la Iglesia la figura de Martin Lutero, un cura crecido cerca de las entrañas de Roma. En 1520 criticaba la acumulación y el boato de la Iglesia, que tenía muertos de hambre a los feligreses mientras recaudaba limosnas vendiendo las bulas del pecado y el perdón. La Iglesia se fragmentaba. Lutero significaría la Gran Revolución para Occidente, con su pensamiento y forma de vida; la Iglesia única se rompió y hubo otra concepción doctrinal y de salvación. Lutero formula doctrinas acerca de la vida del buen cristiano y de la salvación, distintas a las directrices católicas; afirma y difunde lo contrario de la pobreza, bendice la salvación por el trabajo, rechaza la paradoja del camello y la aguja, niega que Dios ame a los perezosos, a Dios le gustan los que se esfuerzan, los menesterosos (quienes le siguen asimilan sus prédicas también en este sentido). Lutero predicaba que se está más cerca de Dios estando ocupado en trabajos útiles que afanando en obtener ventajas ilícitas, se infiere que la riqueza obtenida del trabajo útil y productivo es buena. Por lógica, el esfuerzo y el trabajo productivo, acompañado de la vida frugal y el consumo comedido (que también predica), acaban generando excedente y riqueza; de modo que Dios ama (y premia. Calvino) a los trabajadores honrados y les ayuda a acumular riqueza. Wesley (hablaremos de él, metodismo ingles del XVIII) entendió bien la lógica que lleva del trabajo a la riqueza,...y a la perdición. El centro y norte de Europa se van decantando hacia el protestantismo, penetra en esos pueblos la nueva religión y la nueva concepción de la vida, del trabajo y las riquezas, que van a estar bien vistas por Dios, y serán por tanto un estímulo. Esa parte de Europa se le escapa del control (conveniencias políticas) al Emperador, que no permitirá ninguna apertura al nuevo pensamiento en sus dominios españoles, férreamente controlados en la ortodoxia de la Inquisición o Santo Oficio. Nótese que los nuevos pensamientos sí permean las sociedades del Norte, selladas a cal y canto, y fuego, las del Sur. Las nuevas ideas y las posibilidades de pensamiento se desarrollan en esa Europa, asidos a la nueva concepción de la salvación y el trabajo. En España y en Italia (Galileo, Copérnico, silenciados por la religión) no se expandían las ideas de Lutero, por lo que la riqueza sigue siendo contraria a la salvación, por tanto, el trabajo y el *esfuerzo carecían de atractivo*. Ya, se ha mencionado que la buena vida del católico era la del asceta, y la pobreza una virtud y una puerta para acercarse al cielo. Partiendo de este axioma, es difícil entrever razones para querer trabajar, más allá del mero sustento, de modo que la mentalidad general era de escaso aprecio por el trabajo, la iniciativa y los negocios; por eso en España se creaban pocas industrias, y muchos terratenientes o ganaderos se limitaban a vender la lana (la Mesta) que confeccionarían en Inglaterra y los Países Bajos; ellos avanzaron, a los españoles les daba igual. Es palmaria la enorme influencia que la *religión* ha tenido en el desarrollo y orientación de los pueblos.

34

España dominó el siglo XVI con el ejército y la plata de América, pero se estancó en pensamiento, ideas y técnica. El norte de Europa comerciaba, inventaba, progresaba. Inglaterra removió la agricultura y modernizó las técnicas agrícolas y se lanzó al comercio marítimo, sus emprendedores lograron beneficios (bien vistos, había otra mentalidad) e invirtieron, comerciaron más y más, y crearon compañías que propiciaron más beneficio y acumulación, y a partir de ésta, la innovación y la Revolución Industrial. España despilfarraba el oro de América, perdía poder en Europa y seguía adormecida en vaho de las hierbas de aquel catolicismo que despreciaba la riqueza. España seguía siendo esa sociedad que se dibujaba en el Lazarillo, deseosa de la alegría y la vida en la calle, la holganza y la picardía, de este modo se metió en el XVIII, con mucho retraso, y descolgada del progreso. Nunca volvió a la cabeza.

Hacia el año 1500, haciendo caso a las enseñanzas de Lutero, en la Europa nórdica (no en España) empieza a haber ricos. Aquí seguíamos con feliz ignorancia el acicate de la pobreza, deseando no trabajar y aspirando solo a vivir de las armas, la sotana o el cuento. Sevilla vendría a ser el centro del comercio de Europa por su relación con las Indias, allí se asentaban los mercaderes y hombres de negocios, en su mayoría extranjeros: genoveses y flamencos; los españoles siguieron estando poco interesados, lo cual facilitaba que el pastel del comercio se lo comieran otros. También en los escalones sociales más bajos cundía el espíritu de la picardía y la molicie, y el sueño de alcanzar el rango de hidalgo. Tal como percibían los extranjeros, los españoles no querían trabajar "trabajar no es trato de nobles". A finales del XV escribía el italiano Guicciardini "La gran pobreza del país no se debe a las cualidades del mismo sino a la vagancia de sus habitantes…viven en casas miserables y lo que tienen que gastar se lo gastan en ellos mismos o en una mula llevando encima más de lo que queda en casa".

Estábamos en que reinaba Carlos V en España y el Imperio, cuando se insubordinó el fraile alemán Lutero, escandalizado con el conocimiento de las indulgencias: perdones a través de la compra de bulas, que avarientamente vendía el dominico Johann Tetzel. En la España de Carlos V, gobernando la Iglesia el cardenal Cisneros, estaban prohibidas las bulas e indulgencias, no tanto por motivos doctrinales, como por entender que existían necesidades más acuciantes que la Basílica [6]. Después de predicar algunos sermones, y de tímidos intentos contra este proceder, Lutero decidió en 1517 publicar sus 95

Tesis, que clavó en la puerta de la catedral de Wittenberg. Aquello era un duro golpe a la Iglesia, de proporciones mayores a las que calibraron en un principio, no obstante intentaron domeñar el rebaño que se les alborotaba, desprestigiando sus escritos y prédicas, a la vez que intentaban reconvenirle. No se avino a las razones del Papa ni se dejó intimidar, no encontrando el Papa otra alternativa que excomulgarle en 1521. Pero Lutero sería apoyado por los príncipes alemanes, asunto que incordiaba al Emperador en la medida en que la disputa doctrinal les servía a ellos como acicate y pretexto para irse desligando de su poder. Por entonces, Lutero fue protegido por elector de Sajonia en su castillo, y el pueblo bajo también se rebeló en contra de las rentas del clero, hubo disturbios y ataques contra estas propiedades, apoyándose en la negación de autoridad que profería Lutero. En 1525, Lutero, apoyaba a los campesinos de Suabia, criticando a los señores y príncipes que solo se dedicaban a atesorar, vivir con fasto y soberbia. Los campesinos pretendían reparto de tierras e igualdad (¡que utopía!), y se enfrentaron contra sus nobles y terratenientes creyéndose apoyados en las prédicas de Lutero, aun cuando éste pidiera a los campesinos obediencia, acatar las injusticias y no echar mano de la espada, sino ofrecer sangre y vida. Pero cuando (J. J. Tamayo, filósofo "Utopía") el conflicto se enconó, y los campesinos perdían apoyo a la vez que los príncipes avanzaban sus mesnadas,   él temió verse abandonado y desprotegido, de modo que hizo examen, y doctrinó la *obediencia* a los nuevos señores y a los príncipes, conminando a los campesinos a resignarse y no sublevarse, y bendijo la fuerza y la venganza contra el campesinado, que fue masacrado de un modo violento, con una actitud que pocos comprenden desde el cristianismo. En esa revuelta de Saubia, destacó el teólogo T. Muntzer, quien se oponía a Roma y a la vez discrepaba de Lutero. El fue el alma de aquella revolución de los pobres y campesinos, aunque también era un intransigente que llamaba a aniquilar a los impíos y que predicaba la segunda venida de Cristo. Alguien diría que Muntzer era la revolución del pueblo, y Lutero de los príncipes.

En 1526 los príncipes se reunieron en lo que se llamó la Dieta de Espira, y formalizaron una declaración que se interpretó como el derecho de éstos a decidir la religión en su propio Estado, asunto, sobre el que nunca antes los príncipes habían tenido esa potestad que ahora se arrogaban. Carlos V y el Papa tenían que ser aliados a su pesar, los viejos valores que cada uno representaban estaban unidos de forma biunívoca, la caída del uno podía arrastrar al otro. Carlos V creía que podría domesticar el conflicto político y religioso a la vez, de modo que presionó al Papa para que aceptara su propuesta de celebrar un concilio (Trento), que se porfió largo en su estreno y más en su desarrollo, del que por cierto no obtendría los pretendidos resultados en ninguna de las facetas. En 1547 el Emperador derrotó a los príncipes, pero éstos poco después contarían con el apoyo de Francia y los turcos, de modo que la guerra se torció, y hubo de ceder en sus pretensiones, aceptando las condiciones de los príncipes alemanes: mayor poder y autonomía, y reconocimiento del protestantismo en igualdad de condiciones con la religión católica.

La nueva y confusa situación religiosa originada en Europa, por obra de la mente y pluma del exégeta Lutero, se extendió fácilmente hasta Inglaterra a través de los contactos de diversa índole con los Países Bajos. El nuevo enfoque cristiano cayó sobre un terreno ya abonado como pocos para la discrepancia religiosa, circunstancia a la que se habría de sumar las peculiares dificultades sucesorias del rey Enrique VIII. En 1525, Enrique VIII estaba convencido de que la guerra sería de nuevo el escenario si no legaba heredero varón. Se empecinó -por amor a Ana Bolena, y más por dudas y temor de que Catalina no lograra legarle un varón-, en que la solución estaba en la nulidad de su matrimonio. Él, que era católico (no sucumbió a la influencia luterana de modo instantáneo), no conseguía la pretendida nulidad del Papa, y el conflicto se le enquistaba. La doctrina protestante vendría en su auxilio, puesto que iba a salirle barato a los ojos de pueblo desentenderse de la Iglesia de Roma, a la que se consideraba podrida y dominadora del saber, y a los frailes y clérigos corruptos, bien fornidos y ricos. Entre él y sus consejeros (antes Woslhey, después Cromwell), adivinaron que el pueblo vería con buenos ojos la ruptura con Roma, que de segundas facilitaría sus intenciones de matrimonio. Se hizo nombrar jefe de la Iglesia en Inglaterra en 1531 ante la Cámara de los Lores, con la coletilla "en cuanto la ley de Cristo lo permite", fórmula, que hizo posible fuera votada por Tomas Moro. Se reservó todo el poder sobre su Iglesia, con disposición para marcar la doctrina y nombrar obispos, ordenando arzobispo de Canterbury a Thomas Cranmer, y separándose definitivamente de la Iglesia Católica, constituyó la Iglesia Anglicana, que se caracterizaría en palabras de Richard Hooker -teólogo isabelino del siglo XVI-, por una vía media entre el Catolicismo de Roma y el Protestantismo, sin reconocer al Papa ni a las figuras fundadoras como Lutero o Calvino. La persistencia de los puritanos en condenar todas las iglesias (no reconocían la Iglesia anglicana ni la dirección del Rey) y sentirse *solo ellos puros y elegidos*, y el radicalismo de sus opciones y prácticas de vida, propició su imagen oscura y la necesidad o conveniencia (de Estado) de apartarlos, silenciarlos o reducirlos. Querían sentir su alma lejos de la corrupción, y predicaban austeridad física, vida frugal y sinceridad espiritual, y pretendían (en ocasiones lograron debatir esta posibilidad en el Parlamento: "que se rogase a Dios para que salvara este rincón del mundo que ha elegido para hacer arraigar su verdad") que su estilo de vida fuera modelo de toda la nación. Fijémonos en el significado fuerte del sentimiento y opción de vida puritano, que luego se trasladó a USA, y que en ocasiones ha derivado en fanatismos. El ardor en sus exigencias les generaba muchos enemigos y con frecuencia debieron esconderse. La reina Isabel I logró controlar la extrema dedicación y el exceso de los puritanos, y la parte más radical de estos, los "brwnistas", fueron ahorcados y encarcelados. En 1603, aunque el rey Jacobo I era calvinista, tampoco lograrían sus propósitos. La presión sería aun más acuciante bajo el reinado de Carlos I y la dirección eclesial del arzobispo William Laud, hasta el punto de que algunos grupos fueron desterrados o hubieron de huir, y otros se refugiaron en Leiden - Holanda. Este grupo -puritanos de cuño calvinista-, cansado de "pelear" en el mundo conocido, estaba deseoso de encontrar la paz espiritual y fundar un pueblo unido a Dios, de modo que se embarcó en 1620 desde Southampton con el propósito de arribar a América y fundar allí *Nueva Jerusalén*. Hicieron tierra en el actual Massachusetts, y poco después fundarían Plymounth. Antes de tocar tierra, pactaron criterios democráticos y libertad de creencias religiosas (dos grandes ideas, que respetaron sólo en ocasiones).

Doctrina Católica

Respecto de la dedicación que el ser humano haya de desempeñar en esta vida, que es un tránsito -y un valle de lágrimas-, la doctrina católica considera para las personas (desde siempre hasta la época moderna) dos tipos de ocupaciones: la del *trabajador*, que ha de labrar o trabajar para comer - "labrarse el pan con el sudor de su frente"-, y la del *asceta*. Esta segunda, consistiría en alejarse del mundo, olvidarse de él, y tratar de acercarse a Dios y ganar su gracia mediante la oración y las privaciones. Ésta es la vida digna, elevada, virtuosa, la vida buena del católico, que satisface a Dios. En esta faceta vital se desenvuelven los miembros de las órdenes monásticas (aunque

38

cabe distinguir los que se dedican al sostén de los monasterios -que son meros mortales- y aquellos quienes dedican toda su vida a la oración, el recogimiento, la contemplación y el "contacto" divino, ascetas) y algunos seres dotados de un toque mágico o místico que deciden escuchar a Dios en mitad de la naturaleza, sin más compañía que las rocas, los arbustos, el frío y las privaciones: anacoretas o ermitaños. Respecto de la primera, ocupación no tan noble, derivada del castigo por haber comido del árbol de la fruta prohibida, es la que corresponde a los seres no elevados ni elegidos, aquellos inferiores, cuya gracia o intelecto no les alcanza para gloriar a Dios, y que han de servir de pastizal (hacen que la vaca dé leche, el campo produzca y la "rueda" siga) para alimentar a quienes sí saben acariciar el arpa y tañer las trompetas cerca de los ángeles para deleite del Señor, el clero que nos dice qué cosas hemos de hacer para escapar del fuego eterno del infierno y lograr la salvación. Situándonos en la época de Lutero, a raíz de lo expuesto, toda persona (dejémoslo en ser humano, dado que persona parece significar un desarrollo de la conciencia y de la autonomía que el animal hombre por mor de la religión no estaba en condiciones de exhibir en aquel entonces) tenía fácil captar (el pueblo bajo no lo podían captar, pero temían lo que decían los curas) qué era lo que le agradaba a Dios, y quiénes serían los primeros. Cuando Dios saliera a pescar, en esa primera red no estarían los campesinos, ni los artesanos, ni los creadores, ninguno que se ganara el pan con el sudor de su frente; si creían las prédicas de los curas, los elegidos eran quienes dedicaban su aliento a la oración, los monasterios, los frailes, los obispos; el trabajo no era la elección del Altísimo y por tanto su fruto no ayudaría a entrar en el reino de los cielos, a menos que un camello pasase por el ojo de una aguja. Toda la vida social y mundana estaba, si no dirigida, sí mediatizada por las amenazas de la Iglesia; y los ricos y mercaderes (Jesús amaba a los pobres y la emprendió a latigazos contra los mercaderes) eran la principal fuente de corrupción y codicia. Pobres de nosotros, débiles criaturas insignificantes dentro del juego infinito de Dios, que sin embargo, y sin que nadie nos diera vela en este entierro, se decidía que nacíamos culpables por culpa de que aquel Adán -familiar nuestro- al que ninguno conocimos, se comiera la manzana, a raíz de lo cual debíamos transitar una vida de sufrimientos y "lágrimas", una vida áspera y triste, donde no se conciba el disfrute ni la risa (solo cabe la aflicción, la risa es la burla del Diablo, decía el fraile ciego Jorge), sino el padecimiento en forma de hambre, llantos, plagas, peste; en definitiva, un "calvario" como Cristo sufrió por nuestros pecados (si ya nos redimió, por qué la vida ha de seguir siendo "el valle de lágrimas"). Como seres imperfectos y equivocados que somos, podríamos suponer que Dios amaba a los pobres porque los pobres son débiles y desvalidos ("bienaventurados los pobres de espíritu"), y seguro que sería el fuerte o el astuto el que se atrevería a disputarle la partida mordiendo la manzana, no el débil y temeroso; por eso Dios temería menos de los débiles y les prefería.

En el capítulo de la salvación, la Iglesia doctrinaba que ésta se merece a través de la realización de buenas obras, y las buenas obras para Dios hacen referencia al amor al prójimo, a los pobres, es decir la caridad. Desde este principio, el clero indicaba que la caridad a los pobres debía canalizarse por intermediación de la Iglesia. Dios, había elegido esa institución para que se encargara de socorrer esas necesidades de los pobres, que habrían de mantenerse obedientes en el redil, a la vez que decidían que las limosnas también cabía destinarlas a obras que enaltecieran la gloria de Dios, como podía ser la Basílica de S. Pedro, aunque en realidad, se tratara más de la vanidad y megalomanía del Papa, que de los deseos de Dios. Recaudar fondos y evaluar las buenas obras de los mortales, y con ello la posibilidades de acceso a la gloria infinita, se traducía en la compra de bulas que ofertaban la indulgencia de los pecados de este mundo, porque libraban al benefactor de las llamas del infierno o acortaban la estancia en el purgatorio, en función de lo espléndido que se fuera en la compra de esas bulas. Este proceder con las bulas era una parte de la corrupción -quizás la más descarada y nauseabunda- de la Iglesia que vio Lutero (anteriormente ya se había asombrado cuando visitó la ciudad Santa en 1508 y vio el desinhibido clima de corrupción de la Curia Romana) hacia 1515, cuando el dominicano Johan Tetzel recorría Alemania recaudando, como también hacía en otros países del Occidente cristiano, además de la concupiscencia, promiscuidad, etc.

Protestantismo

Lutero ofrecía un panorama espiritual y doctrinal centrado en cinco o seis importantes diferencias con el Catolicismo, dos de ellas fundamentales. Solo reconocía dos sacramentos: bautismo y eucaristía, negaba la valoración en dos mundos: el eclesial y el seglar, y afirmaba que todo hombre estaba capacitado para entender la Biblia y que no necesitaba la guía o interpretación de la Iglesia, que se debía abrogar el celibato, que el papado no formaba parte en esencia de la Iglesia primitiva, y que la Curia de Roma debía reducir el número de cardenales y ceder los poderes temporales (no dejaba títere con cabeza). Los dos principios que marcarían más las señas e influencia futura del luteranismo -protestantismo- serían: el asunto de la salvación, y la concepción y significado del trabajo, a su vez ligado a la idea de salvación. Ya hemos visto que en el mundo católico de 1500, las almas de los pecadores podían salvarse por la caridad. Lutero desató contra este ignominioso proceder toda su furia, y lo teorizó con su aportación doctrinal aseverando, que la justificación lo es solo por la fe, y que la salvación es una gracia magnánima de Dios. El hombre está condenado por el pecado original (nadie aún cuestionaba el pecado original) y no puede hacer nada para salvarse, la salvación depende solo de la voluntad de Dios (complicado), no de las obras (caridad y comprar bulas), sino de la fe y la gracia de Dios. En este asunto, chocaba con los humanistas como Erasmo que percibía la naturaleza en un contexto más optimista creyendo que el hombre pude hacer algo positivo para acercase a Dios y salvarse por medio de buenas obras, no necesariamente pagos e indulgencias.

Calvino hubo de huir de París 1533, donde estudiaba humanidades, y se estableció en Ginebra. Afín al protestantismo, desarrolló su propia cosmovisión, algo distinta de la de Lutero. La mayoría de sus estudiosos o críticos, suele opinar que Calvino era muy austero, casi asceta, que tenía una vida muy triste y amargada, y que el disfrute y alegría quedaban fuera de su concepción mundana. En Ginebra lo controlaba todo, e impuso una moral muy rígida donde todo era pecado, y su visión general del hombre era negativa y pesimista. Él parte, de enfatizar la depravación de la naturaleza humana, no acepta el supuesto del libre albedrío, por culpa del pecado original, lo que significará que el hombre está predestinado y Dios elige a los que han de salvarse -predestinación-, "solo se salvan quien Dios quiere". En este particular, el luteranismo tenía una concepción menos rígida. Calvino, al igual que Lutero, exhortaba a trabajar para honrar a Dios. ¿Pero cómo hacerlo si estamos preocupados por hallarnos o no entre los elegidos? Esa duda y temor, se supera recurriendo al trabajo incesante, Dios ayuda al que se ayuda a sí mismo, la salvación es un acto individual; el trabajo ayuda a salvarse. La prosperidad y el éxito serán señal de ser elegido por Dios. Pensemos un momento en la fe ciega de muchos americanos en Dios, "es claro que Dios les ha elegido, por eso son ricos; Dios está con ellos". Suele decirse -y la apreciación parece consecuente, visto su empeño en que nos redimamos mediante el esfuerzo propio-, que Calvino no aprecia a los pobres e indigentes (en cambio en la doctrina católica, estos son los elegidos de Dios), convencido como estaba de que la ociosidad es moralmente reprobable; a Dios le place la profesionalidad, y aun con abundancia y riqueza (honrosa), el trabajo es un precepto divino.

Leyes de Pobres

Inglaterra. Respecto de la pobreza, la visión al uso, era la derivada de las Sagradas Escrituras y el cristianismo, consistente en que los santos pobres adoptaban la pobreza como voto sagrado. En cambio, "Los que eran bendecidos con la riqueza tenían el deber sagrado de la caridad, la obligación de mantener a los pobres santos y aliviar la miseria de los impíos"[7.] Eran las iglesias y los monasterios, la caridad urbana y las ordenes mendicantes, quienes más se ocupaban de estas ayudas, pero pronto *se institucionalizó* de tal manera la idea del socorro que se asentó en lo que se conoce como "*leyes isabelinas para los pobres*". Las malas cosechas del período 1595-98 forzaron que la pobreza aumentara, al mismo tiempo que las donaciones caritativas decrecían tras la disolución de los monasterios y las cofradías religiosas. Los monasterios estaban en declive, y su eventual disolución durante la Reforma Protestante, ocasionó que la ayuda a los pobres pasara de una base en gran medida voluntaria, *a un impuesto obligatorio* que era recogido a nivel parroquial. Aunque había antecedentes desde Enrique VIII y antes, se conoce como Power Law[7] (o Poor Law) las leyes isabelinas inglesas de 1601. Se trataba de un sistema administrativo a nivel parroquial pagado con la recaudación de tasas locales. Se introdujeron cuotas obligatorias para atender estas necesidades, y se hacía depender de las parroquias y del poder de los jueces de paz y comisarios. Estas leyes se convirtieron es Sistema Público de Ayuda Nacional, que llegó (con transformaciones) hasta el Estado de Bienestar de 1945. En el siglo XVII, a los mendigos se les distinguía entre pobre impotente y mendigo robusto; se procuraba ayudar a los viejos, enfermos y discapacitados, en tanto se tornaba la vida más dura para los no discapacitados, tachados de vagos, y que podían ser condenados a la pena de muerte (rara vez ejecutada)tras la segunda falta u ofensa. Otra circunstancia negativa era el abusivo comportamiento de los supervisores de pobres, que conocían a todos, y discriminaban en sus parroquias. En ocasiones, los pobres trataban de emigrar hacia parroquias más ricas, hecho al que puso fin la ley de 1662, que permitía la ayuda solo a los pobres establecidos en cada parroquia, controlados a través del matrimonio o la educación, circunstancia que redujo la movilidad de la mano de obra al desincentivar que los pobres cambiaran de parroquia con ánimo de buscar trabajo. Más adelante consideraremos la enorme importancia de esas prácticas de ayuda, y la influencia que tuvieron en el ánimo moderado de la clase trabajadora inglesa (E. P. Thompson, historiador).

Hacia 1800, había mucha hambre por causa de las malas cosechas y las guerras con Napoleón. Por este motivo, en la reunión que tuvo lugar en Speenhamland en 1795, los jueces de paz prepararon más ayuda para los pobres y un subsidio, pero cada vez eran más (ricos y mercantilistas), y más poderosas las voces que se alzaban contra la "lacra" que suponían los pobres. E. Burke (intelectual y político), quiso vender la idea sobre la disminución del costo de sostenimiento de los pobres al primer ministro W. Pitt, pero éste, era un discípulo sincero de Smith, y despreció sus métodos. Pero Burke y su grupo, persistió, y lograrían presentar la propuesta de Whitbread, que pretendía regular los salarios, "atarlos"; Pitt se opuso de nuevo y logró tumbar la propuesta, y proponer más ayudas a los pobres, estableciendo diferencias entre trabajadores y pobres o indigentes, objetivo que no logro; en el lenguaje general seguían siendo lo mismo. Pero los enemigos de esas leyes de pobres eran muchos, y lograrían el empeño por echarla abajo; coincidieron los reformadores utilitaristas y unitarios, evangelistas y anglicanos ortodoxos, disidentes, ateos, whigs, torys, manufactureros, campesinos, sacerdotes, filósofos,… de todos los espectros. Consiguieron desmantelar gran parte del contenido de la antigua Ley de Pobres en 1834, quedando éstos a la intemperie, como los retratos que luego pintaría Dickens (Oliver Twist). Se había roto la tradicional conexión entre todos los niveles del pueblo, se cortaba el pegamento que unía las distintas clases, niveles o estratos sociales; aquella costumbre de los ricos del siglo XVI de confraternizar con los vecinos de toda condición en torno a la mesa en sus casonas de campo. Con la aplicación de la nueva ley, restrictora de derechos, el panorama de la mendicidad, la delincuencia y el abandono no desapareció, y sin embargo muchos ciudadanos ahora tenían problemas de conciencia y tranquilidad; querían volver al sistema de ayudas anterior a Speenhamland. Las Leyes de Pobres, ese sistema de ayudas, era único en Europa, no había nada semejante en Francia ni en España, donde los pobres dependían de la caridad escasa y privada, nunca de forma alguna de leyes y derechos, organizada por parte del Estado. Como cabe imaginar, esta fórmula social tendrá su importancia en la idiosincrasia del pueblo inglés del siglo XIX (cuando la gran explotación), toda vez que le sumemos otro gran efecto sostenedor del ánimo del pueblo bajo, como sería el Evangelismo (metodista de Wesley), que proporcionó sostén biológico y espiritual. En palabras del historiador Trevelyan: en parte a consecuencia de las Leyes de Pobres, no hubo revolución como en Francia, ni prendió el socialismo revolucionario.

Acumulación

A finales del siglo XV en Inglaterra, cada vez se roturaban más tierras, se ocupaban más baldíos, y los grandes terratenientes ya empezaban a cercar y acotar sus tierras e introducir innovaciones en la roturación. Enrique VIII expoliaba tierras a los monasterios. Aquellas tierras, vendidas (para hacer caja), serían adquiridas en buena parte por el *yoeman*, que después procedería a los cercamientos e innovación logrando amplias mejoras en el rendimiento de sus campos, e invirtiendo también en lanas, fábricas de tejidos e industrias. Decaía la nobleza y se afianzaba el yoeman, que pasaba a ser la clase emergente en la nueva Inglaterra; ellos, serían los nuevos ricos, el *yoeman* era el agricultor capitalista, el pequeño propietario de tierra, y el arrendatario con renta segura y baja. Este labrador hacendado, no tenía rango de hidalgo ni escudo de armas, pero lograba ser rico debido al volumen de sus tierras, de este modo estaba en disposición de ser beneficiario de cargos públicos como alguacil, fabriquero o jurado. En el umbral, por debajo, había más clases, y los pobres. El *yoeman* era emprendedor, y sobre su clase se edificó el progreso de Inglaterra, siendo los sostenedores de la nación en los conflictos, donde los reyes no tenían ejercito permanente. En cuanto a la nobleza, en esas décadas fue menguando su poder, y muchos de ellos no actualizaron su economía de acuerdo a los nuevos tiempos, y siguieron viviendo de las rentas, comprobando como su crédito y su caudal patrimonial sufría significativas mermas. El otro estrato social en alza era la *gentry* (escalafón social que abarca baja nobleza, agricultores acaudalados y los burgueses que se dedicaban al comercio), que se gobernaba por el principio de primogenitura: el primer varón heredaba las tierras y el oficio; pero al contrario que en Francia y España (donde estaba mal visto que los hijos de los nobles trabajaran), no se descuidaba a los otros hijos *ni se permitía que holgazanearan* por la casa, sino que les obligaban a salir de la protección familiar, y se les ayudaba a estudiar y formarse en la ciudad. Este cuerpo social, la *gentry*, nutrió casi todos los ministros, abogados, comerciantes; y casi todos hicieron fortuna. La agricultura mejoraba en Inglaterra más que en ningún otro país debido al mejor uso del suelo, la utilización de fertilizantes, la aplicación de las nuevas semillas, la mejor selección y cuidado del ganado, y la introducción de nuevas herramientas como la famosa sembradora de Jetro Tull. Fue en el condado de Norfolk, donde primero se experimentó la rotación de cosechas y los barbechos.

La tierra ofrecía prestigio y rendimientos[8]. El Parlamento aprobó en 1770 una serie de leyes que facilitaban el acotamiento (ya era costumbre antes que los poderosos se fueran adueñando de terrenos comunales). Respecto de los cercamientos, la teoría más divulgada (Young) sostiene que los acotamientos y el aumento de tamaño de las granjas incrementaron el nivel de empleo y la producción; y esto habría ocurrido fundamentalmente en el siglo XVIII, cuando se cercaron muchas fincas apoyándose en la ley parlamentaria que "favorecía" estas prácticas. Un análisis bastante diferente es el de R. C. Allen[9], que sostiene, que hubo una revolución agraria antes del siglo XVIII y fue la responsable de gran parte del crecimiento de la producción que se dio en Inglaterra antes de la revolución industrial, "los aumentos de la producción imputables a los cercamientos y a la concentración parcelaria en el siglo XVIII tuvieron una importancia secundaria". El pequeño agricultor y el de los *open fiels*, fueron con frecuencia tan productivos e innovador como el terrateniente. "La oleada de cercamientos del XVIII puede ser considerada la primera reforma de la tierra promovida por el Estado, y fue justificada por razones de eficacia, cuando su efecto principal fue redistribuir la renta a favor de los ya ricos terratenientes", circunstancia perniciosa que obligó, a que muchos de los pequeños campesinos se vieron forzados a vender sus fincas, y debieran engrosar las filas del naciente proletariado industrial. Allen, llega a afirmar, que Young elaboró un estudio sesgado sobre este particular -mitad científico, mitad ideológico- buscando apoyar las razones de los grandes terratenientes. Cuántos elogios reciben a veces determinados estudios -con sus conclusiones-, y sin embargo era falsa la intención de partida. Es preocupante esa facilidad humana por ofrecer objetividad, donde la conciencia interior dictamina que hay manipulación. En cualquier caso, la acumulación lograda a través del desarrollo agrícola favoreció el nacimiento de las grandes sociedades industriales, que se produjo no antes de la segunda mitad del XVIII, y sería principalmente en la rama del acero, astilleros y la industria química. Hargrevaves inventó en 1767 el telar múltiple, Arkweight en 1769 el telar hidráulico, J. Watt en 1776 la máquina de vapor.

España, campesina

Con los Reyes Católicos en el poder, casi todo el territorio conquistado a los moros era repartido entre la Corona y unos pocos nobles, que juntaban enormes extensiones de tierra[10]. Andalucía quedaba en manos de los Guzmán, los Cerda, los Ponce de León, los Mendoza -duques y condes, todos ellos- y el arzobispo de Toledo; La Mancha repartida entre las ordenes de Santiago y Calatrava y el arzobispo; los Enríquez, dueños de Valladolid y Valencia; así la mayor parte de España. El noble, que era el terrateniente, vivía de arrendar el campo a pequeños agricultores, y de la cría de ovejas —especialmente la merina- que proporcionaba la lana, destinada a ser exportada a los mercados de Brujas y Amberes. Por la ley de arriendo del suelo de 1.501, la Mesta, que pagaba una renta, utilizaba a perpetuidad enormes extensiones de terreno, siendo un poderoso freno para el desarrollo de la agricultura. Aún no había bancos en Castilla, pero sí prestamistas, función que desempeñaban los terratenientes, el clero[11] (desahuciaban y liquidaban la hipoteca del campesino que no podían hacer frente a sus deudas), y gentes más modestas que disponían de algún capital; funcionaban como una clase parasitaria que vivía de las rentas y generalmente no invertía en actividades industriales ni comerciales. Ocurría de este modo porque la nobleza constituía el ideal de vida -y la aspiración- de todo buen ciudadano; y cuando no, la hidalguía. Solo se valoraba la profesión del clero, las letras y las armas. La vida honesta y valorada consistía en diversión, ignorancia, la caza, y el derroche; vidas livianas, licenciosas y despreocupadas. "El no vivir de rentas no es trato de nobles", este era el lema de todo buen ciudadano, el trabajo producía sarpullidos y tenía consideración de deshonor (muy distinto a la concepción del inglés).

En España la clase media era escasa y débil. Hacia 1570, reinando

Felipe II, la actividad comercial más fuerte estaba centrada en la feria de Medina del Campo. La mayoría del comercio y de los mercados de lana estaba en manos de italianos y alemanes, los españoles rara vez podían competir con ellos; cabe alguna excepción como fuera el caso de Simón Ruiz, que llegó a tener sucursales en los Países Bajos. España exportaba materias primas e importaba productos manufacturados, la balanza era deficitaria; se le hacía saber al rey que España estaba enriqueciendo (guerras y derroche) con su dinero a otros países. España también sufrió una revolución de los precios, por causa de la llegada masiva de los productos de las minas americanas: mucho dinero, escasos alimentos y producción tenían como consecuencia que se pague más por lo mismo, con lo que los precios del trigo y otros bienes, se doblaron. Se decía de España que "aunque los salarios quedaron detrás de los precios, no fue suficiente para un beneficio extraordinario, que diera un impulso importante al capitalismo". También se decía que la culpa fue del alza de los precios, que los salarios españoles eran más elevados que en Europ, y por eso no dejaban beneficios, pero no está claro[12] el mayor salario del albañil respecto de Francia y otros países. Parece más bien que quienes en España "se beneficiaron de la inflación y la acumulación, la utilizaron de manera (Lynch) improductiva, derrochándola en construcciones extravagantes y productos suntuarios", compras que se hacían fuera. Únase que los impuestos (el diezmo, la alcaldaba, los millones, los servicios) ahogaron al campesinado castellano, que era quien sufragaba la mayoría de las empresas guerreras. En esta situación de escasa subsistencia el campesinado no podía comprar ni consumir, de modo que la industria no podía despegar, y tampoco invertir en innovar los campos, por lo cual no hubo ocasión de que se asentara una clase media. En definitiva, España dispuso de un caudal económico superior a cualquier otro competidor, pero nunca logró un progreso ni suficiente ni sostenido en la agricultura ni en la industria (quizás porque no estaba en la mentalidad). Nunca se asentó la clase media, no llegó a existir el equivalente al *yoeman* inglés. En Inglaterra en 1590[13] estaban los ricos: nobles y terratenientes, y los nuevos ricos: *yoeman y gentry*, y los labriegos. En España, tampoco en esa época había nuevos ricos, solo los nobles y los miserables, y los hidalgos (apariencia, pero hambre), como contrapunto al yoeman y la gentry. No es despreciable el hecho de que los hijos de los nobles no trabajan en España, sí en Inglaterra.

Revolución de 1640

Se conoce como "Biblia de la Constitución Inglesa" el conjunto de tres momentos históricos fundamentales: La Carta Magna de 1.215, la Petición de Derechos de 1628, y la Declaración de Derechos de 1689. A través de esos tres hitos históricos, se limitaba el poder del rey y se concedían grandes poderes al Parlamento.

La dinastía de los Estuardo estaba empeñada en imponerse sobre el Parlamento. Entre otras cosas, pretendía aumentar los impuestos -que necesitaba para guerrear contra Escocia e Irlanda- sin necesidad de consultas. El Parlamento se opuso, la situación degeneró y acabó en guerra civil, que vencería el bando parlamentario encabezado por de T. Fairfax y O. Cromwell, en 1645 en la batalla de Naseby, tras lo cual, el rey se rindió en Newcastle. Cromwell era un terrateniente medio que vivió la segunda mitad del siglo XVII, al que el azar le propició construir un regimiento en el invierno de 1642, con el que logró victorias y que le catapultó a la cima del ejército.

Con el rey derrotado, empezaron las diferencias y problemas en el bando ganado, que era muy heterogéneo. El ejército, protagonista del poder y del momento, pretendía más derechos: mayor tolerancia religiosa, participar en las elecciones, abolición de los nuevos impuestos indirectos. Al frente de estas proclamas se situaban los "*levellers-niveladores*", pequeña burguesía y artesanado, que ni cuestionaban la propiedad privada ni pedían sufragio universal. Más radicales se mostraban los "*diggers-cavadores*" y sectas como los cuáqueros. Cromwell terminaría haciéndose con todo el poder, aun cuando el momento social distaba de ser una balsa. Cromwell precisaba más autoridad, y acabó siendo designado Lord Protector, un dictador al servicio del ejército y de él mismo, socavando así el poder del Parlamento. Terminó por liquidar parte del ejército, e instauró una especie de policía o controladores o espías, supervisores del orden y la moral, en línea con la represiva moral puritana; de tal modo que se cercenaba el disfrute, imponiendo el Sabbath, prohibiendo los juegos de azar, los teatros, las carreras de caballos y tabernas, por considerarlas inmorales. Puritanos como Richard Baxter querían "*convertir Inglaterra en un país de santos y un ejemplo para el mundo*". La estabilidad de su protectorado no lo era del todo, y las aguas no acababan de estar calmas, cuando en 1.658 moría Cromwell.

Entre los grupos radicales de la revolución los de mayor influencia eran los *levellers*; muchos de los cuales antes, eran hombres sin amo (furtivos). Su líder moderado (había más facciones) era Jonh Lilburne. Constituían la facción radical del Parlamento, gentes del pequeño comercio y el artesanado que defendían la igualdad de todos los hombres, el derecho natural frente a la ley heredada y cierto límite en las grandes propiedades, pero nunca cuestionaron la propiedad privada. Presentaron a Cromwell el documento "Pacto del Pueblo" que fue rechazado, sus líderes encarcelados o perseguidos, y los soldados diezmados por el ejército. Los *diggers* o cavadores, tenían la misma extracción social que los levellers, y se les conocía con ese nombre porque en Abril de 1649 se reunieron en la colina de St. George (afueras de Londres) gentes pobres y necesitadas con intención de crear propiedad comunal, comenzando por cavar tierras baldías. La empresa parecía funcionar, de modo que creaba un incómodo precedente que no convenía a los conservadores puritanos -burgueses-; les acabaron expulsando y quemando sus chozas. Su líder era Gerrad Winstanley, que empezó denunciando la injusticia social, y acabó derivando hacia el comunismo agrícola; pedía que hubiera un cambio crucial en la propiedad de la tierra. "El Creador hizo la tierra para todos...pero las imaginaciones egoístas eligieron a un hombre para que enseñara a dominar a otro... y la tierra fue cercada por los dominadores, vendida, comprada... con la fuerza de las armas".

Colonización inglesa de América

En el siglo XVI, España y Portugal se repartieron América. Décadas después Francia colonizaría parte de Canadá, e Inglaterra bien posicionada en el mar, con una amplia piratería que perjudicaba el comercio español, también ambicionaba una parte en la colonización, intentos primeros que fracasaron. Los puritanos (siempre castigados) tenían esperanzas de que su suerte (en cuanto a libertad religiosa y prácticas de fe) fuera mejor que en etapas anteriores, pero Carlos I encomendó la dirección religiosa al arzobispo William Laud, quien les apretó más. No doblaron la cerviz y fueron perseguidos y encarcelados, hasta el punto de que varios grupos fueron desterrados o hubieron de huir, y algunos se refugiarían en Leiden -Holanda.

Este grupo -puritanos de cuño calvinista-, deseoso de encontrar la paz espiritual y fundar un pueblo unido a Dios, se embarcó en 1620 desde Southampton con el propósito de arribar a América y fundar allí Nueva Jerusalén. Atracaron y se establecieron en Plymounth. Antes de tocar tierra pactaron criterios democráticos y libertad de creencias religiosas, pero pronto forzaron que la vida social y política de aquellas colonias debía regirse por la moral de Dios (lo que ellos interpretaran de la lectura de la Biblia). Al hacer tierra el Mayflowers, ninguno habría sobrevivido si no hubiera sido por la generosa y desinteresada ayuda que recibieron de los nativos, pronto lo olvidaron. A continuación de este desembarco, en las siguientes décadas, se fundaron las 13 colonias originales, que son la base del estado americano, y que llegado el momento firmarían la separación de Inglaterra y su nueva constitución como nación. En el norte: Massachusettes, Connecticut, New Hamphire, Rhode Island; en el Centro: New Jersey, Delaware, Pensylvania; en el sur: Virginia, Maryland, Georgia, Carolina del Norte, y del Sur. Las colonias del sur se dedicaron al tabaco al principio y al algodón después, como monocultivo. Los otros estados crecieron en torno a la madera, la fabricación de barcos, y el comercio marítimo

Partiendo desde Plymounth, Jhon Wintroup fundó Massachusettes en 1628, y la "célebre" Salem, en Boston en 1634. Por estas fechas, ya había unos 10.000 puritanos en Nueva Inglaterra. En algunas colonias se gobernaba mediante principios democráticos, y podían participar y votar casi todos los ciudadanos. En otras, como Massachusettes, había una total unión entre Iglesia y Estado. En su vida social regían las siguientes normas: había que pertenecer a la Iglesia Puritana y tener trabajo para votar (en algunos Estados este derecho estaba reservado a hombres de fortuna), era obligatoria la asistencia a la iglesia, el Estado colaboraba con la Iglesia en contra de toda rebelión o disipación de la disciplina. Era tan asfixiante el control religioso que quien se atrevía a cuestionarlo, como fuera el caso de Roger Williams, tuvo que exiliarse de Masachussets y fundar otra colonia, Rhode Island en 1636, bajo principios de libertad y heterodoxia religiosa. Durante los 100 primeros años todos los que emigraron fueron británicos (en su mayoría ingleses), con sus costumbres, y sus formas de gobierno; y cuando otros llegaron, ellos ya tenían organizado todo el poder y las estructuras de la futura sociedad. La mayoría de los ricos y de quienes mandarían en el futuro serán ingleses, por tanto el modelo sería Inglaterra. Ya he mencionado líneas atrás, como era la psicología que anidaba en el alma o corazón de aquellos primeros colonos: La Biblia.

Ya he apuntado que los primeros colonos eran los más puritanos de entre los ingleses, capaces de anexionarse el pensamiento de los frailes del *Nombre de la Rosa*: la vida es para redimirnos del pecado y sufrir, y deben estar limitadas la alegría y el disfrute. Por ello, los ciudadanos USA (tan promiscuos e infieles como cualquiera) sufren ese dilema y se escandalizan con "su" realidad, y luego se rasgan las vestiduras y se "azotan" en público. Los colonos que emigraron en los primeros 100 años no eran el estándar de los ingleses, ni apenas voluntarios; sino en su mayoría fanáticos religiosos, delincuentes y aventureros.

Empirismo

Antes de abordar la exposición sobre el empirismo, debemos indicar -como se verá de modo más extenso cuando tratemos sobre la Ilustración- que el conocimiento estaba en manos de la Iglesia, y más en concreto de la doctrina Escolástica, que lo sometía todo al control de la religión y la fe. Después vendría la Inquisición, y todo eso. Desde ese prisma, queda claro que ningún avance, investigación, descubrimiento ni postulado, podría poner en cuestión la coherencia o verdades del discurso religioso. Se suponía que, la ciencia podía avanzar, pero a nadie se le escapaba que debía ajustarse a las doctrinas de los sabios S. Agustín y Sto. Tomás. Conocidas son las angustias que pasó Galileo y el olor a chamusquina de Giordano Bruno.

No obstante, en algunas latitudes (nunca en España) lejos de Roma era menos difícil la libertad de pensamiento. Así, en Inglaterra aparecieron pensamientos discordantes respecto de la mano única de Dios, en la pluma de F. Bacon, de T. Hobbes y de otros. Sin embargo, la mayoría siguieron temerosos de Dios o de sus representantes terrenos, y también es verdad, que algunos teorizaron en sintonía con la Escolástica de modo libre y convencido. En este ángulo hay que situar el pensamiento de Spinoza, de Leibniz y las aportaciones algo divergentes de Descartes. Del segundo y de su Teodicea ya hemos hablado en las primeras páginas; expondré pues algunas líneas acerca del tercero.

René Descartes, filósofo francés que vivió la primera mitad del siglo XVII, parece que se amilanó en sus pretensiones del conocimiento cuando conoció las pesadillas de Galileo. Pretendía formulas que generaran certeza, y desechaba todo lo que ofreciera dudas. Comenzó dudando de todo menos de que dudaba: "cogito ergo sum" pienso luego existo. Su método (obra: *El Discurso del Método*), pretendía encontrar la verdad y el conocimiento a través del razonamiento, que desecha todo lo que no sea comprobable. En esto se acercaba un poco a Bacón, pero empeñado en demostrar a Dios, acaba cediendo ante las ideas innatas -Dios nos las dispone-.

No ya en el campo de la ética, pero sí en el del conocimiento, es aceptado que con F. Bacon se inicia lo que se conoce como *Empirismo* Inglés. F. Bacon, filósofo y político inglés, desarrolló su obra hacia el 1600. Su orientación, se caracteriza por alejarse del racionalismo cartesiano que pretendía la verdad cierta y evidente desde el razonamiento -siempre subjetivo- , capaz de engañarse si la supuesta evidencia no se contrasta o somete a las pruebas de lo sensible. La única fuente válida de conocimiento es el contacto de los sentidos con los objetos. *Se rechaza la idea de que existan ideas o contenidos mentales, que no procedan de la experiencia.* Cuando nacemos, nuestra mente es una "tabula rasa" y no hay nada impreso; se desecha por tanto el conocimiento a priori. Bacon sustituyó la filosofía de Aristóteles y su método deductivo y la Escolástica por el método inductivo y experimental. Quería sentar los cimientos de la nueva ciencia, que debía alejarse de la metafísica y cuestionar el método matemático de Descartes y Leibnitz, para centrarse y dominar la naturaleza. Él va a proponer un sistema basado sobre todo en la observación y las percepciones sensoriales, pero (dirá) con rigor, orden y sistematización, que puedan conducir a un progreso tras el esfuerzo de cualquier estudio. No se tratará simplemente de observar y recoger montones de datos, sino que debe haber un proceso inteligente, que nos ascienda a los axiomas y los principios. Su método será la inducción.

Hemos dicho que para Descartes todos los contenidos mentales eran ideas. David Hume (memorable filósofo inglés), dirá que existen impresiones -especie de huellas, memoria-, que serían el escalafón más bajo de las sensaciones, y sobre esas impresiones se articulan ideas, que son muchas, y que pueden ser simples o complejas. Las impresiones son de dos tipos: sensación y reflexión. Sensación se corresponde con las ideas simples, se encuentran de común a través de los sentidos, es la idea de verde, de rugoso, de largo; pero las reflexiones son más complejas, como la idea de frío. ¿Quién existe?

Descartes, Locke, Berkeley, dicen que existe yo y Dios, aunque no la extensión. Hume dirá que no existe yo, ni Dios ni la extensión; lo único que hay son vivencias: lo que se toca, se palpa, se siente. Dios, la substancia y la metafísica quedarán fuera, y empiezan a no ser objeto de conocimiento. A lo largo del libro varias veces hablaremos de estos tres filósofos (aparte Descartes). Por ahora, señalar que son tres de los representantes más genuinos del pensamiento e Ilustración Inglesa.

En lo tocante a la ética, Hume se plantea si las ideas morales se fundan en la razón, como se creía desde antiguo, o si tal vez su base sean sólo los sentimientos. Pero, -pregunto yo- por qué tenemos y heredamos esa forma de sentir. Sostiene que, lo que denominamos bueno o malo no es la propiedad de ningún objeto moral. Si analizamos una acción, no aparece lo bueno o lo malo como cualidad de ningún objeto interviniente, sino como sentimiento de aprobación o desaprobación sobre los hechos en cuestión. Pero además, la moralidad no se ocupa del ámbito del ser, sino del deber ser, trata de prescribir lo que debe ser. Apunta, que hay un paso ilegítimo del ser (los hechos) al deber ser (la moralidad), y que tal paso ilegítimo conduce a la falacia naturalista. Pero -digo yo-, en el mundo de relaciones interpersonales necesitamos de la moral y de las consideraciones sobre lo bueno, malo o justo de una acción (Él admite que necesitamos la moral), porque esas consideraciones o pautas o juicios de conducta son la savia atávica del mundo, desde que existe la sociedad, sin acuerdos sobre esas categorías el hombre no sobreviviría. El hombre se adaptó, y sobrevive porque entendió esas categorías (lo correcto, lo justo), les dio gran importancia, las transmitió en el ADN cultural y les dio categoría de observación y experiencia acumulada, transformada en axiomas; el hombre necesita automatismos adaptativos y necesita unos acuerdos mínimos sobre el bien y el mal (índices de supervivencia), y por tanto, esas categorías, pasan a ser el primer y más importante escalón de la razón. Más adelante seguiremos con este asunto.

Cierto que los juicios éticos -bueno y malo-, nacen de los sentimientos y que no son falsables (Popper) ni demostrables, pero a través del tiempo cultural, la experiencia y la repetición, se transforman en axiomas y son aceptados como fundamento de la razón. ¿Qué sería de la razón sin unas coincidencias mínimas sobre lo bueno y lo malo? Él encuentra que la moral se fundamenta en los sentimientos, y arguye que sobre esta base no puede haber coincidencia universal (desde este supuesto no valdría la universalidad kantiana), lo cual conduciría a un relativismo moral. Su posición es conflictiva. Con su enfoque pretendidamente observacional y empírico, no puede aportar solución satisfactoria, y la que se inventa al mencionar la utilidad, es un mal parche en sus convicciones, pero como no encuentra nada satisfactorio en la experiencia, se atreve con ella. Justificará los juicios de la moral en la idea de utilidad (aún no se hablaba de Utilitarismo), pero esto también será subjetivismo y relativismo. Su principio de utilidad no será menos relativo que la universalidad de Kant. Hume niega el estado de naturaleza, indicando que solo es una ficción filosófica (cierto, nadie lo ha negado). No hay forma cierta de saber si la sociedad es más el resultado de deseos y acuerdos de colaboración -opina Locke, Hume, Rousseau-, o por el contrario es el resultado de la imposición, la espada y el miedo, como sostenía Hobbes. Considera igualmente posible una sociedad con gobiernos coactivos, y su contrario. Nada certifica que el Estado fuera una consecuencia natural de la sociedad, "de hecho sociedades sin gobierno es muy natural en los seres humanos, caso de las tribus de América" (Hume). Excepciones al margen, parece más posible el supuesto de que en cualquier tribu con cierta actividad guerrera hay un soberano, un poder, una dirección, e incluso miembros que sostienen ese poder y obligan a acatar normas, eso, exactamente es el Estado. Una sociedad sin Estado, requeriría que todos sus miembros fueran muy avanzados y muy libres. Apunta: "solo el aumento de las riquezas y posesiones individuales, puede explicar por qué se constituye un gobierno...*defensa de la propiedad privada*". La única legitimidad del gobierno debe ser la utilidad social, "cesando la obligación de obediencia cuando desaparezca el beneficio o la utilidad social". Este es el paso anterior a Rousseau. Este dice que cuando desaparece el beneficio social, y lo que se instala es el perjuicio, el pueblo tiene derecho a romper el Contrato y de este modo "asume el poder en sus manos". Sublevarse para deponer al dictador.

Filósofos

El Empirismo es sin ninguna duda y alto merecimiento, filosofía. Pero es un área un tanto específica que se ocupa fundamentalmente del acceso al conocimiento y de su utilidad para la ciencia. He mencionado ahí, filósofos como Locke y Hume que expusieron teoría en diversas áreas sociales. Lo que he expuesto de su pensamiento, cabe en ese enfoque acerca del conocimiento. Ahora examinaremos una filosofía más abstracta y social, en la que aparecerán de nuevo estos mismos filósofos, y otros más. Trataremos sobre las ideas sociales. Son filósofos que se sueltan un tanto de la mano de Dios, y que se mojan de la realidad social que ven y viven, y analizan.

Ya indiqué, que Descartes andaba dando tumbos alrededor de la sustancia, cuando T. Hobbes -su concepción mecanicista consideraba al hombre como cuerpo-maquina- postulaba que el pensamiento o la conciencia no es una sustancia separada del cuerpo, sino parte del conjunto "entidad corporal", que proviene y se reduce a la sensación. Eran los primeros pasos de un nuevo enfoque en el que el conocimiento precisa ahondar en las sensaciones, aunque este capítulo lo desarrollaron mejor los mencionados filósofos empiristas.

En lo que concierne al objeto de mi estudio, Hobbes, ofrece *una de las primeras explicaciones del mal y del mal social*, centrado en los hombres de carne y hueso, sin referencias a Dios ni a la religión. Hablaremos extendido en distintos momentos sobre Hobbes, sobre todo al confrontar sus posiciones con las de Rousseau. Hobbes ofrece un perfil siempre favorable al poder fuerte, mostrándose partidario de las monarquías absolutas. Su concepción más definida sobre política, sociedad y del hombre, lo expone en su obra El Leviatán (la maldad humana), publicada en 1651. Es necesario conocer que Hobbes nació en Inglaterra en 1588, cuando este país aún no era la potencia que sería, y temía el mayor poder y dominio de los ejércitos españoles. Se desprende de sus escritos, que el temor a verse invadido le hizo concebir sus teorías sobre un estado fuerte y absoluto. La obra, diserta acerca del hombre, su naturaleza, su modo de vida social, y el derecho que se origina cuando se elige un jefe. Hobbes tiene muy claro que el hombre *es egoísta, y el placer lo quiere para sí*, lo cual ocasiona con frecuencia choques con los intereses y ambiciones de otros, cuya consecuencia es la guerra total y continua, la destrucción y el mal.

En 1723 el doctor Bernard Mandeville (inglés, casi un silgo más joven que Hobbes) escribiría una obra que escandalizaría a la sociedad inglesa, tanto como decir al mundo. Su Fábula de las Abejas ejemplificaba acerca de la ética amoral que gobernaba el corazón de todas las personas: vicios, reducidos a egoísmo, que postulaba como razón última de toda acción humana, "el mal es el gran principio que nos hace criaturas sociales, es la base sólida, la vida y el sustento real…". Pero el mal también encierra alguna compensación -sostenía-. De hecho -pensaba-, las primeras nociones sobre el mal y la moralidad en el entorno del hombre salvaje, fueron introducidas por hábiles políticos para que se ayudaran unos a otros (esos hombres) sin dejar de ser dóciles, y así, obtener el mayor beneficio posible y gobernar sobre muchos individuos con facilidad y seguridad. El hombre no obra por principios de razón o consideraciones de moral abstracta, sino que obedece a los deseos y pasiones que anidan en su corazón. Aunque le guía el vicio y el egoísmo, la sed de fama, el orgullo y el amor propio, el hombre tiene facilidad para enmascarar estas actitudes mostrando buenos modales y desparramando ideas sobre la virtud y el honor. Puede parecer que es capaz de altruismo, pero lo que se esconde, solo es el interés propio -siguen siendo sus ideas-. Detrás de las buenas actuaciones, siempre se esconden los mismos motivos: el egoísmo, el aplauso, la vanidad. Napoleón confesaba algo parecido: "La causa de las revoluciones es la vanidad", y hasta Hegel ofrece una idea similar cuando afirma que "lo que mueve al hombre es el afán de reconocimiento" -prestigio-. Respecto del comercio, afirma, que "el hombre está gobernado por amorales pasiones escondidas, que aunque le avergüenzan, constituyen el soporte de una sociedad próspera". También confirmaba que el consumo ostentoso y el despilfarro son positivos, porque el ansia de aparentar y competir, empujan el movimiento económico, sin recompensa no abría esfuerzo.

Pocas cosas que atañan a la sociedad se podrían explicar en el pensamiento inglés y por extensión europeo, si alguien decidiera prescindir del abanico de influencias que sembró Adam Smith. Fue un filósofo escocés (1723-1790) que heredó de Hutcheson la cátedra de filosofía moral en la universidad de Glaswou. Su vertiente más notable, se centró en la economía y el mercado, aunque a mi propósito le es más interesante su concepción ética. Su obra, que hace referencia a estas cuestiones, es *Teoría de los Sentimientos Morales*, donde refleja posiciones filosóficas cercanas a la escuela del sentido común escocés (intuitiva). La obra citada, gira, en torno al concepto de "simpatía" (si no idéntico, muy similar al de empatía), que concibe como un sentimiento moral "intuitivo", no racional, donde el protagonista sintiente de la simpatía se alegra de la alegría ajena y se entristece con la tristeza del otro; se trata de una actitud emocional e introspectiva mediante la cual el personaje reflexivo quiere y es capaz de ponerse en lugar del actor. Se muestra en desacuerdo con Hobbes en que la base del hombre sea la maldad y el egoísmo; para él en cambio, la simpatía es el cimiento de las acciones humanas. Escandalizado con la fiebre que expandía Mandeville se mostró contrario, opinando, que una sociedad no será feliz y próspera, en tanto muchos de sus miembros sigan reducidos a la miseria y la pobreza.

Ya hemos mencionado que su otra parcela era la económica, donde sobresale su obra *la Riqueza de las Naciones*, de la que es obligado decir muchas cosas, pero que yo sólo apuntaré un breve bosquejo. Según Dugal Stewart, primer biógrafo de Smith, el merito de esa obra no proviene de la originalidad de los principios, sino del razonamiento sistemático, científico, y de la claridad con que son expresados. La obra es una crítica a las concepciones en boga: el mercantilismo, y los fisiócratas (concepciones económicas francesas que basaban todo el valor en la tierra). En su exposición, lo que realmente proporciona valor es el trabajo (más que el campo, los edificios, los barcos, la maquinaria, las finanzas), que se potencia mediante la división del trabajo, y contribuye a aportar crecimiento económico, que junto al deseo y la necesidad de intercambiar, son las recetas para el desarrollo y progreso de los pueblos. Lo más real de las actividades económicas humanas es la actitud egoísta de los particulares, pero ese beneficio egoísta que cada uno persigue, con frecuencia, repercute en el bienestar general; es la mano invisible del egoísmo particular quien mejor regula el mercado, "laissez-faire" dejar hacer. Es partidario de la libertad emprendedora, mostrándose contrario a la excesiva regulación y a los proteccionismos que maniatan toda iniciativa e inventiva e intercambio entre los países, si bien también se opone a la total ausencia de control o anarquía del Estado que favorece el atropello de poderosos sin escrúpulos, o la protección de monopolios que coartan el comercio y la competencia. Tampoco se debe olvidar que el Estado no debe hacer dejación absoluta en el campo económico, porque hay parcelas de interés público que en ocasiones no son rentables ni de interés para el negocio particular, y, sin embargo, son bienes necesarios para los ciudadanos, como puedan ser carreteras, puentes, educación, etc.

Para lo que nos atañe, los filósofos han sido muy importantes, porque desde antiguo todo el saber se concentraba en sus mentes, luego en las de la Iglesia. Con el tiempo fueron perdiendo interés y cediendo relevancia en pos de la ciencia, pero con frecuencia, el mundo giraba sobre las ideas que ellos debatían. Sus ideas son la base, freno o acicate, sobre las que se construyeron las relaciones sociales, los progresos y retrocesos, las buenas o malas acciones.

Pero no tiene sentido que mencione la larga lista de filósofos. Me centro en aquellos cuyas ideas son más significativas en la dicotomía bien-mal, y en aquellos que más influencia tuvieron en el orden social y político. Por ello, además de la Ilustración, de la que trataré unas páginas más adelante, expondré algunas ideas sobre el pensamiento de Kant y de Hegel, aún cuando ambos son posteriores a los ilustrados simbólicos. No considero imprescindible exponer las ideas de los muchos filósofos de la Ilustración, como Voltaire, Diderot, Montesquieu, etc. de los cuales en todo caso hablaremos algo, al tratar la Ilustración.

Kant, filósofo alemán que vivió de 1724 a 1804. Influyó en el pensamiento posterior de muchos filósofos, influido él a su vez por la filosofía de Platón, Aristóteles, St. Tomas y Rousseau, entre otros. Sus tres obras célebres son: *Critica de la Razón Pura, Critica de la Razón Práctica, y Fundamentos de la Metafísica de las Costumbres*. La Crítica de la Razón Pura fue publicada en 1787. Kant siempre escribió áspero y duro, poco comprensible incluso para los legos. De la Critica de la Razón Pura se decía que era una "obra oscurecida por toda esa pesada telaraña".

Kant era pietista, y siempre estuvo muy preocupado por la moral, el ascetismo y el pecado. Creía en la versión del pecado original, y, en razón de éste, entendía que el hombre era malo por naturaleza y que no podía escapar a esta tendencia. Su estudio del conocimiento se centraba en lograr explicar cómo conectan las facultades intelectuales con las sensibles. Su concepción se desvincula del empirismo inglés, aunque parte, al igual que estos, de la experiencia y de los sentidos. El distingue entre, nuomeno, que sería la realidad sensible, y fenómeno, que es la aplicación del sujeto para captar la esencia de las cosas en torno de la realidad sensible o nuomeno. Niega que la razón humana sea capaz de aprehender la realidad. Esa posibilidad la ejerce el sujeto a través del conocimiento a priori (Dios). El conocimiento del mundo es pues subjetivo, luego el entendimiento configura el mundo en base a cualidades que sirven de coordenadas para captar las cosas, esas cualidades son el espacio y tiempo, que para él, son intuiciones puras, conceptos a priori. Quiso que la mente, que se aplica y conoce sobre la experiencia, conociera también acerca del mundo trascendente, pero no lo logró, lo admitió y acabó negando valor a la metafísica. Concibe la ética desde los usos y procedimientos de la razón. La voluntad -o buena voluntad- es el fundamento de la acción ética. ¿Qué máximas mueven a la acción que podrían ser adoptados por una pluralidad de agentes sociales -personas actuantes- ? Para encontrarlas, se han de rechazar principios que no sirvan a una pluralidad de agentes. Los buenos principios, los auténticos principios morales tienen que ser principios universalizables: *máximas que adoptarían agentes sin conocer nada sobre deseos o preferencias*; razón y abstracción buscando el bien por encima de los hechos o conocimientos concretos. La primera máxima de toda acción ética es lo que llama "Imperativo Categórico", que es una norma de rango superior, y cuya forma de ley universal dice: "*Obra según la máxima que al mismo tiempo puedas querer se convierta en ley universal.* Es una versión de la idea de Sto. Tomas "no quieras para otro lo que no quieras para ti", o aquello de "ponerse en lugar del otro"; línea de pensamiento que retomará Rawls (trataremos varias veces su pensamiento).

Distingue dos éticas: las éticas empiristas, que son las anteriores a él, y la ética formal, que es la suya. La Razón es la autoridad última de la moral. La ética siempre estará basada en la libertad, no de tipo anarquista, sino una libertad comprometida, roussoniana. El hombre es un ser racional. La razón posibilita el ejercicio de leyes naturales, de modo que el hombre analiza, elige y decide, es libre. Y porque es libre de actuar, sus decisiones y actos van a depender de su voluntad. La moralidad es el ejercicio del acto comprendido y libre, para ello entran en juego el raciocinio y la voluntad. *Solo eres moral porque eres libre, solo quien es libre puede hacer uso de su voluntad.* De la actuación obligada, no tiene merito ni se es responsable. El hombre es libre en razón de la Razón, y la Razón posibilita la moral: la acción correcta o incorrecta, el bien o el mal, por tanto somos responsables. Pero si Dios es omnisciente y omnipotente (Teodicea), conoce el pasado, presente y futuro de todas las cosas y actos, ¿no está pues determinada nuestra línea de actuación?, ¿somos, o no somos libres? Kant nunca logro liberarse de esta telaraña.

Hegel fue un filósofo alemán. Vivió de 1770- 1831. Sus influencias son Platón, Aristóteles, Rousseau, Kant, Fitche y Schelling. Consideraba que la Historia es un continuo donde cada etapa supera a la anterior y la justifica (dialéctica), por lo cual aplaudió en principio la Revolución Francesa, que criticó después. No me pelearé mucho con Hegel, muy espeso para mí. Su filosofía gozó de un enorme reconocimiento. Cuenta Laín Entralgo (filósofo español del siglo XX), que Menéndez Pelayo le llamaba "Aristóteles de nuestro siglo"; la "madurez intelectual de Europa es Hegel" escribía Zubiri.

Su filosofía derivó en dos vertientes: a) el Estado como culminación del absoluto infinito, cuya amplificación da origen a las orientaciones fascistas; argumentaba que la Razón gobierna el mundo y por tanto la Historia ha transcurrido racionalmente. b) la reinterpretación de su dialéctica desde la "izquierda hegeliana", que pone patas arriba casi toda su filosofía, alejándola del absoluto y la metafísica, para centrarla en la realidad de las circunstancias sociales vivientes.

Respecto de la sociedad, él habla más de comunidad, y de Voldgeist (espíritu del pueblo) como algo concreto, y de espíritu individual como algo abstracto. El modelo Voldgeist era lo que creía mejor para la mayoría de los alemanes: no era preciso que la libertad y la conciencia les llegara a todos. Entendía la democracia de modo restrictivo, para los capaces; la autoafirmación no está al alcance de las masas.

Todos han coincidido en que su filosofía era muy compleja, y la mar de enrevesada. Quizás tuviera razón Popper: "Lo que no es claro, es nada". De modo similar pensaba el Círculo de Viena (le trataré en el capítulo II, Filosofía Analítica) sobre los razonamientos tan embrollados. Como señala R. Bernstein (define a Hegel como "prestidigitador de la palabra"), era pura contradicción. En Hegel, cada frase es lo que es y su negación, sus afirmaciones, sus contrarios, su dialéctica, todo es ello y esto, todo y nada, es imposible afirmarle o negarle, es pura infinitud, es verdad y es mentira. Dice Bernstein que Hegel hace trampas con los conceptos, es un "prestidigitador de la palabra". "En suma, podemos leer a Hegel tanto hacia adelante como hacia atrás: desde la perspectiva de lo finito y desde la de lo infinito verdadero". No filosofa sobre cosas reales, de desarrollo de industrias, de obreros, de personas con sus progresos o miserias, no, solo habla de espíritu, de abstracción, de entelequias y metafísica. Marx le reprocha: "Las instituciones jurídicas y políticas, así como las distintas formas de Estado, no pueden explicarse por sí solas y en virtud de un autoproclamado desarrollo del espíritu humano, sino que son consecuencia de las condiciones materiales de vida".

Bentham

Jeremy Bentham nació en 1748, de familia acomodada, estudió en la universidad de Oxford, y era abogado con 19 años. Estos datos indican un status no al alcance de cualquiera, que con frecuencia configura los límites de la capacidad reivindicativa y transformadora. Es inusual que alguien arremeta contra su cuna, excepciones hay las, pero son pocas. Escribió *Introducción a los Principios de Moral y Legislación*, en 1789.

Bentham tomó el principio de mayor felicidad, de Hutcheson, quien lo formuló en 1725. La frase "la mayor felicidad del mayor número" la empleó por primera vez Priestley en 1768, y Bentham la emplearía en 1776 en sus *Fragmentos del Gobierno*. Bentham, fue de los primeros en clarividencia social y en arremeter contra el oscurantismo heredado de la Escolástica, empujando para que el saber se abriera a muchos y bajara de las escaleras oscuras de los monasterios, poseedores de mucho poder, y dueños de las ciencias y el conocimiento, que dejaban fluyera según sus dictados y conveniencia. Bentham examinó los estudios de Beccaria acerca del Derecho, la proporcionalidad de las penas y el propósito del castigo, y dedicó amplios esfuerzos a examinar, reformar y modernizar el derecho de su país. Por encargo del Jorge V, diseño casas de acogida para pobres y reformatorios (Panoptichon), cuya proyecto no tuvo la acogida deseada, hecho que le habría de enemistar con el Rey, y con gobernantes de otros países a los que también trató de vender el proyecto. Respecto de este proyecto, deseaba ser nombrado Subrégulo, y tenía intención de lograr rendimientos de niños, enfermos y desvalidos. Nunca fue tenido muy en cuenta su proyecto social, del que nunca se apeó, dado que mandó reimprimir varias veces estos escritos[30]. Estos y otros yerros, le granjearon mala reputación tras su muerte. Sus ideas se constituyeron en la base filosófica de la clase media acomodada.

El origen del utilitarismo es el enfoque empírico y analítico de la economía política británica[31]. Indica J. Colomer que la primera etapa del utilitarismo de Bentham se nutre de Hume y la filosofía escocesa del sentido común, el epicureísmo y algunas coincidencias con los ilustrados franceses (Helvetius, Diderot), y la reforma del sistema penal y procesal (Becaria). En el plano eminentemente filosófico, Bentham cree descubrir que en la vida perseguimos el placer (toma partido por Epicuro, y sus "cerdos") o ausencia de dolor. Ya se ha mencionado que tomó prestada la frase "la mayor felicidad para el mayor

61

número", pero el mérito en este asunto es suyo, dado que fue él quien creó un sistema filosófico -pretendidamente moral- en torno a esa frase y esa idea. Todo esto, se trata de modo más extenso en el capítulo III. A primera vista, parece cierto, que perseguimos felicidad y placer, luego toda cuestión ha de centrarse en medir y cuantificar el placer. Eso creía él, y a ello se aplicó. Pero no deberíamos examinar la realidad y el placer como guía, desde los cánones de confort que hoy conocemos, sino posicionarnos en vida inglesa de 1790, donde se citaban dos clases: los poderosos, y los pobretones (90%), los cuales bastante tenían con comerse las lágrimas y sobrevivir. Visto así, no cabe apuntar que la humanidad perseguía la consecución del placer, sino sobre todo o en primera instancia la ausencia de dolor. Luego Bentham, se desvió un tanto en cuanto a la formulación de los deseos y motivos del hombre, y lo que pretendía medir, solo era entretenimiento para ricos.

El diseño del utilitarismo no hubiera tenido gran recorrido si hubiera de circunscribirse o basarse en las aportaciones de su mentor principal; pocos valoraron de modo entusiasta esas aportaciones que se centraban en el placer egoísta, y en unos intentos de medición de los grados de felicidad, que no había manera de que parecieran propuestas coherentes ni empíricas. Pero Bentham era muy amigo de John Mill, y su hijo Stwart vivió de cerca el estrecho contacto entre ambos y sus diálogos filosóficos, y, conforme maduraba, se fue permeando de ese enfoque filosófico que después él modificará dándole consistencia y contenido. En su obra *El Utilitarismo*, el mismo Mill señalaba que el sistema de Bentham conducía al fatalismo y la legitimación de la autosatisfacción: placer y egoísmo. El hombre debía tender a "cualidades más elevadas que el mero placer". "La búsqueda de la felicidad deber ser, pues, la búsqueda de los placeres superiores, identificados con tales placeres el arte y la literatura, la amistad y el interés por los asuntos colectivos"; se tratará de placeres más "altruistas y virtuosos". Cuando Mill redunda en torno al principio de felicidad, menciona ideas como "consultando los intereses de todos"[32], "...que los intereses de los demás son sus propios intereses"; alude en abundancia al concepto de simpatía.

Hablamos de utilitarismo porque hablamos de ética, de actos buenos o justos, de maldad. En la época moderna hay dos importantes modelos o paradigmas sociales que abarcaron toda la concepción de la ética o la moralidad: la ética liberal o utilitarista, y la ética igualitaria o socialista -de base roussoniana-. No es exactamente lo mismo liberal que utilitarista, pero en algún momento expondremos que las diferencias son nimias, al igual que ocurre con los calificativos en el otro lado.

Ilustración

La Ilustración es un movimiento ideológico a mitad del XVIII que abarcó todas las ramas de la actividad humana. Caracteriza todo el siglo, y suele llamársele Siglo de la Ilustración o "Siglo de las Luces". La época anterior se considera oscurantista, dominada por los autores clásicos y la Biblia cristiana, en la que el hombre se sentía culpable y no se atrevía a pensar ni estirar el cuello, facilitando así la dictadura de los príncipes, ensalzados en los escritos de Hobbes y Maquiavelo. Lo común era el régimen de terror espiritual impuesto por la Iglesia, apoyado y en beneficio de los poderosos. La ciencia y el conocimiento estaban en los monasterios, los colegios y universidades, que eran patrimonio del clero. La fe lo impregnaba todo, nada escapaba a su extensión y control, y quien se atreviera a dudar o cuestionarlo, pronto estaría seguro de su incierto futuro. En el siglo XVIII el hombre se pondrá en pie y se atreverá a hacerse preguntas y buscar la luz. Antes había actitudes incoherentes y grandes errores en temas como el mal, la providencia, la libertad; Dios era la explicación de todo. Ahora, dirá Pedro Bayle: "No hay nada más insensato que razonar contra los hechos; no es necesario recurrir a Dios para explicar el mundo"; más adelante, Nietzsche y otros se pronunciarán de manera semejante. En filosofía se estaba imponiendo el empirismo, y los filósofos y los pensantes empezaban a creerle capaz al hombre en sí mismo, e independiente de Dios, y pensaban mayoritariamente que el hombre es bueno por naturaleza y que se *malicia en razón de la civilización*. Había una confianza utópica y exagerada en los avances del progreso y las posibilidades de felicidad mediante la aplicación de la razón, cuyo esmero posibilitaría el surgimiento de *un nuevo hombre*. Gran parte de la burguesía y de los comerciantes no participó de este movimiento ilustrado. El grupo más decidido en este campo de las nuevas ideas sería el de los filósofos, gente con posibles, status acomodado y formación; es decir, que procedían en su mayoría de la clase alta y media, lo cual explicará por partida doble que se muestren a favor de las reformas, la libertad, el nuevo hombre, la libre empresa y el reparto del poder; a la vez que comedidos y contrarios a revoluciones tales

63

que pudieran subvertir todos los cimientos de la estructura social que les es favorable.

El conocimiento debe estar en la ciencia y lo observable, como anteriormente postulara Bacon. Se apreciaba en la dialéctica filosófica del momento, una concepción general de avance, optimismo, confianza en el futuro, en el ser humano y en sus capacidades, y la necesidad de una nueva noción de justicia en cuanto a la mejora y distinta consideración de la dignidad del ser humano, con referencias a la compasión y la benevolencia (Smith, Hutcheson). Ya hemos mencionado que la Escolástica era la dueña de todo el saber y de toda posición de verdad, que hacia depender de la fe. Contra todo esto, se alzó todo el pensamiento del siglo XVII a partir de las ideas incitadoras de Locke, Bacon, Bayle, Hume,etc. Todos estos pensadores querían un mundo ajeno a las garras de la religión y la Escolástica, y configuraron, primero en su mente, y luego en sus escritos, un mundo libre que permitiera el pensamiento, la duda y la investigación. En consecuencia, en el área social se permitieron exponer ideas contrarias al sistema político vigente, que o bien se basaba en alguna variedad de absolutismo, o bien permitía algunos derechos a capas sociales acaudaladas, negando todo derecho a la inmensa mayoría del pueblo. Kant dirá que: "Ilustración es la salida del hombre de su culpable minoría de edad". En síntesis, la Ilustración estaba en contra de la superstición, la religión, la Iglesia, los dogmas, la metafísica (se ocupaba entre otras materias de la moral, que hacía depender directamente de la religión), el poder absoluto y la falta de libertades y derechos de los hombres. En esta línea, casi todos los filósofos se pronuncian contra la metafísica, a la que asocian con el oscurantismo, la especulación, y la no experiencia. Bayle, será uno de los primeros en esta tarea y en el intento de fundamentar una moral ajena a la religión. Dalambert (enciclopedista) arremetía contra los metafísicos, "como los verdaderos filósofos griegos criticaban a los sofistas". Desechan la idea de que el hombre sea el centro del universo, y que la naturaleza esté a su servicio. Más bien al contrario, descubren su calor y sus valores, e invitan a su conocimiento, y, estudian y valoran otros tipos de sociedades de corte no occidental. De los estudios en este campo concluyen, que si la desigualdad no estaba en la naturaleza, las desigualdades reales que se observaban en la sociedad constituían una injusticia. Todos ellos se postulan a favor de la noción de igualdad, "los hombres han nacido libres e iguales", lo cual no quiere decir que propugnen la igualdad absoluta de todos. En los siglos XVII y XVIII, era común no cuestionarse las ideas de desigualdad y segregación, parecía lo más natural; había escaso cruce de gentes y de clases, incluso en los locales públicos y cafés. Nadie lograba aún imaginar lo contrario. Esas ideas fueron la palanca de la lucha contra la esclavitud, que se abolió por primera vez en Inglaterra en 1807, tras la batalla titánica de W Wilberforce y T. Clarkson. Una línea similar, la de la moral, estará muy presente en todos los filósofos: el hombre debe ser mejor y un mejor hombre social, lo cual tiene que ver con las instituciones y el sistema político, que intentan mejorar para que sea posible una mayor justicia social. Proponen que el hombre alejado de la superstición, considere la posibilidad y el derecho a la felicidad, en esta tierra. Por último, debido a los avances derivados de la navegación, la ciencia, y el surgimiento de la Revolución Industrial, considerarán que se abren infinitas posibilidades de progreso, que se traducirá en un mayor bienestar para todo el mundo. Veremos más adelante, que no todos estuvieron de acuerdo con esa sentencia, exagerada y utópica.

Con estos postulados se desarrolla el "nuevo hombre" y se afianza el burgués y la clase media, y merced a su iniciativa y empuje se acelera el comercio, la industria, y otros nuevos valores y riquezas. Todo este furor emprendedor, generaba un gran movimiento de capitales, crecientes beneficios, aumento de status, y transformación de "valores" que escapaban al corsé puritano. ¿Podía el nuevo hombre perderse? La rapidez con que eclosionaban industriales y nuevos ricos ofrecían un panorama divergente y heterodoxo. Ya no era solo la nobleza, sino muchos quienes tenían los bolsillos llenos, y, podían comprar, despilfarrar, exhibir; parte del poder ahora lo detentaban nuevas manos, distintas a las que siempre "había elegido Dios". ¿Podían corromper o cambiar el orden? Ni podían ni quisieron cambiar ningún orden, sólo remover un poco su status y aligerar el corsé moral hacia una vida más licenciosa. Y eso era lo que temía Wesley -el gran profeta del metodismo y el evangelismo-, quien sospechaba que la riqueza podría subvertir la religión: "La religión debe promover la diligencia y la frugalidad, y esto solo pude producir ricos. Pero cuando la riqueza aumenta, igual sucede con el orgullo, la ira y el amor por todas la cosas". Inglaterra había hecho su Revolución en 1640, a través de la cual se consiguió que el Rey no ejerciera un poder absoluto, sino compartido. No ocurrió de igual modo en Francia (ni en España, ni en Italia, ni en Alemania) donde nunca existieron un elenco de leyes que institucionalizaran la ayuda a los pobres; la caridad era más individual y privada, por tanto menor, y los sin-nada fueron mucho más abandonados. Los filósofos franceses no tenían la tradición ni la base para referirse a la benevolencia ni la compasión. Puede comprenderse que estas diferencias conceptuales son referencias de un sentir general de las sociedades. En Francia el choque con la realidad era duro, en Inglaterra estaba amortiguado (Poor Law). Hay otro elemento igualmente significativo que marca diferencias en esas dos sociedades. En Inglaterra, la religión a través de Wesley ayudo y consoló al pueblo, no hubo nada similar en Francia, donde por tanto la mecha y las posibilidades de ruptura eran más propicias. Esas diferencias, se comprenderán cuando tratemos sobre Rousseau.

En la Francia del siglo XVII la enseñanza estaba en manos de los curas (jesuitas y otros) y las disciplinas eran sobre todo la retórica, en latín o en francés; asuntos o textos fuera de la realidad como los tormentos de Nerón después de matar a su madre, o el discurso de la serpiente con Eva para seducirla. Pensadores y docentes, como pueden, se van alejando de la retórica de Virgilio y Cicerón, y se concentran en la novela: hablan de amor y galantería. El atractivo se centra en personajes como Cyrano de Bergerac, Dehenault, personajes que quieren vivir bien, por cuyo motivo desdeñan la filosofía cristiana dado que sus reglas molestan sus placeres. Hacia 1.680 hay un vivo interés por la ciencia y la inteligencia humana. En la conciencia social, el hombre deja de ser una criatura caída, inclinada al pecado; en la nueva concepción, la razón le ofrecerá inmensos horizontes de actividad y esperanza. Quienes hablan de moral, coinciden en que la *moral no puede ser más que una moral social:* el vecino cuenta, es conveniente establecer acuerdo que beneficien a todos.

Los nobles [14] de París se relacionan, se reúnen y leen a los filósofos; aún son devotos de la Iglesia, pero no pueden evitar contagiarse de filosofía a través de los escritos de Rousseau, Voltaire; se habla de todo, y mucho de filosofía. Se hablará de una moral [15] lejos de la religión, y de la felicidad (espantado el pecado original) a la que el hombre tiene derecho, sin necesidad de referencias a Dios, felicidad con los *demás.* El otro, la sociedad, el concepto global o plural, empezó a ocupar una parte en el pensamiento de la persona. La persona adquiere conciencia de que sufrimos por el mal del otro, nos sentimos dichosos de que él lo sea, o al menos de que no sufra, comienza a importar el otro, la piedad instintiva de que hablara Rousseau, es decir la empatía; benevolencia decían entonces. Estos sentimientos acaban pariendo el concepto de sociedad, solidaridad y hermandad. En las provincias de

Francia[16], en los salones aristocráticos de Potiers y otros, viven como siempre, "se divierten con la danza, banquetes, juego, sin ningún interés por Voltaire o Rousseau", siempre cerca de la iglesia y el párroco, hay ferviente piedad entre la nobleza, casi todos siguen yendo a comulgar, a los filósofos se les considera impíos y se compran libros contra ellos. Algo contradictorio, dado que unas líneas más adelante escribe: "Desde los ricos salones hasta las salas de los pequeños burgueses, desde París hasta la provincia más lejana se extiende el gusto por el lujo, la diversión, la comedia", sobreviene la revolución en las costumbres públicas; "los burgueses empiezan a creer que tienen espíritu, es el camino para llegar a la filosofía". En París[17] los filósofos triunfan y, aunque están prohibidos, logran publicar. DÀrgenson[18] cuenta, que en provincias también se lee la Gazette de París, en Agen, Valenciennes, hay mucha gente instruida que lee y discute. En Amiens, Toulosse, Nancy, etc. se lee a los filósofos, se discute de cosas de interés, y se aplaude la revolución americana. Por otra parte hay una enorme incredulidad en materia religiosa en el siglo XVIII. En "París no hay 100 personas que crean en nuestro Señor", en provincias igual. En Lyon la catolicidad ha degenerado en un deísmo casi universal. Mme Rolland[19] es el paradigma de la mujer bien, que de su condición de devota pasa poco a poco al deísmo de Rousseau. Hacia mitad del XVIII aumenta el malestar general, el pueblo sufre y se pone de manifiesto la escasez de dinero, el hambre, y se adquiere conciencia de que alguien es responsable, y que los cortesanos y los nobles viven muy bien y con privilegios, lo que extiende un sentimiento de cólera. Se conocen crímenes de la nobleza que no se castigan, como el del duque de Fronsac (violación), pero ahorcan a una chica de 22 años por un pequeño robo domestico, mientras los nobles siguen borrachos de lujos, concubinas, pensiones, beneficios y exenciones. El pueblo sabía poco de filosofía, pero ésta estaba permeando la sociedad por debajo. Transformó los espíritus, les hizo reflexionar. Este era el clima social y de pensamiento que inundaba Francia en siglo XVIII, cuando germinaban con facilidad las ideas que exponían los nuevos filósofos (Condillac, Diderot, Voltaire, Montesquieu, etc).

Rousseau J. J. nació en Ginebra en 1712. En diversos momentos de su vida tuvo contactos con Fontenelle, Diderot, Marivaux, Voltaire, D´Alambert. En 1.750 ganó el premio de la Academia Francesa sobre el tema: *¿Contribuyen las artes y las ciencias a corromper al individuo?* Ganó argumentando a favor del sí (idea contraria al progreso ciego en el que ya casi todo el mundo creía), e indicaba que ello generaba una decadencia cultural. Aquella fama y su carácter díscolo e inestable le granjearon muchas enemistades. Hubo de exiliarse en Suiza y después en Inglaterra, en casa de Hume. Volvería a Francia, pero escribió *Las Confesiones*, y de nuevo estaría en el centro del huracán, en gran medida debido a sus paranoias. Aquí murió en 1789, poco antes de la revolución, de la que según algunos, era profeta, teórico e instigador.

Quizás pocos grandes pensadores han sido siempre coherentes con sus pensamientos y exposiciones. Rousseau, un filósofo cuyo compendio de ideas fue favorecedor para el hombre del progreso social, también aportó algunas incoherencias, que cabe considerar inferiores a la suma de aportaciones positivas. No deja de resultar poco comprensible que no fuera capaz de ocuparse de sus hijos. Suele también echársele en cara el aparente desdén por el valor de las mujeres, si bien es cierto que a mitad del XVIII apenas si había otra concepción en este sentido. Desde postulados liberales, se pretende que su concepción de la comunidad anula la individualidad y las libertades, aunque esta solo es una forma de interpretar sus escritos sobre la implicación de los ciudadanos libres en el fomento de la comunidad.

Su obra, en razón de la trascendencia que tuvo, vamos a centrarla en: *Origen de las desigualdades, Emilio y el Contrato social.*

El Origen de las Desigualdades es un alegato contra Mandeville, quien caracteriza al hombre natural como muy egocéntrico, e incapaz de moralidad. Para Rousseau, su pintura acerca del hombre es contraria a la anterior: nada existe tan gentil como el hombre salvaje, el violento es el hombre civilizado. Distingue en el hombre el amor de si, hacia él y los suyos, y el amor propio, que es el amor por el comercio, la codicia, la competencia, y que en consecuencia fácilmente desemboca en guerras continuas que impiden sosiego y consolidación de posiciones y fuerza. Conforme él expone, los listos se percatan de que para que el estado de guerra no sea un choque permanente, y los más fuertes puedan asentar y gozar de sus rapiñas, deben imponer e instauran un contrato -anticontrato social- para legitimar las ventajas obtenidas mediante la fuerza, la usurpación y la injusticia sobre los débiles. Una vez impuesto, se legitima el Estado y se asienta la desigualdad nacida de la rapiña, en el momento en que ruge un poderoso gritó "esto es mío", y los demás le siguieron. Voltaire, Hobbes, Aristóteles y todos los demás filósofos habían aceptado que la desigualdad social (la propiedad) había existido siempre, *él lo pone en cuestión* y rechaza esa idea. Admite la propiedad: tierra que uno ocupa sin que otro antes la ocupara, cantidad necesaria para subsistir, y que la trabaje. El supuesto salvaje de la naturaleza sería anterior a la sociedad, hace 10, 20 o 40 mil años (y solo es una hipótesis teórica). Su hipótesis, nos permite suponer que en aquella época atávica, no existía apenas comunicación, ni *propiedad, ni maldad*, y que todos estos elementos nacieron con la sociedad, que no están desde inicio del hombre, por tanto *la desigualdad no es natural,* se generó a partir de los inicios de la sociedad, y con ella, todos los males (y los bienes) que se derivan de la desigualdad y la propiedad[20]. El Emilio, versa, acerca del valor de la naturaleza como soporte de edución y como medio vital para el desarrollo de la buena persona; aunque su exposición era contradictoria con su práctica, dado que el fue incapaz de cuidar y educar a sus hijos. Algunas de sus ideas, como la recomendación de no forzar al niño, diversión, etc., parece que sí fueron útiles y que tuvieron influencia posterior en pedagogos como Montesori, aunque también ofrecía ideas que hoy nos parecen disparatadas, como el desprecio por los médicos, y la instrucción pausada solo sujeta al ritmo de la naturaleza. No pretende negar Rousseau la existencia del mal entre los hombres, si acaso pretende evitar que ese mal arraigue en el corazón de Emilio. Afirma que el mal no procede del interior del hombre (el hombre es bueno o tábula rasa como decía Locke), sino de la presión ejercida sobre éste por la cultura y la sociedad. "No existe ninguna perversidad original en el corazón humano"; el hombre natural es tímido y huye del conflicto. Observe el lector, la gran diferencia entre estas ideas y las que al respecto expone Hobbes.

El Contrato Social. Dos conceptos destacan en esta obra y en toda la filosofía social posterior, y son parte junto a las aportaciones de Locke y Montesquieu de lo que hoy entendemos por democracia: "voluntad general" y "soberanía popular". De esas dos sentencias se desprende que el elemento importante es el pueblo, más que el líder, gobernante o soberano.

"El hombre nace libre pero en todas partes está encadenado"[21]. "Cuando el pueblo obedece hace bien, pero…cuando se sacude el yugo actúa todavía mejor". El hombre, si pudiendo recobrar la libertad no lo hace, "es que no fue digno de disfrutarla". A la luz de las sentencias anteriores, parece acertado pensar que los pueblos tienen los gobernantes que se merecen.

El hombre acaba inmerso en el medio social, pero "no es un derecho natural sino que se funda en convenciones", acuerdos, porque el acuerdo es entre seres libres. Renunciar a su libertad[22] es renunciar a su condición de hombre. No hay compensación alguna posible para quien renuncia. "Despojarse de la libertad equivale a despojarse del ser moral". Es bonita la idea de que el hombre nació libre, pero pocos hombres tuvieron conciencia de la libertad antes de 1760; lo que sí debieron de saber es que casi todos eran esclavos o siervos, o miserables. El hombre adquiere conciencia de que es hombre -y libre- a partir de la Ilustración.

Hobbes[23] supone que la sociedad civil y el Estado surgen de la imposición por la fuerza (la ley del más fuerte) y la espada[24]. Rousseau niega que exista moralidad en la imposición por la fuerza "ceder a la fuerza es un acto de necesidad, no de voluntad". "Puesto que ningún hombre[25] tiene autoridad natural sobre su semejante, y puesto que la fuerza no constituye derecho alguno, quedan solo las *convenciones* como base de toda autoridad legítima entre los hombres", es decir, los acuerdos entre libres. "Es una convención fútil y contradictoria estipular de una parte una autoridad absoluta y de la otra una obediencia sin límites", no concibe, al contrario que Hobbes, que los hombres puedan ceder toda su libertad y derechos de modo absoluto a un soberano. Los hombres libres[26] pueden encontrar obstáculos para su conservación como seres individuales "no tienen otro remedio que unirse, formar por agregación una suma de fuerzas... obrar de mutuo acuerdo...unirse en una fuerza común... no obedezca más que a sí mismo y permanezca por tanto tan libre como antes. Dándose cada individuo a todos, no se da a nadie". Esta es la idea básica del Contrato Social y del rechazo a la imposición de un poder dictatorial. Así nacería la sociedad civil y el Estado; de un modo opuesto a como lo entiende Hobbes, que lo fundamenta en la fuerza. El hombre [27] había nacido libre, en estado natural. Tras la unión de los hombres en el Contrato Social, el hombre conforma el estado civil; su conducta pasa pues de "guiarse por el instinto a regirse por la justicia, dando a sus acciones la moralidad de la que carecía en principio, y obrando en base a la razón". *La moral nace pues de los acuerdos, a través de la civilización y la cultura.* La sociedad debe tender a la igualdad, pero no absoluta. Ningún ciudadano debe ser "tan rico para comprar a otro, ni ninguno lo bastante pobre para verse forzado a venderse".

El Contrato Social no postula que unos manden y otros obedezcan, sino que parte del principio de igualdad: alguien no puede mandar lo que él no estuviera dispuesto a hacer. Puede verse el parecido (anterior) con el universalismo kantiano. Es mediante la razón y el ejercicio de la *voluntad general*[28] como se generan las leyes. Cualquier gobierno *sometido a la voluntad general* es legítimo. Cuando estemos examinando el caso de Eichmann, veremos que él argumentaba que toda ley o mera voluntad del Furer, era legítima. La voluntad general (de distintos modos todos participan, democracia) es inapelable ya que persigue el interés colectivo, que no es distinto del interés individual. La democracia es el gobierno directo del pueblo. Toda ley que el pueblo no ratifica es nula y no es ley. Las leyes deben ir en consonancia con el pueblo, deben ser posibles de cumplir y atenerse a la costumbre y la lógica, y el legislador debe conocer todo el entorno de la ley. Los gobernantes pueden hacer que[29] degenere la acción de gobierno, y que *usurpen al pueblo la voluntad general*; de este modo estarían rompiendo el Contrato, en cuyo caso el pueblo se desliga de ese Contrato *que se juzga ilegítimo, y asume el poder en sus manos*. Se entiende fácilmente que se legitima la subversión, contra el Poder que incumple el Contrato. El pueblo legítimamente reunido es el gran soberano y está por encima de todo gobierno.

Decía Goethe: Con Voltaire acaba el mundo antiguo, con Rousseau comienza un mundo nuevo. Schlegel opinaba que se trataba de un pensador muy por encima de todos los demás filósofos franceses del siglo XVIII. Hegel afirmaba: el principio de la libertad ha nacido con Rousseau.

Diferencias Hobbes- Rousseau

Desde mi punto de vista, son los dos enfoques preeminentes respecto de la relación hombre-sociedad, y la concepción de la maldad humana. De lo expuesto, se desprende, que Hobbes representa la visión pesimista sobre el hombre y su futuro, *y Rousseau el enfoque optimista* (hasta utópico) -veremos que también era pesimista-, en tanto que de modo general se mostraba convencido de las capacidades del hombre y de las *posibilidades de mejora mediante la educación*, que debía extenderse a todo el pueblo. Porque Rousseau es de los *pocos que creen en el pueblo*; la mayoría, incluidos Voltaire, Diderot, Cobbet, Mill, Hegel y otros, le reconocían al hombre común capacidad limitada en cuanto al raciocinio, la comprensión y posibilidades de mejora. De su apuesta por el hombre *"todos nacen iguales"*, derivará concederle -al hombre- protagonismo de primer orden en la civilización y la historia, otorgándole el papel y título de soberanía popular.

Es muy distinta la concepción de Hobbes, convencido como está de que el hombre es malo por naturaleza y de que su único motivo para la acción es el egoísmo, la avaricia y, por consiguiente la rapiña y la guerra. Dado que de este modo la civilización no puede progresar, argumenta que la solución está en impedir las guerras internas, ¿cómo? imponiéndose unos (listos) sobre muchos (débiles e incapaces). Ofrecer seguridad a cambios de perder libertad (soberano absoluto). No cree en el hombre, sino en unos pocos; en consecuencia, su modelo será un dictador fuerte y listo, y si hay suerte, justo (si se equivoca, no importa). Se entiende fácil que esa concepción social cercenaba el progreso. Dos ideas, ya vistas, se han de destacar de Hobbes. La segunda, que se acaba de resumir, ni gusta ni ha gustado casi nunca al hombre ni a la sociedad; es una mala receta, que no permite hombres (libres; Rousseau, Kant) sino esclavos, o súbditos. La primera, en cierto modo también expuesta al inicio de este párrafo, indica que el hombre es fundamentalmente egoísta, en tanto que las motivaciones reales que guían su conducta son la codicia y el deseo de dominio o afán de poder. A lo largo del libro, yo razonaré que esa afirmación es acertada.

Porque el hombre es pura dialéctica, el mundo se mueve (retrocede, avanza y cambia), y posibilita que asomen nuevas ideas. El progreso y la ciencia inundaron el mundo de ideas optimistas y benevolentes sobre el hombre y su derecho a la felicidad, las ideas de los ilustrados. Fue el cerebro de Rousseau quien mejor expuso ideas de vanguardia y rupturistas, muy alejadas del pesimismo constreñido de Hobbes, ofreciendo una confianza "ciega" en el "nuevo hombre". Se comprenderá que sus previsiones de bondad y optimismo respecto de este hombre estaban desbocadas, pero la relevancia y confianza que concedió al nuevo hombre, hizo que éste se situara en el centro de la civilización, y adquiriera una importancia y derechos de los que carecía, posibilitando su autoafirmación y cerrando la vía hacia atrás. Cierto que Rousseua es el símbolo del optimismo humano "el hombre es bueno y le corrompe la sociedad"; aportémosle educación y el hombre mejorará. Ese optimismo, que más adelante a todas luces se verá exagerado, no se origina de súbito en la mente de Rousseau, sino que se fundamenta sobre el optimismo de S. Pufendorf (filósofo alemán, segunda mitad del XVII), quien a su vez, había recogido la idea de benevolencia de Richard Cumberland (inglés,1623-1718). En una época, mediados del XVII, en que se empezaba a cuestionar a Dios, este filósofo no quería prescindir del Todopoderoso. Buscaba una explicación generosa de la psicología humana, deseando encontrar el hilo de la *sociabilidad*, que cree solo se explica merced a la línea directa con Dios (paquete innato que Éste nos aporta).

He mencionado que a mediados del XVII se cuestionaba la excesiva fe, la superstición y la dictadura de la Escolástica. Hugo Grocio y T. Hobbes exponían ideas que permitían pensar en un mundo autónomo, lejos de la mano de Dios, y un mundo natural centrado en el hombre y en las cualidades del hombre, que según ellos, eran más egoísmo y vicios que virtudes; como se ve una idea muy contraria al hombre creado a imagen de Dios. Esta imagen no gusta a los filósofos de cariz más religiosa como Pufendorf, Shafestbury, Hutcheson. Éste último, confirmaba lo siguiente: "Pufendorf estaba de acuerdo con Hobbes, pero aborrecía esos principios hasta tal punto, que se propuso deducir a partir de los mismos, conclusiones más adecuadas". También Shaftesbury quiere creer que además del egoísmo, también el principio de empatía (simpatía y compasión, dirá Smith) gobierna las relaciones humanas. Pufendorf se pregunta: ¿Por qué el ser humano es un ser social? contesta "Porque Dios ha dotado a todo el género humano con una naturaleza social, obligándole así a vivir en comunidad". Como se aprecia, no hay una demostración ni razonamiento diáfano de por qué el hombre ha de ser bueno, el único argumento que exponen es el derivado de la gracia de Dios. Si el hombre viene de Dios ha de ser bueno, dado que la maldad retrotrae al Demonio, que fue derrotado y echado del paraíso. Aceptando la idea de Dios, solo queda suscribir que el *hombre es bueno*, y por tanto tendente al bien "benevolencia". Este es el concepto obligatorio de los filósofos religiosos, que retoman sin la misma intención los optimistas -Rousseau-. A esa idea de benevolencia unirán después la de empatía y el ser moral. Decidieron que el hombre es *socialis*. Rousseau decía que el hombre era tímido y le gustaba vivir aislado. Como egoísta que es, el hombre está pendiente del para sí. Es un animal sociable porque no lo puede evitar. Sin ese enfoque optimista de Rousseau, que sí caló en muchas esferas sociales, el mundo se hubiera movido al ralentí. Sus innovadores conceptos de *"voluntad general" y "soberanía popular"*, *son la base y espoleta de los cambios políticos y sociales venideros (democracia)*. El modelo de Hobbes era la guerra permanente. El de Rousseau, la bondad y el optimismo perpetuo. Ambos señalan que esos modelos (tienen su utilidad) son ficticios, teóricos y no demostrables. Lo que sí importa, es que si el hombre es tan egoísta como afirma Hobbes, queda condenado, no hay futuro fuera del soberano ni posibilidad alguna de crecimiento o autorrealización por parte del hombre. En este supuesto el hombre no sería libre, y por tanto es nada, solo emerge la voluntad del dictador. Con Rousseau el hombre irrumpe desde la nada, empuja la tierra que tiene encima y se pone de pié, camina y grita: ¡*soy un hombre, soy libre*! Como ser libre, piensa, y rechaza la tortura de sentirse maltratado o malvado, se creerá capaz de modelar el mundo y de hacer cosas buenas. Para Rousseau, el mal es un añadido, y por tanto se puede eliminar devolviendo al hombre a su estado de naturaleza (estado ideal que el autor admite imposible) o reeducándole al cobijo de la sociedad buena, mediante la *educación y la cultura*. En su visión -utópica- hay un *universo de esperanza*. De hecho, el mundo evolucionó en línea con las coordenadas de Rousseau: ciencia, educación y progreso; sin librarse nunca de las cadenas de la codicia y de la maldad. Los pueblos se fueron liberando de absolutismos, el hombre fue ganando cuotas de libertad y autoafirmación, y el pueblo participó (en cierta medida) en la dirección de sus vidas y del gobierno.

Parece así de sencillo y hasta coherente este discurso, y hasta 1940 nadie (a excepción de la ContraIlustración) le puso en cuestión. En ese periodo aconteció el borrón del Holocausto, a raíz del cual se puso en cuestión la idea de humanismo y progreso. Adorno y Horkheimer *Dialéctica de la Ilustración*, analizaron de nuevo los acontecimientos y al hombre social. Dictaminaron que el mundo y la categoría humana se había venido abajo en razón de que existió el Holocausto, del cual, el principal culpable sería la Ilustración. Esa hipótesis, muy polémica, no ha dejado indiferente a nadie. Es un planteamiento cuestionable, pero de peso, que necesitaría muchas páginas para ser analizado; no es el sitio ni el momento. Muy en síntesis, ellos sostienen que el progreso no fue tal, porque la Ilustración fue siempre una maquinaria a favor de la burguesía y el capitalismo, y que ya en su germen llevaba incubado el desarrollo del mal -Holocausto-. Acabarán identificando Ilustración con Auschwitz, porque entendían en 1947, "Que la autonomía y el progreso moral parecían haber sido traicionados por una sociedad totalmente administrada". Aunque la Ilustración nunca fue un compendio monolítico, sino que concitó a muchos pensadores y diferentes puntos de vista, análisis e interpretaciones,

Adorno y Horkheimer tienen claro, que ésta nació burguesa, y fue esa tendencia liberal (mercado y beneficio) que parte de Locke la que siempre se impuso, en detrimento de tendencias más humanistas, "igualitarias, auténticas y espirituales".

La obra de Bronner *Reivindicación de la Ilustración,* (combate el espíritu negativo de los anteriores) defiende la Ilustración como un gran legado luminoso que nos sacó del oscurantismo del miedo y la escolástica, afianzando la razón, el conocimiento y la libertad. Escribe Bronner: "La Ilustración identificaba el progreso no tanto con cierta noción abstracta de libertad, cuanto con la idea de fomentar la voluntad de saber y luchar contra el prejuicio, la insistencia en la tolerancia y la exigencia de un ámbito público democrático". Como este autor deja claro, ContraIlustración hubo desde el primer día, desde la pluma de E.Burke y sus partidarios, que enseguida vieron malas semillas en la Revolución Francesa, en cuanto quiso ir un poco más lejos que su "Gloriosa" (burguesa). "No hay punto de comparación entre las opiniones de los filósofos y las de los representantes de la Contrailustración, que se oponían a cualquier medida progresista…". "Los conservadores tratan de oponer libertad e igualdad, cuando en realidad arremetían contra ambas".

Bronner también opina que los valores ilustrados no pertenecen solo a Occidente, los cuales también se dieron en otras partes del mundo y otras épocas. No puedo opinar del mismo modo. Los valores que él bien describe, con esa intensidad y carácter general solo se dieron en Occidente, en los siglos XVIII y XIX. Otra cosa es, que en todas las épocas haya habido algún buen hombre y alguna buena y humana idea. Por irnos muy lejos, ideas de fraternidad pudo tener Akenathon, Confucio, T.Moro, y otros.

Inglaterra

Hacia 1780, los acotamientos y la revolución agrícola estaban en su fase terminal, y estaban provocando un enorme empujón de la mano sobrante hacia la industria en las ciudades, o como alternativa, algunos optaron por emigrar a las nuevas colonias en Norteamérica, Australia, Canadá. Muchos de los desahuciados del campo lograban sobrevivir merced a la ayuda de las Leyes

75

de Pobres [33]. En esos años, se padecía mucho hambre por malas cosechas y las guerras con Napoleón, lo que indujo a que se estudiara el sistema de ayudas en la reunión de 1795 en Speenhamland. Estas leyes y ayudas eran criticadas por las crecientes ideas del liberalismo económico y de la moral utilitarista, que las consideraban antiproductivas porque animaban a la vaguería y el vicio. Se pretendía que los capacitados no recurrieran a la ayuda. Para los absolutamente necesitados se institucionalizaban los workhouse, internamientos en residencias, a base de disciplina, y si se podía, trabajo. Eran semejantes a cárceles, espacios grandes, fríos, vigilados y tristes, análogos al Panóptico de Bentham. La realidad social de las clases humildes se pintaba de tal guisa: el panorama de las ciudades consistía en "polución, suciedad, hacinamiento e insalubridad, debido al crecimiento en aluvión sin adecuadas infraestructuras ni planificación de masas de trabajadores próximos a la miseria, que vivían segregados de los patronos y de la burguesía profesional, quienes residían en áreas periféricas, alejadas de la contaminación y el hacinamiento". Los trabajadores vivían en pensiones, o compartían pisos entre varias familias. Los mejor pagados alquilaban casas construidas con materiales de pésima calidad, sin ventilación; junto a los "excrementos de caballo, desperdicios de los mataderos, ganado estabulado, cerdos revolviendo las basuras y pozos ciegos de los que flotaban fangos malolientes". "los obreros [34] se hacinaban en casas malolientes sin mayor favor que la bebida y el parloteo sobre sus problemas iguales, todo un ambiente propenso a la revolución". Según Elie Halevy, quien escribió sobre el XIX inglés, el poder de la *religión evangélica* (metodismo*) constituyó la influencia (freno) fundamental que impidió la ruta de la revolución.*

John Wesley (fundador del metodismo) vivió de 1703 a 1791. Se graduó en Oxford en 1726. Allí fundó con otros compañeros el "Santo Club", una organización de estudiantes disciplinados y dedicados al ayuno y la oración a Dios. Hacia 1738 tiene "su experiencia" y se dice "santificado", de modo que sería usado por Dios para un "nuevo tiempo de avivamiento". En el terreno social [35] Wesley, predicaba contra la usura y el empeño, a favor del trabajo duro, el ahorro y la diligencia. Creía que uno de los "fines de la religión era inculcar la moral", lo que a su vez tendía al trabajo y a adquirir riquezas, de donde sospechaba que la riqueza podría subvertir la religión. "La religión debe promover la diligencia y la frugalidad, y esto solo pude *producir ricos*. Pero cuando la riqueza aumenta, igual sucede con el orgullo, la ira, y el amor por todas la cosas". Intentó atajar el circulo vicioso con su propuesta, que llamaba *Nueva Trinidad*: "Gana todo lo que puedas, ahorra todo lo que puedas, y da todo lo que puedas". El primer principio del metodismo consistía en ayudarse a sí mismo, idea que derivaba de la responsabilidad moral individual ante Dios, y ante los otros seres humanos. Su ética también ordenaba ayudar a los hermanos. Su actitud combativa ante la esclavitud, y la presión que desde otros ángulos se ejerció desembocó en la prohibición hacia 1807, lo cual no modifica el hecho de que en todo momento deba ser tildado de conservador para con Dios, el rey y la propiedad. E. Thompson[36], también subraya el carácter *conservador* del metodismo, "que los explotados aceptasen la sumisión mediante la interiorización de las nociones de obediencia y disciplina". Los simples seguían al metodismo por varias razones: por la fábula de compensación en la vida futura, porque ofrecía confort espiritual, por el servicio de las escuelas dominicales y la ayuda de sustento que prodigaban. Tras la desaparición de Wesley, el metodismo se escindió en varios grupos, uno de ellos, el de los "metodistas primitivos", que produjo dirigentes radicales entre los obreros.

Burke y sus partidarios, al final lograrían la reforma de las "leyes de pobres". Entre los participantes[38] en la elaboración de la ley figuraba Senior, quien creía que el aumento de la productividad junto con la aspiración a la mejoría, contribuiría a que la economía progresara y la población fuera más próspera. La ley se cambió en 1834, pero no se solucionaban los problemas, y buena parte de los vicios seguían asentados en el inconsciente colectivo. De egoístas cabe imaginar a Burke y sus partidarios (empeñados en mermar derechos a los pobres), aquellos ingleses acomodados que solo pensaban en sus intereses. Ellos, les mermaban los derechos. Sin embargo esos derechos (leyes de pobres) no existían en ninguna parte del mundo, en cierto modo seguían siendo más solidarios que los ricos de otros países. Los gobernantes ingleses habían tenido la audacia y sentido común de institucionalizar aquellas "leyes Isabelinas de Pobres", y ahora tenían el valor de interesarse por su funcionamiento, otros Estados simplemente las negaron. Los "malos" fueron capaces de examinarlas, y de tratar de distinguir entre vago y enfermo, aún cuando pensaran en su bolsillo, que atendía parte de esas necesidades. Aún así no todo el Parlamento tenía una orientación tan cicatera con los intereses de los débiles, también había hombres de altura que defendían posturas más humana y progresistas. En esta línea de las preocupaciones sociales, con posiciones tan progresistas que incluso se veían radicales, destaca el portento de Thomas Paine, cuyas posiciones sirvieron de inspiración a los socialistas utópicos. En sus escritos y disertaciones públicas cuestionaba la herencia, la propiedad y la tierra (antes que H. George). Publicó en 1797 *Agrarian Justice*, que trata sobre la propiedad y la pobreza, y donde propone *abolir la propiedad de la tierra*. Este posicionamiento cuestionando la propiedad de la tierra (en sus inicios se trató en la *Utopía* de Moro, los diggers, Belamy, Rousseau) constituía un largo debate en Inglaterra, que se inició con los fisiócratas, continuó con Smith y Ricardo, se prolongó en el francés Babeuf, y remataba en los posicionamientos de Mill, los socialistas y Marx. Al final, nunca cambió nada en esta parcela. T. Paine, sería considerado un héroe por todas las generaciones posteriores de radicales.

Revolución Francesa

La Francia de 1750 seguía inmersa en el Ancien Regimen, el rey ejercía de modo tan absoluto como el Rey Sol, aunque en estas fechas se hablara de Despotismo Ilustrado. Los escritores del siglo XVIII, filósofos, politólogos, economistas, todos ellos empujaron para que se despeñara el derecho divino de los reyes. El ambiente ideológico, filosófico y de diálogos de salones, giraba en torno a la libertad, el anticlericalismo y los derechos del hombre. De modo desbocado se alababan o discutían abiertamente las ideas de Voltaire, Montesquieu y Rousseau; se hablaba de fraternidad, igualdad y separación de poderes, ideas que exponían Mirabeau, o el Abbé Sieyés. Las doctrinas de los filósofos influyeron en Robespeirre, Sanit-Just y otros, y más que ninguna otra las ideas de Rousseau, que en cambio tendrían poca incidencia en Inglaterra, donde se seguían las ideas más sosegadas de Hume. La burguesía se había asentado en la esfera económica y, mirando por sus intereses, exigía cada vez más parcela de poder político, pero no gozaba de reconocimiento y debía cubrir la mayoría de los impuestos del tesoro. Recalquemos que no había leyes de socorro de pobres, ni una Iglesia que los ayudara en ningún sentido, ni les comprendiera, ni lamiera sus heridas (más allá de la mera caridad voluntaria).

En el aspecto fiscal, las arcas del Estado estaban vacías después de unos años de desgaste apoyando la Independencia Americana y la Guerra de los 7 años. El Poder y el Estado, inconscientes del hambre y malestar del pueblo necesitaba ingresos, como fuera. Solo los privilegiados podían ya aportar algo. Los sucesivos ministros Turgot, Necker, Calonne, aconsejan al rey que recaude impuestos de los privilegiados. Calonne presentó a la Asamblea su programa económico que incorporaba un importante impuesto sobre ingresos. La Asamblea estaba compuesta por: el Primer Estado, que eran los clérigos, el Segundo Estado, que era la nobleza y, el Tercer Estado, que englobaba al 95% de la población y lo constituían burgueses, algunos artesanos y algún campesino libre. En las votaciones siempre se unían los dos primeros estados, consiguiendo de este modo el poder decisor, pero dado que el nuevo plan impositivo tocaba su bolsillo, no lo aceptaron. Ante este panorama, el rey convoca Los Estados Generales que no se reunían desde 1614, y plantea en diciembre de 1778 un nuevo sistema de votación, por el que se dobla el número de delegados del Tercer Estado, que eran quienes pagaban impuestos. Los Estado Generales se reúnen el 5 de mayo en Versalles, sin acuerdo sobre los procedimientos de decisión y voto. Pero ocurrirá que 50 nobles y la mayoría del clero votarían con el Tercer Estado, hecho inédito y, de consecuencias imprevisibles en ese momento. Acto seguido, se constituyó en Asamblea Permanente tras el Juramento de la Pelota: no separarse hasta haber alumbrado una nueva Constitución para Francia. La opinión mayoritaria indica que fue la nobleza, el clero, el ejército y la magistratura, la que provocó la revolución; sin estos, sin la unión o el apoyo que inicialmente prestaron al Tercer Estado-burguesía, no habría revolución. Ellos fueron la espoleta y la pólvora, fueron los elementos iniciales de la revolución junto al pueblo de París, que en su mayoría eran pueblo bajo y burguesía modesta. Una vez prendida la mecha, fue el malestar de la burguesía la que con mayor empuje azuzó la revolución, y París se sumó a la insurrección, exaltado por la libertad y el entusiasmo contagioso. El 11 de julio, el rey, aconsejado por su círculo más conservador, cesó a Necker y su gobierno, y se atrincheró con el ejército en Versalles, buena parte del cual eran mercenarios suizos y alemanes. Ese día habría enfrentamientos en la plaza Vandome y en la plaza Luis XV. El día 13 de julio todo París era un caos. Para la defensa de la Asamblea se creó una Guardia Nacional de 48.000 miembros. El día 14 una gran multitud se dirigió al hotel de los Inválidos para conseguir armas, el hotel estaba protegido por cañones, pero los guardias *no abrieron* fuego contra el pueblo. Por la mañana, a los órdenes del barón de Besenval se reunían en el Campo de Marte los ejércitos reales, pero el barón tuvo conocimiento de que los soldados *no marcharían* contra los amotinados. Éste, fue el momento crucial y capital del devenir de la Revolución. Ese día el pueblo de París se lanzó a la calle y tomó la Bastilla (hubo resistencia y muertos), en busca de armas, munición y pólvora. Mientras el pueblo de París lograba su gesta, el rey se mostraba ausente de la realidad, y poco sabía la Asamblea atrincherada en Versalles. El rey entró en París el 17 de julio, aceptando el nuevo statu quo. Pero los nobles estaban asustados y muchos huyeron, y desde el exilio maniobraron para lograr una coalición contrarrevolucionaria. Los líderes de aquella primera Asamblea eran Maribeau y el abad Sieyes.

La insurrección se extendió por toda Francia, y muchos municipios organizaron autogobiernos y cuerpos de guardias nacionales para su defensa, de acuerdo al principio de soberanía popular. El 26 de agosto de 1789 se promulgó la Declaración de Derechos del Hombre y del Ciudadano, estableciendo los principios de libertad, igualdad, fraternidad. Son 17 artículos inspirados en la Ilustración y en la Declaración de Independencia Americana, derechos generales para toda época y lugar, donde lo primero que se reconoce es que la soberanía reside en la nación y el derecho de resistir a la opresión. El artículo uno dice: Los hombres nacen y permanecen libres e iguales en derechos. No fue hasta 1791 cuando se empezó a mencionar los derechos de la mujer.

En cuanto al rey, seguía en su puesto y fingía estar de acuerdo con la Asamblea, pero conspiraba desde el exterior. Se fugó, pero, detenido en Varennes, fue vigilado en las Tullerías, donde firmó la Constitución de 1791 que dictaba la separación en tres poderes. Las potencias europeas amenazaban la Francia revolucionaria. En este panorama, se convocaron nuevas elecciones en Octubre de 1792. Esa nueva Asamblea, que se llamó La Convención, tenía que hacer frente a los conflictos internos y la guerra exterior. El poder cambiaba de manos, hubo excesos ese año en las prisiones. Aún valiente, el rey se negó a enviar soldados contra Austria y Prusia. Ante este desafío, La Convención declaró abolida la monarquía e instaurada la República. El rey era puesto a disposición de La Convención y procesado, siendo guillotinado el 21 de enero de 1793. La Constitución de 1792 ha sido considerada muy progresista y adelantada (aunque no se llevara a la práctica debido a enormes presiones de Europa), dado que incluía sufragio universal, derecho expreso a la educación y el trabajo, y protección a los humildes con fondos públicos. En la Convención había diversos grupos: Girondinos, defensores de los intereses de la burguesía y partidarios de la descentralización; la Llanura, que eran moderados, sin definición precisa y, apoyaban en cada momento, según qué conveniencias; los Jacobinos, que representaban a las clases medias y, eran partidarios de la centralización y de extender la revolución; los Cordeliers, eran radicales, representan al pueblo llano y se apoyan en los Sans-culottes. Poco después, los Jacobinos -Robespierre- dan un golpe y se hace con el poder, ejerciéndolo a través de lo que se llamó Comité de Salud Pública, que fue diezmando toda oposición e instaurando el Terror, donde nadie estaba a salvo y cualquiera podía acabar en la guillotina merced a meras acusaciones (con y sin pruebas) de algún "puro", que cualquier otro día dejaba rodar su misma cabeza acusado de corrupto. El miedo y el terror habían sustituido a la libertad de expresión y la democracia.   Prácticamente todos los líderes y aliados del Terror (Marat, Danton, Robespierre), acabaron presa del Terror. En julio de 1794, la burguesía logró hacerse con el poder sobre la cabeza guillotinada de Robespierre y, en agosto de 1795 se plebiscita una nueva Constitución que deposita el poder en un Directorio. La nueva Asamblea Nacional instaura un consejo bicameral: Consejo de los Quinientos y Consejo de Ancianos.   El poder ejecutivo recae en cinco miembros. Se reprime y persigue a los Sans-culottes (Babeuf y la Conspiración de los Iguales) y los jacobinos, acontece caos e inestabilidad continua, y disputas de poder entre republicanos y realistas, que acabará cuando en Noviembre de 1.799 Napoleón fuerza un golpe de estado (18 Brumario).

Las consecuencias y la influencia de la Revolución Francesa, fue enorme. Sus ideas y sus hechos se hicieron sentir en todo el mundo; Europa intentó parar la Historia en 1791 pero no lo consiguió. La Revolución le dio el penúltimo puntapié al Absolutismo en toda Europa; puso fin a los privilegios - de todo tipo- de aristócratas y clero.   La Declaración de Derechos del Hombre fue baluarte de derechos y democracia. Con Napoleón se extendió la Revolución, su temor y sus ideales liberadores. Y no cabe quitarle mérito a varias de sus iniciativas que fueron provechosas para Francia y algunas para el mundo.   Instauró el Banco de Francia, también la Universidad de Francia, favoreciendo el ingreso de todo ciudadano, propuso reformas legales como el Habeas Corpus, los juicios justos y la igualdad ante la ley, y se favoreció la libertad de culto y la libre expresión de fe.   Todo esto se extendió por el mundo desde el empujón de la Revolución.

Socialistas Utópicos

Antes de la revolución industrial, toda la manufactura se realizaba en pequeños talleres. Merced a la acumulación y el empuje técnico de esa revolución, ahora se montaban fábricas con cientos de obreros. Pero la técnica avanzaba, se modernizaba la maquinaria, se generaban excedentes de producción, y en consecuencia se iniciaban los despidos. Contra esto, surgieron "los ludistas" en 1811, colectivo desorganizado que protestaba y destruía la maquinaria. Algunos librepensadores soñaron humanizar aquella esquizofrenia social.

William Cobbett, era [39] un enamorado del campo y las relaciones antiguas "la bondad del patrón y la fidelidad del sirviente". Se apuntaba entre los críticos con la nueva ley de pobres, "un hombre en extrema necesidad tiene derecho a usar la propiedad de otro, tiene derecho de tomar sin permiso del propietario"; odiaba a los filósofos benthamistas. Respecto de la libertad, no se dejaba engañar, "estaba convencido de que la masa de cualquier pueblo, *prefería a sus superiores* que a sus iguales, en todos los casos en que tenga que depositar la confianza" (mucha filosofía se puede extraer de esta idea); no veía mal la existencia de clases y jerarquías. Algunos como[40] W Hazlitt, pensaban, que no tenía principios, que era caprichoso, inconstante e ineficaz.

R. Owen creó varias comunidades[41], una de ellas se llamó "New Lanark". Cautivó a muchos, a casi todos los radicales, con su idea de un mundo mejor y un hombre nuevo que viviera en paz y armonía, sin explotación, pero dirigidos por los más listos (aún no tenía muy claras las ideas de igualdad y liberación). Owen no creía en el avance de la clase obrera hacia sus propios objetivos, aun cuando de 1830 al 34 se vio inmerso en mitad de aquel movimiento. Su intención era "remoralizar a las clases bajas". El owenismo atrajo a muchos gentlemen, filántropos y clérigos, godwonianos, cuáqueros, intelectuales rebeldes, *y chiflados*.

En cierto modo, el cartismo es la continuación del movimiento ludista y de la constitución del sindicato de agricultores de 1834 del condado de Dorset. El término procede de la "Carta del Pueblo", documento enviado al Parlamento Británico en 1838, en el que se reivindicaban 6 puntos: sufragio universal (a los hombres mayores de 21), voto secreto, sueldo anual para los diputados, reunión anual del Parlamento, participación de los obreros en el Parlamento eliminando el requisito de la propiedad y establecimiento de circunscripciones iguales. Estas propuestas las rechazaron las Cámaras en 1839 y en 1842.

A la vez que el cartismo se organizaba entre los obreros, un reportero singular pintaba en los periódicos el panorama cotidiano de la vida inglesa. Thomas Carlyle, a través de su obra *Chartism* se convertía en la pluma de los descontentos, y en cierta medida también de los trabajadores, y de los radicales. Escribió *Past and Present*, donde dibujaba cómo 2 millones de trabajadores malvivían sin ocupación alguna, a la vez que muchos derrochaban riqueza, lo que constituía un panorama que el describía como un infierno, al que veía al borde de la revuelta. El trabajo y el trabajador -altos, bajos, medios, dueños que trabajaban- eran a su entender la esencia de todo; la holganza y el derroche de algunos eran mal síntoma. Sus planteamientos se movían en un espectro ideológico amplio. Atacó a todos y sedujo a todos: "El trabajo eleva al hombre a los cielos divinos"; sin duda tenía algo de poeta y mesiánico.

Una pluma parecida, la de Henry Mayheu, describía hacia 1830 a los pobres, a los míseros de Londres, rateros, delincuentes, vendedores, etc.; les describía como ignorantes, viciosos, brutos. Escribía que a esos nadie les ha enseñado como a nosotros, "no tienen cultura y están privados de la percepción del placer, si no es por medio de sus apetitos, y nos sorprende descubrir que se pasan la noche embruteciéndose con cerveza, o gozando de la sensualidad mímica de un teatro de barrio". Por otra parte, en buena medida las ciudades eran un estercolero[42] "los olores fétidos de los pozos de letrinas abiertos, la basura, los excrementos y las ratas muertas que se pudrían en las calles, la mugre y las heces que flotaban en el río, las aguas de albañal que pasaban como agua potable".

El Cartismo heredó muchos líderes de la prensa no autorizada: H. Hetherington, Bronterre O´Brien, John Cleave, James Watson, Willian Carpenter, Richard Lee, etc. En esa época, había mucho conflicto y grandes necesidades, y sin embargo, nunca hubo un estallido con posibilidades aunque[43] contaran con "células clandestinas y maquinaria de propaganda muy desarrollada, con periódicos y grupos de oradores adiestrados, un concienciado cuadro de líderes, un núcleo de activistas", etc. Aunque el movimiento no cuajó entre las masas, parece que sí hubo vivo interés de parte de algunos líderes, porque en los periódicos se hablaba en este sentido. Así el Annual Regiter atribuía a los cartistas la "Meta de buscar una alteración violenta de la

83

forma de gobierno, no solo para adquirir más poder...establecer un estado de sociedad hasta entonces no conocido". Hacia 1832[44], la pretendida reforma radical del sufragio universal no tenía salida, y existía el temor de que se avanzaba hacia el umbral de la revolución. Poor Mans Guardian[45] empezó a publicar resúmenes de la obra del coronel Macerone *Manual de lucha Callejera.* Al aprobarse en la Cámara el proyecto restrictor del sufragio "siguieron 11 días de inquietud y desorden en Inglaterra". "En otoño del 1831 y en los días de mayo, Inglaterra estuvo al borde de la revolución". "Si esos días no hubo revolución se debió en parte a la tradición radical de la que era portavoz Cobbett -que instaba a la aceptación de la media hogaza-". Bronterre O Brien[46], editor de Guardian, escribía en 1836 "se ha esfumado la ilusión de que las clases medias tenían alguna comunidad de sentimientos con los obreros". Durante el movimiento cartista, los trabajadores percibían cierta coincidencia social, pero poca implicación profunda ni horizontes claros, nunca se alcanzó un grado de posicionamiento ni conciencia como el que acaeció en 1848 en Francia, y "solo 300 o 400 miembros pagaban las cuota semanal". Algún investigador -E.P.Thomson- sostiene que hacia 1820-30, sí hubo una ideología potencialmente revolucionaria, pero quedó en eso, en potencial. La opinión más extendida es que la conciencia solo advino en algunas élites. ¿Eran los ingleses más individualistas y menos solidarios que los continentales?. No es claro que esa pueda ser la explicación, más bien hay que mirar hacia el distinto carácter forjado a lo largo de algunos siglos, la ley de pobres, y quizás el trato social menos desigual y desconectado, que en otras naciones.

The Guardian, combatía "la pobreza abyecta y degradación esclavizadora", y hacia campaña a favor del sufragio y el voto secreto, que en palabras de Guardian debían "permitir a los trabajadores recobrar lo que era suyo: el disfrute de todos los frutos de su trabajo, abolir rentas, diezmos etc.". *"La propiedad es la gran desestabilizadora"* escribían y proclamaban, no toda (no aceptaban la de los terratenientes ni de la iglesia, adquiridas mediante la usurpación y el bandidaje), sino la derivada de las malas instituciones, que debían abolirse. Pero Owen desviaba la mirilla y el disparo, en su análisis, el problema básico era la inmoralidad de la sociedad. Una buena postal de aquella reglamentación social estaba en los Panopthicon de Bentham, donde se arrinconaba a huérfanos, algunas viudas, enfermos, incapacitados diversos, etc. El trato que se les dispensaba era frío, denigrante e inhumano, como atestigua el caso (común) de la señora Higden, quien juró que preferiría morir antes que estar en un reformatorio, y se las apaño para morir en el camino de ingreso. Otra foto de la parte mísera de la sociedad, se reflejaba en la obra de Dickens "Oliver Twist" 1848, donde el protagonista era un niño recluido en una de esas casonas, a cargo de personas inadecuadas. La obra, levantó ampollas en tanto que mostraba las nulas posibilidades de ese sistema y de quienes se ahogaban en él. Decía el primer ministro Disraeli: "Inglaterra se divide en dos naciones, la de los ricos, y la de los pobres"; y además, la de los ignorantes, "como los jornaleros de Dorset, que preferían correr a los agitadores a pedradas, mejor que escuchar sus discursos".

Francia Postrevolucionaria

Es conocido es el período de Napoleón y su posterior exilio en Elba. Le sucedieron restauraciones y golpes. En 1830 accedió al trono Luis Felipe de Orleans, que se postulaba liberal y aceptaba el régimen parlamentario. El banquero Laffitte, acompañaba al duque de Orleans en el balcón del Hotel de Ville, y decía: "Desde ahora, dominaremos los banqueros" (me suena esto). Parece que este rey, solo prestó oídos a la aristocracia y la alta burguesía, despreciaba al pueblo. La clase dominante manejaba todos los negocios y se enriquecía a costa del Estado (como se ve, la Historia se repite siempre). La aristocracia financiera se ponía las botas y se corrompía en demasía, a costa de sangrar al Estado, cuyo director de estos chupones era el propio rey. La burguesía media, que no dominaba la escena financiera, gritaba ¡corrupción! A este clima de corrupción, debe añadirse las circunstancias de la guerra en Austria y Suiza, y las consecuencias en 1845 y 46 de la plaga de la patata y las malas cosechas de esos años, todo lo cual, generó que se desbocaran los precios en 1847, lo que tuvo como consecuencia mucha hambre y los consiguientes enfrentamientos sangrientos.

La burguesía media, que no gozaba del poder, organizaba entonces por toda Francia una serie de "banquetes", de carácter incendiario por parte de socialistas como Ledru-Rollin, Louis Blanc o idealistas como Lamartine. El ambiente general se prestaba exaltado e insurreccional. Ante este panorama incierto, Luis Felipe cogió la pasta y emigró (las ratas son las primeras en abandonar el barco) a Inglaterra, y acto seguido se formó un gobierno provisional. En ese momento (febrero del 48), dominarían el espectro político los republicanos burgueses y algunos socialistas. Raspail, representando a los obreros, se dirigió al gobierno y le exigió que proclamase la República. Acto seguido, se dictó un decreto por el que se proporcionaría trabajo a todos los obreros. Con forcejeos se formó una comisión que presidían L. Blanc y Albert. De pronto, en todo París, parecía que todo era fraternidad entre todas las diversas clases, todos eran republicanos hermanados; el proletariado de París se dejaría engañar con la borrachera de la fraternité. Esta Republica nació burguesa y proletaria, pero pronto sería solo burguesa. El Estado necesitaba crédito, y para ello hubo de reconocer las letras de la gran aristocracia y los grandes financieros, por lo que cayó en sus manos. Tal como se estaba pergeñando la República del 48, llevaba inexorablemente a romper con los obreros. Se había intentado dar trabajo a muchos obreros, pero como los Talleres Nacionales no funcionaron como debían, enseguida fue el pretexto para echar la culpa al socialista Luis Blanc. La excusa estaba servida. La mecha se prendió el 16 de abril, cuando se hizo correr el bulo de que Blanqui, L. Blanc, Raspail, etc, estaban en el Campo de Marte armados para tomar el gobierno. Salieron cien mil Guardias Nacionales, y tomaron el poder. El plan era claro: el Gobierno iba a tumbar los Talleres Nacionales, y los obreros se vieron abocados a la lucha. Arrasaron a los obreros, y la burguesía y sus representantes se quedaron con todo el poder. La Revolución del 48 fue burguesa y proletaria (un tiempo), contra la aristocracia y el poder financiero, se consiguieron logros y derechos obreros, pero aún era pronto para que tuvieran claro qué querían y cómo debían proceder con su poder, lejos de los falsos aliados burgueses. Aprobada la Constitución por una nueva Cámara, en diciembre de 1848 fue nombrado presidente Luis Napoleón Bonaparte.

Respecto de la Comuna de París hay mucha bibliografía; no considero preciso extenderme. Solo deseo dibujar algunas pinceladas. La Comuna se organiza más bien poco, y muchos de sus entusiastas miembros se mostraron un tanto exaltados y confiados, de modo que no persiguieron al ejército cuando se cobijó en Versalles. Cuando se les pasó la euforia y captaron la situación, decidieron que no les quedaba otra que marchar hacia Versalles, pero lo hicieron mal organizados y sin las debidas precauciones, y el ejército de Tiers les aplastó y ejecutó a muchos miles. La Comuna había durado siete semanas, en las que por primera vez se constituyó como un gobierno de la clase obrera que dictó leyes a favor del no trabajo de los niños, se aumentaron los salarios y otras muchas medidas, y lo más audaz, la requisa de talleres abandonados que se entregaban a los trabajadores y sindicatos, aquello parecía auténtico socialismo y, asustó mucho a los ricos.

La democracia directa -concepto muy loable- casi nunca funcionó bien. Todo el mundo se creía capaz de opinar, y hasta de mandar demasiado, había mucha divergencia entre los mandos y los mandados; muchos de estos también iban a los suyo, y se organizaban ajenos al poder para exponer sus programas en los "clubs rojos". Se cita como cierto que nadie obedecía a nadie, todo era una mezcla de entusiasmo y caos, hasta el punto que algunos comuneros llegaron a suicidarse de desesperación.

Marxismo

Engels, llegó a Inglaterra en 1842, se estableció en Manchester. Tuvo alguna relación con los cartistas, especialmente con la colonia alemana, miembros de la Liga de los Justos que había participado en la rebelión blanquista de 1839. Compartió con ellos algunos enfoques y postulados, aunque no tardaría en discrepar, debido a una concepción diferente, que le unía a Marx, bajo la influencia de la filosofía alemana. Ambos observaban la realidad, pero se precipitaron en exceso en las conclusiones. Veían claro que la economía capitalista conducía al monopolio, lo cual empobrecería a la clase obrera y colapsaría la economía, es obvio que no ocurrió. No ocurrió pero esta hipótesis era, un axioma y premisa de su planteamiento dialectico. Si una de las premisas es errada, la conclusión ha de ser errada. La situación de la clase obrera inglesa era deficiente, pero no en el grado ni en una generalización tan amplia como Marx y Engels quisieron ver. No parece fácil ponerse de acuerdo en cuál era el grado de pobreza y miseria en la Inglaterra de 1820-1848. Para unos, era mucha la miseria, e iba a más, para otros había miseria en algunas partes y oficios, pero en otras zonas y oficios estaban mejor pagados, prosperaban y comían bien. De hecho, Engels, constató la miseria de Manchester, pero también había visto y descrito que el sueldo de aquellos trabajadores daba para abundante carne, y que los obreros comían mejor que en Francia y Alemania. Dando por cierta la confirmación de la miseria, hay que suponer que ambos "forzaron" la interpretación de la pobreza en busca de la revolución, hecho que suponían científico, a partir de la miseria y conciencia del proletariado. Se empeñaron en creer que los capitalistas se arruinarían, todos serían trabajadores míseros y se sublevarían, etc., pero lo cierto sería que los capitalistas no se arruinaron ni ahogaron al trabajador, sino que, aún bien explotados, le permitían respirar, le consintieron mejorar despacio y con ello ahuyentaron las ganas de revolución. Proletariado y conciencia de clase, no llegó a haber nunca de modo nítido en Inglaterra (ellos decidieron que sí), el concepto verdadero no era clase, sino clases trabajadoras (varios, lo que significa no coincidentes). Señala Thompson, que hacia 1850 el movimiento obrero más bien languideció, hasta que se reactivo con obreros más concienciados y socialistas hacia 1880, y el aporte intelectual de los Fabianos. El movimiento obrero inglés nunca fue claramente revolucionario ni marxista.

Marx nació en 1818 en Prusia. Conocería por referencias y lecturas las revueltas francesas de 1830. En los años 1840-43 dirigía la *Gaceta Renana*, periódico de izquierdas que apoyaba las revoluciones y el desarrollo del movimiento obrero (aunque su padre fuera de clase acomodada y su cuñado fuera ministro de Prusia). Aún joven, aparece comprometido con los débiles y con la ética social. En 1844 está en Paris, conoce a Engels, y se relaciona con los socialistas Proudon, Louis Blanc y Bakunin. Hacia el 1846 se instala en Bruselas, donde funda la Liga de los Comunistas, por entonces publica el *Manifiesto Comunista*. Expulsado de casi toda Europa, se refugia en Londres de la mano de Engels, mantenido económicamente en buena medida por éste, y gracias a cierta remuneración que le pagaba The N. Y. Times por sus artículos como corresponsal, en tanto se dedica a estudiar economía y preparar sus trabajos teóricos en la biblioteca y el Museo Británico. Su influencia intelectual es deudora de Hegel y Feuerbach. Del primero obtuvo la dialéctica. En razón de una supuesta necesidad racional, Hegel legitima el Estado y el orden existente. Marx, que da la vuelta a su dialéctica, le acusa (diccionario G.Reale) de "subordinar la sociedad civil al Estado, y luego la de invertir sujeto y predicado" (no es la institución la que hace a los hombres, sino estos a la institución); no es la conciencia la que determina la vida, sino el modo de vida la que determina la conciencia y el modo de pensar. De Feuerbach había adquirido una visión clara sobre la realidad material, que luego opuso al idealismo hegeliano. La realidad no eran las ideas ni un mundo abstracto, sino lo que de verdad veían y vivían, un mundo de explotación y confrontación de las relaciones de producción. Marx, creía que el "desarrollo de la conciencia de

88

clase le libraría al proletariado del dominio de la ideología y le llevaría a reivindicar el fin de la alienación y de la explotación en el trabajo".

Conocía la incipiente historia del movimiento obrero cartista y los distintos enfoques de Lovett, Hetererrigton y Oconors. La realidad subversiva de esas décadas le aportó un enfoque social y económico casi nuevo, basado como ningún otro en estas nuevas fuerzas productivas y la dialéctica social, que en torno a esas fuerzas se estaba generando. De la Revolución de 1848 en París sacó consecuencias muy importantes, que quizás pocos supieron ver. Marx vio que la burguesía había traicionado a su aliado el proletariado, que éste estaba solo, y debía caminar solo. A esa realidad conflictiva la pasó por el tamiz de las ideas de Feuerbach, quien hablaba de alienación religiosa. Él, le dio un cambio a esta idea, y reformuló el concepto de alienación desde el punto de vista social y económico: el trabajo monótono y la división del trabajo, que entristecen, aburren y alienan al trabajador, que no es creador del trabajo ni dueño del producto, sino que genera una plusvalía que se la apropia del empresario. El trabajador se vende (comer) sin poder evitarlo, esclavizado y alienado en un trabajo del que no disfruta y que merma su autoestima y personalidad. Y el culpable de este desfase vital eran las impuestas relaciones de producción, en aquel momento el capitalismo; la sentencia parecía lógica: hay que cargárselo. Todo lo que hace Marx hacia 1850 está orientado a derribarle, y a *justificar en el plano teórico* las razones de esta lucha. El capitalismo se hundiría solo -pensaba-, pero si se le empuja, mejor. Estaba convencido de que se desmoronaría el capitalismo por *dos razones*: porque la dialéctica de la Historia ha propiciado la aparición de un nuevo protagonista, el proletariado; y porque la avaricia intrínseca del capitalismo hace que se empobrezca en grado extremo, se colapse y se fagocite. Ese nuevo protagonista, el proletariado, adquiere conciencia de su realidad singular, y de clase. Este intérprete -el proletariado- debe ser activo, no un mero espectador; no quedaría bien en una tragicomedia un protagonista pasivo. Como en los héroes griegos y la mitología, la epopeya requiere que el nuevo héroe empuje la rueda, o que como Ulises, clave el árbol puntiagudo en el ojo de Polifemo. Marx creía (quería) estar seguro de la debacle del capitalismo. A posteriori (siempre es fácil a posteriori), debemos reseñar que las etapas progresivas que se infieren de su dialéctica no se cumplieron, no aconteció la progresiva miseria de los trabajadores, ni el crack del sistema económico. La dialéctica hegeliana de la Historia, le ofrece a Marx, apoyo dos veces en el mismo proceso. Esa dialéctica le habla de la lógica progresiva y determinista de las etapas de la

Historia, la superación de esas etapas que siempre van llevando a la siguiente; esto también parecía confirmarse en el medio social (francés e inglés) que le toca vivir, de modo que la lógica parecía alumbrar el advenimiento de la nueva clase y la siguiente etapa, nada parece escapar al control de esa lógica, de modo que el proletariado crecerá y se asentará en la siguiente, como clase única. Él veía claro que el capitalismo se colapsaría. Si los hombres habían nacido iguales, ¿cómo unos tenían tan poco, y otros tanto? Ellos dictaminaban que los ricos son ricos por ladrones (S. Ambrosio) o por explotadores, luego son malos. Los ricos son la sustancia del capitalismo, luego el capitalismo es malo. Esta idea, será una constante en la mayoría de los filósofos, hasta hoy. Ese final de colapso, nunca estuvo escrito, solo parece previsible a la luz de cierta lógica derivada de hechos observables, que presagian unas consecuencias más deseables que seguras, sobre la base de unos supuestos, que tal vez se desvíen del sendero supuesto; intervienen muchas variables, y basta que unas pocas se tuerzan, para que el resultado final no coincida con el supuesto. La formulación y el planteamiento teórico parecían muy consistentes (la dialéctica de Hegel aún fascinaba y enmudecía al oyente), todo parecía casar con la lógica de la Historia, tanto, que durante 100 años (hasta 1955-70) la mayoría de los pensadores (no todos podían ser ineptos o estar abducidos) en cualquier punto de Occidente comulgaba con este planteamiento: "Si el socialismo es inevitable y ha de llegar, cuanto antes llegue mejor". Sin duda había un protagonista nuevo en el escenario social, el proletariado. La democracia parlamentaria y liberal acabó con el feudalismo, pero lo que no está escrito, es que en el proletariado converjan la serie de valores y atributos que él le adjudica. Las claves de su revolución requerían un proletariado consciente (esencia revolucionaria), y conciencia de clase, única.

¿Lucha de clases? Partiendo de Hegel, y de la sociedad romana, siempre estuvo claro que existían las clases; menos claro estaba que la Historia haya sido una lucha de clases, pero para Marx, sí. Según él, solo había dos clases: la de los ricos o explotadores, y la de todos los demás, explotados. Para dar la vuelta a la Historia y ponerla derecha, debían unirse todos los explotados, dado que eran clase única. Por eso, el lema de su lucha es, "explotados de todo el mundo, uníos". Debían unirse obreros y campesinos. Consideraba que el campesino era explotado, en tanto que tenía dueño, o un rico intermediario le pagaba de menos por su producto. En los lemas de la Internacional Socialista y en los de la URSS, siempre aparecían unidos obreros y campesinos. ¿Tenía algo que ver en 1850 un pequeño campesino de Inglaterra o de Prusia o de

Castilla, con el obrero de Manchester o de las fábricas de Colonia o de París? Nada. Y nada tenía que ver el obrero de S.Petesburgo con el campesino ruso, aún cuando fuera un siervo. Sin duda este campesino era miserable y explotado, pero el interior de su mente funcionaba de otra manera. Incluido el campesino siervo (no libre), generalmente, trabajaba las tierras del señor, y luego disponía de una parte para labrarlas para el sustento propio, con horarios propios, costumbres y esfuerzo que nadie le impone ni mide. Dentro de la semiesclavitud puede llegar a sentirse libre, porque cree que nadie le manda. El arrendatario de campos, es aún un poco más libre , pues no está atado a la tierra, y de modo aun más libre que el anterior, organiza su tiempo y su esfuerzo de producción, en razón de su conveniencia o ganas de trabajar, sabiendo que en alguna medida el rendimiento va a depender de él. Para el obrero de la fábrica de Manchester el caso es muy distinto. Sabe que tiene un sueldo fijo (si no rinde de menos), por un tiempo y horarios fijos, donde no es libre para orinar ni para mirar los pájaros que vuelan ni paras entarse dos minutos a soñar; el tiempo de cada jornada laboral no es suyo, lo ha vendido, en cierto modo ese tiempo es esclavo. Si saltamos de arrendatario al pequeño campesino agrícola, la diferencia es mayor, pues al saberse dueño absoluto de sus tierras, sabe que tiene en sus manos (si exceptuamos condiciones adversas de clima y abuso de malos precios) sus horarios, su libertad, y la posibilidad de ir incrementando rendimientos y beneficios en razón de su esfuerzo; y el placer de sentirse dueño, amo y libre. ¿Tiene algo que ver ese campesino con el obrero de Manchester? En la URSS todo el campo pasó a ser propiedad del Estado, y Stalin adjudicó parcelas a cooperativas de Soljov (y Kulaks) que estaban obligadas a ceder o vender gran parte de la producción al Estado. Sin duda, vivían mejor que cuando eran siervos míseros antes de la Revolución, pero estaban disconformes porque querían ser campesino dueños de sus tierras. Deseaban la posibilidad de hacerse ricos (no encajaba en el socialismo, clases) negociando con su producto de modo libre, como el campesino inglés o prusiano; ellos, no querían ni sentían el deseo de ser iguales que los obreros; nunca se sintieron partícipes de aquella unión ni proyecto socialista.

El obrero especializado de USA de inicios del siglo XX, ganaba hasta 6 veces más que el obrero no especialista y el emigrante del Este de Europa o chino. ¿Por qué iban a tener intereses en común? Los comerciales de Bayern (obviamente son trabajadores), bien pagados, ¿tienen alguna semejanza con los obreros de galletas Siro (por ejemplo) o de lavandería Flisa? Claro que hay distintas clases, no verlo, lleva a confundirlo todo. El razonamiento de quienes hablan de clase única y de explotados, consiste en indicar que todos esos trabajadores dejan un beneficio al empresario o inversor, es decir una plusvalía, consideran que el empresario se queda con algo que el trabajador produce con sus esfuerzo. Ya no se entiende ese discurso constreñido. Mucha gente respondería ¿y qué? Ese trabajador de Phiffer o de Google difícilmente se siente alienados ni explotados, están a años luz de los problemas y preocupaciones del camarero de 700 o 900 euros. No eres muy alto o poco alto, eres alto o bajo en comparación con, si no comparas nada es claro, todo es comparación en nuestra vida. Suerte tienen los que son capaces de ser felices per sé. La inmensa mayoría es feliz o rico en comparación con, imposible no mirar al de al lado. A los trabajadores antes citados, les va muy bien en comparación con los de abajo. Hoy día, o mejor, desde hace mucho, no hay solo dos clases: los ricos, y todos los demás. Quienes no ven algo tan evidente, difícilmente ofrecerán estrategias posibles.

No había conciencia de clase en Inglaterra (había leyes de pobres y evangelismo), ellos no decían clase obrera, sino clases; décadas después aparecerá la "aristocracia obrera". Aquella lucha -con sus muchas diferencias-, llegó hasta 1971, como máximo, cuando los trabajadores de Francia y Italia deciden que no quieren dar el Salto. Para entonces se ha acabado el hambre, los pies doloridos y descalzos, y la superexplotación, y sin esos elementos, no hay base suficiente para enfrentarse a los disparos (se lucha por desesperación, no por ilusión). A partir de aquí, la lucha es como siempre, individual y egoísta, cada uno a lo suyo.

El austromarxismo, mostró algunas debilidades de la teoría (cuánta ciencia hay en el marxismo). Se cuestionaba la posibilidad de una ciencia de las leyes causales del desarrollo social. Este cuestionamiento echaba para atrás la teoría de la necesidad histórica y la inevitabilidad de la revolución. Si esto no era inevitable ni estaba determinado, entonces debía entenderse el socialismo como un postulado ético, un posicionamiento para luchar contra las injusticias. El progreso no es un concepto de leyes naturales, sino de leyes del espíritu, y por tanto no se puede explicar ni demostrar, sino que es algo creído por los hombres y creado por ellos.

I internacional

Marx animó a la formación de una unión internacional de obreros con sus escritos, proclamas, libros. Todo parecía confirmar la explosión del proletariado: la supuesta conciencia de clase, el aumento del número, poder y cohesión del proletariado, el empobrecimiento de las empresas medias; la situación (recuérdese la miseria en Oliver Twist) se tornaba explosiva, el creciente número y preparación de dirigentes obreros revolucionarios, la hilazón entre partidos y la Internacional. ¿Cómo no dejarse arrastrar por los supuestos? ¿Cómo pensar que podía estar equivocado? Nadie lo vio, el mundo lo vio 100 años después. Sus "leyes naturales" no se confirmaron, y no demostraron que el proletariado (conciencia y esencia) fuera como él creía. En el seno de la Internacional había conflictos y distintas posiciones respecto de qué hacer en el proceso revolucionario, entre su concepción de partido organizado y el enfoque anarquista de Bakunin, que pretendía la destrucción sistemática y la nulidad de toda organización. Tras la frustración de la Comuna, en la que participó, trasladarían la sede a N. York. Terminó cansado, desilusionado, deprimido (murió su mujer e hija) y enfermo, muriendo en Londres en 1883. Fue, alrededor de esos años (1870-1890), cuando se formaron fuertes partidos socialistas en Europa al regocijo de sus ideas y planteamientos: partidos semiclandestinos y fuertemente organizados.

Hubo dos errores (vistos en el siglo XX) principales en Marx: 1, que estuviera convencido del colapso del capitalismo; 2, su creencia en que el proletariado elegiría el comunismo y empujaría en esa dirección. Este segundo postulado se deriva de su creencia en las ideas de Rousseau respecto del hombre bueno y nuevo. Al igual que Rousseau, Marx era un utópico (optimista exagerado sin base real suficiente). Hoy día, parece evidente, que el hombre es conservador, cómodo e inseguro, y no se aventura hacia hipotéticos postulados buenos y desconocidos; se siente más seguro agarrado a los matorrales que volando sobre la copa de los árboles; se rebela contra lo insoportable, pero no se anima en función de las promesas. Marx vislumbraba al hombre nuevo y bueno (roussoniano) capaz de acabar con el viejo mundo de la explotación y alienación, y deseoso de crear un mundo de igualdad y autorrealización comunista, donde el trabajo fuera creación y esfuerzo satisfecho. Pero el hombre real se parece mucho al de Hobbes: lobo para el hombre; egoísmo, afán de poder. Marx postulaba "un mundo de pan y rosas". La frase (aunque no es suya) resume su concepción utópica de la sociedad.

Cuando nos referimos a la ética moderna, siempre mencionamos el Utilitarismo, el Contractualismo de Rawls, y algunas variedades de igualitarismo derivadas del socialismo marxista. El Utilitarismo le dio cobertura moral al Liberalismo. Enfrente, se levantó el explotado mundo obrero en torno a las doctrinas de Marx, reclamando justicia e igualdad. Se puede concebir la ética individual y hasta social sin contemplar el significado de igualdad, pero no es concebible excluyendo el concepto de justicia. Lo que propugnaba el socialismo era la justicia social: la conquista de la dignidad y de unas posibilidades de vida decentes, superando la esclavitud de la miseria y las calamidades; y sin embargo, a esa filosofía política que empujó en pro de la justicia removiendo las anquilosadas estructuras sociales, apenas si se le reconoce un hueco en el campo de la ética teórica. Suele arrojarse a la cara de Marx, la idea de que a éste no le importaba la moral, cuando es lo que más le importaba, dado que le importaba el hombre explotado e injustamente denigrado. Apoyan esa ínfula en el hecho de que apenas dedicó algunas líneas a esta cuestión, centrando todo su arsenal teórico en la praxis y en el intento de transformación política. Pero este hecho es debido a que entendía que el mundo explotado tenía una urgencia, motivo por el cual, el esfuerzo debía concentrarse más en cambiar las estructuras sociales que en dedicarse a parlotear de filosofía, sin ofrecer nada en el terreno de la práctica, tarea esta segunda con la que se habían entretenido tantos."Es imposible leer las encendidas páginas de El Capital sin sentir la indignación de Marx ante las practicas que describe. Max Adler: "la idea política del socialismo, tiene como único origen aquella versión del imperativo categórico que pretende que se respete la humanidad de todos los individuos, y que no se considere a nadie como un medio, sino siempre como un fin". La conclusión inevitable, es que parte de la denuncia de Marx del capitalismo se basa en la injusticia". "No es justo percibir un ingreso sin trabajar, mientras otros…". "Sin embargo se niega a defender una [47] particular concepción de la justicia. Afirma que las teorías de la moralidad y la justicia son construcciones ideológicas, únicamente útiles para justificar y perpetuar las relaciones de propiedad existentes". "Rechazaba aquellas ideas beatas sobre la justicia, que solo servían para legitimar las horribles prácticas del capitalismo". Pocos fueron más éticos que Marx, nadie hizo tanto para acabar con la injustica del mundo de Oliver twist.

Ferrocarril

Después de la Revolución americana (el primer presidente sería Washington), que ganaron los colonos, y cuya paz se firmó en París en 1783, a renglón seguido se planteó cómo organizar políticamente el nuevo Estado, dado que en principio las constituciones eran de cada Estado. El nuevo Estado debía basarse en el ideario del Contrato Social. Creían conveniente una breve duración de los cargos, con división en tres poderes, y control mutuo de los diversos órganos gubernamentales, basado en la idea de equilibrio de poderes. "Los derechos elementales: vida, libertad, propiedad y búsqueda de felicidad; se basaban en los derechos inalienables -y supuestos- del individuo, antes de su entrada en la sociedad política". En 1787, en Filadelfia, se reunían (la Constitución de 1781 se mostraba ineficaz) los 55 delegados, que celebraron reuniones secretas de mayo a septiembre, presididas por Washington. Sería un parto difícil, dado que había que negociar a varias bandas y contentar a todos los sectores: grandes comerciantes, pequeños agricultores, partidarios de un Estado fuerte, otros antifederalistas. La Constitución, recogería una declaración de Derechos Fundamentales del Hombre, y una serie de importantes enmiendas : prohibición de religión estatal; libertad de expresión, prensa y reunión; derecho a la posesión de armas; derecho a negarse a declarar. El derecho a la propiedad, fue el primer derecho garantizado en toda la Unión. La pretensión de los liberales, era disminuir el poder del Estado en todas las parcelas, para dar mayor fuerza al individuo y su iniciativa. La contribución liberal a la Constitución se plasmó, en la introducción de dos técnicas: el sistema de contrapesos, y de balanzas[48]. El muro como símbolo, es la paradoja de la separación de la Iglesia y el Estado, introducida por el liberalismo, es la forma de dar sentido a la tolerancia y la no intromisión del estado en la moral de cada uno.

Los Padres de aquella Constitución[49] que se elaboró en Filadelfia, "pertenecían a la clase propietaria; en conjunto los delegados eran conservadores y opuestos a todo cambio". "Estaban de acuerdo en que el pueblo en general debería intervenir lo menos posible en los asuntos de gobierno". Hacia 1860, de los 8 millones[50] de blancos del Sur, todo lo decidían y gobernaban 1000 ricos hacendados del algodón. "A los americanos les gusta decir y creerse (Stiglitz) lo de la igualdad de oportunidades y que todos pueden hacerse ricos, y que cada uno tiene lo que se merece y todo eso. Es como lo del mito de Horatio Alger, pero si alguna vez fue cierto, no lo es ahora". Hacia 1830, en toda la Administración era general el clima de ambición y corrupción, y por todo el mundo conocido. Bajo el mandato de Jackson[51] imperaba el "spoils system": tras cada elección, se cambiaban los cargos a favor del partido vencedor, porque se aceptaba que se trataba de un nuevo reparto del botín; todo funcionario pensaba en trincar. El presidente Garfield[52] fue asesinado en julio de 1881, "por -Charles Guiteau- un abogado mediocre y político fracasado, que no lograba medrar lo suficiente". Luego resultaría que "uno de los más hábiles y sucios (puerto de N. York, y otros negocios) hombres de negocios -Chester Alan Arthur-, defraudó a todos (los corruptos) cuando sucedió a Garfield y se empeño en acabar con la corrupción.

En 1830, en las ciudades del Este, todo el poder estaba en manos de oligarcas mercantiles (¿igualdad de oportunidades?), cuyos ediles, banqueros y responsables municipales eran miembros de las siempre familias principales, con apellidos como Astor, Alexander, Brown, etc. Las condiciones de vida serían distintas en la Frontera, donde había más movimiento social sin control de los poderosos de siempre, allí las condiciones eran duras, y forjarían el espíritu e idiosincrasia del americano individual y libre, agarrado a su libertad y su fusil.

Cornellius Vanderbilt, conocido como el rey del ferrocarril, poseía en 1840 la friolera de 100 barcos haciendo la ruta del río Hudson. Avispado como pocos para los negocios, pronto avistó la pujanza del ferrocarril, y en 1869 era el dueño del ferrocarril central N. York río Hudson; en e1873 sus líneas llegaban hasta Chicago e Illinois. No se frenaba ante nada, ni paraba en remilgos con las leyes; cuando los funcionarios le entorpecían sus planes, les compraba. Vanderbilt "dividía a los hombres en dos especies: la de los que hacían fortuna, y los imbéciles" (J. Marti, art. 207); no haber sabido hacerse rico era para Vanderbilt prueba patente de inferioridad. Esta sentencia, resume muy bien el pensamiento y el afán de muchos americanos; podría entenderse que solo importa una cosa, e importan poco los medios de conseguirla (aunque su supuesta moral puritana dijera otra).

El ferrocarril fue el motor de la aceleración de toda la industria, consumiendo ingentes cantidades de materiales y mano de obra; a su lado crecieron varios apellidos millonarios, como Carnegie, Rockefeller, Gould, J. P. Morgan. A su vez favoreció todo el desarrollo, crecimiento y riqueza de la nación. En las luchas jurídicas que los granjeros mantuvieron contra los ferrocarriles hacia 1875, el ferrocarril, se enfrentó a las leyes estatales que alegaban sobre la enmienda XIV, que a ningún Estado se podía privar de propiedad sin proceso judicial. Aun teniendo en contra el fallo de La Corte Suprema, siempre logró hacer lo que le dio la gana. En los inicios la sociedad USA, se pretendió (creían) un cierto igualitarismo, donde nadie descollara en exceso. En 1840, casi toda la industria estaba en manos de pequeños propietarios, pero a finales de siglo, ya unas pocas firmas[53] monopolizan casi todo el mercado: la Estándar Oil de Rockeffeller, la U. States Steel de Morgan, American Tobaco, Pullman, Armour (carne envasada), Singer, imponían sus condiciones, y "su ley".

Los trabajadores también lograron mejores sueldos. Hubo momentos en que había escasez de buenos especialistas, y un trabajador cualificado lograba hasta seis veces el salario de un peón. En 1886, S. Gromspers y A. Strasser fundaron el sindicato A.F.L, bajo postulados reformistas, sólo estaban interesados en la mejora retributiva y la jornada, nada de política "que otros salvaran al mundo; los obreros especializados solo querían salvarse a sí mismos"; la motivación del sindicato estaba con el obrero especializado. Al lado de estos trabajadores aristocráticos, estaban los inmigrantes no cualificados, que sufrieron continua discriminación y salarios mucho más bajos. Los emigrantes del Este de Europa y Asia, siempre ocupaban los peores trabajos y se veían obligados a aceptar peores sueldos. Los trabajadores siempre lo tuvieron muy difícil para organizarse en USA, todo estaba en contra de ellos, los empresarios, el Senado que era un club de millonarios, los jueces, hasta las tropas ayudaban a acabar con las huelgas. En 1886, ocurrió el asunto de la huelga de Chicago y la condena a muerte de 8 anarquistas. Empresarios como Carnegie, no entendían más ley que su deseo. En 1892, los trabajadores de Carnegie en Pennsylvania se pusieron en huelga porque les bajó el sueldo, no les recibió, "no reconozco a nadie el derecho a interferirse en mis asuntos personales"; y contrató al matón Pinkerton y sus 200 muchachos para derramar sangre y vencerlos (con la complicidad de la autoridad).

El socialismo *siempre fracaso en USA*. El intento más serio y reivindicativo se configuró en derredor de los anarcosindicalistas Wobbies hacia 1905, pero pronto se les asoció con la violencia, se les persiguió y se les puso fuera de la ley o tuvieron que salir del país. ¿Razones del fracaso? La gran diferencia[54] y desunión étnica, muchos inmigrantes muy distintos, la cuestión de los negros, y sobre todo la burocracia trabajadora: *cierto porcentaje tenían muy buenos sueldos (con diferencias de 1 a 6)*, los especialistas, casi todos americanos, que despreciaban y se sentían lejos y muy superiores a los no especializados e inmigrantes, ellos eran clase media al lado de tanto inmigrante. Por qué el especialista había de perseguir ninguna revolución. Parece claro que no se trataba de la *clase obrera, sino de diferentes clases*. También jugaba en su contra, el hecho de que la ideología que emanaba de las estructuras dominantes creaba un clima general de reverencia por el industrial y sus derechos; la política -se decía- era cosa de señores (Cobett lo vio claro cien años antes), aquel era su terreno, no el de obreros andrajosos, de ese modo se postraban la mayoría de los obreros. Ninguna sociedad odió tanto al socialismo. Quizás, porque ninguna sociedad se edificó sobre tanto individualismo (la frontera, el granjero solitario, el revólver, y el espíritu religioso: cada uno edifica su propia salvación)

El rey del petróleo sería Jhon Davison Rockefeller (1839-1937), quien era de carácter silencioso y casi taciturno. Diría H. Demarest Lloyd : "La Standard hizo de todo en el Parlamento de Pensylvania, salvo refinarlo". Él y sus capitanes, lo corrompieron y compraron todo[55]. Se conchababan con los bancos para negar créditos a sus competidores. Ida Tardell, mostraría en un libro de investigación, cómo Jhon se había deshecho de sus competidores con métodos sucios. Sin embargo, él, había puesto los fondos para edificar la parroquia a la que acudía todos los días a escuchar los sermones de "su" pastor. Parte de su actividad sería la filantropía, como Carnegie. Escribía Bigelow "Nunca en la historia de los plutócratas de USA, alguien con su simple dinero logró comprar tanta publicidad social y tantas lisonjas". En Colorado Fuel se le levantaron los mineros de UMW, los acabó aplastando, 40 muertos.

Religion USA

USA, la cimentaron y levantaron los puritanos, gentes muy embebidas de religión que comían Biblia a todas horas. Muchos, de las primeras oleadas de emigrantes, se creían el pueblo elegido por Dios, tenían claro que iban a fundar Nueva Jerusalén. A principios del siglo XVIII había decadencia religiosa entre el pueblo. Hacia 1720, reformadores holandeses idearon " el I Gran

98

Despertar": los hombres debían alcanzar una "conversión interior". El renacimiento comenzó de la mano de Jonathan Edwars (1703-1758), teólogo de Massachusetts, que poseía raíces puritanas calvinistas, pero que hizo hincapié en la importancia y el poder de la experiencia personal religiosa inmediata. Otro predicador anglicano, George Whitefield, llamado el Gran Itinerante, que estuvo de visita proveniente de Inglaterra, continuó el movimiento viajando a través de las colonias, y predicando en un estilo más dramático y emocional. Whitefield, estaba seguro, del cercano nuevo nacimiento de Jesucristo, que fechó para 1800.

El II Gran Despertar abarca el período de 1790 a 1840. La sociedad americana estaba tan unida a la religión, que en 1840 la Biblia era el libro más leído (y con frecuencia único). Este segundo Gran Despertar o Segundo Gran Avivamiento, consiste en un resurgimiento cristiano con gran actividad evangelizadora y grandes cifras de conversiones por gran parte del país. De este Avivamiento, surgieron las grandes religiones de USA: los cuáqueros, los mormones, los metodistas, los baptistas del Sur. En 1818, William Millar, un baptista del Sur que estudió los textos bíblicos reunió a muchísimos seguidores cobijados bajo la idea de que el mundo acabaría en 1844. Todos se decepcionaron llegada esa fecha (parece increíble), pero no el grupo instalado en Battle Creek, que pasó a llamarse Adventistas del Séptimo Día, que sería controlado por el doctor Kellog, y su dieta de cereales.

A finales del siglo XIX los colonos se han asentado, y logran amplios progresos y se hacen más instruidos, de modo que, exigen una Iglesia más preparada que centre el Evangelio en los domingos; precisan una vida más dulce, y tratan de ver cómo compaginar lo que dice el Evangelio y su comportamiento diario. Consideraban que era necesario el puritanismo religioso, pero en medio había una nueva realidad que deseaban atender: el mundo del dinero. Wesley lo entendió como ninguno, cuando dijo que la moral del trabajo y la vida adusta solo podía generar riqueza, y la riqueza genera codicia.

A través de la obra periodística del cubano José Martí (siglo XIX), puede seguirse la modificación de hábitos de la sociedad americana desde el rigorismo puritano, a la exuberancia hedonista. Su obra *En los Estados Unidos. Periodismo de 1881 a 1892*, consta de numerosos artículos esclarecedores en este sentido.

En el artículo 17 acerca de La Pascua-Navidad, refiere que todo es consumo, regalos, visitar tiendas y comprar, las casas repletas de comida y presentes, regalos de Tiffany, diamantes traídos de África, aceros de Damasco y Toledo, todo es brillo, consumo y ostentación.

Art. 185: Fiestas, vestidos, brillantes, baile, apariencia. "…ni niñas casaderas que entran a galope tendido por la coquetería, sin saber dónde acaba Recamier, …o la que en Baltimore dio a beber champaña en su zapatilla a uno de sus galanteadores . …"

Art.76. Corre el año 1885. Las iglesias están metiendo miedo a la gente con penitencias eternas. Las iglesias tocan a rebato y retumban los tambores porque notan que pierden importancia e influencia dado que lo que ahora cala en la mente de las gentes es el sistema económico y la preocupación omnívora por la riqueza y el pensamiento libre. Monseñor Capel es la figura emergente de esta Iglesia, quien ejerce un poder oculto más enérgico y trascendental.

Art.150. Cisma y conflicto en los Católicos de N. York, donde hay mucho irlandés. El cura McGlynn, que siempre estaba del lado de los pobres, asistió a una reunión donde se hablaba del reparto de la tierra. La obra de Henry George sostenía que "la tierra debe pertenecer a la Nación -no a algunos ricos- ". Pero el arzobispo de McGlynn se lo había prohibido, la Iglesia estaba con los ricos. De modo que le echaron, y su pueblo y su parroquia está con él y contra la Iglesia.

Art. 191. "El pastor famoso de la iglesia de la Trinidad castiga los vicios de la gente alta de Nueva York, de las jóvenes ricas que solo procuran atraer a los hombres por los atractivos de su cuerpo, y asisten a almuerzos de doce platos y no menos de seis vinos, y van al teatro vergonzosamente vestidas, a que refocilen los ojos y contenten las manos los galanes jovenzuelos, o calvos que les pagan después la exhibición con cenas de Delmónico o de Brunswick…".

Art. 221. En esa época la gente desconfía de la iglesia, y "los templos están pobres y vacíos. Va la gente a oír a los pastores liberales y más cuando se susurra que van para rebeldes". Los pastores reunidos estos días se preguntan "¿Por qué ni aun dando a los templos el bullicio y agrado del teatro se niega la gente a venir al templo?. Porque la enseñanza es falsa, el carácter duro, el rico soberbio, el pobre desconfiado…"

Art.288. "Y el famoso Ingersoll se revuelve contra los pulpitos, todos comentan su sermón pascual, donde tachó al cristianismo por haber traído al mundo un mensaje de eterno pesar y la doctrina del dolor sin fin, por afligir a los hombre con el miedo del infierno, eficaz solo para sujetar el desarrollo de la razón; y a un reverendo le dice: Suprímase de la moral el cristianismo y quedará lo útil de la moral". "Que la civilización de hoy sea cristiana, no quiere decir que la religión cristiana sea verdadera, porque la civilización del mundo fue hindú en su tiempo, y en otro egipcia, latina en otro…".

Ya hemos visto la nueva cara de las iglesias y de los pastores. Estos, perciben que pierden la gres, que se les extravían, que sus ovejas se aventuran por prados más amplios, que hay menos miedo a aventurarse hacia distintos vértices y experiencias, que se difumina el temor de Dios y del Infierno eterno, y sin este miedo se les escapan; el individuo se vuelve más autónomo y la Iglesia menos poderosa, porque empieza a no controlar el rebaño. Y entonces la iglesia se asusta ante la pérdida de control y tocan a rebato, y vuelven (con la Ley Seca) en penúltimos intentos los mensajes apocalípticos. Pero el pueblo levantó la sábana, y debajo no vio ni al lobo, ni al Demonio ni el Infierno, se ha ido el miedo y ya asustan menos los pastores, por el contrario ha visto o pellizcado el ocio, el consumo, la diversión, el disfrute y el deleite, en suma, ha sido tentado. Y puesto en la divisoria de caminos, ya suele inclinarse por este de la vida dulce, en vez de mortificarse con el mensaje apocalíptico. Se extienden las fiestas y el divertimento (lo hemos visto en la pluma de Martí). Los pastores se muestran dispuestos a comprender mejor al pueblo o bien se han percatado de que hay que renunciar a sujetarlo (el riesgo es perderlo todo), y conviene retener con cordel flojo lo poco que se pueda: no quieren saber de "dogmas, que el hombre retenga lo esencial de la fe de Dios".

Después del Gran Despertar, y del temor de Dios y del terror eterno del Infierno, la economía inicia un gran proceso de expansión merced al ferrocarril, los negocios y las industrias a él emparentadas. En 1870 ya hay muchas industrias, y grandes fortunas. Esos ricos, viven la nueva realidad y se muestran dispuestos a disfrutarla y exprimirla; y los siguientes estratos, también quieren saborear esa realidad. Recuerdan, que su religión a través de Lutero santifica el trabajo y el premio de la riqueza; es obvio que se precisa olvidar la condena de los prácticas dudosas. Si ha sido posible conseguir esas fortunas (que no van a repartir), ahora desean que sean reconocidas, que el poseedor sea admirado (envidiado. Veblen), para lo cual es preciso que se puede interpretar de modo más laxo el mensaje puritano. ¿Por qué no ha de caber cierta exhibición, el orgullo de ser rico, y la diversión? A partir de aquel despegue económico, los trabajadores también lograron mejoras y mayor retribución, y los sindicatos logran acortar la jornada laboral. Al mismo tiempo, la intelectualidad (clase media) se conciencia de la necesidad del ocio - una vida menos dura-, y comienzan a exponerse esas ideas en periódicos y revistas. Esas clases acomodadas disfrutaban el ocio, y por mimetismo, la abundante clase baja también quiere su parte del pastel[56]. Las grandes fiestas de los ricos ya estaban presentes en 1890 (Delmónicos), pero el crecimiento prolongado al inicio del siglo generó un gran optimismo entre los científicos sociales, y pensaron que la ética del trabajo podía relajarse, y que había tiempo en la vida para la diversión; todo el pueblo iba a imitar el relajamiento moral de los ricos. La revista *Succes* editorializaba con ideas sugerentes: "Por qué tomarse la vida tan seriamente", " la diversión es una necesidad". El sociólogo E. A. Ross, opinaba que " Se estaba pasando de una economía del dolor hasta la del placer". La moral puritana de los siglos XVII y XVIII había predicado el trabajo duro y la vida austera y frugal, y el no envanecimiento por los logros conseguidos; Wesley exhortaba en la misma dirección, y el II Despertar hacía pocas décadas que tenía bien amarrados y temerosos a todos los fieles; pero ahora como hemos visto, casi de un brinco, en el lapso que va de 1880 a 1910, todas esas señas de la moral se resquebrajan, saltan por los aires, se colocan en estanterías en el cuarto de luz tenue, y se salta la verja hacia el mundo cinemascope, se tiende la mano hacia un mundo de valores contrarios, donde triunfan el hedonismo, el consumo y la exhibición; de golpe, ya no importa lo que dicen los pastores, ni el temor de Dios, ni el miedo al Infierno. La religión importa (parece), para un rato los domingos. Esos ricos, o mejor los hijos de esos ricos, estudian, viajan, van a Europa, se divierten, ellos mismos deciden - en todos los sentidos-, y en cierto modo son ellos, los que modifican las reglas de la moral puritana. De golpe, se ha producido un gran cambio, desde el nido de los valores puritanos se han deslizado por el tobogán al mundo del hedonismo y la concupiscencia. Y cuando ellos consumen y se divierten, los jóvenes de los otros estratos sociales quieren emular su desparpajo y sus fiestas, todos, dispuestos, a aflojar el corsé de la moral y los dichos de la religión. Se ha producido un *"gran salto"* en la moral de los americanos. Los "Locos Años Veinte", una época de deleite y desenfreno que vive toda la sociedad es posible, porque se ha tirado por la borda los amarres de la moral puritana de tres siglos, se ha pasado de comer biblia y del temor absoluto al pecado, a que todo el mundo desee jugar con el pecado, la manzana y la serpiente. Menciona Galbraith [57] que en esa época "eran célebres las fiestas en Astoria y Delmónicos. En 1883 W. Vanderbilt dio un baile que costó 250.000 dólares; pero el que dio Bradley Martin en el 1897 fue mucho más espléndido. Transformaron el viejo Astoria en una réplica de Versalles, donde los invitados debían acudir vestidos de la época, y donde la anfitriona gastó 375 000 dólares. Poco antes, en Delmónicos los invitados recibían cigarrillos envueltos en billetes de cien dólares que eran encendidos con una legítima sensación de opulencia".

S.P.D.

Agarrados al impulso y la iniciativa de Marx, se crearon en Europa partidos socialistas. En 1869, de la mano de Liebknett y Babel, se funda en el congreso de Eisenach el SDAP, de orientación marxista, que se adhirió a la I Internacional. Unos años después (congreso de Gotha, 1875), unieron ese partido con la sección obrera de Lasalle, y se llamo Partido Socialista de los Trabajadores de Alemania. Bismarck les prohibió en 1878, y les legalizó en 1890, logrando ese año 35 diputados. El Kaiser accedería a parte de sus reivindicaciones, consiguiendo los trabajadores importantes mejoras en cuanto a seguros y condiciones de trabajo. Ese partido, destinado a hacer la revolución socialista de obreros, estaba fuertemente organizado y daba miedo al poder. Sus líderes más prominentes eran Kaustky, Bernstein y Babel. Engels, moriría en 1895 (hacía tiempo que había muerto Marx), y poco después Bernstein dio rienda suelta a sus pensamientos sociales. Opinaba, que no parecían confirmarse las predicciones de Marx en cuanto a que se empobrecieran más los obreros ni que fuera a hundirse el capitalismo por causa del monopolio, sino que más bien, los obreros habían mejorado en todos los sentidos y parecía posible lograr el socialismo por métodos pacíficos, alejándose de este modo de la retórica revolucionaria. En principio estuvo solo en esta línea de pensamiento, y sus planteamientos fueron condenados en 1903 en el congreso de Dresde. Su análisis de la realidad no puede decirse que fuera errado, pero puede sugerirse que fue precipitado, si hubiera de suponerse que el partido tenía convencimiento ideológico e intención orgánica de conseguir una sociedad socialista. En esas fechas el partido era muy fuerte,

103

y durante otros 10 años "las condiciones", con frecuencia estuvieron cerca de ser propicias para la pretendida revolución -que a todas luces parecía posible-. Dejaba de ser fuerte, cuando se expresaban dudas de táctica y metodología sobre la conveniencia o no del "salto" y del uso de la huelga general, cuyas dudas, fueron dilatando el supuesto "momento propicio", y acabaron generando el clima acomodaticio que se describiría como "la burguesía del proletariado" o "aristocracia obrera": trabajadores conformados y bien remunerados, que empezaban a tener intereses distintos a la generalidad. Bernstein, contribuyó con la exposición de su doctrina más que nadie a acomodar (languidecer) y subvertir el espíritu del partido, y aunque en principio no fuera escuchado y tachado de revisionista, sus planteamientos fueron calando en los líderes y entre la masa, que mejoraba y se diferenciaba. Poco ganaremos con imaginar qué hubiera ocurrido en la primera década del siglo XX sin las ideas de Bernstein, como sirve de poco hacer conjeturas acerca de cómo hubiera sido Europa si en 1919 triunfa esa revolución.

Aparentemente, en las páginas anteriores he tratado de explicar o mostrar la Historia de Occidente. Obviamente no es cierto. Sería un resumen muy escueto e infructuoso en alguien que no es historiador. Ese enfoque es poco interesante para mi propósito, además de que está ampliamente documentado en numerosos libros. Como se habrá notado, apenas expongo algo de los gobiernos de Carlos V, ni de Ana Bolena, ni de T. Moro, ni de la Armada Invencible, tampoco de la Forja y Luis XIV, ni de las importantes I y II Guerras Mundiales. Es indudable que la mayor maldad conocida aconteció en la II Guerra Mundial. Parecerá cojo cualquier estudio sobre la maldad que no se detenga en Hitler y el Holocausto. No lo veo de ese modo, y creo que lo he explicado. Me interesa examinar una maldad más humana, o digamos particular, las grandes maldades son ajenas en cierto modo a nuestros propósitos y capacidades, por otra parte ya muy estudiadas. Lo que sí hago, es un inciso en ese período a través de Eickman, porque es un modelo de primerísimo orden (lo veremos al final del capítulo III). Los anteriores ejemplos, son asuntos de gobiernos de los reyes o altos dignatarios, que sí afectan a los pueblos, pero inciden poco en el carácter de los pueblos y de las personas. Ésta, es la parte que a mí me interesa, en la medida en que trato de comprender cómo es y se comporta el hombre, y por qué, cuáles son los motivos que le empujan a la acción, y cuál el pensamiento que está debajo del móvil. La forma de pensar y de sentir de los individuos -las personas occidentales-, se ha conformado a lo largo de la Historia en razón de acontecimientos en torno a la supervivencia y las estructuras de poder, la religión y el pensamiento de unos pocos, que se fue expandiendo para muchos. Por eso, no me fijo en las guerras, y sí en el modo en que se vivía la religión puritana. Del pensamiento de unos hombres -que luego sería conocido de otros muchos-, surgió de la Ilustración. No por casualidad, los americanos tienen su idiosincrasia. Porqué el pueblo anglosajón se dio al trabajo y los negocios, mientras los españoles detestaban el trabajo (el trabajo no es oficio de nobles), se explica en razón de los Reyes Católicos, de la profesión de armas, del Catolicismo-Protestantismo, y del yoeman y la gentry. Todo lo que hemos visto, siguiendo la evolución primero de las ideas, y después del hombre y de las sociedades, ayuda a comprender cómo nos sometíamos y cómo fueron surgiendo las ideas de libertad y los derechos, a la vez que permiten ver, por qué somos egoístas y amamos las diferencias; de donde se desprende, que minusvaloramos el mal que hacemos en tanto que nos fastidia el mal que nos hacen. Sobre esta base de historia social, será más fácil comprender cómo se formó y qué significa el Utilitarismo, y qué es la ética y por qué despreciamos la solidaridad y amamos el dinero.

Europa a Comienzos del siglo XX

Iª Guerra Mundial

Desde el año 1500, pocas décadas un país europeo ha estado en paz. Francia y los países a su derecha, eran los que más se veían involucrados en conflictos por deseo propio, o porque les contaminara la belicosidad de los vecinos. Los franceses habían perdido contra el Kaiser en 1870, que fácilmente batió a Francia y se anexionó Alsacia y Lorena. Esa afrenta, no dejaba de estar presente en la mente de los gobernantes franceses. Añadamos el clima de descomposición del Imperio Otomano. El centro de Europa también sufría cambios, porque Austria-Hungría ya no controlaba el tablero como con Metternich. Sumemos el hecho, de que a finales del XIX todos los grandes se estaban rearmando de modo considerable, propiciando un gasto tal en este capítulo, que empujaba en la dirección de difícil escapatoria. Europa seguía impregnada del espíritu guerrero de siempre.

Completemos el cuadro de las circunstancias propiciatorias fijando la vista en el gran incremento productivo de muchos países, en la necesidad de captar mercados y de vender sus productos. Alemania, nación nueva y con economía muy pujante, había llegado tarde al reparto colonial de África, y necesitaba mercados. Las alianzas estaban fijadas, el clima bélico se hacía presente, el convencimiento en la victoria también, la chispa siempre al acecho, y por fin, se encendía la mecha con el asesinato en los Balcanes del heredero del Archiduque del imperio Austro-Húngaro. La I Guerra Mundial, que ocupó Europa de 1914 al 19, acabaría muy mal para Alemania, que debió hacer frente a unas fuertes indemnizaciones, y cuya postración le sirvió de espoleta al pangermanismo para crecer como un pino, exponiendo al mundo a una nueva conflagración.

Revolución Rusa

El socialismo marxista en Europa a inicios del XX lo dirigían las figuras del SPD -Kautsky era el Papa-. El SPD aún (ya pisaba fuerte Bernstein) apostaba por la vía revolucionaria de un proletariado organizado, en las condiciones adecuadas de industrialización que había descrito Marx. Rusia, no se acercaba en absoluto a las condiciones mínimas de desarrollo ni de creciente proletariado, pero Lenin estaba dispuesto a forzar las etapas y encontrar atajos en el camino de la revolución. En Rusia imperaba un sistema feudal, donde apenas había burguesía y escaso proletariado, casi todos eran siervos, analfabetos y sin más consciencia (no conciencia) que el reconocimiento de la miseria. Pero él se empeño en que era posible la revolución mediante la alianza de obreros y campesinos. Algunos lo habían intentado en 1890, en cuyo fallido intento murió su hermano, y lo volvieron a intentar en 1905, lógicamente también fracasaron; tampoco en 1917 había condiciones científicas ni lógicas, para la revolución, pero se dieron otras condiciones sustitutivas. Había una descomposición absoluta del ejército y del Estado, por consiguiente, cualquier cosa podía ser posible. Aunque seguía sin haber proletariado numeroso, el pueblo se sentía desesperado y con hambre, sufría toda suerte de calamidades y mucha miseria.

A causa de la I Guerra Mundial, los campesinos fueron alistados como soldados y además se llevaron los caballos, con lo que el campo quedó abandonado, y al cabo de dos años estaba en la ruina absoluta; a la vez se destruyó la estabilidad financiera, lo cual trajo inflación y ruina en el campo. El ferrocarril estaba colapsado, motivo por el cual, los alimentos casi no llegaban a Moscú y Petrogrado. Debido a la inflación, muchas empresas quebraron y aumentó el desempleo y el hambre. Cundía el descontento y las huelgas, de modo que los empresarios tenían miedo, y cerraban y huían. Únase, la derrota del ejército y el desánimo general. En febrero de 1917, el pueblo se levantó en Petrogrado (la factoría Putilov inicia la huelga) por la escasez de comida. Se sublevaban y se enfrentaban a la policía y los soldados, que poco después se pusieron de parte de los sublevados. Fue una revolución casi incruenta de obreros y de soldados, pero liberal, en la que también participaban Kerensky, Maliukov, etc. El Zar cayó. Lenin volvió a Rusia en abril (sus famosas tesis de Abril), pero no logró el entusiasmo que necesitaba; el gobierno lo controlaba Kerensky, un socialista moderado, aunque el poder real estaba en manos de los soviet, sobre todo en Petrogrado. Este soviet, en marzo, en la orden n° 1 instaba al ejército a obedecer al soviet. En esta ciudad, en julio, los anarquistas y bolcheviques empujaban hacia la revolución, pero fracasó y Lenin hubo de huir a Finlandia; seguía sin haber elementos consistentes para la revolución. Como se ve, nunca nada ha sido lineal, siempre ha habido posibilidades para los dos lados y unas veces sale cara, y otras cruz. En el primer Congreso Panruso de soviets, celebrado el 3 de junio, los bolcheviques eran minoría por detrás de social-revolucionarios y mencheviques. Pero en septiembre, el poder más real pertenecía a los soviets que eran quienes atendían las necesidades de la gente, a consecuencia de lo cual, ganaron las elecciones de soviets, los bolcheviques. Con Kerensky de presidente, se dio el golpe del general Kornilov, y Kerensky repartió armas entre los trabajadores de Petrogrado, pero acto seguido, la mayoría se paso al bando bolchevique. En los meses anteriores había doble poder, y ese vació de poder favoreció la insurrección, que el Gobierno no era capaz de controlar. Al iniciarse octubre, en Petrogrado mandaba el Comité Militar Revolucionario, que estaba a las ordenes del soviet, cuyo presidente era Trostky, pero controlado por los bolcheviques (por entonces Trosky no era tan bolchevique). Con estas victorias Lenin se animó, y logró convencer a sus compañeros acerca de la necesidad del levantamiento.

El día 10 de octubre, por 10 votos contra 2, el partido bolchevique decidió ir por la revolución. Se fijó la fecha del golpe para el día 25, para hacerla coincidir con el segundo congreso de soviet que ellos dominaban (390 sobre 650) desde septiembre, de modo que éstos refrendaran la revolución. Al día siguiente el soviet eligió un Consejo de Comisarios Populares. Al saber que caía el gobierno de Kerensky, Trostky invitó a los socialistas-revolucionarios y los mencheviques a que se fueran, y tras esto, el Congreso proclamó todo el poder para los soviets y la Revolución. El 25 de octubre en Petrogrado, liderados por Lenin, la Guardia Roja se hizo con los principales edificios, y en pocos días y con poca lucha, amarraron todo el poder y capturaron el Palacio de Invierno el 7 de Noviembre. Salió cara, como en julio había salido cruz. No había suficiente organización ni elementos de consistencia para la revolución (todo al contrario de la teoría marxista), pero el poder se derrumbaba solo, esa fue la suerte, y el mérito de Lenin que lo supiera ver. La Revolución de Octubre no fue ni una revolución de obreros y campesinos ni una revolución de masas, fue obra de una minoría, la Guardia Roja Bolchevique y algunos contingentes de soldados y marineros, unos 10000, en una fácil situación de vacío de poder. Kerensky había huido esa mañana porque no lograba utilizar el ejército de 150.000 hombres que estaban en Petrogrado y sus inmediaciones, pero sin moral ni disciplina.

Esa noche del 25 de Octubre, Lenin se hizo con el Gobierno. Después de la revolución, no puede decirse que hubiera comprensión (primer entusiasmo sí) de la situación por parte del pueblo, por la sencilla razón de que no había proletariado, la mentalidad campesina funcionaba de otra manera y sin unión, su único anhelo eran tierras en propiedad, no colectivas. Se mantuvo la promesa sobre las elecciones para la Asamblea Constituyente, y se celebraron en enero del 18, que no ganaron los bolcheviques. Al día siguiente, los Guardias Rojos disolvieron la Asamblea, alegando que los soviets eran más democráticos. ¿La libertad? Libertad y democracia se supone que caminan juntas, la voluntad del pueblo; pero la "liberación" con frecuencia deja las espinas de la libertad en el camino. *¿Pour quoi faire la liberté?*. Desde hace algunas décadas, se ven nítidos hechos, que en otra época eran más confusos, aún cuando también parecían claros. Las revoluciones en sí no son buenas ni malas, y las consecuencias que aporten a determinados medios sociales pueden ser buenas, los fueron la de Inglaterra de 1641, la de 1789 (no el posterior Terror), y otras. Positivas fueron las de Tunez, Libia, Egipto, incluso la revolución contra el Shaa. En estos casos, es el pueblo (de modo muy amplio) el que se subleva y consigue un cambio significativo, rápido y en ocasiones sin gran coste en vidas. Lo complicado viene después. Toda revolución debería permitir en pocos meses que el pueblo se pronuncie y se atienda la voluntad general. Cuando esto no ocurre, siempre quienes se hicieron con el poder se adueñan de él y se convierten en usurpadores y dictadores. Que los listos (líderes) puedan decidir por el pueblo, y que el axioma de dictadura del proletariado se imponga, supone que el pueblo vuelve al yugo con la excusa del camino hacia la libertad y otros conceptos máximos. Que Lenin no respetara la votación de enero del 18 fue un error, como lo ha sido en Camboya y otras latitudes, donde un grupo "sabe" lo que el pueblo necesita; del mismo modo que actuara Hitler y los fascismos. Es menos nocivo que el pueblo se equivoque, que el hecho de que unos salvadores -de todo signo- se arroben toda representación.

La partida (de Lenin) debería estar perdida. No era muy numeroso el contingente de obreros y soldados que estaban con la Revolución, poco más que una vanguardia revolucionaria; les salvó, una firme determinación y un enorme esfuerzo, y la dureza del ejército. Fue un cúmulo de sufrimiento y circunstancias favorables -casi diría suerte-, y determinación extrema, las que evitaron un rotundo fracaso a manos de la Contrarevolución apoyada por el ejercito blanco; el Ejército Rojo, dirigido con mano férrea por Trostky salió victorioso. La revolución se hizo sin mimbres, y seguía sin haber condiciones desarrolladas que la permitieran asentarse; el campo no participaba de la idea de Lenin y no colaboraba, por ello, dos años después tuvo que inventar la NEP, idea económica contraria al socialismo, en la que Lenin se impuso sin convencer a sus camaradas. En 1924 moriría, y Stalin se haría con el poder. El planteamiento marxista de las etapas y desarrollos que se deben superar, era mucho más coherente y lógico que el atrevimiento impulsivo de Lenin, su plan para Rusia era un modelo en las antípodas de cualquier proyecto revolucionario realizable (que tuviera apoyos y pudiera asentarse tras un alzamiento), no tenía masa social que le sustentara; los alemanes del SPD, estaban mucho más en la senda de lo posible, pero en ocasiones la Historia se escribe en función de avatares ocasiones.

Cuando murió Lenin, y Stalin se hizo con el poder, logró convencer o dominar al partido y al pueblo, en la idea del afianzamiento y el desarrollo del socialismo en un solo país (propuesta que chocaba con la revolución permanente de Trostky). Después vendría la dictadura, el terror y el Gulag.

Revolución alemana

El partido (SPD) debía organizarse y fortalecerse hasta que las condiciones estuvieran maduras. Hacía décadas, que el SPD amenazaba con barrer toda la superestructura, pero la dirección del SPD no consideraba que aún estuvieran las condiciones maduras; a la muerte de Engels, Benstein introducía la discrepancia, las reformas parecían un camino seguro al bienestar, la revolución, ¿por qué? Ya hemos mencionado que Kautsky y la mayoría seguían la ortodoxia y continuaban preparando al partido para la revolución. Bernstein (el renegado), acertó al diseccionar el ánimo del pueblo, "el pueblo vivía bien". *Ya no era el obrero lleno de harapos, pupas, hambre, frío y descalzo* de la novela Oliwer Twist o Germinal, ni el obrero explotado alemán de 1860, todas las condiciones de su vida habían mejorado sustancialmente. Contemplar la muerte de la prole por hambre y enfermedades, empuja a la locura y anima a la revolución, pero el bienestar más allá de lo soñado y conocido enfría los ardores subversivos, nadie se anima a la revolución con el estómago lleno. Ese ánimo social le notaba el partido en 1905, y también atrapo a los dirigentes, quienes debían ser la vanguardia revolucionaria, ¿ habría esencia? Pronto muchos se abrazaron con Bernstein. Para colmo, les contagio el pangermanismo y el patriotismo, y los diputados socialistas acabaron aprobando presupuestos para disparar a proletarios de otros países.

El 29 de Septiembre de 1918 la posición bélica de Alemania era muy menguada, y Ludendorf solicitaba el armisticio. El presidente americano Wilson exigía, que el armisticio lo pidiera no el Gobierno o los militares, sino el Parlamento. Se nombró canciller al príncipe Max Von Madem, y se firmó la paz en octubre. Ahora, el Gobierno y el canciller estarían subordinados a la mayoría del Reichtagg, Alemania pasaba de monarquía constitucional a república parlamentaria. Wilson, pidió la retirada de las zonas ocupadas, el fin de la guerra submarina y la abdicación del emperador y fuertes indemnizaciones de guerra.

Desde el inicio de la Revolución Rusa de Octubre de 1917, también en Alemania se produjeron grandes huelgas organizadas. Por otra parte, en Noviembre, entretanto se negociaba la paz, en Kiel el almirante R. Scheer, planeaba otro ataque contra la marina inglesa. En las presentes condiciones, los marineros se negaron a salir, se arrestó a muchos y querían juzgarles, pero los marineros hicieron reuniones, hubo sublevación y se inició la revolución.

Pero la dirección del SPD se encontraba aturdida y dividida, y mayoritariamente el poder estaba en manos de quienes abdicaban de la revolución, de modo, que se aprestarían a destruirla, con Ebert a la cabeza. El socialista Friedrich Ebert, estaba de acuerdo con Max Von Baden, en que debía evitarse una revolución social y mantenerse ante todo el orden del Estado. La dirección del SPD, logró convencer a los soldados para que apoyaran a los líderes del SPD, y su política. Bajo presión de los representantes del USPD, el Consejo de Representantes del Pueblo, nombró el 21 de noviembre una "Comisión de Socialización". En ella, estaban entre otros Kautsky. Esa comisión, debía verificar qué industrias eran "socializables", y debían preparar la estatalización de la industria de acero y del carbón. El propósito de Ebert iba en otra dirección, quería el poder lejos de los Consejos Revolucionarios. El golpe de poder lo dio una conversación telefónica de Ebert con el general Wilhelm Groener. El Mando Supremo militar desplegó sus leales *Freikorps*, que planeaban usar, contra la supuesta amenaza bolchevique. Estas tropas, a diferencia de los soldados revolucionarios de noviembre, eran oficiales y hombres afines a la monarquía que no deseaban el retorno a la vida civil. El 5 de enero de 1919, hubo una gran manifestación que se convirtió en una movilización masiva, con la que ni los mismos organizadores habían contado. Al igual que el 9 de noviembre de 1918, ese domingo, cientos de miles de personas se dirigieron al centro de Berlín, muchas de ellas armadas. La manifestación superaba a los líderes, los espartaquistas no lograban controlarla, las exigencias venían de los obreros mismos y eran apoyadas por diversos grupos a la izquierda del SPD. Parte de los cabecillas revolucionarios comenzaron a armarse y a llamar al derrocamiento del gobierno de Ebert. Pero los intentos de los activistas del KPD (comunistas) de volcar las tropas a su favor (esta era parte de la clave) continuaron sin tener éxito, y el proletariado en las calles, no era lo bastante numeroso ni unido en una pretensión única, gran parte se oponía a la revolución siguiendo las directrices del partido. Aún más, la División de Marina del Pueblo, no estaba dispuesta a apoyar a los insurrectos. Se declaró neutral. Los demás regimientos estacionados en Berlín, se manifestaron en su mayoría a favor del gobierno. Aunque en esos días continuaban las negociaciones entre Ebert y los espartaquistas, éstas se rompieron el 8 de enero, y Ebert, utilizó las tropas. Desde el 9 de enero, las tropas sofocaron violentamente el improvisado intento de levantamiento. Las Freikorps, al mando de G. Noske, reprimieron toda la subversión, *"Por mi parte, alguien debe convertirse en el sabueso. Yo no rehúyo la responsabilidad"*.

Con frecuencia he pensado, que nunca una revolución socialista fue más posible y acorde a las etapas de desarrollo que marcara Marx. La revolución alemana no aconteció, porque los dirigentes aburguesados (con buenos trajes y estómago lleno) del partido decidieron que no ocurriera. Ellos, parecen los culpables de la película. Pero examinémoslo de otro modo. Con el enorme potencial del partido, parecería que todas las condiciones (tal como las dibujaba Marx) estaban a favor. ¡Qué cosas!, en cierto modo todo encajaba, tal cual dijera Marx. O quizás no tanto. Entre las condiciones que Marx prefiguraba del desarrollo del capitalismo ocupan primera fila, la progresiva conciencia de la clase obrera y su continuo empobrecimiento. En Alemania, sí se daba esa primera condición; no así la segunda. Sin esa segunda condición, ya se desbarata el sistema de condiciones *realistas y maduras* de Marx. ¿Los dirigentes traicionaron la revolución, o las condiciones pasadas de propicias, ya eran otras? Aquellos dirigentes estaban viendo y viviendo una nueva situación, acomodaticia, y muchos de ellos sucumbieron a las tentaciones. El hambre es una poderosa herramienta de la revolución; sin hambre es distinto. Los trabajadores no vivían en las condiciones de 1870, no eran más y más pobres, sino que gozaban de mayores bienes de los que habían soñado; la autorrealización, la igualdad y la arcadia no podían ocupar sus preocupaciones, eran enjundias para mentes "más elevadas". En Rusia, la revolución la querían y la hicieron unos pocos, pero esos pocos, en aquel caos fueron muchos. En Alemania en 1918, muchos, solo eran parte de muchos más, y el poder aún se mantenía.

U.S.A. a comienzos del XX

Años veinte. En los primeros años de 1900 más amplias capas sociales acceden a la prosperidad, y a todos les tienta la experiencia del ocio, los juegos, el consumo, las tabernas; los jóvenes se desinhiben, desoyen las prédicas de los curas sobre la sensualidad, el pecado y el infierno, y *se lanzan a saborear nuevas experiencias*. Algunos años más adelante, merced a Ford, habrá muchos coches en el mercado, lo cual genera toda una industria alrededor del ocio; todos quieren viajar, ir a la playa, conocer nuevos lugares. En esa época de ocio y disfrute, se inauguran multitud de clubs y sociedades literarias y científicas, piscinas, golf, tenis, cine. Los teatros, clubs, cabarets, todos, están abarrotados; se organizan concursos de belleza en trajes de baño.

Ford, presentó el modelo T en 1908, del que pronto vendió muchísimos coches que en parte compraban sus obreros, gracias a que les dobló el jornal de 2,5 a 5 dólares. Con el incremento salarial se aseguraba suficiente mano de obra -antes se cansaban y se iban-, y conseguía que algunos pudieran comprar sus coches "... el éxito depende en parte de los salarios que paguemos,...dinero que se gasta...aumenta la demanda de nuestros automóviles". A esta pelea se sumaría G. Motors. Ford inauguró la cadena de trabajo[58], que regulaba mecánicamente de manera externa al obrero la velocidad del transportador. Eso es lo que lograría Ford, instaurando la producción en serie. El transportador elimina los tiempos muertos del taller y los convierte en tiempo de trabajo productivo. Todo el universo fabril trataba de suprimir la necesidad de la destreza (hacerlo sencillo) en todos los empleos de la mano de obra. En esa época se impuso también la standarización en la fabricación de piezas: antes de la I Guerra había 66 modelos de ladrillos, ahora 4, había 287 modelos de neumáticos ahora 32, etc. Los estudios del ingeniero Charles Tylor (Taylorismo), cronómetro en manos, hacían el trabajo más monótono y rutinario, pero se obtenían mayores márgenes de productividad. En esos años, se inició el deporte espectáculo, el beisbol, los grandes campeonatos de boxeo, campeonatos de velocidad; el campeón de natación era J. Weismuler; todo era retransmitido y televisado. La publicidad creaba nuevas imágenes y símbolos. Había iconos gay, que se rasuraban y que eran admirados. Coco Chanel, dejaba su impronta con la liberación en el vestido: más cortos, sin corsé, más libres, pelos cortos, imagen asexual y atrevida, de algunas modelos que posaban hasta desnudas.

De agasajar a los invitados en casa y en el salón, se pasó a festejar en el restaurante y la vida dispendiosa, a escuchar música y bailar a los ritmos del Charleston y del Jazz nacido en N. Orleans, de la voz de Armastrong, Ellington etc. Cambian las costumbres, el atrevimiento, la literatura, se lee a Proust, los monólogos de Joyce, la exaltación de los derechos y de la homosexualidad en autores como Andre Gide *La semilla no muere*, se lee a Lawrence *El amante de lady Chatterley* que arrasa todo vestigio de puritanismo;

113

la obra sería prohibida y se editaba censurada. En aquellos años de optimismo desenfrenado y orgía de hedonismo y consumo, se restaba valor a los ahorros, los valores eran otros, había que vivir y "beberse" la vida, no había un mañana, como decía Fitzgerad , Heminguey y sus amigos los genios decadentes de Paris: Picaso, Matisse, etc.; había que apurar la vida ahora, después, nada era seguro. Lindbergh, G.Garbo, Al Capone, H. Ford, eran[59] los mitos de esa época de gloria, exaltados por el cine y la prensa; aunque un pequeño cómico genial, Chaplin, ironizara sobre el Sistema y el país que exaltaba al triunfador como a un semidios, mientras él gustaba de encarnar al paria. Valentino era el gran icono del cine (Ibid 57), y símbolo de la juventud y el disfrute, y se extendía la moda de emular y consagrar como dioses a esos actores, se les seguía y se les admiraba, y se aplaudían todos sus acciones, su hedonismo, su narcisismo, sus vicios.

Con la enmienda 18 y el Acta Volstead se impuso la Ley Seca: al alcohol se le atribuían muchos malos caminos para el alma de los hombres. La costumbre de beber en público correspondía al gremio de los obreros y de los emigrantes. "Con la prohibición (Ibid, 60), el antiguo salón de obreros e inmigrantes fue reemplazado por los speakeasy, que era un bar clandestino para clientela de ambos sexos, y clase media. A su vez, los ricos, querían continuar con sus vicios y refinamiento, y era de buen gusto la abundancia de bebidas en casas de estos". Los vicios se imitan pronto, así que la clase media y los jóvenes quisieron emular, todos querían desafiar y consumir la bebida prohibida. Cuando años después se abolió la prohibición, esos locales "se transformaron en salón de coctel, donde las mujeres además de beber, fumaban". "Para los jóvenes inconformistas, beber y fumar no era solo un pasatiempo, sino un desafío cultural". Entre los efectos castradores de aquella intransigencia, se impuso la prohibición de que se informara sobre natalidad y venta de anticonceptivos, hubo censura informativa, se prohibieron la venta de trajes de baño y caricias sexuales fuera del matrimonio; pero los jóvenes se rebelaban y fueron imponiéndose, de modo que términos como puritanismo y victorianismo[60] adquirieron un carácter peyorativo. A raíz de la prohibición florecieron negocios clandestinos, la delincuencia y el gansterismo, que propició genuinos nombres de la cultura negra americana. Al Capone y Jonhy Torrio, se harían con el control de Chicago y N. York, comandaban un ejército de 700 gansters bien pagados y armados; tenían en nómina a alcaldes, jueces y policía. Se iniciaron en el alcohol, y extendieron su actividad a la prostitución, las drogas y todo tipo de extorsión.

El *consumismo* fue una estupenda idea americana que salvó al capitalismo. Si el número   de potenciales compradores no es muy significativo, es fácil atascar el Sistema. Pero las cosas a veces ocurren de modo lógico: el fuerte ritmo de industrialización requería obreros especializados, y dado que había escasez, lograban buenos sueldos. Esa alta clase baja, disponía pues de recursos, solo se necesitaba que se ofrecieran facilidades de compra. La inventiva americana encontró la clave para extender el consumo a millones de personas, de este modo se seguía dinamizando aún más la economía; alguien inventó el crédito al consumo y la venta a plazos. La venta a plazos lleno los hogares de electrodomésticos, comodidad y diversión con la televisión. América se emborrachaba de bienestar y consumo. Ya antes de 1920, había una fuerte tendencia al consumo, la consigna era: "Compre hoy, pague mañana". En 1921, la venta a plazos se había impuesto en todos los sectores y en el año 29, se consideraba que el coche en un 60% se compraba a plazos. Con la electricidad, llegó el aspirador, la plancha, el frigorífico, la lavadora y luego la radio. Todos querían tener de todo y triunfar. El modelo siempre era WASP: blando, anglosajón, nativo y protestante; todos los demás, lo tenían menos fácil.

Pero la magia es menos eterna que la locura y la estupidez. En los primeros años del siglo XX, el campo ofrecía buenos márgenes de negocio, de modo, que se compraban tierras que subían de precio y se invertía constantemente en maquinaria y nuevas cosechas, con frecuencia, a crédito. Durante toda la década, se habían disparado el crecimiento inmobiliario, se vendía y multiplicaba el valor de los terrenos, en marzo de 1928 el precio de las grandes compañías subió como la espuma, la gente compraba e invertía mucho a crédito porque los intereses estaban muy baratos, creían que aquello nunca podría parar. En los cinco años anteriores, el D. Jones incrementó su valor 5 veces; llegaría un momento en que el valor de las acciones dejó de reflejar la marcha de la economía. Las acciones habían subido de modo irracional, y se fueron parando en septiembre del 29, por la misma razón: ninguna en concreto. De pronto, empezó a instalarse una sensación negativa inconsciente, y a inicios de octubre, había nerviosismo. El 23 de octubre se vendió mucho, y el conocimiento de ese hecho trajo más nerviosismo, que generó en estampida unos días después, el Lunes y Martes Negro (28 y 29 de octubre) generó un descenso del 89%, y solo en 1954 retomó los niveles previos al crack. Se hundieron todos los valores, llegó el desempleo, la ruina del campo, los salarios bajaron a la mitad, se paró la economía y el consumo, y USA retiro fondos y depósitos –era el gran acreedor- de toda Europa, motivo por el cual, Europa también se deprimió y pasó a ofrecer un panorama de negros nubarrones.

Estado del Bienestar

Entendemos por Estado de Bienestar -Welfare- las medidas de política social aprobadas por los gobiernos en orden a facilitar una vida más digna y satisfactoria de cuantos ciudadanos tienen escasez de medios para tal fin, normalmente, los trabajadores. En ningún caso, deben considerarse un regalo por parte de los gobiernos o de los poderosos magnánimos, sino logros arrancados a consecuencia de la presión de los trabajadores de un partido muy organizado y poderoso como era el SPD; fueron cesiones por parte del gobierno de Bismarcks (hacia 1884), con el fin de frenar el ímpetu reivindicativo de los obreros socialistas. Él lo llamaba, Socialismo de Estado o Cristianismo Aplicado, hoy día, aquellas concesiones se considerarían reformismo de derechas o Estado de Bienestar Conservador. Abarcaba fundamentalmente tres leyes sobre: seguro contra accidentes, seguro contra la enfermedad, y seguro contra la vejez; ese modelo rápidamente se extendió a Europa y luego a otras partes del mundo. Lo que hoy entendemos por Estado de Bienestar, es la reformulación a partir de las propuestas del liberal W. Beveridge en Inglaterra tras la II Guerra Mundial, "Informe sobre la S. Social y los Servicios Relacionados". La población era duramente castigada en 1942 por la aviación de Hitler, y necesita ánimos y recompensas por el esfuerzo, en buena medida por esta causa, se pensó en la mayoría del pueblo. Tal vez, el pueblo inglés, haya hecho más causa común que otros, debido a que ha padecido pocas influencias de otros dominadores; solo les conquistó Roma y los Normandos. Europa está mezclada de distintas culturas dominantes (mediante guerras), pero ellos resistieron a España, a Napoleón y a Hitler. En su informe, identificaba, cinco males sociales: el desempleo, la ignorancia, las enfermedades, la miseria y la necesidad. Como remedios proponía: pleno empleo, educación secundaria universal, asistencia sanitaria para todos, subsidios de vivienda, y prestaciones sociales para enfermedades, desempleo y

116

envejecimiento. Por razones fáciles de comprender, el proyecto fue bien aceptado por la sociedad; era una idea parecida a la siguiente: "los integrantes de una familia aceptan que todos tienen el mismo derecho al alimento, sin hacer primero un inventario (hoy no se piensa de este modo) de la comida disponible y averiguar si hay suficiente para calmar el apetito de todos".

En España, cuando mencionamos el Estado de Bienestar (escuálido), enseguida nos viene a la mente Escandinavia, y más en concreto, Suecia (paradigmas de ese Bienestar, en una escala muy superior a la española). El progreso de Suecia se apoyó, en los años 30-40 y 50, en una gran industrialización hecha con inteligencia y tecnología. Pero, "otras tradiciones más antiguas coadyuvaron al nacimiento de aquel modelo social distributivo", se ha de citar el pietismo (excesiva valoración de la Biblia, pero también una práctica centrada en la acción real y en la ayuda al prójimo), el puritanismo, la ley Jante y los antecedentes no escritos de esta ley, la costumbre ancestral de ese pueblo de ayudarse, frente a las adversas condiciones climáticas y geográficas. Por el acuerdo de Saltsjbaden de 1938, los obreros se comprometían a no intentar destruir la propiedad privada, a la vez se lograba el pleno empleo y una adecuada distribución económica.

A mediados de los setenta, con Palme, Suecia avanzaba hacia la socialización sin nacionalización, con propiedad privada y mixta, pero se potenciaba el avance hacia la socialización concediendo más poder a los sindicatos. El modelo de bienestar presente en el ideario de Palme, partía de la idea sindical de solidaridad salarial: que los salarios más bajos subieran más; y a igual trabajo, igual paga, aunque la empresa del Estado fuera mal; una gran generosidad derivada de la tradición antes mencionada. En los setenta, también llegaron a Suecia muchos inmigrantes, personas con otra cultura, otra tradición; se produjeron cambios en el pensamiento de los suecos. Palme perdería en el 76, aunque volverían al poder en el 82. Unos años después, las votaciones mostrarían que los jóvenes querían algo nuevo y moderno; es decir, que los jóvenes no querían tanta igualdad, pretendían que hubiera más premio al esfuerzo. En 1993, en medio de la crisis mundial, en Suecia la producción industrial caía un 20% y un 5% el PIB, había amplio desempleo. En esa coyuntura, algunos pueblos reflexionan, y los suecos más, y en el 94, con mucho paro y prestaciones y pensiones recortadas, los suecos pensaron, que seguramente está bien más mercado y diferencia de riqueza, pero que era un error tirarse en brazos de un mercado que desee desmantelar derechos y protección para quedarse desamparados y a la intemperie, y que en caso de dudas y crisis, el E. B. era la mejor receta, por ese motivo, ese año el S.A. (socialistas) volvió a ganar las elecciones. Se desprende de la exposición anterior, que el pueblo y los jóvenes se estaban alejando algo de sus valores tradicionales para acercarse a valores más egoístas, pero *egoísmo inteligente*, que les permite comprender y valorar lo que más vale.

Se entiende, que el modelo de convivencia sueco se basa en los conceptos de sociedad y solidaridad, frente a la noción de individualismo y egoísmo; son referentes sociales y culturales desde siglos, en base a valores como humildad, ayuda y solidaridad, que tradicionalmente se han dado en toda Escandinavia. Quizás todo se entiende a partir de lo que llaman "Lagon y Ley Jante" (que no es una ley, sino una atmosfera social), presente -desde hace siglos- en el sentir y vivir de esas gentes. Sin duda se trata de un modelo de vida. La evolución de Suecia desde los setenta, parece mostrar que el hombre sabe algunas cosas, como que a ser posible es deseable un sistemas de ayuda, protección y bienestar, mejor, que estar expuesto al azar de la lucha continua, la desregulación y el ultraindividualismo. También saben, que ni las circunstancias económicas ni el modelo social es definitivo, y que en función de la dialéctica o el devenir social, pueden desear mayores cuotas de protección e igualdad, o bien, desear no avanzar más en protección, prefiriendo un modelo que le posibilite mayores cuotas de incentivo, individualismo y riqueza propias. En aquellos años, Palme ofrecía la autogestión, pero el ciudadano sueco, ya no era tal como él creía. El sueco, se percataba de que en su país algunos (los pillos) vivían muy bien y protegidos sin esforzarse, sin trabajar apenas, favorecidos en el esfuerzo generoso de la mayoría, lo cual no era justo. Añádase, que cada vez eran más permeables a la influencia de otras culturas, de modo que se diluía su idiosincrasia respecto de la concepción protestante del trabajo, de la modestia (todo el circulo social -incluida la familia- animaba y presionaba a favor de estos valores) y de la solidaridad. Antes, eran tan modestos y trabajadores, que eran capaces de ir a trabajar enfermos, ahora empezaban a pensar de otro modo, y cundía el escaqueo y el absentismo como en todo el mundo; si algunos no remaban, muchos no querían remar para los listos, la corresponsabilidad, ha de ser de todos. En un estado muy garantista los "pillos", tienden a aprovecharse, y generan descalabros en el Sistema que se agrieta y acaba fallando, Suecia acertó a corregir esas grietas. Quienes sí participan del esfuerzo social, abren los ojos y vuelven a distinguir entre los que no pueden y no quieren currar, y la mayoría

118

comprende que muchas ayudas se despilfarran, además de coincidir en el deseo de pagar menos impuestos. En todas las sociedades avanzadas de Europa, y de manera más acentuada en los Países Nórdicos, el sistema de protección y de igualación era tan favorecedor que parecía el paraíso para los menesterosos.

El Estado de Bienestar ha sido una buena receta, que aportó mucho bienestar durante largos años, ahora poco a poco lo van recortando. En esta tarea destacó con especial dedicación M. Tatcher, si bien ese tipo de políticas se extendió con diverso ímpetu por todo el mundo. Sería erróneo, echar en las espaldas de algunos apóstoles del neoliberalismo toda la responsabilidad por el aminoramiento de aquel sistema de protección y bienestar, porque esta actitud, fue acompañada y certificada en las elecciones de sus países por una mayoría que concebía la convivencia de un modo más individual, y que estaba siendo testigo y paciente, de algunas actitudes recortadoras muy visibles, por parte de una minoría de la sociedad.

Consumismo y Plan Marshall

Con la economía hundida a consecuencia del Crack del 29, en marzo de 1933 Roosvelt puso en marcha un amplio plan de inversiones públicas con el fin de estimular la economía, el New Deal. El Congreso, aprobó una avalancha de leyes sobre planes asistenciales para parados, apoyo a los agricultores, múltiples programas de crecimiento y ayuda, así como mejoras en sanidad, servicios sociales, ayudas a sindicatos, infraestructuras y el gran proyecto del Valle del Tenessi. Todo, merced, a una ingente cantidad de gasto público (la CWA y la FERA, etc.). Se dieron ayudas para destruir algodón y para sacrificar cerdas preñadas[61] con el propósito de que se recuperaran los precios, medida impopular, dado que había gente muriendo de hambre. En el 36, Roosvelt, volvió a ganar y radicalizó su posición: ahora los malos eran los empresarios. Habló de la "tercera parte de la nación mal alojada, mal alimentada y mal vestida". Las carreteras del Sudeste estaban "repletas de arkies y de okies"(Ibid, p.315), expulsados de sus pequeñas propiedades de Arkansas y Oklahoma. Lo cierto, es que USA solo salió del atolladero merced al movimiento económico que generó la II Guerra Mundial, solo, en 1941 se recuperaron los niveles de 1929.

Al acabar la II Guerra Mundial, Europa que estaba semidestruida, se fue ayudada en el esfuerzo de reconstrucción en base a la ayuda norteamericana del Plan Marshall, otra especie de Estado de Bienestar que durante dos años aceleró la recuperación económica de Europa. Terminada la contienda, la URSS aparcó sus tanques en las calles de media Europa. En esos momentos, en Europa había muchas necesidades y muchos muertos de hambre, y poderosos partidos de izquierda en sus gobiernos que generaban mucha simpatía entre la población. En el Gobierno de USA constataron, que entre los años 45 y 47, el avance en la reconstrucción de Europa Occidental era muy lento, y se percibían amplias dificultades para que el Continente lleguase a recuperarse, su actividad económica era muy inferior al año 39; ante este panorama, Marshall logró convencer a su Gobierno para que interviniera con fondos de ayuda en la recuperación. Pero hacia 1947 el enfoque diseñado para Alemania (desarrollo frenado) estaba cambiando, en este sentido, USA convenció a Inglaterra y Francia de que la prosperidad europea precisaba de la recuperación alemana. A partir de este convencimiento, se creó la OECE y después, la Confederación del Carbón y del Acero. Aún se discute, si la recuperación se debió a las ayudas USA o si cuando se inició el Plan Marshall, Europa ya empezaba a crecer y salir del bache. Y tampoco son lo bastante nítidas, las razones por las cuales USA decidió emprender aquel plan de ayudas. USA concedería ayudas, pero ponía condiciones, claras unas, y ocultas otras, mediante las cuales se presionaba a esos gobiernos en contra del comunismo y de la participación de estos partidos, labor muy decidida y sofisticada que se llevó a cabo sobre todo en Italia, donde Estados Unidos dominaba la esfera política a través de la Democracia Cristiana, y lograba contener (durante 30 años) aunque fuera por la mínima, al P. Comunista. Consta, que USA, aportó unos 130 mil millones de dólares de aquella época, repartidos en Europa; los más beneficiados fueron Inglaterra, Francia y Alemania. Europa devolvió poco dinero a USA, pues la mayoría iba a parar a un órgano económico "Fondos Contravalor", que luego los volvía a prestar a las empresas, una y otra vez.

Consumismo. Ya hemos mencionado que hacia 1900 en USA, acontece un período de gran industrialización y crecimiento que posibilita que emerjan como hongos un montón de nuevos ricos, quienes bordeando la moral puritana, establecen un general movimiento de exhibición de riqueza,

120

ostentación y derroche, más en las ciudades, que en el campo. T. Veblen, hace un buen retrato de este nuevo elitista estrato social. Ofrece una visión acertada de los ritos del comportamiento, en base a manifestar o mostrar de manera simulada o simbólica el poder, posicionamiento o nivel de cada miembro social, en función del nivel de consumo -o de su ostentación-. Los poderosos[62], que son los nuevos barbaros, exhiben su poder acumulando propiedad y riqueza (porque esta siempre es la clave), a la vez que muestran con disimulo que trabajan menos que el otro, "la riqueza, se convierte en el símbolo máximo de la reputación honorífica"; trabaja quien no lo puede evitar. "La riqueza no es útil tanto para consumir como para *competir* victoriosamente", "sirve para hacer alarde de ella". Esta es la clave del hombre social, tener más (aún sabiendo que tienes de sobra) no por necesidad, sino por dominio y vanidad, y para satisfacer bajos instintos y humillar -maldad-. Alguna teoría sostiene que el poder lo es, en tanto que posibilita hacer daño; eso sólo tiene un nombre, maldad, y con frecuencia, es una deriva malsana de la riqueza. La riqueza fija el status, la posición, la imagen, indica valía y triunfo; tratar de mostrar que eres más y mejor que los otros. "La posición de riqueza confiere honor (Ibid p.18); da lugar a una *distinción odiosa para el que no posee riqueza*". Otra característica que muestra bien la importancia social del consumo y la ostentación es el consumo vicario, que son los gastos en ornamentación y vestidos ostentosos de las personas (sirvientes, coches, ajuar, la esposa -los abrigos y collares-) que dependen de un pudiente, y que exhiben de modo semejante al pecho hincado de un pavo real.

En Europa, un incipiente consumo, ampliado a la naciente clase media, se daba cita en los años veinte de la mano de la industria del automóvil (empresas como Citroen), que trataba de emular los pasos de Ford y de G. Motors. Europa consideraba el nivel de vida más elevado como un derecho social, donde el Estado debía reducir las desigualdades entre los consumidores. En la formulación americana, era el auge del mercado el que debía proporcionar los artículos de consumo necesarios. Por entonces, la filosofía de consumo en Europa se basaba en la idea de que se fabricaban cosas buenas y bien hechas que duraban toda la vida. Los americanos, entendían, que aquello no era bueno para la industria. Hacia 1924, se constituyó (documental sobre Obsolescencia Programada) en Ginebra una asociación secreta : Phoebus, un cartel que controlaba la producción de bombillas (Philips, Osram, Zeta, etc); las bombillas solían durar 2500 horas, en 1940 consiguieron penalizar toda la fabricación que durara más de 1000 horas. Alguien inventó unas maravillosas medias de nylon, que nunca se rompían. Mal asunto, dado que con ello se disminuía el consumo. El veredicto económico señalaba, que un artículo que no se desgasta era una tragedia para el mercado. La nueva filosofía, apoyada en el marketing, señalaba las nuevas pautas: comprar por diversión y lograr un consumidor insatisfecho, que siempre busque algo nuevo. El Crack de 1929, supuso una gran tragedia de desempleo y sobrestock. Bernard London, se afanaba en poner en marcha la obligatoriedad de la obsolescencia programada, con fecha de caducidad para los productos. La idea se quedó en el aire, y no se sabe si el propósito era ayudar a los parados o maximizar beneficios. USA salió de la crisis con la Guerra, y se reinició el ciclo del consumo. Hacia 1950, Bruce Stevens, logró inculcar esa filosofía de productos caducos en el consumidor moderno, no obligaba a la obsolescencia, pero sedujo a todo el mercado con la nueva idea de consumo: algo nuevo, bonito y que usas antes de necesitarlo; libertad y felicidad a través del consumo ilimitado. La nueva concepción consumista, se impondría también en Europa, arrinconando aquella idea de bueno y eterno. En el modelo presente, no se trata tanto de crecer para satisfacer necesidades, como de crecer por crecer (negocio), y se hace a través de tres mecanismos: la publicidad, la obsolescencia y el crédito (deudas, Galbraith). El citado documental, muestra cómo una impresora se para, te manda al servicio técnico, y desde aquí, te aconsejan comprar una nueva. La cámara oculta mostraría que a la impresora no le pasaba nada, sólo está programada para que una esponja calcule cierto número de copias, y luego se bloquee.

De nuevo, hay una gran crisis de sobrestock, y sobra mucha mano de obra; London hablaba entonces de caducar los artículos, que por cierto se hace siempre de manera encubierta, ¿hay que replantearse aquella idea? Sin duda es absurda, porque se supone que fabricamos para satisfacer necesidades, si ya están satisfechas, por qué destruir el artículo que cubre esa necesidad.

La idea de crecimiento continuo y mercado insatisfecho, indica, que de continuo se crean artículos y éstos generan la necesidad. El nivel de satisfacción es infinito, y la felicidad consiste en estar siempre ávido de consumo. El consumo se reinventa[63] constantemente, de modo que siempre hay nuevos objetos de consumo, nuevos deseos, y con ello la felicidad nunca se agota, porque resulta inalcanzable el consumo de todos los objetos, que son reemplazados a gran velocidad. Esto, parte de dar por hecho que somos

122

tontos absolutos en manos de la publicidad; si alguna vez se demostrara que no somos así,   entonces, dejaríamos de ser una máquina de consumo compulsiva y sobraría la mitad de la producción.

USA le dio a Europa el Plan Marshall, y como regalo, le endosó su concepción consumista (bueno, nuevo y nunca suficiente) envuelto en su filosofía social: sus películas, su tele, sus ejecutivos, su modo de vida y su cultura. USA ha triunfado, es el nuevo icono de la grandeza y el éxito mundial, por tanto, su Dios y su modelo ha de ser el mejor, ergo se impone imitarle. Europa crece, se desarrolla y se enriquece inicialmente apoyado en el Plan, se asienta una creciente clase media cuyos hijos pueblan la universidad, y que pronto se adscriben a la "rebeldía sin causa" y el absoluto placer hedonista: permisividad, diversión, sexo y consumo. Una buena proporción de jóvenes, no solo los más ricos, consumen aprisa de todo -sin tiempo de pensarlo ni asimilarlo-, de modo que almacenan la sensación de que tienen derecho a todo y todo les ha de estar permitido, van generando la sensación inconsciente de sentirse un poco dioses, y a Dios, no se le frena, no se le contradice; se van sintiendo dueños de todo el presente, y quieren que la realidad se acomode a sus deseos. El modo de vida que impone el consumismo va generando una transformación hacia un cambio en el sistema de valores. Siempre hubo individualismo y por tanto egoísmo, pero ahora, el egoísmo se está desbocando. Hay un mantra que se repite de modo inconsciente en el cerebro del consumidor joven: tú también eres grande, tú persona, tú individualidad, tú.

Que el consumo llegara a amplias capas de la población, significaba que accedían al bienestar, se lograban más cuotas de placer, y padecían menos necesidades y miseria;   por tanto, el progreso estaba proporcionando menos maldad y más bondad. ¿Vivimos entonces un mundo de bondad?, ¿Somos más felices que en el siglo XIII o que en el siglo II? La felicidad no se mide en metros o kilos de placer (Bentham creía que sí), sino en metas personales y grados de satisfacción de expectativas, de acuerdo a un plan personal, racional y lógico. Si suponemos, que en Occidente hay bienestar, debemos concluir, que el mundo es bueno. Pero no es así, porque el bienestar que la mayoría disfrutamos solo es parte del bienestar que debería alcanzar a grandes mayorías, y en grados mayores y de mayor igualdad a los actuales. En Occidente, ni mucho menos todos tienen acceso al bienestar y al hedonismo; en el polo opuesto, siempre asoma la pobreza, la pobreza en nuestras narices, y en la época del consumo. Antes, pobreza [64] era sinónimo de hambre, calamidades, sufrimiento; ahora también existe en esos términos, aunque en menor medida que hace uno y dos siglos. Pero la pobreza tiene otra vertiente que abarca el aspecto psicológico, la decencia, la dignidad, la exclusión, la marginalidad, la depresión de la valoración del yo, el aburrimiento. Cuando alguien cae en la pobreza (no consumo), en el interior de la persona se genera un estado mental que se traduce en malestar y resentimiento, que se manifiestan a veces, en actos agresivos o autodestructivos. En nuestra sociedad, la vida normal se manifiesta en consumir, elegir entre gran variedad de oportunidades. De modo simple, se entiende la vida feliz, como consumo de supuestas buenas oportunidades. Si no disfrutas de "suficientes" medios económicos no puedes consumir, y si no consumes -elegir-, te verás fuera del circulo normal, te sentirás frustrado, te sentirás un aparte, un no normal, un paria, alguien que quizás no merece mejor suerte; entras a ser parte de los consumidores defectuosos, expulsados del mercado. Ocurre, además, que (ibid p.65) a quien pierde el trabajo y no vuelve a encontrarlo pronto, se le amontona un tiempo libre que parece no tener fin; una pesadilla, porque suele coincidir con escasez de dinero, por tanto, limitación de consumo y ocio, y lo que es peor, mucho tiempo para comerse el tarro y ponerse nervioso pensando que no logra reincorporarse. Quien trabaja y tiene unos ingresos aceptables, es un consumidor ideal o correcto, y por tanto, consume de casi todo, desde cosas que necesita y que elige entre varias, hasta cultura y ocio, entretenimiento y diversión, circunstancias, que no ocurre con el no consumidor. Tanta resignación causa aburrimiento, desesperación y frustración, y en ocasiones, uno encuentra la solución en senderos torcidos: acciones peligrosas, punitivas, contra la ley y el orden. Si es temporal, lo podrá superar, si la estancia en el fango es larga, lo perderá todo incluida su valoración y autoestima.

Kibutz

Los países escandinavos siguen siendo el ejemplo occidental de cooperación humana y de más altos niveles de igualdad. Hubo otro modelo, el soviético, de mayor alcance y extensión, que caminó con muchas fallas y que terminó en el precipicio. Utopía o comunismo, practicaron los primeros

124

cristianos y otras diferentes agrupaciones sociales, como la Arcadia de Owen, o las comunidades utópicas religiosas del tipo samhis, cuáqueros, hippies, etc. La versión más próxima y efectiva cercana al comunitarismo, ha sido la isla de los kibutz en Israel.

Hacia 1910 ya había algunos miles de judíos en palestina. En esas fechas, va surgiendo una concepción y sentimiento en contra de la agricultura (era su modo de vida) individual, entre otras motivos, porque una o dos malas temporadas hundían casi todos los proyectos particulares. Deciden, que necesitan un cambio de enfoque, más ayuda común, colectividad y socialismo. Los primeros inmigrantes judíos -hacia 1880- eran revolucionarios socialistas que procedían de Rusia; muchos de aquellos seguían las ideas de Moshe Hess , de Borokov y antes de Marx y hasta de Rousseau, y la literatura sobre la patria y la agricultura de Tolstoi; creían en la igualdad, y por tanto, deseaban que se suprimiera toda mano de obra asalariada, circunstancia que acontece, cuando se tienen más tierras de las que se pueden trabajar. Aquellos proyectos sociales y agrícolas se fundamentaban en cuatro puntos: 1, Integración del campesinado desde el punto de vista social y económico. 2, Trabajo personal, nada de asalariado. 3, Reparto de la tierra. 4, Explotación de modo colectivo. En el Estado de Israel, coexisten otras formas de agricultura: la privada, las cooperativas del Estado, y otras cooperativas que no eran kibutz, pero parecidas un tanto: los Moshavin. El proyecto kibutz implica igualdad y que todos gozaran de idénticos beneficios materiales. La primera zona de kibutz fue, Degania en el Neguev, después se formarían otras colonias. Ben Gurión, era miembro del kibutz de Degania. Trabajaron desiertos, rocas y pantanos, lograron provecho donde parecía imposible. "Un kibutz no es una asociación, se trata de una existencia vivida en común. No consiste solo en estar de acuerdo en algunos principios, sino en saber dar y recibir, comprender, y aparcar el egoísmo". No sé si se comprende todo el significado de estas líneas; ahí está todo. Es la expresión de un modelo de vida y de convivencia totalmente distinto a lo común, con unos valores de base, radicalmente opuestos a los convencionales. No es una experiencia hippie de cuatro meses de intercambios y nirvana. Es fácil comprender que el mundo liberal y utilitarista (negocios, riqueza, competencia), siempre tratara de denigrarlo, considerara que era un mal ejemplo que no debía cundir; al igual que era un mal ejemplo el de los diggers, y el de las comunidades jesuitas del Paraná. "Un mal ejemplo de caridad cristina y comunitarismo", decía el comisario portugués, había que destruirlo, y lo hicieron con la bendición del

125

papa. Todo era [65] común en el kibutz judío: la casa, el trabajo, las tierras, las herramientas, la comida, la educación de los pequeños y el cuidado de los mayores, la sanidad; más adelante, se permitiría a algunos comer en casa y variar un tanto las vestimentas; no había salarios, menos aún obreros. Todos los miembros del kibutz participaban al principio en la dirección, en las asambleas semanales, todos colaboraban, todo era rotativo, también que un diputado sirva la cena un sábado, los cargos no estaban retribuidos, y ninguna ocupación representativa lo era por tiempo muy largo, y sobre todo nada era impuesto. No había salario, pero todos (Ibid, p.61) tienen como objetivo y se esfuerzan, en mejorar la vida común. Quien vivía en el Kibutz lo hacía por propia elección, y el que quería se marchaba y se le ayudaba; se trataba de voluntad y de convicción, y aunque su proyecto dura varias décadas, cada vez hay más circunstancias (fáciles de entender) que empujan contra ese modo de convivencia, de modo notorio un ambiente general que anima a que crezca el individualismo a la par que disminuye el espíritu del kibutz. Su dificultad (Ibid 107) principal radica, en que se trata de un núcleo socialista en un mundo capitalista. En el período 1920-45, todo ciudadano del kibutz se entregaba al esfuerzo y bienestar común, hacia 1950, con la situación interna del kibutz muy mejorada, empiezan a aparecer funcionarios y aprovechados (la entrega de los menos convencidos flaquea). En esta segunda etapa, no todo es armonía, también hay disensiones[66], y hay quienes gozan de mejor vida (el deseo primitivo de aprovechamiento o dominio) en puestos políticos en Jerusalén, a la par que, enchufismo o cargos que se apoyan en las familias; es difícil conseguir que siga vivo el espíritu resumido en: " dar más que recibir". Los primitivos socios de aquellas comunidades lo eran por decisión y voluntad propia, y quienes nacen en aquel entorno maman aquella misma idea, pero es imposible dirigir los deseos y voluntad de sus mentes, algunos se sentirán menos comprometidos.

Los Kibutz estaban perdiendo adherentes desde hace unas décadas. Aquel primer ímpetu e ilusión fue cediendo, en razón de un mayor deseo de individualismo, y de recelos respecto del esfuerzo común; muchos miembros querían más parcelas y salarios privados. El debate ha propiciado cambios en esta dirección. A inicios de siglo XXI, los kibutz están más solicitados que nunca, pero el espíritu y la filosofía (socialismo) no son los mismos, han perdido su esencia. Ahora [67] se permite trabajar fuera, y contratar mano de obra (tailandeses y palestinos). Empieza a estar en declive el lema "todo el mundo pone lo que puede, y recibe lo que necesita".

El Kibut tiene a favor que se trata de grupos sociales pequeños (en cierto modo), constituidos de modo totalmente elegido y voluntario. Siendo el hombre como es, de otro modo no sería posible lograr una convivencia armoniosa donde todos cobran lo mismo. En un Estado grande no puede ser que todos cobren lo mismo, que funcione un modelo igualitario, que todos cobren 1000, ni siquiera que unos cobren 1000 y otros 2000. No funciona porque hay un 25-30% de la población que tiende en exceso a la molicie, que no le gusta trabajar, que no quiere ser responsable, y que conoce mucho mejor la palabra derechos que la palabra deberes; esos, lo acaban estropeando todo. *Esta idea, que retomaré alguna vez más, es principalísima* y fundamental para comprender muchas cosas, y al ser humano y sus posibilidades. Algunos contribuyen al progreso de la sociedad y se esfuerzan para ganar el doble, pero muchos prefieren la mitad con tal de hacer muy poco, su ilusión es el escaqueo. Podríamos suponer, que el reparto mínimo debería ser 1000, de 2000 para los que se esfuerzan y rinden más, y 3000 para los que piensan, inventan, dirigen, porque muchos prefieren no pensar. Es imposible un reparto igualitario, porque hay quienes con su esfuerzo benefician a todos, mientras otros no piensan nunca en el esfuerzo ni en el beneficio de todos, sino en el mayor grado posible de beneficio personal y de molicie. Si de un modo "quizás justo", establecemos tres niveles de salarios, acabará habiendo tres clases sociales claramente diferenciadas (por economía y concepción social). Veo, más claro que otras veces, que es imposible que alguna vez haya una sola clase, e igualitaria. Los del escalafón de 2000 y 3000 podrían acabar ganando lo mismo, ambos estratos se esfuerzan y contribuyen a la mejora general; el anterior nivel no, quienes se instalan en el nivel uno, no tienen intención de mejora y superación; su afán consiste, en vivir con el mínimo esfuerzo, no asumen ninguna responsabilidad, buscan pequeñas ventajas aguzando la pillería; son del tipo "dame pan y llámame tonto", esta clase rara vez aporta algo, con frecuencia es una rémora para el progreso, y siempre existirá. Por tanto, al menos habrá dos clases, no tanto por diferencias naturales (algunos apuntan esta razón para no intentar ninguna nivelación), como morales y de responsabilidad. No vale la pena tratar de concienciar, convencer, animar, mejorar a esa clase. Los que quieran, intentarán salir de esa clase, y algunos de la clase 2000 se dejaran caer. La batalla de la igualdad, es una batalla perdida. No obstante, aún estoy convencido de que sería posible y bueno, mermar las diferencias sociales.

127

Sorpasso

La crisis de Mayo de 68 en Francia surge al término de una década de prosperidad económica sin precedentes. Sin embargo, en esos años ya aumentaba el paro y había quejas de los estudiantes. El 8 de enero de 1968, el ministro de Juventud y Deporte, F. Missofe, acude a la inauguración de una piscina en la Universidad de Nanterre. Los estudiantes, recibieron al ministro con un sonoro abucheo a causa de su Libro Blanco (acerca del estado de la juventud estudiantil). Unos meses después, el 22 de marzo de 1968, un grupo de estudiantes se encierra en la Universidad de Nanterre en protesta por las normativas internas del centro, con posterior aparición de la policía.

Por su parte, el movimiento obrero francés, va a experimentar en esta década una fuerte radicalización y cierto alejamiento de las cúpulas sindicales mayoritarias como la CGT. Desde 1961, se van a suceder huelgas violentas y ocupaciones de fábricas. En 1964 hubo huelgas de los obreros de Renault ("queremos tiempo para vivir"), y en los astilleros de Nantes y en otros lugares; fueron las primeras huelgas desde 1936 en las que los obreros ocuparon las fábricas. Grupos estudiantiles e intelectuales, comenzaron una estrategia de acercamiento a los conflictos obreros en este periodo, comenzando a trabajar en las fábricas como parte de la actividad militante, se estaban poniendo las bases para la agitación de mayo y junio. Hubo manifestaciones de estudiantes contra la guerra de Vietnam. El 3 de mayo, ocho estudiantes implicados en las protestas, entre los que se encontraba Daniel Cohn-Bendit, acudieron a declarar a París mientras en la plaza de la Sorbona comenzaba a congregarse una gran cantidad de estudiantes vigilados por la policía, que finalmente cargaría contra la concentración. Unos días después, los "ocho de Nanterre", acudieron a declarar ante el Comité de Disciplina de la Universidad. A su salida, se realizó una nueva manifestación que concluyó con grandes enfrentamientos entre las barricadas levantadas en el Barrio Latino. En medio de ese coctel, de hedonismo, ilusión, sueños, fiesta, influencias de músicos, poetas y filósofos, el panorama de la relación Gobierno-Sociedad (o jóvenes) se crispó y complicó en grado extremo. De Gaulle, después de amagar, encontró la solución: regresó de Alemania y convocó elecciones legislativas para el 23 y 30 de junio. Los partidos, confusos, aceptaron la propuesta, les parecía la fórmula fácil de salir de aquel atolladero. El movimiento estudiantil, que parecía llenar el mundo de ideas levantando adoquines, no tenía mucho más gas que una botella de champán. Pronto, estaban de vuelta a lo fácil. La sociedad les otorgaba reconocimiento, les regalaba libertad, se quitaban tapujos y moralina al sexo, y se les facilitaba el placer y el consumo; no necesitaban más; la pretensión de cambiar el mundo había sido un espejismo. Aquellos jóvenes, juegan y cimbrean el árbol, pero se cansan y se van sin recoger la fruta. Su mundo es el juego, ellos son eternos e inmortales, se creen con todo el tiempo y carentes de responsabilidad, rara vez apuestan en serio. Ganó De Gaulle con el 60% ; el batacazo fue para el P. C y los socialistas de Miterrand. No sé, si alguien tiene la clave certera de por qué se votó de ese modo, pero esos fueron los resultados.

Mayo del 68 fue el inicio del fin del socialismo, la puntilla llegó en 1975 con los resultados de Francia e Italia. Lo que ocurrió en M-68 no fue solo la cuestión de los estudiantes, sucedieron otras cosas de mucho calado, como la cuestión de los partidos obreros y la posible revolución, circunstancia que sí estuvo presente durante esos meses. ¿Por qué no se intentó la revolución? Examinemos primero lo que en 2011-12 ocurre en Tunez, Egipto, Siria, Marruecos, algunas personas se queman a lo bonzo. Nadie quiere morir, por qué ocurre. Por desesperación. En esos pueblos, evidencian, que todo el poder está en pocas manos y la libertad es discrecional, y ninguna empresa o negocio es libre, sino que está sometido a la conveniencia o mordida del poderoso, dado que hay corrupción en todos los estamentos, en toda actividad. Sus abuelos pasaron hambre y necesidades, y sus padres también, y los hijos saben que el esfuerzo y la iniciativa están coartadas a favor de los dictados del poderoso, y que fulano y mengano, y casi todo el pueblo sigue pasando necesidades a la vez que unos pocos viven como califas y emires, así un año y otro, y una década y otra, y ya no se creen todo lo que les dicen, porque ven la mejor vida de otros países; el resumen es el paro, el hambre y la desesperación. En estas circunstancias, algunos realizan acciones heroicas o suicidas, y muchos entienden la desesperación del que se ha quemado, y perciben que su situación es casi igual de mala que la de aquél, y que su futuro lo percibe igual de mísero y oscuro; ante tal perspectiva, se atreven a salir a la calle y empiezan a ser conscientes de que se la están jugando. Pero no lo hacen tanto por la libertad, o libertad de prensa, o la dignidad, etc. En Arabia y en los Emiratos, no tienen ninguna libertad, y nadie protesta ni se lanzan a la calle, porque no hay hambre ni necesidad (entre los propios del país, los parias no cuentan). La subversión y el desafío, tienen por causa el hambre y la necesidad, si esto estuviera bien cubierto, la libertad sería menos movilizadora, pero a diario son conscientes de las penurias que padecen y que deben soportar, ello, les obliga a lanzarse casi a la guerra civil o la revolución, sabiendo de la muerte; en consecuencia, la causa de la revolución es siempre la miseria. Ha gando Syriza. Y luego Podemos. Pero también Le Pen. Cuidado con las conclusiones. Puede parecer que el pueblo griego es de izquierdas o revolucionario. Lo cierto es que el pueblo estaba sumido en la desesperación, rayano en la hambruna y la escasez.

Nos situamos de nuevo en la Francia de 1968, recuperada de la 2ª Guerra con un gran crecimiento y bienestar que llegó a todas las capas. El capitalismo no se hundía ni generaba miseria, Marx parecía equivocado, pero muchos seguían creyendo que la lógica de la historia (determinismo) traería el socialismo, aún muchos intelectuales se posicionaban en esta dirección, luego parecía que era precisa la superación del capitalismo mediante el socialismo, y las masas con la ayuda de los intelectuales, aún lo creían posible y necesario. Obviamente, en el 68 Francés, las condiciones socioeconómicas nada se parecían a las de Rusia ni a las Alemania del 18, ahora no había hambre ni necesidades, ni cansancio de una guerra, ¿podría haber revolución? La revolución siempre trae sangre. Sin duda el PC debió analizar la situación y la posible revolución todos los días, con grandes dudas, ellos debieron ser conscientes de que no había hambre ni necesidad, ¿les seguiría el pueblo? Sabían dos cosas, que si se la jugaban habría sangre (300 mil se manifestaron apoyando a De Gaulle), y que si perdían, debían escapar a la URSS o a la cárcel; de eso no había dudas en 1917-8, como no las hay cuando se sale a la calle en Libia o en Siria, pero en el 68, ¿necesaria una revolución, se preguntarían algunos de los que debían decidir? Debían estar convencidos de que el poder no se entregaría sin más, habría muertos. ¿Había razones para que hubiera muertos, sin hambre? Lógicamente, les pasó por la cabeza que tal vez, con la situación crítica, de conflictos y de huelgas, quizás el pueblo les apoyara en las urnas en las elecciones que decretaba De Gaulle, sin necesidad de revolución; cabe suponer que eso es lo que creyeron y decidieron. Pero los partidos marxistas se habían preparado durante toda su historia para la revolución, para el momento decisivo, ese era su razón de ser, y así lo creía el pueblo. De Gaulle fue muy astuto, querían su dimisión, la tenían, con nueva convocatoria electoral. Qué razones podrían alegar para "adueñarse" del poder, les quitó todas las bazas. Es probable que el pueblo (y los intelectuales que alimentaban el alma del partido) creyera que aquellos días le correspondía al partido "cumplir con su destino". Muchos coinciden en señalar que el

130

pueblo no entendió aquella inacción, se desencantó, y se lo hizo pagar. Si el partido ya no estaba para ese papel, o si ya se atenía sólo a la estrategia electoral, no debía el pueblo suponer ni esperar otra cosa, además, se podía pensar que para eso ya estaban los partidos socialdemócratas; para qué votar al PC si no sabía o no se atrevía a tomar la iniciativa y dar el salto. ¿Qué cálculos hizo el PC? Pudo bien suponer, que el movimiento estudiantil estaba en manos de troskistas, maoístas y anarquistas, pudo imaginarse una repetición de la Comuna de 1870; o quizás, su interés, estaba en negarles toda baza a esos grupos troskistas, igual que les reprimieron en España en el 36. La cuestión no es sólo, si un golpe revolucionario de izquierdas tenía sentido en las condiciones socioeconómicas de 1968, sino si el PC estuvo a la altura, y cómo hay que entender el posterior voto obrero.

Desde otro enfoque, cabe pensar que los trabajadores en las elecciones de junio 68 o del 73, llegado el momento definitivo, se arrugaron y no quisieron dar el salto, esta formulación consiste en culpar a los trabajadores, echarles en cara su conservadurismo, su temor. Con un clima álgido y todo a favor, pudieron votar mayoritariamente al PC en esas elecciones, y se supone que a partir de ese momento habría más socialismo, -y quiero pensar que democrático-. Alguien fallo, el PC o los trabajadores, ¿alguien no acudió a su cita con la Historia, o la Historia ya era otra? Lo cierto, es que a partir del 73, queda enterrada toda vía nítida hacia el socialismo, sólo algunas posibilidades reformistas posteriores. El poder, mejoró las condiciones económicas a los trabajadores, y al conseguir los estudiantes la superlibertad, vacaciones de playa y sexo para todos, debieron pensar que ya era momento de olvidar veleidades y conformarse con reformas.

Después de aquel volcán (Mayo 68) político e ideológico que contagió toda Europa, con todas las posibilidades puestas sobre la mesa, llegó el resultado sorpresa de las elecciones del 68, y después, llegaron las elecciones en el 73 en Francia, y en el 72 y 75 en Italia. En aquel ambiente, todo se suponía posible, los obreros pudieron elegir gobiernos e ideología de izquierdas democráticas si querían socialismo, reparto, igualdad, solidaridad y cooperación, ahora era posible; claramente el obrero tenía ante sí dos opciones sociales y económicas distintas: la de la estructura conservadora de siempre, y la oferta socialdemócrata de economía mixta. Tampoco se puede argüir que los ciudadanos se asustaran por temor a la colectivización, se hablaba de un socialismo dulce. El cambio era posible sin necesidad de tiros, al contrario que en Rusia o en la Alemania de 1918. Y votaron, que todo siguiera igual, que no hubiera cambio, ni adelantamiento, ni sorpasso; no eligieron socialismo, prefirieron quedarse con el sistema conservador de siempre, no quisieron experiencias de dudas o esperanzas, prefirieron la rutina, decidieron, que sin alpargatas ni hambre no querían revoluciones, preferían lo conocido. La esencia ya había sido enterrada, ahora se veía que imperaba el miedo y la conformidad, les valía lo malo conocido. ¿Era posible un mundo mejor?, aquello del reparto y la igualdad tal vez fuera una ilusión, no había éxitos claros, seguían mandando los patronos, a ellos, les tocaba obedecer y a veces humillarse, y siempre los mismos se llevaban la cabeza del león, pero vivían bien, con comodidad y holgura si se comparaba con el pasado, ¿un cambio hacia la incertidumbre?, no, se acabó el cambio.

Caida de la URSS. Fin de la Historia

En los primeros años de la revolución, Lenin pudo comprobar que el campesinado no colaboraba, producía poco y escondía una parte para venderla de estraperlo, su meta y su ilusión era la propiedad privada de la tierra, no el trabajo colectivo del campo. De modo temporal, Lenin decidió reinstaurar los negocios y explotación privada en el campo para generar alimento y riqueza, de modo que institucionalizo la NEP, hecho, que favoreció el que algunos de nuevo se enriquecieran, idea, que en absoluto compartía nadie en el partido. Lenin murió en 1924, y aprovechándose de la maraña que Stalin había tejido desde su puesto de secretario, éste logró hacerse con el poder.

No había habido suerte con la revolución en Alemania, de modo que Stalin abandonó la idea de la revolución socialista internacional, y centró el nuevo ideario en el "socialismo en un solo país". El camarada Kirov, suponía una cara más amable que Stalin, en el congreso de 1934 sería más votado que éste, pero morirá poco después sin que nunca se aclararan las circunstancias. El 70% de ese Comité Central, será purgado. En la URSS, se produjo un gran desarrollo tecnológico e industrial, aunque menos pujante del que anunciaba la propaganda. En los años treinta, buena parte del mundo creía en Rusia como modelo de igualdad, los intelectuales de todo el mundo estaban anonadados, y muchos ingenieros de diferentes partes fueron un tiempo a

132

Rusia a colaborar; el pensamiento era que, dado que era segura la llegada del socialismo a todo el mundo, cuanto antes mejor. Algunos intelectuales supieron de la persecución y el Gulags, pero la infravaloraron, convencidos como estaban de la bondad intrínseca del socialismo. También fue real y conocida, la opresión y actuación de la Cheka.

Stalin contó durante algunas décadas, con la conciencia y mentalidad socialista del su pueblo, estaban a favor, la mayoría de los ciudadanos participaba del espíritu comunista, y en medio del clima efusivo, el pueblo se esforzó mucho y generó grandes progresos, pero ese esfuerzo se prolongó durante mucho tiempo y los resultados apenas se tradujeron en mejoras en el consumo y bienestar, por lo que en los cincuenta, el pueblo empezaba a estar ahíto de tanto denuedo sin saborear los frutos, dado que además muchos percibían que las elites del partido vivían mejor, y había corrupción y enchufismo en función de la ideología y la obediencia (por ejemplo se puede ver en la novela de Stulin). En el 1964 se hace con el poder Bresnev, embarcados en plena Guerra Fría. Los rusos seguían sin disfrutar de variedad de artículos de consumo, se desencantan y se cansan de tanto esfuerzo. En los setenta hay escasez y colas, debido a que muchos esfuerzos económicos se destinan a la Guerra Fría; la gente se harta. Del 75 al 84, son años difíciles en Rusia, de mucha austeridad, estancamiento, desánimo. Rusia está arruinada. Cada vez llega más propaganda de occidente a la URSS, los ciudadanos se van enterando de que USA no es el Demonio, y que su nivel de vida es mucho mejor. USA aprieta más las tuercas por medio de la entente Reagan, Tatcher, J. Pablo II. Todos los ciudadanos en Rusia saben ya sobre la corrupción, y terminan conociendo que se compran privilegios y cargos como en un mercado persa, o como en la Roma de los emperadores. Gorbachov, que está en el poder con sus Glasnov y Perestroika, solo puede ofrecer una economía estancada, empobrecida, sin ilusión ni dinero. Hacia 1986, la Perestroika de Gorbachov, facilita que se denuncie el sistema de coimas. Se pagaba por un empleo, un cargo en el partido, una licencia para restaurante; un puesto de secretario regional en Asia Central costaba 160 mil dólares; la nomenclatura era una mafia dedicada al tráfico de influencias. Unos meses después, fracasaron en Afganistán, la URSS se hunde. En 1989, Polonia, de la mano de Reagan, J.Pablo II y Lech Wallesa, hace caer el Gobierno. Walessa respaldado por la entente, es quien desafía a los comunistas, que no pueden responder por razones de imagen, libertad y porque no tienen un duro. El intento por parte de Gorbachov de explosión controlada, le colocaba permanentemente al borde de la crisis. Su política de Glasnost se volvía cada día más incompatible con su política de Perestroika. El régimen soviético no llegó a reformarse, como Gorbachov quería, ni tampoco volvió a sus etapas anteriores, como querían sus enemigos. El régimen soviético, sencillamente se desplomó. La entente brinda con champán, objetivo conseguido.

Estratificación y diferencias. El artículo de Davis y Moore[68] se resume del siguiente modo: ciertos desempeños en la sociedad tienen más relevancia unos que otros; no todas las personas pueden acometer esos mayores desempeños, unos están más capacitados; la traducción del talento en capacidad supone esfuerzo, entrenamiento y sacrificio (punto 3); para que algunos acepten esos sacrificios, deben contar con posteriores diferencias de recompensa; etc. Es importante lo que se dice porque podría tener su lógica y entonces casi nos veríamos impelidos a aceptar ese planteamiento. El planteamiento sostiene, que quienes más aportan, es porque se esfuerzan más y realizan mayores sacrificios. Si la clave 3 fuera cierta, en efecto justificaría la diferencia de recompensa. Pero lograr especiales habilidades o capacidades por parte de quienes tienen más talento, no necesariamente implica un mayor entrenamiento o esfuerzo (con frecuencia es el contrario) que el que requiere otro con menos talento para obtener habilidades más medianas; lo cual cuestiona que se requieran mayores sacrificios, dado que en ocasiones se trata de seres *favorecidos* por mayores capacidades innatas. Por otro lado, nadie es capaz de negar que existe dos conceptos: reconocimiento y prestigio, que sí son una gran recompensa posterior, e incluso en el momento del entrenamiento, cuando se supone (y se disfruta de antemano, como cuando alguien ve muy posible una victoria, o disfruta un viaje que está a punto de iniciar) que el éxito es alcanzable, luego en todo momento proporciona refuerzo y disfrute. Además hay otra razón: en algunas personas, sí existe el altruismo y ciertos conceptos semejantes a la generosidad, que sin duda casi no pueden comprender quienes lo pesan todo en arrobas de dinero. Un ejemplo claro: el modo de vida de los kibutzs de 1925 a 1950. A los autores del estudio (Ibid 205), les resulta imposible concebir que un hombre pueda estar motivado en su trabajo si no es a cambio de una diferencia en el premio o remuneración. Yo considero que sí se puede estar motivado si uno cree algo de las líneas anteriores. Pero la realidad mediocre se repite tanto, que terminamos por abrir bien los ojos. Al hacerlo, casi todos acabamos dudando de la generosidad, y reconocemos la realidad socio-económica en la diferencia de remuneración o premio. Exponerlo de otro modo, sería contradictorio con el planteamiento de 3 niveles que hice en el Kibut. El planteamiento de Davis y Moore, es una defensa de las diferencias de status a favor de los bien posicionados, a favor del 1% (69). Quienes expanden las ideas de ese 1%, y del siguiente 8%, etc., predican que la desigualdad es más buena que mala, y a la vez lógica. Se afanan en repetir que la desigualdad anima a que la gente trabaje, aunque también es cierto que muchas grandes fortunas no se corresponden con ese patrón. Los voceros de esas élites tienen a su disposición todos los medios -intelectuales y propagandísticos, y de control- para modelar la "percepción" (Ibid, p.204) que el pueblo conforma de la realidad. Que las mejores posiciones las ocupan los mejores, sabido es, que con frecuencia no es cierto. Mas bien sería correcto decir que es la cuna, las amistades, las relaciones y la deshinibición para intentar todo tipo de trampas lo que faculta para ocupar una u otra posición social.

La sociedad moderna[70], la de 1960, y de ahora, son sociedades de status, en buena parte heredado, y es cierto que, éstas se guían en general por la motivación de recompensa; y para los autores David y Moore el poder de la motivación en el ser humano no cambia, diríamos nunca. Pero ha habido otras culturas (pocas), otros modos de vida y de pensar dice Newcomb, y por tanto con otros valores distintos respecto de lo que es importante en la vida. El autor Wesolowsky menciona el Kibutz. Y también se menciona o avista los países nórdicos. Sin embargo, decían Davis y Moore que el modelo sueco tocó fondo (falso) en los 80 justamente por falta de motivación. La realidad desmiente a Davis y Moore, porque Suecia sorteaba mejor la crisis que USA a principios del XXI, y siguen sin echarse en brazos del neoliberalismo; hasta los conservadores -nórdicos- saben apreciar lo bueno de un buen sistema estatal de ayuda. Se pone pues de manifiesto que en casi todas las actuales sociedades modernas, sí funciona el binomio motivación recompensa, pero que ese sistema no lo abarca todo, y hubo y puede haber, otros sistemas sociales y formas distintas de valorar lo que es importante.

Decía Hayek en 1944, que la URSS se hundiría por haber apostado a la economía planificada: la clase de conocimientos que se necesitan para hacer funcionar una economía planificada está fuera del alcance humano. En la economía de mercado, se encarga de hacerlo, el sistema de precios de un mercado libre. Sostiene que falla la economía planificada, pero parece que logró cuotas increíbles del 1928 al 38, y del 45 al 53. Hayek se reafirma en la magia del mercado libre, pero ahí están para desmentir al Laissez-Fairre, el crack del 29, la crisis del petróleo del 73, la burbuja de Japón, las subprime, la burbuja del ladrillo en media Europa, etc., es obvio que el sistema de precios a veces no sabe por dónde se anda. Entre sus "previsiones" (los "buenos" economistas todo el día hacen previsiones), en 1944 anunciaba que Inglaterra embarrancaría y se hundiría (T. Judt) en el fascismo (como le pasó a Austria) por iniciarse en las políticas de reparto -Estado de Bienestar-. Ningún intelectual tuvo razones del 45 al 65 para creer en Hayek, todos sus augurios pifiaban. En los ochenta, le consideraban un genio y un maestro (escuela de Chicago, Chile). Claro que a la larga, a la larga, todos calvos, la historia se puede reescribir infinitas veces.

A ritmo veloz, la URSS de Yelstein se echó en brazos de mercado y de los nuevos oligarcas. El pueblo ruso (cualquier pueblo) no ama el comunismo y la igualdad, anhelan la diferencia, porque ahora cuentan con dos cosas que antes no entraban en escena: la posibilidad de la suerte, y la idea de que su esfuerzo ha de generar resultados para el que se esfuerza. En un mercado más libre y de iniciativa privada es posible que el esfuerzo y capacidad de uno obtengan (con frecuencia, no siempre) su fruto, una posibilidad que todos desean. Entre socialismo y capitalismo, mucha gente prefiere capitalismo, entre igualdad y diferencia casi todo el mundo prefiere diferencia; aunque también es probable que entre socialismo y capitalismo muchos prefirieran el capitalismo socialdemócrata del Norte, donde hay cierta dosis de igualdad, reparto y protección, y premio a la iniciativa.

En definitiva, he aquí llegado el fin de la Historia. La idea y pretensión de Fukuyama es que el socialismo ha muerto, de una vez por todas. Democracia liberal y consumo, son las dos ideas maestras del mundo occidental presente. Lo malo es que cree que USA es el paradigma de la justicia y libertad, en su exposición, USA sería la sociedad sin clases que un día pensó Marx

Capítulo II: **PENSAMIENTO UNICO**

Capitalismo, Ingeniería Financiera

"Nadie debería fiarse de nosotros, y quien quiera que lo haga es estúpido". Greg Smith

Digamos que el capitalismo se inicia en el siglo XVIII en Inglaterra (suele referirse como inicio la división en acciones de la Comapañía Holandesa de las Indias Orientales), a partir de la acumulación derivada de las grandes explotaciones de los terratenientes, cuyos beneficios crecientes, obtenidos del campo, los invierten en otras actividades mercantiles o en el proceso de constitución de las fábricas. El fin pretendido siempre, es obtener rendimientos por el capital invertido, lo que se llamó plusvalía. Hacia 1980, muchos ricos ya no sabían qué hacer con el dinero, ni en qué invertir, las buenas oportunidades no eran tantas pues parecía haber sobrestock en muchas ramas de la producción, "demasiado dinero para tan pocos activos que comprar"[1]. De modo que, algunos vieron más cómodo "mover" el dinero que tenerlo inmovilizado en inversiones fijas. De este cometido, se encargaban algunas agencias y bancos de inversión, que eran una división "avanzada" de la banca comercial. Consistía en lo que hoy se conoce como ingeniería financiera: hacer magia -o alquimia- con el dinero, logrando que se multiplique per se, sin inversión real. Inventaban productos de inversión, fondos, depósitos, futuros, derivados y otros productos que apenas nos suenan al común de los mortales. Una agencia se hacía con unos activos de una empresa o compraba un paquete de hipotecas a un banco comercial, y después le convencía a algún inversor de que el producto que le ofrecía valía más, y se lo vendía, todos ganaban, el inversor lo volvía a vender ganando y así sucesivamente. El producto no podía tener un valor real incretchendo hasta el infinito, siempre alguien se quedaba con el "paquete", "en cualquier mercado igual que en cualquier partida siempre hay un tonto", siempre hay un tonto en toda operación, y como [2] decía Buffet "cualquier jugador que no sepa quién es el tonto del mercado, probablemente lo sea el mismo"; se trata siempre de una partida de pícaros. El diario Qué, en marzo de 2012, publicaba unas palabras de Greg Smith (N. Y. Times), exdirectivo de Goldman Sachs "he visto a directores referirse a los clientes como marionetas a los que colocan productos que traen beneficio al banco, aunque no sea lo adecuado para ellos". De modo similar se expresaba un directivo de Citibank: "*nadie debería fiarse de nosotros, y quien quiera que lo haga es estúpido*"[3]. "En Salomon (M. Lewis), aprendí, que rara vez salen ganando todas las partes, la naturaleza del juego es suma de cero". Es sencillamente la avaricia, todo el que apuesta en estas partidas sabe que el globo acabará estallando.

En la obra de Michael Lewis *El Póquer del Mentiroso*, de modo creíble se cuentan los pormenores de W. Street. Unos pocos tipos muy listos que crean productos nuevos (humo), se hacen ricos engañando a sus clientes, tan codiciosos como ellos. Se da por hecho que W. Street es una jungla, donde cada uno va a lo suyo, y donde casi nadie se aprecia, y cada uno se burla siempre que puede de otro y de los otros; "si quieres un amigo, cómprate un perro", es el único slogan sincero. Lo que mejor hacen en W. Street es especular con dinero abstracto. El operador de un banco de inversiones trata de ganar dinero para la empresa y para "su prima", y la empresa solo les vigila de lejos (como a Kerviel), solo le importa que le gane dinero, no cómo. A todos los de aquella amplia esfera solo les preocupa hacerse ricos, "como aspirante de Salomon [4] no tenía que preocuparme de la ética, solo seguir vivo. Te sentías halagado por…equipo… que se pisoteaban los unos a los otros sin el menor recato". Gordon Gekko (película W. Street) decía "la codicia es buena". La codicia siempre se ha considerado mala, un defecto (que ya importa a muy pocos) muy grande, la codicia es la causa de muchos de los males sociales.

Algunos pocos de esos operadores de W. Street son muy buenos, y saben más de la economía mundial que muchos ministros, por la sencilla razón de que se juegan su prestigio (dinero) o su prima, por lo que les conviene conocer más datos y hacer evaluaciones más rigurosas que las que hacen muchos ministros optimistas o perezosos de algún país del Sur. A través de los "denostados" mercados nos enteramos en Marzo de 2011, de que el problema de España era la enorme deuda privada, ellos no se fiaban de los alabados *stres tests* de la banca, siempre tan falsos.

Golmann Sachs, hizo las trampas del gobierno griego para que sus cuentas cumplieran los requisitos de acceso al Euro. Leman Broters, fue el primer banco de inversiones que se hundió con las hipotecas subprime en 2008, todo se entiende a partir de una solo razón o premisa: la avaricia, que se corresponde con la falta absoluta de ética. Andersen, se hundió en 2004 cuando se descubrió que todas las auditorias y cuentas de Em-Rom estaban falseadas.

En 2009, en los medios financieros saltó el caso Kerviel, un operador del banco de inversiones Societé Generale que había causado cuantiosas pérdidas a la empresa arriesgando en exceso con las inversiones en bolsa. Una vez que saltó el asunto, la primera información que se trasmitió a los ciudadanos, era falsa, se informaba que había perdidas y actividad fraudulenta, sin que estuviera por medio beneficio que él persiguiera. Enseguida se debatía sobre si era estúpido o era sádico, si cometió fraude y delito, por nada. Pocas semanas después, ya se nos informó de un incentivo de 300 mil euros. Ahora se entiende. Así que Kerviel era malvado, cometía malas acciones. Su labor profesional propiciaba el germen de la codicia y la maldad.   Pero resulta que el plan general del banco, premiaba los beneficios obtenidos del riesgo con 50 kilos, luego ese premio, era la palanca que accionaba la maldad. El mal estaba en los directivos, que se enriquecían más con mejores resultados en todo el sistema de ese banco, y parece ser, que de todos los bancos de inversiones. Podemos decir claramente que esos grandes bancos de inversiones causan mucho mal social, porque de ordinario, actúan sin ninguna ética, da igual, a nadie le importa saber que eso es verdad, ya todo se asume, nada sorprende. El mal está en el sistema de la banca, de las empresas en general, incluso de la sociedad; se trata de beneficio, no importa cómo, se resume fácilmente, es la avaricia. ¿El malo era Jeromme? Jurídicamente sí, filosóficamente no, él solo es una mota en medio de una nube de polvo. Kerviel, perseguía lo que todos, lo que toda la sociedad; ganaba 100 mil euros (por ejemplo), y le premiaban con

141

otros 300 mil si lograba ciertos resultados, esa era la meta que perseguía. ¿Para qué? Para comprarse mejor casa, vender el A 4 y comprar un Porsche, aparcar en la puerta de las discotecas dejando caer la llave en las manos del portero, no tener solo posibilidades de ligarse chicas majas, sino ahora elegir entre la media docena de las más pintonas que le sonríen babeando tras saludar al portero, disfrutar de la mejor carne sexual, poder decir "sí, soy el mejor, me lo merezco". Tras la tormenta de septiembre de 2008 de W. Street -la caída de la aseguradora AIG y de Leman Brothers- , ahora le ven los cuernos al capitalismo. Sarkozy dice: "Hay que refundar el capitalismo, revestirlo de normas éticas, someterlo a controles públicos, preservarlo de los ejecutivos depredadores,…contratos blindados. Sostiene que el capitalismo es válido, pero ha sido traicionado desde dentro". No y no, pero hay que engañar al público. No ha sido traicionado desde dentro, se ha comportado como es, un cúmulo de ambición y avaricia, dinero sin ética, consiste en hacerse rico cuanto puedas lo más rápido que puedas, solo a salvaguarda de que no te pillen. Es la avaricia por obtener resultados como sea (aún inflando y maquillando resultados), y con ello, bonus y comisiones, es lo que BNP permitía hasta que le estalló en las narices el caso Kerviel. Por cierto, no han refundado nada. En Abril de 2009, se publicaba la noticia de que muchos americanos estaban enfadados con los chorizos de W Street. El redactor comentaba, que no es que deseen el comunismo o un régimen utópico, simplemente quieren que se vuelva a la esencia del capitalismo: merito y recompensa. Pero la esencia pura del mérito y recompensa queda muy lejos, ha llovido mucho desde entonces, si es que alguna vez estuvieron libres de cortapisas. En el mundo real y presente del capitalismo, lo que caracteriza al sistema, es solo la avaricia "Hazte todo lo rico que quieras y puedas, sin que la ley perciba tus faltas". En las ondas, comentaba en Abril de 2010 el presidente de BBK, que la crisis financiera se debía a la avaricia de los gestores financieros, y entendía que el freno de la *avaricia no tiene solución*. Decía S. Ambrosio que "Todo el que es rico es un ladrón o hijo de ladrones". Todo el sistema está corrompido. Fred Goodwin, que arruinó RBS, pactó con el Gobierno de Brown, una pensión vitalicia de 760.000 por retirarse, cuanta impunidad. Los obreros apenas mejoraron un 7% los salarios en los últimos años, pero del 96 al 2006, los directivos se lo han subido un 45%. He leído, (El País 22 marzo 2009) que Maurice H. Greenberg, expresidente de AIG, criticaba el reparto de bonus, pero él se llevo 24 millones de euros al ser cesado. El público en USA por primera vez parece indignado, les llaman chorizos y les piden que lo devuelvan,

142

"devuélvelo o suicídate" dice un congresista, pero aún no ha calado la vergüenza, continúa el slogan "coge el dinero y corre".

Postcapitalismo

Hemos visto anteriormente la enorme capacidad de producción de los países a finales del XIX, que se tradujo en una de las causas que motivaron la I Guerra, y el surgimiento de concepciones consumistas ocultas, como era la Obsolescencia Programada. A mitad del siglo XX, se inició la mayor época de crecimiento continuo conocida, que en cierto modo ha llegado hasta final de siglo, donde la economía padece una gran crisis de sobreproducción mundial.

La realidad social se resume en una palabra: capitalismo. El concepto que más identifica al capitalismo es el que se desprende del significado de la palabra, avaricia. La avaricia es el egoísmo cien, y mucho egoísmo, genera mucha maldad. El propósito de mi estudio es la maldad (o la falta de bien), pero no epistemológica o abstracta, sino la que es manifiesta en la realidad social; nada es más real que las relaciones de poder y producción, capitalismo.

Ya vimos el gran período de crecimiento después de 2ª G. Mundial. La vida económica, consiste en consumir y reemplazar pronto un producto por otro más nuevo y novedoso, el prestigio consiste en consumir (Dusselberry. Galbraith p.153 de "la sociedad opulenta"), consumir es sinónimo de triunfo, a más consumo más felicidad, de modo que, cuantas más necesidades se satisfacen, más necesidades aparecerán. De la exposición de Duselberry, parece desprenderse que la sociedad es estúpida, no es autónoma, no compra y consume lo que necesita, sino que la necesidad (de 2ª clase) se la impone el consumo del vecino, es decir que se consume por emulación, por apariencia y por prestigio social (Veblen, citado en Consumismo), de modo que cada día consumiremos más, y por lo tanto no habrá sobreproducción ni paro. La ley de Say (J. Baptiste, 1803), indicaba siglo y medio antes algo parecido: que no puede haber demanda sin oferta. La prosperidad (y la demanda) debe ser aumentada estimulando la producción, no el consumo. Keynes resumía el principio de Say afirmando que la oferta crea su propia demanda. Si la demanda surge siempre que hay oferta, nunca habría excesiva oferta, no habría sobreproducción. Pero sí la hubo en 1929, y en otros momentos de la Historia, como el actual. Hay infinidad de ERES en Occidente, en España en Renault, Ford, en Francia en Citroen, en Ford de Bruselas; en Alemania intentan no despedir reduciendo horas de producción. Cualquier reducción en la producción implica una reducción en el empleo, y en consecuencia en el consumo, lo cual crea un círculo vicioso que acarrea bajar los precios de los artículos (en ocasiones se habla con miedo, de deflación), lo que lleva aparejada una merma de beneficios, y la consiguiente reducción de plantilla, esto ocurre sobre todo en España. Hay bienes considerados imprescindibles, que todos deseamos. En cambio, en cuanto a los bienes de menor necesidad y atractivo (ellos llaman de 2ª clase), las personas ponderadas y reflexivas (me cuesta creer que sólo exista el consumidor compulsivo de Duselverry) consumirían solo relativamente, en tanto que los simples e impulsivos consumirían todo cuanto pudieran. Desde este supuesto, discriminatorio, se frena la idea de que innumerable producción crea innumerables necesidades que todos traten de satisfacer. La duda es, cuál es el porcentaje de reflexivos o de simples; de ello va a depender que la producción entre en parada técnica, o que nunca haya sobrestock, necesitando suponer en este caso, que los muchos impulsivos dispongan de ilimitada capacidad de compra, y tiempo para arrojar artículos nuevos al cubo de la basura.

No ha habido grandes crisis de sobrestock (aparte la del 29) hasta finales de siglo. La del 73, fue un resbalón a causa de alza del precio del crudo, y la del 93 un desagradable constipado europeo a causa de razones monetarias y ataques a diferentes monedas (Soros y la libra). En la campaña electoral de 2011, Rajoy se mostraba convencido de que los empresarios no invertían porque no les gustaba la política de ZP, y que al llegar él, se lanzarían a crear empresas y generar empleo. Les dio lo que pedían, todo iba a ser una balsa de aceite. Parece que no. Dicen, que comenta en círculos reducidos, que se ha percatado con pesar de que quizás los empresarios españoles no tenían el músculo emprendedor que él les suponía.

Ya hemos mencionado las "habilidades" de W. Street, y como se gestó la crisis de las Subprime. La hinchazón se inicia en 1998 con la crisis de las Punto Com y la caída del Nasdaq, una burbuja de valores sin valor. Los pelotazos y las subidas de espuma en España, las inicia Juan Villalonga con Telefónica, la salida a bolsa de Movistar, Terra, Lycos, etc, todo se multiplica en dos años. Es el momento de la gran codicia en Occidente, allá por 1997,

144

en España rápidamente se suman los del ladrillo y todos los bancos. En esos años, solo se habla de los grandes números de los balances de las empresas, en consecuencia, se instala la costumbre de las primas y bonus por beneficios de las empresas (copiando de USA). Lo que sucedió del 2005-08 todos lo suponían (lo mismo que en USA con Mac Free), pero no era momento para melindrosos. Llegará un momento en que el stock es enorme, y forzosamente debe frenar, en seco; con la consiguiente pérdida de valor de todo; el suelo que valía 100 ahora no vale 20, los pisos de 80 no valen 40. La burbuja estalló, pero no porque nadie avisara, sino porque muchos hicieron cuanto pudieron para silenciarla. Fue una conjura de todos los que se beneficiaban -querían tirar de la teta hasta que reventara-, que presionaron a quienes la vieron y lo decían (hemeroteca, y programa Salvados), para que callaran; les desacreditaban con el calificativo de agoreros. El slogan nacional era: "España va bien".

El problema sería menor si solo se tratara de la burbuja inmobiliaria española. Pero el problema es similar en Irlanda y en otras partes de Europa. Ahora sobra una enorme capacidad de producción, fabrica todo el mundo y más barato (Fitoussi). En su libro *El Fin del Trabajo*, ya escribía Rifkin que "El mercado estadunidense de bienes de consumo estaba absolutamente saturado…se estancaba la demanda, y crecía la competencia extranjera del mercado americano".

Otro enfoque, del que participan y defienden muchos, consiste en definir la convivencia social a partir del modelo económico de economía sostenible. Se supone, que las energías que consumimos son finitas y que contaminamos el medio ambiente hasta grados irrecuperables, por lo que habría que cambiar el modelo y consumir menos. El químico Mario Molina, afirma, que el consenso entre los expertos (más del 97%) es casi unánime: el clima está cambiando, y es debido a la actividad humana. Pero el modelo real funciona sobre el convencimiento de la riqueza, el consumo y la codicia, todo el mundo intentará ser rico, es el botón que abre todas las puertas. Todo el que monta un negocio persigue hacerse rico "como sea", porque, lo que se valora en esta vida, se resume en: *consumo, poder y riqueza*, que es lo que valoramos el 95% de la gente. Sobre economía sostenible, y los riesgos de producción y consumo descontrolado, ofrece un buen análisis la obra de J Reichmann *El Socialismo en Bicicleta* ,"el calentamiento entre 6° y 10 para el próximo siglo supondrá el fin de las sociedades que conocemos". Su afirmación da algo de miedo, en cualquier caso aún nadie lo percibe porque

145

los intereses del 1% (Stiglitz) se encargan de que el ciudadano *perciba* la realidad de otro modo. Habría que parar el capitalismo, pero nadie va a escuchar ese mensaje, "no hay posibilidad de autocontención colectiva dentro del capitalismo" (Ibid,p.61). Cierto, muy cierto. "Se produce capital para producir más capital". El mismo suele recordar que le tildan de catastrofista. Se pregunta (p.168) cómo es que él ve lo que ve, y los demás tienen una percepción mucho más suave, "cómo conciliar percepciones tan opuestas". La verdad es que esa presión continuada por parte de los ecologistas es la que ha permitido cierta conciencia sobre esa realidad, hecho que se traduce en el relativo éxito de la cumbre de Paris de octubre de 2015. Si el mundo se salva, en parte, será merced a algunas proclamas repetidas y tal vez exageradas por parte de estos activistas. La razón de todo esto es la riqueza, la avaricia y el deseo de poder. En Abril de 1992, el secretario general de la UNCED decía: "nuestro modelo de desarrollo conduce a la destrucción de los recursos naturales, no es viable" (Ibid 67). Pronto, Buhs, añadiría: "nuestro modelo de vida no es negociable". Las posiciones están así de claras. "No es posible el crecimiento económico indefinido dentro de la biosfera finita"(Ibid 87). Que a la larga es malo para todos, bueno, eso ya se verá. De momento ellos viven pletóricos de consumo y hedonismo, lo cual se quiera o no reconocerlo también es placer, un buen sucedáneo de la felicidad.

De libertad, y de libertad de empresa y de mercado, tratan las reflexiones económicas de Smith, a él se deben los enunciados sobre la "mano invisible" del mercado y la concepción del "Laissez-Faire". Lejos estaban aquellas nociones de las que quieren imponer los ultraliberales, ofreciendo por receta total desregulación y nula ordenación, con el fin de que sea el mercado (el capital, en definitiva los poderosos), el que tome las iniciativas que desee en cualquier ámbito económico, solo sujetos a su criterio de inversión y riesgo. No solo es abusivo el significado que se deriva del concepto de desregulación, sino que después no asumen las consecuencias propias de la idea de riesgo, que la noción de laissez-faire lleva implícitas. Cuando sectores gordos de la economía se empantanan o constipan, ya no exhiben las banderas del laissez faire, sino que reclaman ayudas públicas para subsanar sus errores y salvar sus inversiones, en ese momento, sí están a favor de la intervención pública. Laissez-faire, que el mercado es sabio. Pero la avaricia y el descontrol del mercado sabio se lanza hacia adelante sin ningún plan racional, y ocurre, lo que es lógico: que el mercado en vez de sabio se vuelve tonto, y se mete en una ciénaga hasta el cuello. Ese mercado, ciego y desbocado, ha construido en

España 1,5 millones de viviendas que no tienen comprador, ha enviado a más de dos millones de personas al paro, y ha sepultado la construcción para   10 años; el señor Laissez-Faire construye aeropuertos sin aviones y auditorios sin espectadores.

En principio, hay coincidencia en que el mercado sea libre. Pero funciona mal. Funciona mal porque genera mucha más oferta -general- que demanda. La oferta global está sobredimensionada.   La capacidad de producción depende de la técnica y de las horas de trabajo (además de otras variables menores), es casi una ley física. Si la técnica mejora y progresa, y las horas no disminuyen, por fuerza, cada vez se producirán más artículos. La solución al aumento de la producción es un aumento de la demanda, es decir del consumo. Pero el índice de consumo depende del poder adquisitivo y de la duración de los artículos. Ocurre, que muchos que sí tienen horas para trabajar, no tienen apenas ingresos para consumir; y si por otro lado se descarta la obsolescencia programada (un absurdo), cada vez sobra más producción. Cuando sobra producción, aún hay dos soluciones: una a nivel particular, y otra a nivel global. A nivel particular, (lucha) el que puede, fabrica más barato para arañar mercado. A nivel global no tiene solución (el avance de unos, propicia el retroceso de otros). USA ha salido de la crisis creciendo, ha metido en la crisis a gran parte de Europa que sigue creciendo a ritmos de décimas, sobra producto, falta mercado. La solución es disminuir las horas, con ello la fabricación y la oferta se va ajustando al mercado. Pero como se tiene miedo a "esa idea", y no hay acuerdo porque hay distintos intereses, no se limita el montante global de horas, luego cada día sobra más y más producción, cada vez, la oferta es más sobrante respecto de la demanda. En casi todos los países fabrican, por ejemplo lavadoras, de distintas calidades, sobran muchas, vende el que logra producir con precios más baratos, Fagor (y otro, y otro) no consigue producir en determinados ratios, luego debe cerrar. Toda Asia fabrica camisetas, el que las fabrica 10 céntimos más cara debe cerrar, porque sobran muchas camisetas. Si se trabajaran un 25% menos de horas, sobrarían menos lavadoras y menos camisetas. Pero quién le dice a Asia que sus trabajadores trabajen un 25% menos de horas. Ellos solo tienen mano de obra, sortean el hambre fabricando barato a base de muchas horas. Los españoles trabajan por 10 euros, si se les pone mal lo harán por 5, y si pasan hambre trabajarán por 3 euros, o robarán. Eso hacen en Asia: trabajar por 2 euros.

¿Hacia dónde va el capitalismo? Hay un problema real: es imposible absorber la enorme capacidad de producción, ERES. Teka obliga a sus empleados a aceptar algunos despidos y a rebajar el salario un 12%, con la fácil excusa-razón de que en Portugal o Turkía los costes de producción son menores. El ideal de todo empresario es pagar poco a sus empleados, y que las otras empresas les paguen más, para que así puedan comprar sus productos; lo malo es que todos pensarán de igual modo. Serbia, ofrece pagar el 40% de los salarios de Fiat si la empresa traslada la producción allí. Al final siempre es una lucha entre naciones, pueblos, individuos, a unos les tiene que ir mal para que a otros les vaya bien, la tarta aún no es infinita, siempre hay suma cero.

En Agosto de 2011 acontecieron los negros disturbios de Inglaterra. La razón de todo es la miseria, consecuencia, de que no hay trabajo en Occidente para millones de parados, y se les recortan ayudas en tiempos de crisis. Si los pobres están vivos, dónde está su derecho al trabajo. La gente se pregunta si acaso no se sabía que estas situaciones de crisis traerían consigo el recorte del Estado de Bienestar , claro que se sabía, pero no había solución porque la solución solo es el reparto, y nadie aportar para que haya más reparto. Un negro muere en Nottinghan, Londres, a manos de la policía. Acto seguido, muchos negros se lanzan a la calle a mostrar su repulsa y malestar, poco después se juntan a la algarada muchos blancos, de dos tipos: los de las capas bajas, que además de las posibles razones de protesta y rebelión ven la ocasión para hacerse con artículos de consumo (desvalijar tiendas), a los que no tienen acceso, y los de las clases medias, que encuentran muy divertido jugar a la bronca y a "cacos y polis" como los niños de 8 años, y participan en el asalto a las tiendas llevándose el botín de la batalla, modernos útiles electrónicos conseguidos como trofeo de su hazaña, aunque ellos no necesitan robarlos.

Cameron, que nunca ha padecido necesidad material ni aburrimiento por causa de la desocupación, opina que parte de la sociedad británica está enferma y que no opera de manera ética, sino mediante vandalismo. ¿Son éticas las campañas de publicidad que incitan a que consumas unos levis, con el que se te van a rendir las chicas, o unas zapatillas molonas con las que vas a ligar el doble, o el último grito de iphone? "Llévatelo hoy, paga mañana", animan algunos slogans, el joven va y se lo lleva. Podríamos coincidir, en que una parte está enferma respecto de las actitudes y valores de comportamiento, pero ¿por qué y cómo han enfermado? Muchos de esos negros se sienten maltratados y perseguidos, escasos de opciones sociales y alejados del bienestar; y como ellos, muchos blancos de clase baja que dejan los estudios a medias y deambulan por las calles sin nada que hacer y con negras perspectivas de futuro, parias sin incentivos (claro que aún se trata de una arcadia comparado con el Sur). Coinciden, la opinión de la calle y las conclusiones de los expertos (Marzo 2012), en que muchas de las razones de este estado larvado de delincuencia están en la escuela, en la familia, en la alta marginación social y en la general filosofía social consumista. Muchos chavales dejan los estudios a medias, se dice que la calidad no es buena y la educación más deficiente, y que en muchas casas las circunstancias aún son más preocupantes. "Los niños británicos tienen más posibilidades de tener un televisor en su habitación que un padre viviendo en casa" (El país, agosto 2011). Pero Inglaterra, se supone una sociedad de bienestar, y "la población cree que tiene derecho a altos niveles de consumo (con independencia de su esfuerzo personal)...y si no lo consigue, lo percibe como una injusticia"; "hemos creado una sociedad consumista altamente individualizada en la que algunos productos se escapan a la capacidad de ciertos grupos para conseguirlos". En las rebajas de 2015 se oye un anuncio: "te lo mereces". Deberías grabarlo, y cuando vas de compras (aunque no tengas un duro) y caminas entre los stands, escucha esa música. Haz caso, y llévatelo; te lo mereces. Buena parte de los que roban, lo hacen porque son aparatos caros que quieren tener y no pueden comprar. La publicidad y el marketing se lo ofrecen todos los días, lo quieren y no lo pueden conseguir, es decir que hablamos, de frustración consumista. Es conocido que hay una elevada proporción de familias en las que ninguno de sus miembros ha trabajo desde hace varias generaciones; sobreviven merced a las muchas ayudas que reciben del Estado, pero de un modo deficiente y con un nivel de educación y servicios que rara vez les permite escapar de esa situación; con lo cual, el ciclo se torna vicioso. Las ayudas les acomodan, pero al ser insuficientes, tampoco les permites escapar. El subsidio eterno, no es la solución. La solución está en la conjunción de derechos y deberes, exigir trabajar todos. Pero ese derecho le saldría más caro al Sistema, porque el ejecutivo de 60 horas a la semana debería bajar a 35 y de 7000 euros a 4000, es más cómodo mantener a los parias con ayudas de 800 euros al mes. Claro que, qué hacer, porque aún cabe esta pregunta: ¿desea el paria de 700 euros salir de esa situación, contando con que deba trabajar?

Los expertos ingleses refieren, que se ha creado una sociedad altamente individualizada: hedonismo y dinero. Naturalmente, eso es lo que se persigue desde hace muchas décadas, es la salvaguardia y antítesis del contagio socialista, del contagio colectivo y de la solidaridad, personas enfrascadas en sus vidas, desinteresadas de las preocupaciones de los otros; eso es lo que fomenta la televisión y los max-media, de la mano de poderosos "ideólogos". Owens Jones, es un joven crítico social, con mucho predicamento hoy en Inglaterra. Le comentaba a Evolé (Salvados) que la televisión está fabricando mucha ideología negativa y clasista en R. Unido. Decía que hay muchos programas que presentan una imagen negativa (burlas, lenguaje negro y soez) de los parados y de las clases bajas ("chavs"), para fomentar que desees escapar e identificarte con las clases medias. Pero esas burlas, y esas parodias no deseaban hacerla refiriéndose a la corrupción de los banqueros. Muchas personas mastican la configuración general que sale de la tonta televisión, google, y los videojuegos; el hombre que no piensa, que no lee, que se desinteresa de la cultura, que cree más interesante hablar de moda y cocina que de filosofía o música (V. Llosa), que desea y persigue la satisfacción inmediata. Pensar necesita tiempo para la reflexión y el silencio, además de alguna costumbre y una relativa formación. Sin esas condiciones, es imposible, y muchos nunca tienen silencio, dado que de continúo están con los cascos, o las risas, la tele, los cascos y más tele;…es imposible. Se trata del hombre idiotizado (cosificado se decía en los setenta, o hombre unidimensional, Marcuse), en manos de las computadoras electrónicas "cuanto más progresa el ordenador, más tonto se vuelve el hombre" (V. Llosa). El otro hombre, era peligroso.

En 2011 se habla de ajustes y recortes en todo el mundo, también en Alemania; pero algunas personas con posibles y vergüenza, claman al cielo. Un alemán, rico, se manifiesta (telediario 28-8-11) en contra de tanto recortes, y él y otros alemanes le piden al Gobierno que suba los impuestos, "Me avergüenza que tengamos que hacer nosotros el trabajo de los políticos". Argumenta que Khol quitó el impuesto de sucesiones, Srhoeder bajó los impuestos, todos los gobiernos desde hace 20 años bajaron los impuestos. "Si los 2 millones de ricos que hay en Alemania, pagaran un poquito más, no habría ningún problema de déficit ni necesidad de recortes". Le preguntaban a W. Buffet por los impuestos, y decía: " los ricos siempre piden que les bajen los impuestos para que el dinero se quede en sus bolsillos, que de ese modo ellos lo invierten y siempre desde arriba dejan caer una parte a los de abajo. Pero es mentira, en los últimos 10 años los ricos siempre dicen lo mismo, y

150

no invierten esa disminución de impuestos. Mi secretaria paga más impuestos que yo". Klaus Schwab, presidente de FEM en Davos 2011, afirma sobre "la necesidad urgente de transformar el capitalismo, en su forma actual no encaja por más tiempo con el mundo que nos rodea. La transformación urgente debe comenzar con la restauración de un sentido global de la responsabilidad social". Esto ya se ha oído otras veces. Nadie puede con el capitalismo, salvo que se hunda él solo, quien manda, manda. Los "designados" pueden opinar, pero nada más. Ya hemos hablado acerca del exceso de sobrestock mundial. Hay quien sostiene que el problema del desempleo es un asunto coyuntural, y que una vez se realicen unos ajustes y se ponga a punto nuevas técnicas, todos volveremos a trabajar, y que sigue siendo verosímil el actual sistema y ritmos de crecimiento.

¿Está en crisis Occidente? Niall Ferguson postula que Occidente ha sido muy superior en los últimos 5 siglos, habiéndose apoyado en: la revolución científica, la democracia y el parlamentarismo, el consumismo y la ética protestante del trabajo. Coincido con ese planteamiento, si bien priorizo, la importancia de los hechos en otro orden. Europa en 1520 en absoluto era superior a los turcos, batallaba de igual a igual, pero en Europa se elevó la voz disidente de Lutero, que no lograron acallarla, cosa que se ha hecho siempre en todo el mundo y con harta frecuencia en Occidente (Servet, Bruno, Galileo, Copérnico…). Las ideas de Lutero, que convenían a los príncipes alemanes, permitieron un nuevo enfoque de la salvación, a partir de los cual, se puso en marcha una nueva ética del trabajo; éste, es el inicio de todo el despegue de Occidente (Max Weber). A partir de ahí, el trabajo, la vida austera, la acumulación y la burguesía.

Sostiene Ferguson, que Occidente y el capitalismo se han corrompido por la codicia de las élites económicas, y amenaza con barrer al mismo capitalismo. Es cierto que solo se busca el hedonismo, alejados de la moralidad o espiritualidad. Pero el enfoque es erróneo. No es que Occidente y el capitalismo estén en declive por olvidar la espiritualidad (mensaje muy repetido) y echarse en manos del hedonismo y valores de la misma estirpe, sino que el capitalismo lleva implícito esa avaricia y esa corrupción; Wesley se temía algo: el trabajo y ahorro proporciona riqueza, y ésta es muy difícil que no pierda al hombre. La miseria y la ignorancia ataban a los hombres, cuando

151

aparece la libertad, se abren los ojos y retrocede la ignorancia y el miedo. Pero no se puede culpar a la libertad, porque sin libertad no habría habido deseo de mejora y esfuerzo de los hombres, luego no habría nada semejante al actual progreso; algunas culturas apenas progresan porque nunca ha habido libertad. La libertad es parte de la dialéctica de la Historia, se la puede entorpecer, pero es difícil ahogarla. Cierto que no hay valores, o que solo hay uno: el hedonismo y el dinero; ¿qué se pude hacer para que haya valores? Nada. Reelegirlos las personas, pero las personas no los quieren. ¿Superar a Occidente? La cuestión no me parece importante, lo importante debería ser el hombre y su libertad; cómo sea esa superación, con qué valores o modelo. V. Llosa contradice a Niall, agarrado al valor de la crítica, tiene razón. La "Crítica" permitió enfrentarse al orden y exponer nuevas ideas (Copérnico, Galileo, etc.), instigó la Revolución de 1640 y otras, y la libertad y la crítica permitieron que quienes no estaban de acuerdo expusieran ideas, se enfrentaran al poder, se organizaran y le hicieran frente, la crítica permitió las asociaciones obreras y el socialismo ,que han traído más de la mitad del bienestar de los obreros del mundo; en Asia no lo hay, por eso, gran parte son explotados. La crítica permitió que Rousseau pudiera escribiera sus ideas sobre soberanía popular y subversión, aún cuando fuera prohibido y precisara huir, la crítica permite películas como *Zero Drk Thirty*, un ejercicio de libertad impensable fuera de Occidente. Como menciona V. Llosa, otomanos y chinos tuvieron gran altura, pero nunca permitieron la crítica y la disidencia; nunca consintieron un Lutero, por ello se hundieron. En definitiva Occidente ha tenido: *Lutero y la Ilustración*, el resto del mundo, aún, ni lo uno, ni lo otro.

Ideas filosóficas en el siglo xx

Pretendo en esta parcela, exponer algo de las ideas del siglo XX, solo para que el lector pueda seguir o comprender la evolución de las mismas, pero partiendo del convencimiento de que no tienen gran importancia para comprender el mal. Creo, que en esta tarea, lo principal son las aportaciones de Hobbes y Rousseau, el análisis de Kekes y los aportes de la biología, incluyendo antropología y paleología. Aún así, "las ideas" tienen gran importancia, porque de las ideas elaboradas, luego emergen las ideas prácticas o políticas. El Estado de Bienestar, antes fue teorizado en las luchas obreras y el marxismo; el fascismo sale entre otros de Sorel y Mussolini, que derivan de Hegel y hasta militaron en las filas socialistas. El nazismo es la plasmación de las ideas de Nietzche y Spengler. No hay que despreciar las ideas, hay que conocerlas.

En USA, siempre hubo un cierto sentimiento muy puritano a partir de aquella idea de pueblo elegido y la Nueva Jerusalen. De ese pensamiento participaba el presidente Adams y otros muchos, eran fervorosos de la mora,l y les molestaban los ricos rápidos, como Vanderbil, Morgan, Carnegie, etc. En esa línea de pensamiento estaban a mitad del siglo XIX los hermanos Henry y Brooks Adams, que hablaban de espíritus decadentes que se echaban en brazos de la codicia y el capitalismo. Muchos de ellos, llegarán a preguntarse si "un gobierno respetable es imposible en una democracia".

En Europa, a inicios del siglo XIX, el movimiento romántico despreciaba a la clase burguesa en ascenso, que veía interesada sólo en el dinero. Eran gentes como Byron Scot, Schiller, Delacroix y otros, que siempre poseedores de un buen patrimonio y status, suspiraban por el mundo feudal de los "Lanzarote". Les molestaban las reclamaciones materiales de las clases bajas, mientras veían perderse los valores espirituales, y reclamaban una mirada a Oriente en el intento de preservarlos.

En esa línea de pensamiento se ubica Arthur Gobineau, un fracasado descendiente de la aristocracia en Francia. Su padre y él, no conseguían el puesto que creían les correspondía en la Restauración. Escribiría *Ensayo sobre la Desigualdad de las Razas Humanas*, donde preconizaba la superioridad de la raza aria. No logró reconocimiento en los primeros años, pero llegó a manos de Wagner (compositor), Paul Lagarde, Ludwig Schermann y Houston Stewart Chamberlain, todos ellos pensadores alemanes antisemitas, receptivos de esas ideas. Gobineau no hablaba de realidades materiales, ni de trabajadores, ni de miseria; él, desde un plano más elevado, sólo hablaba de valores espirituales, de la fuerza, el valor y la acción, el poder; no concedía ningún valor a la moralidad; y hacia descender su noción de raza aria de la grandeza de los wikingos. Estas ideas llegaron entre otros a Nietzche y Spengler.

Nietzche (murió en 1900) despreciaba la sociedad decadente y al capitalismo sin alma, restaba todo valor a la moral y a los débiles, al bien y al mal, sólo valoraba el poder y la voluntad, los poderosos. El mundo no necesita a Dios (Dios ha muerto), el mundo pertenece a los decididos y poderosos. Abogaba por "una revolución que sometiera la burguesía y las masas a una nueva élite de amos". Deseaba presenciar que se descompusiera el mundo y que triunfaran los inmoralistas y los nihilistas. Oswald Spengler (pensador alemán, 1880-1936) va a recoger esta idea. Antes añadiré que en USA, Arnohl Toynbee, también escribía sobre la decadencia Occidental, y acabaría postulando sobre la nueva encarnación del mal, que simbolizaba el Gobierno y la ideología dominante de su país.

El citado Spengler, escribía *La Decadencia de Occidente* después de la I Guerra Mundial, en 1918. Postulaba que Europa se ahogaría en sus vómitos. Pero a partir de ese colapso, surgiría una nueva Europa lejos de Francia e Inglaterra, en manos de Alemania. "La combinación de Kultur (espíritu y conocimiento superior al de las masas), disciplina militar y voluntad de poder nietzcheana, crearían naturalezas lideres para forjar un nuevo destino". "La libertad era un callejón sin salida, que conducía a la decadencia cultural y pérdida de vitalidad". "Sería dificultoso, y debería correr mucha sangre, pero no habría problema" (entrecomillados del historiador A. Hermann). Como es fácil ver, la ideología nazi se nutrió, casi de modo calcado, de las ideas de Gobineau, Nietzsche y Spengler.

En la acera contraria, está posicionada toda la escuela de filósofos marxistas, que aportaban decenas de razones para el asalto final, cuando las condiciones estuvieran maduras. La vanguardia de ese ejército universal iba a ser el SPD, bien forjado y nutrido de grandes intelectos como Kaustky, pero sabido es que las condiciones se pasaron de propicias. Tras el fracaso de la revolución alemana de 1918, hubo decepción y desorientación. En Alemania, este pensamiento, se agrupó en torno a la Escuela de Franzfurt, abrazando las ideas sobre la decadencia de los norteamericanos hermanos Adams, y hasta de Nietzche, y de todo el que perorara contra el dinero y el capitalismo, remezclandolo con la doctrina marxista. La esencia que flota en casi todos los filósofos de la primera mitad del siglo XX, es el desprecio por el dinero y el modelo capitalista, se pretende de nuevo subir al Olimpo de las ideas, algunas nociones abstractas o confusas sobre espiritualidad. Esta convicción va a valer por igual para los pensadores marxistas y para quienes harán un remake de la derecha hegeliana, remezclado con Gobineau y Nietzsche. Los primeros, desean una sociedad igualitaria y sin clases, luego odian el dinero y al capitalismo. Los segundos, parten de odiar al dinero y el capitalismo que según ellos destruyen el alma humana, por lo cual desean una sociedad de nuevos amos, que se imponga sobre el decadente capitalismo. Habrá pues dos corrientes de pensamiento, no siempre bien demarcadas. Esa corriente que culmina en el nazismo, se sustancia en las siguientes ideas: el núcleo del hombre no es su razón, sino su voluntad; la nación alemana tenía una voluntad propia o alma colectiva; el materialismo, la industria y el dinero de la clase media, estaban corrompiendo esa alma. Por culpa de esto último, la verdadera Alemania rural y tradicional del "volk", era desplazada. Algunos de estos pensadores no despreciaban la sublevación de 1918, pero fracasó, sin tumbar al capitalismo. En 1920 estos filósofos de la derecha, veían el marxismo revolucionario en un callejón sin salida. Para muchos intelectuales (Carl Schmitt, Heidegger, Moeller, Spengler), la renovación de Alemania solo podía venir del campo de la derecha radical, no la conservadora de Bisckmar y del Kaiser. Para Heidegger, Occidente estaba empantanado en su racionalidad estéril, se había aislado del rico mundo de la filosofía griega. El hombre, en vez de analizar el mundo, debía zambullirse en él, voluntad y acción, al margen de las consecuencias; vivir la vida a tope, masticar la vida, diría Heidegger. Pensaba que el nazismo echaría por tierra la chatarra de la modernidad, y volvería a "captar nuestra existencia histórico-espiritual, con el objeto de transformarla en un nuevo comienzo". No es preciso reflejar aquí la connivencia de Heiddeger con el régimen, ni como ayudo a depurar críticos (Husserl).

Sería incompleto e incomprensible, si al tratar las ideas del siglo XX no mencionáramos las aportaciones de Freud, en las áreas de la filosofía social y la psicología. El fundó el Psicoanálisis, una técnica terapéutica consistente en que el paciente introspeccione con ayuda, cuanto pueda hacia atrás, a fin de descubrir el material reprimido. Una vez que ese material ve la luz y se hace consciente, supuestamente el paciente lo acepta y cura sus miedos, fobias, manías. Él nunca logró probar su técnica, siempre se dudó de la curación de sus pacientes. Pero es innegable que desde las tinieblas, sacó a luz social conceptos impronunciables y reprimidos, como era todo el tema de la sexualidad, que él ayudó a hacer libre, posibilitando unas formas sociales menos enfermas.

Los filósofos aglutinados en torno a la Escuela de Franzfurt (W. Benjamin, Otto Negt, F. Pollock, H. Marcuse, etc.), aguantaron en las filas del marxismo y vieron sucumbir sus ideales, su lógica y su optimismo, masacrados por la apisonadora nazi. Algunos lograron exiliarse, y se reubicaron en buena medida en Oxford. Desde allí, tras la Guerra, en torno fundamentalmente a Adorno y Horkheimer (*Dialéctica de la Ilustración*), analizaron de nuevo los acontecimientos y al hombre social. Dictaminaron que el mundo y la categoría humana, se habían venido abajo en razón de que existió el Holocausto, y el principal culpable, sería la Ilustración. Ese libro y esa propuesta, han marcado buena parte de toda la filosofía posterior, por su acierto o controversia. El planteamiento es tan principal que no puede abordarse de forma somera

Tras el Holocausto -dado que perdió Alemania, sino, quién sabe cuál sería el pensamiento- vino la gran catarsis, y todo el mundo se apresuró a recolocar sus ideas. Muchos filósofos e intelectuales en Alemania habían participado del ideario nazi, también en otras naciones. El más significativo -y de mayor influencia- fue Heidegger, quien se reubicó sin grandes negaciones ni arrepentimientos, y quien derivó su filosofía hacia el existencialismo.

El existencialismo se apoya por una parte en la fenomenología de Husserl, y por otra en la visión oscura de Kierkegaard (visión trágica de la existencia y lúcida conciencia de la radicalidad del mal y de la nada; religión), filósofo alemán de la primera mitad del XX. El existencialismo lo ve casi todo negro, en buena medida porque es la reflexión a la hecatombe de la I G mundial, más aun, continuó viéndolo más negro porque siguió analizando después de la II Guerra, y acabaron preguntándose explícitamente: ¿Qué sentido tiene la vida?, ¿para o por qué existe el ser? y ¿si existe la libertad total? Uno de sus postulados fundamentales, es que en el ser humano la **existencia** precede a la **esencia**, es decir, que no hay una naturaleza que determine a los individuos, sino que son sus actos los que determinan quiénes son; el individuo es libre y totalmente responsable de sus actos. Se acabó el optimismo que derivaba del positivismo y el marxismo, todo aquello que giraba en torno de la Razón, el Absoluto y el progreso imparable; constatan, que el mundo real no es una arcadia ni una utopía. Se centra, más que en la sociología del hombre, en sus reflexiones y metafísica, y se ocuparán de temas en torno de la muerte, de la nada, la angustia, lo absurdo de la existencia (el mito de Sísifo, de A. Camus). La existencia es incertidumbre, riesgo y empuje hacia adelante, pero no coinciden en el camino de ese empuje, ahí cada uno tiene sus ideas y su sendero, por eso unos derivan más hacia lo concreto, otros hacia la angustia y otros hacia la espiritualidad. Heidegger, entendía la existencia como un vivir para la muerte, y Sartre, se debatía en la angustia, con *El Ser y la Nada*.

La metafísica siempre fue algo muy grande para los filósofos, una especie de "piedra filosofal". No es descabellado asegurar que la metafísica no es ciencia, por eso fue objeto de muchos ataques cuando los filósofos arribaron contra la Escolástica, ubicándola nada lejos de la espiritualidad y la religión, y con ello, de la superstición. Ya vimos, qué opinión les merecía a Bacon y los empiristas, Voltaire, etc. Pareció arrinconada durante un siglo, solo en parte, porque metafísica es lo que hacía Hegel (de gran influencia en muchos filósofos). Pero la metafísica es el terreno florido de la filosofía, nadie más que ellos pueden manejarse en este terreno, así que la volvieron a rescatar a finales del XIX, les parecía que el mundo se volvía pobre al no adentrase en los recovecos del espíritu y los conceptos etéreos. Hacia 1930, una nueva corriente orientada en el método científico, El Círculo de Viena (mencionaré algunas líneas más en el Utilitarismo), pretende desde la filosofía arrinconar todos esos conceptos abstractos, confusos y poco definidos, que no permitían comprobación ni determinación, ni validación del significado. Descartan del todo los valores y pronunciamientos emocionales, y postulan un método científico basado en la inducción, la búsqueda de la unificación del leguaje de la ciencia y la abolición de la metafísica. Pero resulta, que la metafísica volvió con la E. de Franzfurt y con el existencialismo. En estas últimas décadas, la filosofía ha perdido mucha influencia y consideración de seria o útil, en buena parte debido a áreas como la ontología y la metafísica, que nadie común entiende ni es capaz de juzgar sus asertos; utilizan un lenguaje y expresión en cierto modo confuso y que deja un sentimiento de hueco o vacio, a tal punto que no son pocos los pensadores que coinciden con esa sentencia del filósofo argentino Mario Bungue: "Hablan en difícil, porque no tienen nada que decir".

Los filósofos de la E. de Franzfur,t con Adorno y Horkheimer a la cabeza, concluyeron que el capitalismo se había apoderado de la ideología, y en consecuencia, vencía en todos los terrenos; la batalla estaba perdida, no había nada que hacer. La realidad de la sociedad presente permitía ver, "que en la sociedad capitalista se había extinguido la amistad, la cortesía, la amabilidad", etc, todo era solo una mascarada, denunciaba Adorno. El Sistema lo cosificaba y prostituía todo, todo lo auténtico se degradaba en cuanto se atisbaba la estampa del capitalismo, hasta el arte acababa en sus garras, el Sistema lograba fagocitar toda expresión contestataria, y conseguía meter en el mismo saco la

157

música de Beethoven, Malher o el rock, que la de E. Presley o Sinatra. Derrotados, algunos quisieron encontrar su camino en la admiración del arte o la espiritualidad.

En los sesenta y setenta, todos los filósofos que siguieron las ideas de la E. de Franzfurt, participaban de la idea pesimista de que ese capitalismo invencible fagocitaba y anulaba toda resistencia. Verificaron que el Sistema engullía toda discrepancia, pasaba por la trituradora y asimilaba el hipismo y las protestas de Vietnam, la música alternativa y toda protesta juvenil, nada hacía grietas su armazón y poderío, y hasta se permitía pervertir el mensaje y sacarle rendimiento mercantil a toda la contracultura. Ese diagnóstico, se tradujo en escepticismo, abandono y búsqueda de vías de encuentro o liberación individual. La modernidad, como símbolo de progreso y humanismo había clavado su epitafio en 1945, lo que prevalecía, era la constatación de aquella derrota y la evidencia del dominio del capitalismo, la explotación y el mercado sin alma, que chamuscaba todos los valores traduciéndolos, solo a dinero. La civilización occidental era decadente, y estaba perdida. La humanidad tenía que mirar más allá de la Europa civilizada para buscar su auténtico yo. En esa línea de pensamiento y de rebelión, fue Lyotard quien introdujo el término Postmodernismo: fin de las utopías de progreso indefinido que la modernidad acentuaba. Su obra fundamental, *La Condición Postmoderna*, enuncia, que el mundo se explica mejor por la abundancia de micronarrativas, que por los grandes relatos bien ordenados. Para los pensadores postmodernos, la liberad consistía en negar o trasgredir los límites occidentales. Como no veían la manera de empujar al monstruo capitalista, su rencor confluía en despreciar el poder occidental, y todas sus formas y expresiones. Todo lo que parecía armónico, ordenado y adecentado, les parecía decadente, aburguesado y vendido, por eso proliferan diversas y abundantes formas de nueva estética en la música, la pintura y las artes en general. Ese arte, que identificaron como postmoderno, era de estética difícil y formas retorcidas y peleadas con el gusto y entendimiento normal o sencillo, y en música proliferaron las formas, sonido y estéticas oscuras o rupturistas, desaliñadas o provocativas del rock y del punk, porque lo que buscaban era provocar, rechazar, oponerse a un Sistema que todo lo absorbía y manipulaba.

Los más optimistas e irreductibles, se negaron a aceptar la derrota total, comprendieron la imposibilidad de la batalla frontal contra el capitalismo, y emprendieron una guerra de desgaste en todos los campos. Los movimientos izquierdistas se dedicaron en el último cuarto del siglo XX a identificar el símbolo del mal y del poder opresor, negativizarlo y tratar de horadar sus cimientos lentamente pero sin descanso, con todo tipo de oposicion en todo el mundo, al Sistema y a su símbolo, USA. Esto es el Multiculturalismo, cuyas ideas se apoyan en el concepto de decadencia que vimos en los filósofos del XIX, y que continuaron en diversas vertientes, con todos los del XX. Ahora es el pensamiento de Sartre, Faucault, G.Deleuze, J.Derribal, Lyotard. Para estos, toda la superestructura occidental: la cultura, la razón, el lenguaje, las relaciones sociedad-poder, la democracia, todo era una falsa ilusión, un laberinto que solo conducía a un callejón sin salida.. Para ellos, USA (símbolo del poder capitalista consolidado) se erigió en Demonio y enemigo de todos los pueblos. Se especializaron en reconocer derechos y realidades culturales distintas y no coincidentes con la Occidental, en defender los derechos de minorías y de pueblos que no pujaban alto en la esfera internacional, y en defender los derechos de la naturaleza y de los animales, y en comprender mejor que nadie el daño a la tierra (Gaia) y la necesidad imperiosa de frenar el desastre de la tierra y cuidar los recursos, en pro de un progreso, que no era tal. De sus filas, surgieron las grandes ideas y movimientos ecológicos, que ahora nos conciencian de la imperiosa necesidad de frenar.

Ideología

Con el ocaso del socialismo y el aparente triunfo definitivo del capitalismo (aunque en 2008 se pronosticara que el capitalismo estaba muerto), advino de modo cierto, el "Fin de la Historia". Es una paradoja, pero bastante real. Visto de este modo, el debate ideológico ha terminado, solo un sistema ha sobrevivido, solo un sistema es mejor. Si es así de claro, no hay más que discutir. Pero se discute, porque la vida entera es ideología, y nada es eterno en la vida (todo fluye). "Una ideología[5], es una cosmovisión coherente utilizada para comprender las condiciones políticas vigentes e indicar la manera de mejorarlas". Efectivamente, eso es la ideología, cuyo fin último consiste en perseguir la felicidad. Hacia 1640, gentes que no eran el rey ni la nobleza, empiezan a pensar y opinar en Inglaterra. Esas gentes, estaban logrando acumular riqueza, y siguiendo esa norma eterna de poder, se creyeron con derecho a opinar, quisieron influir y decidir. Era la naciente burguesía, que se

159

plantaba exigiendo derechos al rey y pretendiendo limitar el poder de éste; el rey no se avino, y acabó con su cabeza rodando por los suelos. Los capaces ya no dejaron de pensar, y de entre esas mentes, descolló la de Locke, que organizó las ideas y elaboró la doctrina de las libertades. Esto, es auténtica ideología, porque señala que hay al menos dos concepciones sobre la autoridad, el orden y la vida en el mundo. La primera concepción se corresponde con el Absolutismo. En la segunda concepción, llamemos Liberal, los hombres (algunos) han de tener opinión, voz y voto en muchas cuestiones de Estado, y el rey debe compartir y en algunos casos ceder parcelas de poder. Esta segunda concepción se corresponde con la ideología liberal que nació en Inglaterra y que luego complementaron Montesquieu y otros. Otro pensador, Rousseau, se había aventurado más lejos y apostilló en el "Contrato Social" que no solo tenían derecho a opinar del rey, los nobles y la burguesía, sino que todo el pueblo tenía esa potestad "la soberanía reside en el pueblo". Lo expuesto es ideología, porque ahora habrá tres concepciones de poder que se corresponden con las tres clases sociales en liza.

Dado que hablamos de autoridad y orden, de reyes y de poder, hemos de mencionar a Dios, la cuna de todo el poder. Toda idea de poder, retorna hasta Dios. En la antigüedad, los grandes fenómenos desconocidos y poderosos, y que atemorizan a los hombres, obligan a pensar en alguien superior: Dios. Algunos hombres consiguen convencer a otros de ser intérpretes de Dios, y después imponer y extender esta idea. Esos hombres serán chamanes, reyes o faraones, etc. seres "elegidos" por Dios, que detentan su poder en la tierra de modo vicario. La explicación, es que Dios (o los dioses) no puede ocuparse de todos los hombres, y elige a algunos para trasmitirles su voluntad. Esta concepción, con el tiempo y con la fuerza, "se asienta". De este modo la batalla quedó ganada. Nadie se atrevía a cuestionar al rey porque en cierto modo su poder y palabra proceden de Dios. En la medida en que el pueblo acepta la palabra y voluntad del rey, también se aceptan a aquellos que él designa o elige: virreyes, gobernadores, generales... autoridades. Así se legitima el poder y la autoridad, y se disipa toda duda o contestación. ¿Quién se atrevería a cuestionar a Dios? Sólo cuando la ciencia avanza, se puede prescindir un poco de Dios. Y cuando se prescinde de Dios, se cuestiona el poder de sus elegidos: reyes y sacerdotes. Sólo a partir de entonces el hombre puede crecer y desembarazarse de la autoridad, que de modo falso, venía de Dios. Hablamos de la Razón y La Ilustración. El Poder, fundado en el temor de Dios, es la base de las ideologías. El poder arcaico y tradicional, intenta siempre que no se hunda la idea de Dios, concepto en el que siempre se ha sustentado la idea de autoridad, que postula aceptar lo que ya está. La idea de Dios es el último asidero de la tradición, la autoridad y el statu quo. Por eso, las ideologías conservadoras (los poderosos) siempre potencian a Dios. Si nos desentendemos de Dios, hay licencia para negar todo el orden establecido. Sólo eso les preocupa.

El debate y la lucha ideológica entraron a saco en toda la vida social en el siglo XIX. Cuando T. Burk y Bentham quisieron suprimir las leyes de pobres en Inglaterra, eso era ideología, de igual modo que cuando lo defendió Paine. "Conservadores como sir Robert Filmer (y gente como Burke) cuestionaban el naciente liberalismo de Hobbes y Locke en nombre del derecho divino de los reyes, del poder de la iglesia y de la primacía de la costumbre sobre la razón"(Bronner). Que idea tan importante *"primacía de la costumbre sobre la razón"*. Louis Blanc y los socialistas, quisieron cambiar algunas cosas, y mermar la miseria, cuestionándose sobre la propiedad, como luego hiciera Proudhom y otros (Goodwin, The Guardian) en Inglaterra. La propiedad, en especial de la tierra, era entonces la clave del debate social y político; lo cual podía significar alterar el orden y estructura social, la posibilidad de que los más fuertes, los usurpadores de varios siglos, dejaran de ser los propietarios absolutos de la tierra. Lo volvió a intentar Marx y la Internacional. Todo esto es ideología. Pavor causó Rusia y Alemania en 1918 y los años siguientes, debido al efecto contagio; se animaba a poner patas arriba la estructura social y la Historia, mediante las revoluciones socialistas y fascistas.

La ideología discute sobre planes, programas, elaboración y conjunto de ideas; en definitiva sobre la propiedad, porque esta palabra siempre está presente de modo explícito u oculto. Propiedad significa acceso a los bienes, y es la llave para el hambre o la satisfacción y el derroche. Por eso, las ideologías giran siempre en torno a la propiedad, hasta el grado de envenenar toda discusión clarificadora. Sólo los jacobinos (en 1640 los diggers) primero, y los socialistas después, pusieron en solfa la propiedad, todas las otras ideologías encuadrables en dos grupos (casi iguales): conservadores y liberales, nunca cuestionaron la propiedad, sino que trataron de legitimarla tal cual se ofrecía; no es casualidad que las cabezas que figuran en los primeras filas de esos grupos siempre son los ricos. Por el lado de las ideologías de derechas se intenta que el debate ideológico gire en torno a múltiples cuestiones (interesante era el sufragio y algunos materias más en el tramo de 1860-90) para así diluir el punto capital, pero la base de la vida y por tanto del debate es la consideración de los estratos sociales y de la propiedad (dinero, poder), dejarlo como está o allanar esas diferencias. Nunca se ha logrado que el concepto propiedad fuera el centro de un debate parlamentario, ha quedado supeditado a los libros. Como se ve ahora, tratamos con sucedáneos o figuras secundarias de la propiedad, que siempre de algún modo está en el debate.

Pero la batalla ideológica que daba la izquierda acabó, porque feneció el socialismo (y hasta parece que se acabaron los hombres de ciertos horizontes, y quizás de moral intachable). Este se derrumbó porque pretendía el "hombre nuevo" (Rousseau) y no hay tal, *el hombre no quiere ser nuevo ni bueno.* Preguntemos a cualquier hombre si prefiere hacer buenas obras o dedicarse a los vicios, ¿cuántos hay de los primeros? Todo el mundo quiere poder y dinero, ¿pará qué se quiere el poder y el dinero? Visto así, el socialismo avanzado o comunismo (utopía de Moro, de Monzer, de los cristianos, de otros) estaba destinado al fracaso; admitámoslo, *el hombre no quiere socialismo:* solidaridad, igualdad. Han ganado quienes lo tenían más fácil, quienes tienen el poder y los medios, y quienes defienden los patrones sociales de siempre: la diferencia, la riqueza y el sueño de poder ser rico un día; ese salto entre clases se sabe muy difícil pero no imposible, y ese es el acicate humano. Tan claro es quien gana en esta batalla, que es manifiesto que desde siempre los pobres *prefieren votar a los ricos* (ya lo decía Cobbet). Se diría que no quieren ser representados por los suyos, prefieren votar al poderoso. A primera vista, un enorme contrasentido. ¿ Por qué será? Habrá que pensar que los pobres no merecen la confianza de los pobres. Caben dos razones: 1, porque se le supone más listo al rico, de siempre; 2, reconocer la valía del que salió de pobre, significa reconocer la incapacidad propia (envidia). Siempre ha estado muy extendido entre los trabajadores aquel modo de pensar que indica que la política era cosa de señores, aquel era su terreno, no el de obreros andrajosos, de ese modo se postraban la mayoría de los obreros. Quienes han ganado lo tienen claro, el socialismo fue un gran peligro para su casta, y no estuvieron tan lejos de perder todos sus privilegios. Su mejor defensa, es extirpar el veneno de las cabezas del pueblo y enterrarlo, demonizarlo recordando la II G. Mundial, a Stalin y Hitler, (un totum revolutum) y todo cuyo parecido permita identificar aquel horror, "el sueño de la razón produce monstruos". Casi lo han logrado, Fin de la Historia; sólo queda el pensamiento único, mejor aún, tienen un arma nueva y muy poderosa: el gran hermano, la propaganda, el control subliminal, los max-media, el pensamiento dirigido y orientado, el ocio encapsulado. Son unos genios, solo hay que ver la televisión; solo hay masas acríticas ante la pantalla. El paradigma es consumo y ocio, y que no haya pensamientos ni tentaciones para que se acepte que el "orden" siga como está. No es bueno que el pueblo piensa (Hamilthon también lo creía). Ideología es el intento del gobierno popular de que desaparezca Educación para la Ciudadanía, a pesar del juicio negativo del Consejo Europeo. Esa asignatura enseña un poco a pensar, y reflexiona sobre comportamiento cívico y sociedad. Sociedad es lo que no quieren los ultraliberales, empeñados en hacernos creer que solo existe el individuo. La derecha alega que eso es adoctrinamiento de izquierdas, en base al pensamiento de Rousseau y Marx, ¿Por qué? Por qué evitar que a los estudiantes se les enseñe el pensamiento de pensadores como Hobbes, Mandeville, Betham, Smith, etc. es bueno que se enseñe todo el pensamiento. Es ideología de hondo calado lo que hay en esas decisiones. Sin pensamiento crítico nos engañarán más fácilmente y se lo seguirán llevando los mismos, que es siempre de lo que se trata. La corrupción dificulta la movilidad y el ascenso, a la vez que permite profusa miseria para muchos. Al final, la ideología (dominante) trata de naturalizar la propiedad y las diferencias.

Para que todo siga igual, el poder tiene que negar o aminorar el debate ideológico y centrarlo en la mera administración, pero lo que hay debajo de las decisiones políticas siempre es ideología. Cuando de modo aparentemente inocente se habla de recortar ayudas a la educación o subir las tasas, se trata de ideología de profundo calado. No es casualidad ni mero capricho, que el 95% de los hijos de las clases altas logren cursar y terminar estudios superiores, en tanto que solo lo hacen el 35% de la clase baja, y lo peor, que mucha gente de la clase baja *no consigue identificar esa importancia*...siempre habrá esclavos. "En USA (Stiglitz) la buena educación depende de la riqueza, y muchas familias no pueden, cada vez se amplían más esos estratos y diferencias; la base del éxito posterior siempre es una buena educación"[6]. "Es totalmente comprensible que un joven...las deudas están aplastando la vida de sus padres, sea reacio a asumir un crédito para los estudios" (ibid 147). Si muchos miembros de la clase baja logran formarse y titularse, son una dura competencia para miembros de otras clases que se creían con más derechos, y que ahora en parte, también son empujados del mercado laboral; y eso no está bien para los ricos. Bajar los impuestos de Hacienda es ideología, poner nuevos peajes en

163

autopistas es ideología, a ti te hacen más pobre, ellos sí pueden pagarlo; privatizar es ideología, nacionalizar también, rescatar un banco también (es la cara oscura del Laissez-faire). Todo es un intento de copiar la ideología americana, "cada uno tiene lo que se merece", y luego dicen que no es ideología. En España la ideología del PP pretende reducir becas y encarecer tasas, automáticamente menos competencia en el posterior mercado de licenciados, para los que siempre estuvieron es ese mercado. Es lo que van a hacer en casi todas las carreras, porque hay problemas de masificación de titulados; los hijos de los pobres están destinados al mercado de la Formación Profesional (como siempre); lo peor es que esta "clase" parece no darse cuenta, *o le da igual*; se lo carga a la espalda, y ya está.

El PP no habla de recortar derechos y médicos en Sanidad, utiliza el eufemismo de racionalizar (menos gasto y más eficientes), lo que implica menos igualdad, dado que lo que hace a la postre es reducir las plantillas de los hospitales, eso también es ideología, de ese modo la sanidad de los pobres se deteriora. Empieza a haber mucha gente asustada ante la privatización de algunas partidas de los hospitales, gente que confiesa que votaba al PP se muestra sorprendida, y teme que ese inicio vaya a más. Cada cual tiene derecho a votar lo que quiera, pero nadie debería sorprenderse tanto, ese modo de proceder es parte de su ideología liberal, el PP, es partidario declarado de adelgazar el Estado, opinan que cualquier actividad económica está mejor en manos del mercado (de sus amigos). Ideología es la ley del divorcio (siempre Dios estaba por medio); la subida o bajada de los impuestos es ideología; que niños y niñas vayan a colegios separados es ideología; la ayuda a los parados y el Estado de Bienestar es ideología; que haya ricos y pobres (propiedad) es la primera de las ideologías; que la mujer trabaje o se quede en casa es ideología, su liberación también. Privatizar la sangre, también es ideología. Lo que se esconde, es el negocio y el intento de cambiar los valores. La sangre era un asunto de generosidad y altruismo, ellos quieren desterrar esos valores, que la gente no sepa de esos significados, que todo se pese en dinero, conveniencia y egoísmo, de ese modo se olvidan los valores solidarios. Lasquetty (diciembre 2013) quiere cambiar el modelo de prestación de trabajo de los médicos de Madrid, señala que el actual sistema no incentiva, dice más o menos que el altruismo no es una buena idea, mejor todo valorado en dinero. Y decían, que habían muerto las ideologías.

En este nuevo mundo de usar y tirar, de consumo e inmediatez, la actitud de nuestro cerebro parece encaminada hacia pensamientos simples y encapsulados, parcelas delimitadas. Mucha de la nueva realidad gira en torno de internet: informaciones cortas, rápidas y sesgadas, infinidad de acciones humanas que impiden el análisis reposado. Un reciente estudio de Nicholas Carrh *Superficiales* abunda en la idea de que el ordenador nos come, nos resta capacidad de pensar, y modificaría nuestra estructura biológica cerebral en razón de las nuevas formas de lectura y búsqueda, a base de momentos cortos y mucho salto entre distintas páginas (links), que nos impedirían concentración, e impiden captar nada de modo profundo. Ya no se leen libros porque internet te ofrece todos los conocimientos resumidos. Algunos científicos[7] creen que se "reduce la capacidad de nuestros cerebros para construir estructuras estables de conocimientos"; en definitiva cuanto más listo es nuestro ordenador, más tontos somos. Parece cierto que la robotización organizada en función de una inteligencia artificial es imparable. Cada vez usamos menos de la capacidad crítica y la discriminación. Más bien parece que en vez de vivir la realidad nos dirijan, como en el Sohw de Truman. Puede que esto no sea ideología (temo que sea super-ideología), pero compagina muy bien la simpleza cerebral con los controles subliminales que se ejercen desde la publicidad y los max-media.

Pobreza

En la tierra estaban los medios para alimentarse; se recolectaban frutos o se cazaba; la vida era así de sencilla. Y sigue siendo así de sencilla para el halcón, el chacal, el tigre o el mono. Igual de sencilla era para las distintas clases de homos, hasta hace 8 o 20 mil años, cuando un cerebro muy desarrollado, a algunos hombres fuertes les impulsó a gritar *"esto es mío"*. Desde entonces, ha habido ricos y pobres. Desde hace 4000 años, para los pobres (siervos), solo había un sendero estrecho, y el hambre, la peste y las enfermedades, que de continuo les acechaban y diezmaban. Similar suerte correrían los jornaleros en Inglaterra, empujados desde el campo hacia las ciudades, donde les amontonaban como ganado, en las fábricas, cuya única razón era subsistir para seguir produciendo (Mandeville). Para David Ricardo, la pobreza, definida como un nivel de consumo que básicamente aseguraba la subsistencia, era el destino natural de las clases trabajadora industrial. Malthus, ofrecía un enfoque más negro que el anterior, consideraba culpables a los pobres por reproducirse tanto, de modo que el incremento de bocas necesariamente había de producir más hambre. Una hambruna muy señalada fue la de la patata, que asoló Irlanda en 1848. En Irlanda eran muchos y pobres, y juzgaban que la patata era el producto del campo que aportaba más alimento, de modo que casi toda la cosecha estaba destinada a la patata, pero una epidemia la estropeó y apenas recogieron nada. Esa hambruna, empujó a muchos a emigrar a USA.

El Crack del 29, generó mucha pobreza y muchos muertos en las aceras de los derrotados, incapaces de rebelarse, en USA y en Europa. La crisis del campo, obligaba a devolver los créditos expedidos en los años de bonanza, pero era imposible, de modo que el banco les acababa quitando sus tierras, y no les quedaba otra alternativa que echarse a la carretera e iniciar la travesía del hambre, "arkies y okies" atestan las carreteras desde Oklahoma a California (*"las uvas de la ira"*). En las ciudades la situación es igual de mala (lo reflejan bien películas como *Cinderella Man, Danzad Maldito*s). En 1931 en USA, hay 8 millones de parados sin seguro de empleo de ningún tipo (en Alemania tenían seguros desde hacía 50 años), y los que trabajan perciben un 50% menos. "Los parados retiraban primero la totalidad de sus ahorros,...luego pedían prestado a amigos y parientes, luego vendían el coche, el mobiliario y la casa, ...a vivir a casa de un allegado; después abatidos y sin nada, iban a la ciudad en busca de asistencia[8].

USA, heredera de la tradición inglesa, entendía la ayuda a los pobres a partir de las "leyes de pobres", pero desde un ángulo más restrictivo. En Inglaterra aquellas leyes eran derecho, aquí pretendían que la ayuda solo fuera motivada por la caridad individual. Las instituciones de ayuda normalmente eran de carácter local, administradas por los ayuntamientos u organismos no lucrativos, aunque hubiera cesión de fondos por parte del Estado. Hacia mitad del siglo XX las clases medias americanas estaban convencidas de que: muchos indigentes no merecían nada, que estaban sumergidos en una cultura de pobreza, que las instituciones de bienestar desmoralizan y derrochan, y que el significado de la vida es el trabajo y no la beneficencia. La guerra contra la pobreza en USA se elaboró bajo la presidencia de Kenedy, y la llevaría a cabo L. Jonshon , teniendo en cuanta los trabajos de Lewis, M. Harringthon, y Macdonall. Por otra parte la pobreza, era un caldo de cultivo de la delincuencia juvenil (Patterson). Los jóvenes crecían queriendo lo que todos y valorando las mismas cosas, pero la sociedad frustraba sus aspiraciones y caían en la delincuencia; también ahora (Notthingam). Los jóvenes sufrían un creciente deterioro de las condiciones de vida de los suburbios, bloqueo de oportunidades, dificultades de dinero, de consumo y de disfrute. Michael Harrington trata de modo extenso este asunto en su obra *The Other America: Poverty in the United States* (1962). En su discurso sobre "el Estado de la Nación" de enero de 1964, el Presidente L. Johnson hizo de la lucha contra la pobreza una parte central de su programa de gobierno, bajo el dramático nombre de "Guerra contra la pobreza" *War on Poverty*. El mercado de trabajo sería el centro del debate. El propósito fundamental debía consistir en ayudar para salir, ayudar a quien hace esfuerzos verdaderos por escapar de la telaraña y la indignidad y el dolor de la miseria.   Se puso en marcha un amplio programa de ayudas con el propósito de ayudar al mayor número, pero uno tras otro, fracasaba. Se constató que había dos tipos de pobres: aquellos a los que les ha pillado una mala racha, o un momento de crisis, y que con ayuda son capaces de reincorporarse; y aquellos otros, que son pobres casi siempre, en cierto modo por vocación.   En los casos más negativos, no se descartó cierta predisposición genética (hay quien hereda el carácter triste y fatalista); hay individuos que son incapaces de aprovechar cuantas ayudas caigan en sus manos para salir del pozo. Lo peor, es que esa situación de "subsistencia y trampeo", a veces se aprende y hereda por parte de los hijos que se crían en esa subcultura, y se reenganchaban. El problema, sigue siendo real y actual. En la España actual también abunda la pobreza, que se pone de manifiesto en las largas filas de necesitados que acuden a diario a ingerir comida caliente en los comedores de ONGS.

La literatura de mitad de siglo describe abundantemente aquella plaga, que atrapó a varios millones en todo Occidente. La novela de Leonardd Frank: *Tres Entre 3 Millones* trata sobre la crisis del 29. Relata las vicisitudes de tres parados, sin ningún destino (mencionado en el libro de Diez Espinosa). Esos años representan la época del Diablo, amplias capas de la población en desempleo. Se trata, de ejércitos de desocupados que aguardan la contratación a las puertas de las fábricas, largas colas de parados que se amontonan en los comedores de beneficencia, marchas uniformes de hambrientos que confluyen en las principales arterias de la ciudad, columnas de vagabundos que sortean el presente entre albergues y parques públicos. Por cada uno que se suicida, aparecen de inmediato otros mil desocupados. En la novela *Vientres Helados* de Slatan Dudow, se relata el drama de la familia Bonicke. En paro y

167

desahuciados por el impago de alquiler, se trasladan a un campamento de marginados. Un día, todos han salido de casa. El joven Franz, se queda solo en casa, petrificado, desesperanzado; se acerca a la ventana, retira una maceta del alfeizar, se desprende del reloj. Franz salta al vacío desde el cuarto piso. Una vecina se para al lado: un parado menos. Lo mismo que algunos hambrientos de Grecia, los mismos desahucios de España. El conformismo y la congoja general se apoderan de la mente, y crece la desconfianza en la voluntad propia. Uno llega a sentirse culpable con tanto desempleo y miseria por todas partes. El desempleo, deja morir lentamente el deseo y las ganas de vivir. Los muertos no tienen hambre, así debe pensar Hans -*Gilgi, una de nosotras*- cuando pone fin a su vida, la de su mujer y la de sus dos hijos, abriendo la espita del gas de la cocina del apartamento.

Antes de 1950, pobreza[9] se traducía en hambre, calamidades, sufrimiento; ahora también existe, pero en menor medida que hace un siglo. Pero ahora la pobreza no se reduce a esa vertiente, también abarca el aspecto psicológico: la decencia, la dignidad, la exclusión, la marginalidad, la depresión de la valoración del yo, el aburrimiento. En la persona, se genera un estado que se traduce en malestar y resentimiento, que se manifiestan a veces en actos agresivos o autodestructivos. En nuestra sociedad, que es una sociedad de consumo, la vida normal se manifiesta en consumir, elegir entre gran variedad de oportunidades. Esta idea, algo más nutrida, ha sido expuesta al final del subcapítulo Consumismo y Plan Marshall.

Indignados, 15-M

En mi hambre, mando yo.

Por causa de la crisis desatada a raíz de las Subprime de 2008, Occidente entero se vio envuelto en crisis, déficit y necesidad de recortes en el Estado de Bienestar. En España, la crisis se cebó especialmente en la burbuja inmobiliaria. Estos años pasados han puesto cada mes más gente en las filas del desempleo, con sensible merma de recursos económicos. El gobierno de Zapatero (y el posterior de Rajoy), necesitando controlar el déficit, y empujado por Bruselas, se aprestó a recortar salarios y prestaciones; en consecuencia, muchos que ya estaban mal, empeoraron, dándose la circunstancia de que muchas familias disponían de todos sus miembros en paro, lo cual se antoja incomprensible, no tanto el hecho en sí, como la capacidad de aguante de los españoles. En esta coyuntura, algunos cientos de jóvenes que venían protestando ante los recortes y la adversidad derivada de las políticas del Sistema, decidieron dar un paso más y organizarse de modo público, ocupando algunas plazas emblemáticas a fin de que fuera más visible su descontento. El 15 de mayo acamparon la Puerta del Sol (primero cientos, luego miles), reivindicando ser escuchados, mayor participación y democracia real, y denunciaron que los deseos del pueblo estaban secuestrados por una falsa democracia representativa, unos burócratas ajenos a los problemas de la gente. Los mismos políticos se atrevían a señalar que hay divorcio entre los políticos y los ciudadanos (esta bonita reflexión sincera de 2011 ya la han olvidado y aparcado en 2015) pero no se les ocurre ningún remedio; lo que sí hacen, es indicar que hay demasiadas manifestaciones en Madrid. Durante unos años, no parecía claro qué rendimiento social se extraería de aquel nuevo fenómeno, porque las ilusiones se apaciguaron, la gente se cansa o lo neutraliza todo como cotidiano, y los políticos dejaron de asustarse cuando vieron que la indignación de algunos miles (la duda siempre está en cuántos miles se necesitan) no removían las instituciones; aquello se amansó y se desinfló porque la gente se acomodaba en el cabreo, y parecía que nada iba a cambiar. Los políticos se defendían de las protestas, retando a los *indignados* a que hicieran política y se presentaran. El stablisment creía tenerlo todo controlado, por eso rara vez hacen caso de la calle; lo expresaba de modo congruente Cascos en el programa de Ebolé: hay que escuchar a la calle, pero los gobiernos entienden que lo que manifiesta la calle siempre es "interpretable" para el grupo que detenta el poder. Lo cierto es que los indignados les tomaron la palabra a los políticos y se presentaron. Podemos, que aglutina el sentir de muchos indignados, ha logrado un gran éxito. El pueblo se queja y despotrica de la falsa democracia, pero la inmensa mayoría haríamos poco por la democracia si un día fuera amenazada. Hace falta mucho Kant (libertad y "voluntad") para que el pueblo "viva" la democracia. Este es el país de la media democracia. Tiene que ser Bruselas (y los jueces) quien diga que la ley de desahucios está mal. Las reivindicaciones democráticas solo surten efecto si son participadas por grandes masas y en un pulso prolongado; las casusas de Egipto y los pueblos de la Primavera Árabe surtieron resultados (iniciales) por esos dos motivos. Julio Camba apuntaba que en España, la toma de la Bastilla se hubiera producido desde la comodidad de una cafetería. No, no es que el español no tenga capacidad de indignación, que la tiene y mucha, sino que es muy dado a cabrearse con el mundo en una tertulia de taberna, en un semáforo, o en la zona de la máquina del café, allí donde la conspiración contra el jefe y los compañeros no sólo se permite, sino que se fomenta.

*   *   *   *   *   *

Indignaos decía el francés Stephane Hessel, pero son pocos los que se indignan y menos los que se rebelan, en cambio el pataleo si gusta. "Cuanto más obedecemos peor nos tratan"; podemos y debemos sublevarnos decía V. Navarro, quien sentencia que en España el que no está indignado, es que no sabe lo que está pasando.   España no se rebela ante nada, ni con los desahucios; el clamor en la calle siempre ha sido pequeño, menos mal a los jueces. Ahí estaban Iñaqui, Sanpedro, Garzón, y algunos más, pero ese ánimo no cala en las capas españolas, hay sensación de desinterés y de pasotismo total, y de que todas son causas ajenas, parece que nada le atañe de modo directo. Acaso no hay manifestaciones todos los días, y qué. Van cuatro (hay 600 mil parados en Madrid), o bueno 5000, lo saben bien los políticos. Tenemos mucho cuajo, aguantamos mucho. Se diría que hay una aptitud muy general de conformismo y pasividad. Suele decir Punset (lo refiere su hija) que "con frecuencia llorar no sirve de nada. Lo que quería recordarnos es que resignarse y soportar pasivamente no es una solución. Las soluciones son activas y están en tus manos". Quienes optan por las explicaciones benevolentes lo atribuyen al estado de confusión general de la sociedad: que si los cabreados no saben a quién culpar, que lo confunden todo; a mí me parece que más que confusión se trata de desinterés. ¿Los jóvenes confundidos? Y si tuviera que ver con la apatía y hedonismo, a veces se enfadan y mascullan: "paso de todo". El blog de Jaime Blanco tiene sorprendido gratamente a medio país, un chaval de 16 años lúcido, brillante e implicado. No nos engañemos, es una excepción, él mismo lo reconoce. Es común oír a los "pensantes" hacerse preguntas de esta guisa: "¿Por qué la juventud española sólo protesta para defender su ocio digital pero se resigna ante todas las demás

170

injusticias?"[10]. A veces da la impresión de que cada generación es más hedonista (y egoísta) que la anterior. No es nada positivo el excesivo optimismo social. Hay quien cree que movimientos como el 15 M y otras manifestaciones de protesta y cabreo, son un signo visible de que ya la gente se va hartando y que pugna por más democracia, y que se niegan a aceptarlo todo de los poderes públicos y los políticos. A veces pienso que esta postura trata de un optimismo fácil. Más realistas me parecen quienes opinan de modo contrario, que las personas seguimos siendo muy pasotas y desinteresadas, y que la sociedad continúa instalada en la comodidad. Entre los malos, están los aprovechados[11], pero "me parecen peor los simples espectadores. Son los más perversos porque todo lo viven como en una película. Pagan su entrada y ello les da derecho a un sitio preferente para disfrutar del espectáculo y criticarlo, sin participar en él; cuando termina se marcha a su casa a continuar en el magma amorfo y vacío".

Algunos de los que protestan son parte de esos millones que lo pasan mal (otros muchos no se molestan ni en salir a protestar), que no llegan a fin de mes, que tienen dificultades para comer, y que se ven próximos al desahucio de su casa porque no pueden pagar la hipoteca al banco, quieren soluciones que por supuesto no se las dan, y muchos necesitan que se mantenga esa ayuda estatal de 400 euros porque no cobran ya el paro y no hay forma de encontrar nada. A este respecto, se oyen cosas en los medios de comunicación que te tiran el alma al suelo. Recuerdo escuchar (radio) a un hombre de 57 años parados él y todos los suyos, que no encuentra nada, sabedor de se le acaba todas las ayudas. Otro, con 52 años, cuentan sobre el estado de inutilidad que se instala en ellos cuando se percatan de que ya son maquinas viejas arrinconadas, les queda media vida y se sienten inútiles, gente que creció en una época donde se sabía que lo único seguro de sus días era que tenía que trabajar hasta las 65 años, al menos tenían esa certeza, y ahora les hacen viejos en plena madurez, les arrinconan como chatarra de máquinas viejas. Un día escuché[12] cómo muchos parados relataban sus experiencias. N. tiene 34 años, es camarera, busca trabajo de todo. No encuentra nada, está pensando emigrar a Inglaterra. S. es periodista, tiene 27 años, se ha tirado 5 años de becaria, ahora no cobra ninguna ayuda, vive de la ayuda de padres y abuelos. Piensa estudiar más o hacer doctorado. Ella (N.) es joven, no tiene cargas, no quiere hundirse, piensa que hay que animarse porque nadie tira de tí. J. estuvo 21 años en la misma empresa, tiene familia e hijos pero ya se encuentra sin dinero, se quedó casi sin casa, y tiene hijos que necesitan ayudas.

A. tiene 23 años, habla de emigrar, aquí no ve ninguna posibilidad. J. María tiene 54 años, lleva 3 parado, por suerte trabaja su mujer; desde los 52 cobra la ayuda del "inútil", la llama así porque es lo que te da el Estado a partir de esa edad porque ya te arrincona, "cuentan, con que no encontrarás nada". Trabajaba desde los 17 años, se siente un inútil al saber que aún le queda media vida, sabiendo que ya la sociedad no admite que aporte nada. J. Luis tiene 43 años, lleva 3 años parado en artes gráficas, cobra 400 de prestación. Ha buscado de vigilante, de mozo de almacén, de recogedor de cereza, no encuentra nada. Sobrevive gracias a la ayuda de padres y suegros. Se desvela a las 4 de la mañana y no para de pensar, "acabas sintiéndote culpable por estar en el paro, parece que tienes que pedir perdón". ¿Qué fue del derecho al trabajo? P. vive sola con su hijo[13], dentro de dos meses se le acaba el subsidio de 460 euros, no encuentra nada. El otro día se compró una falda por 4 euros, y se sintió mal, pensó que era un despilfarro. J. L. con tres hijos, busca desde hace 2 años, le dicen: es que la cosa está muy mal, o es que no das el perfil, o es que eres mayor con 42 años. Dice convencido que vivimos en un país de sinvergüenzas y chorizos "cualquier día hay que montar un buen pollo", " todos los políticos son iguales, ellos siguen siempre en los cargos con buenos sueldos, han hecho de la política la forma permanente de ganarse la vida". Un día llama a la emisora un oyente, P. (Ser. abril de 2012) , habla de violencia. Se pregunta : "¿Qué es la violencia de los que se expresan en la calle, de las algaradas?; hay otras violencias más serias y más importantes, violencia es que una persona deba sobrevivir con doscientos y pico euros, violencia es que haya 5 millones de parados, violencia es que haya 1,5 millones sin empleo y sin prestaciones y sin condiciones para comer. El parado tiene baja autoestima, mayor índice de suicidios, no está integrado en la sociedad, está desarbolado, apático, anémico, se hunde en la miseria; las marquesinas tienen más valor que la vida humana -expresa-. El parado (continúa) a veces ocasiona violencia en su entorno familiar sin desearlo; hay una correlación increíble entre parado y malos tratos a la mujer"; al parado todo se le vuelve en contra, pierde toda perspectiva, se siente frustrado, se vuelve agresivo, pierde los agarres y el sentido lógico de la vida y responde sin control y sin acierto. Oigo a una señora contar que tiene una hija en casa en paro, superpreparada con 34 años, con dos carreras. Mamá ¿qué hago? -le dice-, "me han engañado". Qué va hacer, preparase toda la vida; otra vez está estudiando en la universidad, va a llegar a 50 y ser la mejor superpreparada en paro. ¿A quién interesa todo esto? Se aportan cifras de que el 50% de más de un año de paro, acaba con depresión. Recuerdo la película *Los Lunes al Sol*: parados jóvenes desterrados de la utilidad y de la lógica vital sin ninguna perspectiva. A principios de 2013 siguen subiendo las estadísticas del paro. Quienes trabajan en las oficinas de empleo comentan que "después de ver tantos casos, al final te vas acostumbrando". Todo el que no le pilla se acostumbra, el que no se acostumbra nunca, es el pillado. A finales de 2012 mucha gente se está planteando emigrar a Alemania, o donde sea, como en 1960; ¿acaso emigran los franceses o alemanes?, ¿por qué muchos españoles se ven obligados a repetir la historia?, ¿Por qué todo esto parece no tener solución? Porque la indignación o la respuesta, siempre es cuestión de proporcionalidad. Si a una manifestación de parados acuden 100 mil personas, el Gobierno no se inmuta; pero si acude 1,5 millones cualquier gobierno rectifica. Sigue habiendo mucho insensible acomodado que sigue creyendo y diciendo que la mayoría no quieren trabajar. Muchos españoles bien situados, coinciden con el economista alemán Jurgen Donges (Programa Salvados): "España debe reformar la percepción del desempleo, porque muchos parados no encuentran trabajo en los 6 primeros meses, pero lo encuentran en los últimos 15 días". Esa visión es falsa, es propia de quienes no conocen la realidad y solo hablan desde las sillas mullidas los despachos, y de quienes nunca han sentido muy cerca la asfixia del paro. En octubre de 2012, miles de personas hacen cola para optar a uno de los 150 empleos que oferta Jon Dere; hay miles de gentes por las calles llevando currículos a toda tienda y empresa, dispuesta a aceptar cualquier cosa.

No hay solidaridad para con los parados, en realidad no hay solidaridad para con nadie. No hay empatía. Nadie niega del todo algunas muestras de solidaridad, pero piénsalo dos veces: eso es muy poco. El que está parado está solo, está sin dinero, es un ser sin consumo (Bauman). Te hablarán de la situación lastimosa de ese alguien, quizás le veas tu mismo, o le conoces; prefieres pensar que encontrará trabajo, que saldrá de esta, no tienes mucho tiempo para pensar en él, y si lo pensaras te enrabietarías así que no piensas, deseas que le vaya bien. Qué puedes hacer respecto de ese alguien que supones tiene dificultades de consumo, ¿aceptará él tu caridad? El se sentirá mal, indigno e inútil, teniendo que aceptar tu ayuda, se creía persona, y quiere ganarse el sustento como uno más. Si no tiene un fuerte colchón de apoyo familiar, que tiren de él y le hagan sentirse válido, acabará arrinconándose, escondiéndose, rehuirá encontrarse con conocidos que le pregunten; se recluirá en casa, y saldrá cuando no le vean a deambular por los parques, ocultándose en algún banco o detrás de algún arbusto. En 2012 ha habido 15 suicidios relacionados directamente con el desahucio, y refieren los psiquiatras que por cada consumación, hay 100 intentos frustrados, es una sangría. ¿En qué les ayudamos? Algo está bastante mal si un ser humano debe destruirse de esta manera; la colectividad y el Estado apenas si le echan una mano, ¿Qué falla? Falla la base: eres un hombre, tienes derecho a trabajar. Por qué somos incapaces de garantizar el derecho más básico. ¿Somos sociedad o solo meros individuos? Debe haber algo en el concepto y sensación del desempleo, que nos destruye. Si una persona lleva más de un año en el paro y ve enormes dificultades en su economía doméstica, cuál es la razón que impide que todos los días de modo pacífico salgan montones de parados a la calle a mostrar su desacuerdo y a reclamar que quieren trabajo y no subsidio. ¿Cómo se explica esa quietud, ese *lamerse las heridas como perros apaleados*; es acaso la vergüenza, acaso el paro te roba la dignidad, te *destruye como persona* y te obliga a esconder la cabeza? Cuando hay protestas y manifestaciones en este sentido en Madrid, se congregan 50 mil, en el mejor de los casos 150 mil, de los cuales 100 mil son trabajadores en activo. ¿Por qué?

Cada uno (esa mayoría que trabaja) tenemos la suerte de conocer la calamidad del paro solo, por referencias. Es un mal que está ahí, que esperamos no nos toque; a veces nos aliviamos creyendo que algunos no ponen suficiente empeño, aunque cada día nos da más miedo al oír a conocidos o ver en las noticias que hay montones de gente recorriendo Madrid dejando currículos. Aún no estamos parados, ¡qué suerte! podemos olvidarnos y seguir viviendo. ¿Comprensión?, si, el parado da un poco de pena, pero… ¿Solidaridad?, no, si caes, caes. Cada uno va a lo suyo, la vida sigue, show must go on (Queen). Las soluciones no vienen, hay que imponerlas, no sirve solo con llorar y patalear (Punset), hay que hacer algo más. Dice Rajoy, que los buenos ciudadanos son los que en las crisis no se rebelan, sino que se quedan quietos en casa,… muriendo en silencio.

Los sindicatos son necesarios, pero no como hoy día, en que han perdido mucho crédito; casi todas las instituciones en España están por los suelos a los ojos de la opinión pública. Nacieron al albur de la puesta en marcha de los partidos obreros, de concepción marxista y socialista. Eran organizaciones de unión, defensa y lucha de los trabajadores. Los sindicatos estaban muy unidos a los partidos obreros, en cierto modo eran un apéndice de estos, se decían "correas de transmisión", y con la lucha de ambos, juntos, lograron importantes mejoras en las condiciones de los trabajadores en toda Europa a finales del XIX y gran parte del XX; no llegaron las pensiones y los subsidios como regalo de los empresarios. Las élites de los partidos obreros un día se arrugaron, y los trabajadores -cuya masa es distinta de la vanguardia obrera- se sintieron cómodos cuando lograron importantes mejoras que les permitían bienestar. Se acabó. Los sindicatos quizás usaran en exceso de prebendas y buenas condiciones, y cundió la sensación de que eran élites apesedebradas, y no han sabido deshacer esa imagen. Únase que en el inconsciente colectivo, la imagen de los sindicatos sigue unida al socialismo fracasado (el Este) y arrinconado, que se demostraba inferior al consumismo individualista triunfante que había llegado del Atlántico. Por este cúmulo de razones, la imagen que tienes los trabajadores de los sindicatos es negativa. De modo simplista, se entiende, que son trabajadores que viven mejor que los trabajadores, y con más seguridad, motivo por el cual (algunos) les envidian y se les critica. Téngase en cuenta que los pobres votan a los ricos, o sea que muchos obreros votan a los jefes. Poco bueno pueden pensar los trabajadores de que exista la profesión de sindicalista, como no lo es que los políticos se perpetúan en los escaños, pero en el caso de los sindicatos menos. En el supuesto mundo natural éramos libres. A nivel subconsciente no hay nada más desagradable que tener amo, o sea jefe. Casi todos trabajamos obedecemos a un jefe, lo cual es una situación no deseada, impuesta (susto o muerte). Ocurre que los sindicatos, liberados, funcionarios y políticos no tienen jefe, y algunos de ellos perciben una mayor remuneración que sale del bolsillo de todos. Les arrecian los ataques desde todos los flancos, y como en época de crisis solo parecen seguros ellos y los funcionarios, todo son maledicencias. Muchos trabajadores desean que los sindicatos se hundan por diversas razones, una de ellas, porque aún no captan el desamparo en que se verán. "España es uno de las países con menor porcentaje de afiliación a los sindicatos, apenas un 15%. Por el contrario, es el país europeo con mayor número de empresas afiliadas a la patronal, 72%" [31]. Pronto "te despedirán con un beso".

Al hilo del 15 M, se preguntan muchos si lo actual es democracia. Suele haber coincidencia en que no lo es, pero a la gente le da igual, es lo que hay; la masa es la que vota, vale el voto de todo el mundo. Se dice que no hay democracia en España, que no es democracia real, que se precisa una

175

democracia participativa. El ejercicio de la democracia real consiste en estar enterado, opinar, participar y gobernarse como pueblo, hacerse responsable de decisiones públicas, por ejemplo mediante referéndums, lo cual exige interés, esfuerzo y pensar, y la gente no queremos tanto. En Suiza los ciudadanos participan, ellos se gobiernan, los políticos no son profesionales (excepto unos poquitos), y el pueblo decide sobre casi todo, sobre el IVA, sobre la compra de aviones mediante referéndums, sobre el período de vacaciones; 3 o 4 veces al año son consultados para pronunciarse de modo vinculante sobre diferentes cuestiones. Tampoco es que todo sea digno de elogio en Suiza, las mujeres no votaban hasta hace pocas décadas. En España a mucha gente le da grima pensar; es más fácil no decidir nada, no ser responsable de nada, y así podemos quejarnos de todo. Algún día se podría preguntar a la gente que entiende por democracia, y si le interesa participar de modo efectivo en la democracia. La gente responderá (el 70%) que por democracia entiende votar. Si el derecho de voto se reservara para quienes desean hacer una participación efectiva en el gobierno ciudadano, implicándose en debates, proyectos, propuestas, asambleas, etc, creo que casi el 50% renunciaría al carnet de votante; entendemos la democracia como el derecho al voto cada 4 años y el derecho al pataleo y la descalificación todos los días, respecto de la función de los políticos, que no tenemos interés en enmendarla, pero sí en criticarla. Aquí es impensable un modelo a la suiza. Aquí no se escucha en absoluto al ciudadano (obviamente porque el ciudadano hace poco para que se le escuche), sus iniciativas no tienen valor y los referéndums no son vinculantes, etc. Por supuesto se podría cambiar esa ley, que nadie propone y los ciudadanos no exigen. Allí hay listas abiertas, aquí asustan las listas abiertas, el ciudadano elige la cara que quiere votar, o a quien no debe votar (porque no le convence o por corrupto); aquí solo se vota a partido, con el corrupto en mitad de la lista, o a veces en cabeza (lo cual debe dar una imagen inequívoca del votante). Parece que el Santo Grial de la libertad es eso que llaman "democracia para todos". Pero la democracia casi nunca es tal, hay grupos de poder y de presión que controlan la democracia. En todas partes, solo unos pocos son los dueños de las decisiones. En China, en Rusia, o con Hitler, mandaban unos pocos; en USA (el 1%,Stiglitz) vota apenas el 50% y en las democracias de Occidente, en las que se suponen manda el pueblo, tampoco es verdad, casi siempre lo mangonean entre pocos, como es el caso de la influencia de los tabloides de Murdoch en Inglaterra. Muchos, ni siquiera echaríamos de menos la ausencia de pensamiento libre. La masa (mayoría silenciosa) rara vez nos vemos en la tesitura de exponer ideas, les da igual que ciertas ideas no se puedan exponer libremente, no les afecta, no tienen interés en exponer nada; de modo que no les importunaría en exceso el dominio de un dictador, siempre que les asegure pan y fiesta, consumo y bienestar. Todos juraremos que es evidente que nadie quiere un dictador, pero cuando en Europa los ha habido, no es tan cierto que las masas estuvieran incómodas y le odiaran.

En la política hay mucha corrupción, la cual viene derivada con frecuencia de la excesiva permanencia en el poder, tanta que uno acaba creyendo que el cargo es su cortijo o su empresa; se pierden los límites sobre lo propio y lo público y uno se acaba sintiendo "puro", a salvo de todo, por encima del bien y del mal. Pocas cosas han quedado tan demostradas como el aserto de "que el poder corrompe", siempre; en esta idea Bakunin tenía razón. Cuando hay mucha repetición de poder, se pierde distanciamiento y perspectiva, y la mente lo acaba mezclando todo, y se termina por descuidar las formas, las señales y la ética, se deja de vigilar y se cometen desfalcos groseros, y se llega a un punto en que el político se extraña si la justicia se interesa por algunas actuaciones. Rajoy se vanagloriaba de llevar 31 años en el servicio público. Me pregunto cuál es el honor, la gracia, la virtud de tamaña hombrada. La perdición llega al extremo de ejecutarse la herencia sobre esos cargos; son varios los apellidos que se perpetúan o repiten en el poder. Parece la cosa más normal del mundo ejercer 20 años de diputado, desde cuándo esa era una profesión. La gente se queja de que los políticos forman un tapón porque son los mismos desde hace 30 años. ¿Y por qué siempre están los mismos? La explicación, sencilla, la aportó Duran Lleida [14] "…entonces de qué voy a vivir". Dado el hecho fehaciente, de que los mejores no suelen estar en política, y de que entre ellos abundan los mediocres a tenor de lo visto en numerosas ocasiones, parece evidente que la mayoría de los ciudadanos podría ocupar un cargo de representación, no hay pues ninguna razón por la que alguno deba permanecer en el cargo muchos años; casi me animo a proponer el mero sorteo, aunque parezca broma. De hecho en la democracia ateniense, que iniciaron en el siglo V Solón y Clístenes, la mayoría de los funcionarios o magistrados lo eran por sorteo. Se sabía que la elección favorecía a los ricos, en cambio el sorteo permitía la participación de toda la ciudadanía, en palabras de Aristóteles suponía "gobernar y ser gobernados por turnos". Lysavesky comentaba a propósito de la actitud del Ayuntamiento en el caso Arena, que la permanencia excesiva en el poder crea

177

vicios de funcionamiento. Un artículo de Cesar Molinas (muy comentado en septiembre 2012) exponía que los políticos españoles son una clase profesional que se apodera del poder, se afianza en él, y trata sobre todo de obtener beneficios, de modo bastante ajeno a las preocupaciones de los ciudadanos. La corrupción está dibujando un país de mafiosos en el que la mayoría no querríamos vivir; se están jugando la supervivencia del sistema[15]. La fidelidad y el peloteo, son imprescindibles para aupar o mantenerse en las listas elegibles, después puedes dormitar cuatro años o practicar el testimonio de J. Ebolé : hay diputados que me dicen que van a comisiones y "no sé a lo que voy ni lo que voto". El truco consiste en repetir otra y otra legislatura, o lograr la recolocación en el Senado, la Comunidad o el Ayuntamiento, así 30 años, "todo un monstruo". Los políticos están tan borrachos de vanidad y prepotencia que no se preocupan de conocer la realidad, viven de espaldas al ciudadano común, que ha de habérselas de con dificultades económicas. Dice Manuel Milian, (exdiputado del PP) que en los últimos años en la política abundan los mediocres, que los partidos son un monstruo dedicado a la obediencia donde solo triunfan los amiguetes, y que se está en política para servirse. Jesús López Medel (P.P.) confiesa que en el Congreso no hay debates, se ratifica lo que dice el Gobierno. En los partidos políticos no hay debates. Nadie levanta la mano después de que el jefe haya hablado; todos aprenden que hay que ser mártir o insensato para llevar la contraria al líder en una reunión de la ejecutiva. En una ocasión le dijeron: "Jesús aplaudes poco". Cuando escribió un artículo mostrando el desacuerdo con la guerra de Irak, no le abrieron expediente, le marginaron en un rincón, como a un apestado, y él solo se acabó yendo. No hay nada más falso que la democracia en los órganos de los partidos. Hay que cambiar más de representantes, y reducir el tiempo de representación. Una menor exposición en el poder, dificulta el adiestramiento en los hilos de la corrupción.

Dice Manuel Marín [16] que hay un gran deterioro de las instituciones españolas, que todas están desprestigiadas, no funcionan ni las de vigilancias ni los reguladores; hemos perdido toda fiabilidad internacional en la fiscalidad de nuestras cuentas, por eso tienen que venir a hacérnoslas desde fuera. Indica que acabó frustrado como Presidente del Congreso, al darse cuenta que allí no se velaba por el interés público, y que aquel era un órgano de democracia formal más que real, y que para los partidos políticos la actividad de aquella institución consistía en controlar la opinión y voto de los suyos, más que en favorecer el verdadero debate. "Si eres medio tonto porque te has creído el discurso de la renovación…; también es que hay problemas de proyección moral. Ocurre que de alguien que es generoso, bondadoso, se dice: fíjate si es tonto, y sin embargo cuando se quiere poner valor a alguien, se dice que listo, astuto y pícaro es". "Yo no conseguí que aquello funcionara. Hay ciertos códigos morales que funcionan mal en España. Ciertos casos se cortarían en otros países en 24 o 48 horas, aquí parece que es distinto". No lo ha expresado de modo nítido, pero se entrevee su sensación clara de que en general hay un problema moral en gran parte de la clase dirigente, y en amplias esferas sociales del país. Los dirigentes y directivos no caen de un árbol, salen del pueblo. España necesita cambiar buena parte de la clase política, como en Italia en los noventa y Grecia en 2011. Obviamente el pueblo ha de tener derecho a romper el Contrato con sus representantes, despedirles. Un día leía una respuesta de Patty Smith[17]: "El mundo apesta, y la gente por la que estamos gobernados es mierda.

Izquierda

De desencanto se hablaba en 1982 en España y también en la Francia de Miterrand; y en Italia ya estaba asumido el no sorpasso. En España los luchadores de la izquierda, muchos se habían partido el lomo batallando contra el régimen en las filas del P. Comunista. La decepción del 77 y 79 la habían contenido, pero ya en el 82, la mayoría se cansó de comprender y seguir soñando. En Francia, en el 81, la izquierda llegaba al poder por la vía democrática, parecía el momento de ver hacerse realidad el sueño, pero pronto se constató que los mercados y la superestructura eran los auténticos dueños del poder, por encima de los anhelos de los ciudadanos; no había forma de hacer posible los sueños, la medicina que les recetaba Mitterrand, apenas se diferenciaba de la que propugnaban los representantes de los ricos y de quienes aplaudían las diferencias. *Hubo que bajarse de las nubes y darse un coscorrón de realidad.*

Algunos de los políticos de la Revolución Francesa, defienden posturas en pro de los que no tenían derechos y soportaban todas las calamidades. A esos nuevos luchadores políticos, por razones de ubicación en la Asamblea, se les conoció para siempre como "Izquierda". La izquierda defendía postulados

179

a favor de la pequeña burguesía, de los obreros de París, y de los parias. Primero pretendieron el sufragio y otros derechos, después reclamaron subsidios y seguros (Alemania de Bismarck); mejoras en las condiciones de vida que la izquierda sí reclamaba y los conservadores (derecha) trataba de frenar.

¿Qué se suponía que significaba que la izquierda alcanzara el poder? La izquierda suponía esperanza, ilusión, etc. ¿Por qué? Porque surgió de un grito valiente contra la explotación. Nunca antes el hombre empujó ese grito ni se posicionó a pie quieto con la cabeza levantada encarando a quienes le oprimían. No podía hacerlo por dos razones: 1, porque no sabía quién era, ni que tenía derechos; 2, porque antes de ese momento no tenía una conciencia común, la cual surge de la Revolución Industrial, las fabricas y el proletariado. A partir de esa consciencia, que recoge las semillas de La Ilustración, el hombre explotado de 1830, 40 y 60, adquiere una visión clara de su realidad, capta las posibilidades de la fuerza de la unión, y comprende que puede eliminar o limitar la miseria y la explotación. Por eso los más preparados desahogan ideas, propuestas, sueños, y tienden a unirse en las formas posibles de cambio y lucha (asociaciones y partidos) para intentar hacer realidad esos sueños; porque son sueños primorosos y maravillosos que habrían de traer alegría y bienestar a millones de hombres. Lo malo será comprobar, que los sueños sueños son, y la realidad siempre se queda distante de los sueños.

Por suerte (por lucha), las sociedades han avanzado mucho, y todas esas conquistas se han logrado, y el arquetipo de libertad y derechos ya es patrimonio de todas las culturas y de todo el espectro ideológico. Las diferencias ya no son gruesas, sino sutiles, y la pretensión de dotar de bienestar -consumo- a los ciudadanos, es el programa de cualquier partido y de toda ideología, tanto que se insisten en que las ideologías están muertas, y ya no hay diferencias izquierda-derecha. Hemos expuesto que la izquierda pugnaba por el crecimiento del hombre y sus derechos, porque lograra un status de dignidad; hecho que hasta la segunda mitad del XIX le era negado al 90% de los hombres por parte de los poderosos que detentaban el poder. A la izquierda siempre se le ha pedido que ofrezca algo nuevo e ilusionante. A la derecha nunca se le ha pedido nada; bueno los ricos le pedían que lograra evitar la redistribución que pedía la izquierda. Nadie le ha pedido ilusión a la derecha, sólo se le pide que se ensanche el abanico social del consumo; lo cual ciertamente, es todo lo que hoy interesa. La izquierda frustra a sus bases,

180

porque prometió cosas ilusionantes (fantasías decía la derecha) y se ha quedado a medias. Es un clamor entre la mitad de la mitad de la sociedad, el pensamiento (convencimiento) de que la izquierda falló, que la socialdemocracia falló a las sociedades y los pueblos. La historia humana es una historia de señores y siervos. Contra ese hecho se rebelaron algunos hombres en el XIX, y muchos prestaron su hombro para empujar el carro en dirección a la cima, porque vislumbraban el premio de un mundo ajeno a las calamidades. Pero nunca llegamos a la cima, ni llegamos a captar el olor de cerca. Nuestros cerebros sencillos requieren una explicación, y sobre todo un culpable. La izquierda nos pintó las acuarelas y nos dijeron que ellos las harían realidad. No lo han hecho, nos han fallado, son culpables. Parece claro

Quizás no es tan claro. En la segunda mitad del XIX había mucha hambre y mayor explotación que nunca. En medio de aquel ambiente sórdido se desarrollaron y crecieron los primeros partidos socialistas. El SPD hacia 1900 tenía tal organización y se le suponía tanto poder, que sólo faltaba fijar la fecha para incendiar la Revolución. Pronto se hablaría de esperar al momento exacto en que las condiciones estuvieran "maduras". Bernstein hacia 1905 se encargó de alargar la fecha. Nadie se estaba fijando (o nadie lo exponía) en el gran cambio en las condiciones de vida de los obreros, que ahora gozaban de aquellos seguros, mejores jornales, no pasaban hambre ni iban siempre en alpargatas; mucho debían estar cambiando las mentes de muchos hombres al palparse la andorga llena. El socialismo confiaba mucho en uno de sus puntos teóricos principales: la esencia revolucionaria. Pero esta esencia no existe en el proletariado, sólo en unos pocos concienciados; la inmensa mayoría no están concienciados. Decía líneas atrás que hacia 1850 los más preparados desahogan ideas y propuestas. En realidad, quienes proferían aquellos ideales *casi nunca eran los explotados, sino librepensadores poseedores de un hondo sentimiento ético,* que rara vez captaron de modo profuso las masas. Esa es la trampa que condenó los sueños: quienes sueñan convencidos con el cambio, son pocos. Esa inmensa mayoría de no concienciados, es el hombre, y el hombre es conservador, necesita amarres a ras de suelo, le dan miedo las alturas, no le gusta lo desconocido, con frecuencia se siente incómodo e inseguro ante lo nuevo o la posibilidad, prefiere lo malo conocido que lo bueno por conocer. Si observamos la realidad solo a corto plazo, 2015 parece mostrarnos que esta idea es equivocada, y que el pueblo (Sur de Europa) es valiente, capaz de arriesgar y de decantarse por opciones novedosas. Yo sigo convencido de que la gente ama más la diferencia que la igualdad, sueña con ser rico.

181

Conocemos acerca de la R. Rusa y el posterior esperpento en que derivó la dictadura de Stalin. Muchos achacarán de modo fácil toda la culpa del descrédito del socialismo a Stalin (tiene mucha), las verdaderas causas son más profundas. No es asunto para exponerlo en unas líneas, *pero la explicación escueta acabo de exponerla.*

La izquierda ya estaba desubicada en los sesenta. No se había encontrado el camino certero hacia el Palacio de Invierno, y cuando manejaron el poder (Alemania en los veinte, Francia en los treinta) no supieron sacarle el partido que lograra Hitler. De modo que entraron en la segunda mitad del XX confiando en los votos. Mientras tanto, la derecha cedía a las peticiones de derechos, prestaciones, ayudas, seguros, en definitiva el Estado de Bienestar, que en su acepción moderna puso en marcha Beveridge en Inglaterra. La izquierda durante décadas había perseguido aliviar las necesidades y calamidades humanas -además de perseguir la arcadia-, y se encontraba, con que debido al mayor periodo de crecimiento de la Historia, del 50 al 73, la derecha propiciaba para casi todos mejores salarios, bienestar y consumo. Si la derecha provisionaba de modo tangible bienestar, consumo y mejor vida, qué sentido tenía seguir soñando con arcadias de igualdad; aquellos ideales empezaban a quedar solo para unos pocos. En este contexto, la izquierda perdía seguridad, horizonte, perspectiva, y acabó plegándose a la realidad. La derecha era austera y cicatera en cuanto al ideario y el espíritu, no ofrecía sueños, ni igualdad, ni bonitas acuarelas, pero brindaba satisfacción material tangible: dinero, potencial de consumo. Los pueblos captaron ese discurso y esa realidad, las necesidades parecían cubiertas, por qué habían de perseguir la arcadia, no todos tenían que estar de acuerdo con Mill: "mejor un Sócrates insatisfecho que un cerdo satisfecho". La derecha le empujó contra las cuerdas a la izquierda, y ésta no supo reconducir su discurso original, de modo que se puso a competir con la derecha tratando de otorgar consumo y bienes comprables con dinero. La mayoría de los representantes de la izquierda ya no acariciaban la utopía, eran nuevas generaciones criadas en el confort y el hedonismo del 68, la realidad iba arrinconado sus sueños, viejos, sólo percibían lo que la gente pedía: consumo y dinero, *así que se movieron en esa dirección y entonces cayeron como todos, también ellos presa de la codicia y la corrupción.*

Raffaele Simone se pregunta *si la izquierda ha muerto* (en su libro *El Monstruo Amable*). Señala que la izquierda se ve incursa en medio de problemas como la inmigración, el capitalismo financiero, las mafias internacionales; la izquierda no sabe responder, se ahoga; en todo ese fango se desenvuelve mejor la derecha. Lo dice Simone: *consumo y diversión*, es lo único que ambiciona el obrero, su anhelo es acercarse a la burguesía. ¿Y por qué ocurre esto? Porque el Sistema y el actual modo de producción han cambiado al hombre. Los obreros ya no existen como conciencia, lo que más desean es consumir, y suelen votar derecha (el pobre vota al rico), ¿por qué? Porque la clase obrera (añade Simone) quiere subir en consumo, el ideal de todo trabajador es ser rico, como en las revistas. Es muy probable que la izquierda profesional tenga parte de la culpa, pero no es desdeñable considerar el presente anhelo de los trabajadores, sus "motivaciones"; estamos en el Fin de la Historia. El hombre es el mismo de 1910, lo decíamos líneas atrás, el hombre ama la diferencia.

¿Cuál puede ser hoy el discurso de la izquierda? El discurso socialista originario partía de la filosofía y la ética, se trataba de un discurso contra la opresión y la miseria, era el discurso de la dignidad, de la lucha por la justicia, la igualdad, la solidaridad y los logros sociales. Con muchos años y muchos esfuerzo, algunas de aquellas banderas o símbolos han sido yendo aceptadas por casi todas las ideologías políticas, se ha instaurado un cierto bienestar por todos aceptado. Se diría, que en cierto modo el trabajador ha llegado a la meta, buena parte de los objetivos que la izquierda perseguía ya se consiguieron. El objetivo era más ambicioso, pero se ha tornado superlativo y desconcertante, casi quimérico. Si en el horizonte ideológico (que se pretende acabado) no hay nada más que consumo, la gente se queda con la derecha. Ser de izquierdas (señala) supone unas posturas morales y de responsabilidad, cuyas propuestas de esta índole hoy día no enganchan a la gente, lo que es peor a los políticos de izquierda tampoco. La vieja idea de compasión (A. Smith) es sustituida por el egoísmo, compasión es un valor a la baja, no nos importan los males ajenos, nos movemos más en la frecuencia de la envidia destructiva, donde la realidad es confundida y sustituida y fabricada por los max media. El presente modelo de consumo nos llegó impreso en el Plan Marshall. USA nos maceró el espíritu, fue su mejor conquista, nos fueron moldeando, nos ofrecieron lo sencillo: el dinero y el consumo, y nos adherimos a sus valores y aceptamos la versión del hombre unidimensional que bebe Coca Cola.

Dónde está la izquierda, qué va a hacer la izquierda. La izquierda tiene difícil encaje en el mundo en que vivimos hoy. Sí, difícil. Se ha visto obligada a aligerar drásticamente sus aspiraciones, y sus ideales han ido haciéndose cada vez más genéricos y conciliadores. Se esfumó la conciencia de clase y de explotado, sólo queda la individualidad; La izquierda debería vender ética, (ofrecerá ética o no venderá nada; se diluirá en la acera de la derecha); la derecha no va a vender ética, solo venderá consumo e individualismo, ellos están convencidos de que cada uno tiene lo que se merece y ocupa la posición que le corresponde, y que no hay que favorecer determinadas políticas ni ayudas sociales, porque todo está al alcance del esfuerzo de cualquiera. ¿Puede hacer algo la izquierda? Tendría que empezar ofreciendo un comportamiento más ético. Sus miembros son igual de corruptos que los de la derecha, lo cual casi es patético y desalentador. Desde hace tiempo, alguna parte de los políticos de ambos signos no han parado de servirse. Los actuales partidos de la izquierda están anquilosados, no desprenden ilusión ni buen olor, casi habría que barrerlos del todo, se necesita algo nuevo, no se puede ilusionar desde el fango, se precisa gente nueva (parece imposible, los partidos lo controlan todo, porque en el fondo a la gente todo le da igual) *con ideas y ética nueva, gente con un compromiso moral capaz de resistir el alago y las tentaciones del poder,* gente con ganas de trabajar y olvidar todo lo anterior que saben sobre el modo de hacer política; solo funcionará lo que empiece partiendo de la Ética y de compromisos con los ciudadanos distinto a lo conocido, con verdadera vocación de servicio, y marchando pronto, *no profesionalizarse.* Con lo que hay no se puede ir a ninguna parte, Tangentópolis.

Hasta ayer, en Occidente, casi toda la izquierda la ocupaban los partidos socialdemócratas. En el Sur de Europa, ha aparecido otro discurso. Teóricamente estos proponen un modelo social ajeno a las fauces del capitalismo, aunque ya se conformen con reformarle. La otra izquierda, la de siempre, estaba asimilada por el capitalismo. Estos nuevos, se supone que proponen algo de aquel discurso de la ética y del nuevo hombre roussoniano y marxista, más preocupado por la empatía y la solidaridad, que por la codicia y la competencia. La duda es si lo creen posible y lo intentarán, o enseguida se percatarán de que no existen esos mimbres.

La izquierda podría ofrecer interrelación social con cuotas de mayor generosidad y calidad humana, la concepción de *un hombre más preocupado por cuantos le rodean.* Este planteamiento choca -como ya se ha apuntado- con las presentes motivaciones humanas. Debe recordarse que están en duda las propuestas que fomentan la solidaridad e igualdad; la gente quiere individualismo y diferencia. Sobre todo, la izquierda necesita ofrecer una nueva manera de hacer y de resistirse a la corrupción, necesita mostrar que sus miembros no se apegan al poder. En el asunto de los ERES, Chaves ha declarado, que aunque aquella regulación era legal, el sistema permitía "un amplio margen de discrecionalidad". Qué manera más fácil de favorecer la injusticia y la corrupción. Esas son las malas prácticas con las que hay que acabar. Los ciudadanos tienen que notar que los partidos que quieren apellidarse de izquierdas han entendido el mensaje y se aprestan a mostrar otras formas de hacer política, limitando la profesionalización y el clasismo de la política, favoreciendo la participación ciudadana. Hay quien opina que el hecho de que la izquierda europea y el PSOE en concreto estén tan mal, es debido a que la socialdemocracia renegó de sus raíces y se echó en manos del mercado olvidando sus raíces. Fueron aquellas reuniones entre Clinton, Blair y González las que cambiaron el modelo de la socialdemocracia. No puede valer una explicación tan simple. La sociedad ha de tener alguna responsabilidad, igual que tiene alguna el que firma una hipoteca. La sociedad se supone conformada por hombres racionales, libres y que eligen, o ¿acaso hay que declararlos irresponsables? La socialdemocracia giró, porque era lo que votaba y exigía todo el electorado, que quería, como dice Simone, consumo y diversión. Es así de fácil, nítido y sencillo; es lo que hay. La gente está encantada con este modelo si le proporciona esos dos elementos. Claro que el desempleo (enorme) reduce esos dones, y lo que ofrece a capas cada vez más amplias, es penuria y frustración. ¿Algún cambio? Sí, lograr de nuevo empleo, consumo y diversión; no queremos más cambios. Algún otro cambio más profundo, ¿valores? No, de eso, ni hablar.

Capítulo III: **UTILITARISMO**

Al lector le va a parecer algo más complejo las páginas que siguen, pero quiero justificarlas en la necesidad de exponer conocimiento sobre el comportamiento. La maldad, parte de un comportamiento incorrecto. Comportamiento respecto de los demás, eso es la ética. No pintamos nada en un mundo social sin tratar sobre la ética. Por eso, considero necesario examinar algunas ideas sobre, qué es la ética (a la que se ha querido sepultar) y el correcto actuar.

Siempre nos preguntamos qué es la ética. Resulta a veces difícil precisar, aunque tenemos una idea aproximada y abstracta de lo que es; parece que lo viéramos delante del cerebro, pero no acertamos a definirlo. Enseguida podemos hacernos algunas preguntas para saber qué no es ético, y por donde debe andar la ética.

1. ¿Es ético que los directivos de las grandes firmas financieras se repartan ingentes sueldos y bonus? La respuesta no puede ser un mero sí o no, antes de contestar hay que obtener información, por ejemplo es necesario saber que en algunos casos ellos contribuyen al crecimiento y riqueza de cierta empresa, o que otras veces la labor de su dirección pone en peligro las cuentas de una sociedad, y que incluso en estos casos, también se pagan esos sueldos y bonus.

2. ¿Es ético que algunas auditoras falseen las cuentas de la empresa auditada? Hay casos conocidos en el mercado. Perjudican al sistema, engañan al inversor y al accionista.

Nos perderíamos rebuscando en el pensamiento de los clásicos. Y no con ello, lograríamos acercarnos mucho más a la idea de lo justo y el acto correcto. Podríamos centrarnos en el momento en que el hombre comienza a no estar siempre sometido a un rey absoluto, podemos recordar las doctrinas de Locke, y después de Rousseau: libertad, soberanía, justicia, subversión. Hasta esas fechas, se hablaba de teorías y modelos sociales y políticos, y de lo correcto y lo justo, en relación con esos modelos. A inicios del XIX, se comienza a habla de ética, a través del modelo utilitarista.

Ética, trata sobre la conducta o la relación de la persona con las personas de su entorno. La ética es un concepto de relación, y cercano. En cierto modo se dispersa la ética si tratamos de valorar relaciones lejanas, como pudieran ser el trato de fulano con los habitantes de Rostov, o de la Patagonia. Por otra parte, no le interesa a la ética que opina zutano sobre el futbol, la pesca con mosca, la belleza de los abetos de Picos de Europa, ni sobre la altura de las verjas de jardín de Pepe, ni como se divierte Luis con su nueva Nintendo. Esas, son acciones y valoraciones particulares, que en general afectan poco a las personas del entorno. Personas del entorno son los vecinos, los compañeros de trabajo, la gente que te cruzas por las mismas calles o en la consulta del médico, esos son los otros y el entorno; y de cuánto y en qué sentido nos importen, y del tipo de relación que establecemos cada uno con los otros, depende el significado de la ética y la dirección o la deriva que tome la sociedad. "Yo tengo mi vida, no pido nada, y los demás me dan igual". Alguno puede sentirse tentando de razonar y comportarse de esa manera, pero nunca podrá del todo, cierto que somos seres individuales, pero a la vez somos seres sociales, a menos que vivamos aislados en mitad de un bosque.

Bentham recogió parte de toda esa tradición, y la orientó sobre la felicidad del hombre. Primero tuvo claro (superando el pensamiento clásico y aristotélico) que todos los actos del mundo están gobernados por dos actores o "soberanos": el placer y el dolor; y que toda acción pretende lograr placer y evitar el dolor, el placer pues es el baremo o medida de todos los actos. ¿Qué busca todo hombre? El hombre busca el bienestar, la felicidad, el placer, el bien (alguna de estas formulaciones semejantes). El constata, hacia 1790, que la felicidad llega a pocos. Bentham advirtió, que los gobernantes (aristocracia) siempre promueven el interés de su grupo social en detrimento del grupo de los gobernados, luego siempre impulsan una felicidad inferior, o menos extensa que la felicidad general. Hacia 1810, entre él y Mill (padre), disertan sobre otras formas de gobierno donde sea más factible la felicidad de la mayoría: a)gobierno por ellos mismos (especie de comunismo, socialismo, anarquismo, etc.), y b) democracia de representación pura. Entienden, que esta receta, es la mejor. Gobernarse ellos mismos, como fórmula de acercar la felicidad a más gente, era la receta que proponían Babeuf y la Conspiración de los Iguales en Francia, pero no convencía a los poderosos. El pensamiento de Mill padre y de Bentham, venía a decir: cambia lo que quieras, pero que bajo ningún concepto se cuestionara la estructura social y la propiedad.

Utilitarismo

Ya habíamos señalado que el Utilitarismo nació de la pluma -y la mente- de Bentham al comienzo del siglo XIX, y recibió diversas aportaciones por parte, entre otros, de Mill, Sidgwick, Moore, etc. No se discute que Bentham recogió la idea de "la mayor felicidad del mundo" de Hutchenson, y de Beccaria. Pero recibió muchas críticas en lo que acontece a la formulación del utilitarismo como sistema moral, y nunca logró la consistencia suficiente para que fuera aceptado como un sistema filosófico capaz de satisfacer las expectativas de la ética, la moral privada, el juicio, o pautas sobre el correcto actuar. Y sin embargo se asentó como sistema ético de referencia, por diversos motivos: su origen y desarrollo anglosajón -dominadores del mundo-, su amplio parentesco con el liberalismo (sector dominante de la sociedad, los ricos), y su oposición al socialismo. "Los filósofos utilitaristas fueron británicos" [1]. Hubo algunos de otras nacionalidades pero la doctrina es esencialmente inglesa (como el socialismo es europeo).

Se discutió mucho a finales de ese siglo y principios del XX sobre la guía de lo correcto, el buen actuar, los juicios, las normas, su relación con la ciencia, tanto que surgiría un nuevo enfoque, el del Neopositivismo y la posterior Filosofía Analítica, que negaba fundamento a la ética en base a restar validez a

189

los enunciados normativos. Expondremos (más adelante) que los significados No Cognitivistas, encontraron cierta validez en las proposiciones normativas y su capacidad de verificación. Desde aquí, se remontó en el desarrollo de la ética, y de nuevo se revisaron los sistemas éticos, siendo vapuleado una vez más el Utilitarismo, que siempre pareció defender una moral grosera. De nuevo arreció la crítica contra el utilitarismo, que seguía sin convencer y sin lograr explicar de modo satisfactorio la ética del comportamiento humano; el enfoque utilitarista quedó casi arrinconado. Entre esas críticas destaca la de B. Williams (Cambridge 1973), quien desmerece el Utilitarismo (ibid p.22) debido a sus limitaciones ante la conciencia humana. Sostiene Williams, que El utilitarismo se centra en el hombre egoísta guiado por la promesa del placer. Los utilitaristas se defienden aduciendo que esa visión se corresponde con el hombre del preferentismo, más que con el del utilitarismo. No es cierto, la base hedonista (Epicuro) de la que parte Bentham se centra en la consecución del placer. Bentham expone que se trata del placer de todos, pero nadie desmiente que en la escala utilitarista primero está uno mismo, lo cual marca las preferencias y el enfoque. R. Hare (filósofo analista), quiere distinguir entre prudencia (pragmatismo) y moralidad: interés por las preferencias de las otras personas. En esa misma línea, Mill ya enfatizaba que no todas las preferencias de las personas son igual de buenas, de modo que hablará de preferencias de calidad, pero se adivina la dificultad de cualificar las preferencias, casi tan complicado como el cálculo de la felicidad de Bentham.

Contra el oscurantismo de la Iglesia, Bentham reivindicó al hombre y la felicidad, pero lo haría desde el individualismo y el egoísmo, aunque los utilitaristas sostienen que lo hizo desde la filosofía de Hume ("benevolencia limitada"). En la vida hay placer y dolor, y entre ambos estados lo caracterizan casi todo. Respecto de la riqueza, opinaba que "de dos individuos con fortunas desiguales, el que tiene mayor riqueza tiene mayor felicidad". La frase es clarificadora en extremo. Su fórmula magistral "la mayor felicidad para el mayor número" quedaba un tanto vacua, y todos los utilitaristas admitían que esa exposición era insuficiente. El utilitarismo clásico se identifica con el utilitarismo del acto, al que se le exige racionalidad práctica, de modo que su modelo es matemático y ha de tender a la cuantificación. El credo general utilitarista dice que "las acciones son correctas en la medida en que tienden a promover la felicidad, incorrectas en cuanto tienden a producir lo contrario a la felicidad". Se trata siempre de la simetría escalar placer-dolor. El utilitarismo queda así definido en función del cálculo, de la maximización probable de felicidad. En palabras de Harrod[2], los utilitaristas proponen: "elige siempre aquella acción que contribuirá a la mayor felicidad". Ya el mismo, dice que esta es una máxima demasiado general; porque ¿mayor felicidad de quién?, ¿del agente, o de los demás?

El utilitarismo perseguía el súmmum bonum, la felicidad. El hombre, y todo sistema filosófico (que se ocupa del conocimiento y del hombre), persigue siempre la felicidad y el súmmum bonum; lo contrario no tendría sentido, valga como referencia las pesquisas filosóficas de Aristóteles, Spinoza, etc. Todo sistema filosófico pretende dar respuesta a esta cuestión, y el utilitarismo lógicamente también, aunque lo hizo[3] "sin ninguna fundamentación metafísica ni argumentación analítica". La tendencia histórica utilitarista consistía en reducir la felicidad o placer a la satisfacción del deseo, ese era el reguero de ideas que marcó Bentham mirando en el espejo de Epicuro. Pero basar la felicidad en el mero cálculo de placeres quedaba mal. Así que se buscó otro enfoque, que llamaron "utilitarismo moral", donde cupiesen otras cualidades y opciones menos medibles, más ligadas a la formación y crecimiento mental de las personas, identificadas como "buena vida". En esta dirección apuntó Mill su filosofía, disertando acerca de la calidad y las virtudes "mejor un humano insatisfecho que un cerdo satisfecho". Mill, acertaba al señalar que el "hombre[4] actúa por su interés, y que ese interés es opuesto al de la sociedad", una tendencia netamente egoísta, que él entendía se debía tratar de reorientar hacia la colaboración social y las prácticas de calidad. La mayor felicidad para el mayor número, pero cuánta para cada uno, o cómo se distribuye. Dirá Sidgwick que el principio general debe ser completado con algún principio de distribución justa o correcta de esa felicidad. Utilitaristas como Farrell [5] reconocen que "el sentido común elogia más la benevolencia, el altruismo y el autosacrificio de lo que la doctrina utilitarista aprueba".

Respecto del Deber y el debe (de significado kantiano), Sidgwick creía que hay una conciencia a priori que facilita el debe. Lo que yo creo es que existe en nuestro cerebro, por razones *culturales y filogenéticas*, una predisposición a comprender la noción de "debe" y la obligación, aún sin olvidar que el agente puede perfectamente inclinarse por el hedonismo, despreciando el significado del debe. Esta idea es semejante al sentido común. El Sentido común, es la forma de razonar y actuar aprendida hace miles de años, es un aprendizaje cultural por razones de conveniencia y supervivencia de la especie; y sin embargo el Utilitarismo ofrece postulados contrarios (egoísmo), como guía del correcto actuar. Tenía claro Sidgwick (Ibid, p.100) que "el egoísta admite la importancia de mi felicidad para mí y de su felicidad para él, y su expectativa estará basada en la persecución por parte de cada individuo de su felicidad particular". Nadie se debe engañar, el egoísta tiene claro que lo que importa es su felicidad, solo quizás, alguna vez piense en los demás. Después de Sidgwick, el utilitarismo dejó de referenciarse en las reformas política y sociales (un campo arduo, donde debían ofrecerse concesiones) para centrarse en la economía, elaborando conceptos como la teoría del valor subjetivo (lo que quieras pagar por un bien o artículo), la utilidad marginal (utilidad proporcionada por la última unidad consumida de un bien), y los fallos del mercado; a la vez que interesan conceptos como bienestar económico, consumo, mayorías, voto, y democracia; baremos más tangibles y manejables. De golpe, el problema moral se ha desvanecido, ya no está en juego, ahora todo el debate se reduciría a preferentismo. De este modo, si pasamos de la ética a la economía, ya no se critica y arrincona el utilitarismo, que queda salvaguardado en la vertiente económica. No se debe olvidar, que cada vez más se decía, que el sistema filosófico y social utilitarista no valía, era ineficaz, negativo e injusto; mediante ese vericueto, se apartaba al Utilitarismo de la polémica moral. En su libro *El Utilitarismo*, el mismo Mill señalaba que el sistema de Bentham conducía al fatalismo y la legitimación de la autosatisfacción: placer y egoísmo. "El hombre debía tender a cualidades más elevadas que el mero placer". "La búsqueda de la felicidad deber ser, pues, la búsqueda de los placeres superiores, identificados como tales placeres el arte y la literatura, la amistad y el interés por los asuntos colectivos"; se tratará de placeres más "altruistas y virtuosos". Sostenía: mejor ser un Sócrates insatisfecho que un tonto satisfecho. Con una concepción menos individualista que Bentham, Mill hablará más de felicidad general, que la entiende como obligación moral, él creía "imposible que las mentes cultivadas eludan el deber". Cuando Mill quiere hablar del principio de felicidad, menciona ideas como "consultados los intereses de todos" [6], "…que los intereses de los demás son sus propios intereses"; y menciona en abundancia el concepto de simpatía. Todo esto está muy lejos de los motivos autorreferentes de que hablara Bentham, parece que coincidiera más con el pensamiento de Marx y de Kant.

En cierto modo había dos corrientes dentro del utilitarismo: los del acto, y los de la regla. El primero se corresponde con el utilitarismo clásico y con

Bentham; los de la regla tienen por inspirador a Mill, si bien el mismo defendía la conjunción de ambas interpretaciones. Ambas, aceptan el consecuencialismo, cierto hedonismo, el supuesto del egoísmo psicológico y el cálculo de la felicidad como criterio de decisión moral. Se diferencian en la manera de realizar el cálculo. Los del acto, aplican el cálculo a los actos y miden las consecuencias derivadas de los mismos; y los de la regla aplican el cálculo a las reglas, y la moralidad es función de las consecuencias que se derivan de su seguimiento. Los del acto (opinan los de la regla) maximizan las consecuencias del acto, persiguen el resultado positivo del cálculo, y aceptan las reglas solo para agentes perezosos e incapaces; los de la regla -según les espetan los del acto- imponen una obediencia ciega a unos preceptos abstractos –mandamiento de la regla-. Se preguntan los del acto: ¿Cómo cumplir una regla cuando parezca claro que de su cumplimiento se derivan consecuencias negativas? Una regla universal dice: no mentir. ¿Se debe o no mentir a un enfermo (por compasión)? En palabras de Harrison, el utilitarismo de reglas establece dos condiciones para que una acción sea correcta: a) la acción debe ser realizada de acuerdo a una regla; b) esa regla deber ser útil. Harrison indica que la actuación humana debe tender a la regla ideal, aunque el actuar general de la sociedad se basa en la regla práctica o imperfecta. Harrod y Harrison, afirman respecto del utilitarismo de la regla, que una cosa son las reglas cotidianas o practicas y otra la regla ideal. "Las reglas según las cuales yo debo actuar, no son las reglas que en mi sociedad la gente realmente acepta; no son reglas reales, sino reglas ideales". Sostienen que actuar de acuerdo a las reglas ideales es un error. Algo confusa su posición, habría que tender hacia la regla ideal, aunque la realidad es tal cual ellos apuntan. En nuestro acontecer diario funcionamos con reglas, con cálculo, y con automatismos. Sin duda las reglas son útiles, porque nos indican o marcan una concepción general sobre el acto que en cada momento debemos ejecutar o considerar. Pero con frecuencia permitimos que prevalezca el componente de egoísmo psicológico, saltando por encima de la regla y atendiendo solo al factor hedonista. ¿Por qué funcionan las reglas? por ejemplo cuando alguien dice: prometo pagarte. Las personas entendemos que de ahí se deriva la obligación de hacerlo, y es debido a que la promesa por razones culturales y filoadaptativas se ha convertido en una especie de institución, algo con un fuerte carácter social que se ha impuesto a través del tiempo, porque es conveniente y aceptado por todos. Como se ve, las reglas son aplicaciones de las primeras normas culturales; este tipo de normas, acuerdos, reglas, se instituyeron cuando decidieron no guerrear y ayudarse. Ayudar al que lo necesita es una regla, pero también un principio desde cualquiera enfoque moral, sin esos acuerdos de mínimos no habría sociedad. Respecto de las promesas, los utilitaristas proponen como razón principal para que se cumplan las promesas, que el hecho de no cumplirlas debilita la confianza general. Una promesa crea una obligación prima facie (Ross). Lo cierto, es que hoy día no hay ninguna confianza en el otro, en los otros, en la sociedad en general, en la palabra dada. Sabemos que alguien dijo algo, y mañana puede decir otra cosa, "donde dije digo, digo Diego", hoy todo es voluble y relativo, la palabra no vale. Parece haber coincidencia en que si se siguen los principios del utilitarismo, la promesa se reduciría a nada. Hodgson [7] argumenta "que si el prometido sabe que el promitente es un utilitarista que siempre actúa de acuerdo a sus principios, entonces el prometido no confiará en que la promesa va a ser cumplida". Hacia mediados del siglo XX [8] los teóricos del utilitarismo de la regla estaban encenagados. Smart hace una defensa de la versión utilitarista del acto, apoyándose de modo un tanto gratuito, en que el egoísmo racional empujará al individuo a practicar la benevolencia, pretensión que tampoco aparece justificada. La difícil relación ética entre utilidad personal y utilidad social, es el problema crucial de la ética utilitarista.

Según Bermudo, la fuente del utilitarismo es Hume, que fue quien primero nombró el principio de utilidad y estableció su contenido. Para Hume, la mente humana actúa en referencia al placer y el dolor. También defendió la idea de guiarse por "general rules". Hume, para quien la *moralidad es una conquista de los hombres*, lo asume concretado en hábitos y normas que recogen la experiencia *y se revisan en la evolución histórica*. Hume no se fijaría solo en el acto o las consecuencias, sino que valoraba altamente la necesidad de reglas generales, inflexibles y de largo plazo, aptas para prevenir la *parcialidad y avidez* individuales (avaricia humana). El sentido moral y por ende la ética, no se dan desde el origen del hombre, sino que son un producto trabajado a través de mucho ensayo y error, macerado en la confrontación y la experiencia. Así se crean los hábitos: generalizaciones de conveniencia, que conforme se comprenden y aceptan acaban en norma, y norma prescriptiva. La larga herencia de algunos hábitos, desarrolla mecanismos de actuación semiatomática (no podemos preguntarnos siempre acerca de todo), y algunos adquieren casi categoría de axioma. Harrison indica, que Mill en referencia a las reglas, expone una idea semejante: las reglas son meras generalizaciones de *experiencias humanas exitosas.* Austin valora las reglas, pero inferidas de las tendencias de las acciones, y no desde el principio de utilidad general. La acción correcta precisa de un enfoque global, recogido en las reglas, más que del rigor del cálculo sobre la acción concreta. Para él, las inferencias que acuden a nuestras mentes, debido a la experiencia y la *observación repetidas,* se concluyen en principios o se comprimen *en máximas, que llevamos encima listos para su uso,* y las aplicamos en los casos individuales sin evocar intrincados procesos, de los que son abreviaturas manuales. Whitehead[9], señala que la civilización *avanza* a base de extender el número de operaciones importantes que podemos *realizar sin pensar* en ellas. La civilización como experiencia acumulada de valoración, análisis y actuación, se expresa en reglas y se manifiesta en hábitos. No necesitamos calcular todo lo que ya calcularon otros, avanzamos a través de automatización de la conducta. La conducta humana está inevitablemente guiada por reglas o por principios, o por máximas. Sin duda las reglas son útiles y necesarias, dentro de una conjunción más general donde operan cálculos, hábitos, costumbres, automatismos, instintos, tabús, ritos, verdades establecidas -axiomas-, en definitiva: cultura y supervivencia. Aunque las reglas, que en el utilitarismo siempre van de la mano del cálculo, se moverían en un plano más ético si funcionaran cerca del paradigma kantiano: la premisa de un acto justo debe ser su generalización, la exigencia de universalidad, idea que ya apuntara Mill.

Ya hemos mencionado, que el utilitarismo en sus dos versiones: del acto y de la regla, se le consideraba insuficiente y grosero en cuanto a la ética particular, y que arreciaron las críticas, como la de B. Williams que arrinconaban el sistema. En su defensa emergieron nuevos postadores, que aportaron diversos enfoques en la defensa del utilitarismo. Smarth (Ibid 38) expone su planteamiento relegando un tanto el valor de la cuantificación (principio clásico), al considerar que "la bondad de las acciones se ha de juzgar por sus consecuencias". En la formulación de su hipótesis, se trataría de pasar de una interpretación cualitativa y heurística a otra cuantitativa y metodológica, por lo tanto de una función ética a otra prudencial, *preferentismo.* El utilitarismo es un sistema pragmático y útil para la política (votos o gustos de la mayoría), pero pocas veces hay coincidencia en que la política tenga algún parecido con la ética.

Define Smart el acto "act-utilitarianism ... que lo correcto e incorrecto de una acción depende solo de la totalidad del bien y del mal de sus consecuencias". Frases, que a primera vista pueden parecen muy bien, que dicen mucho, y también muy poco; cómo se mide esa totalidad, ya hemos visto las dificultades y la coincidencia en la imposibilidad de abarcar todas las posibles consecuencias. Colomer[10] describe así el Utilitarismo: "se trata de una línea de pensamientos individualista y racional, que se basa en un cierto relativismo mora". La filosofía subyacente, indica que cada uno es quien mejor puede decidir sobre sus propios intereses. Señala este autor, que es un enfoque optimista porque se cita al hombre como un ser capaz de ocuparse de sus intereses, lo cual nos permite liberarnos de la Iglesia y ser independientes de Dios; y es pesimista, en cuanto se reconoce que la motivación fundamental de toda acción humana es egoísta.

En la vida con frecuencia actuamos de modo semiautomático, lo cual, sostienen algunos, pertenece al reino de la conveniencia, que estaría más cerca del cálculo. Pero se utilizan ejemplos extremos en estos debates[11] como la hipótesis de "salvar al que se ahoga". Ha de suponerse que lo correcto es acudir a salvarle. Sin duda podría ocurrir que después te robe y te mate; es una hipótesis extrema. Para el utilitarista auténtico, la acción será correcta si examinadas las consecuencias después, el resultado es de suma positiva. Pero claro, en circunstancias de urgencia no se puede esperar a después, antes, en unos segundos uno debe decidir cómo actuar, y la respuesta es semiautomática a través de la generalización y la experiencia. El utilitarista del acto debería sopesar los pros y los contras, teniendo en cuenta la felicidad de los demás y la suya (la máxima felicidad para todos, el que primero cuenta es él), y pensaría sobre su esfuerzo por un lado y sobre el bien que hace al otro, pero a la vez no podrá descartar que existe la posibilidad de que le asesine luego, con lo que considerando -anticipando- todas las posibilidades, la resultante hipotética ya saldría muy negativa; por tanto, en base al principio neto utilitarista de suma positiva no podría actuar, nunca podría actuar en casos de riesgo, porque el sujeto paciente nos puede estar engañando. Hay quien finge estar mareado o enfermo en la calle o carretera, verdad o mentira, pero si siempre desconfiamos, nunca nos ayudaremos. Ese cálculo utilitarista chocaría con el utilitarismo de la regla, dado que la regla dice: ayuda a quien ves que lo necesita. ¿Podemos actuar si todo lo calculamos? Muchas acciones de ayuda desinteresada precisan con frecuencia asumir riesgo, requieren altruismo, y el altruismo es contrario a la suma positiva (porque en principio implica dar sin

196

recibir), por eso queda descartado el altruismo en el enfoque utilitarista. Alguien se ha desmayado y cae en mitad de la calle. El sentimiento rápido y lo que la mente te pide es correr a ayudarle. Si has de sopesar pros y contras no le ayudarás; puede que tengas prisa por llegar a algún sitio o puede que trate de engañarte y robarte, si calculas mucho no te pararás. Así, ocurren ante nuestros ojos escenas en la que alguien es agredido en mitad de la calle o el metro; se produce una rápida reacción y sentimiento interior, pero rara vez esa reacción la traducimos en acción para intervenir y ayudar; calculamos y sopesamos consecuencias colaterales, y deseamos que sea otro el que intervenga. Sin algunas dosis de altruismo no habría sobrevivido la civilización, siempre ha habido algunas actitudes heroicas que han facilitado el bienestar o avance de muchos.

El principio del utilitarismo (Ibid 78) consiste siempre en maximizar: restar y sumar, y guiarse por la suma positiva del agente. No contempla otro resultado o actitud, y por tanto se descarta el altruismo. Visto así, apenas puede actuar socialmente, porque muchas acciones de verdad, de la vida, del acto bueno y justo precisan el riesgo de alguien. No es concebible un ejército donde solo haya utilitaristas, las batallas se desarrollan (ganen o pierdan) en medio de muchas acciones de riesgo y de altruismo (salvar, ayudar, recoger, empujar a un compañero), las circunstancias difíciles de un grupo humano requieren de altruismo. En cambio desde el universalismo kantiano (Rawls, empatía), sí se puede actuar, porque la decisión no se guía por el principio de suma positiva, sino la acción universal y generalizable (el principio tomista), y se admite la posibilidad del resultado adverso.

No es lo mismo bueno, justo o ético, que racional. Bueno es un concepto más amplio y ambiguo. Justo o ético parecen conceptos más claros. Hay cierta tendencia a asociar razón y racional con los principios kantianos o con las decisiones correctas, pero no tiene porqué. Racional (es un buen principio), es una decisión que ha pasado por el tamiz de la razón: entendimiento, análisis, valoración. El hecho de razonar no significa que la decisión que se elija sea la justa o correcta. Una vez ya se ha razonado, la acción racional tiene dos caminos: 1, la inclinación egoísta (lo que de modo principal a uno le conviene); 2, la inclinación empática (a favor de los demás), máximas universalizables (Kant). En la elección 1, se acopla bastante bien con la concepción general utilitarista (conveniencias y consecuencias). La justicia o bondad de una acción tiene que ver más con los sentimientos que con las conveniencias. Es imposible la acción ética, si no se concibe la posibilidad mayor o menor del altruismo.

Bermudo cree que el utilitarismo no puede decir qué debe hacerse en cada caso, ni ofrecer reglas fijas, lo único que pretende es aportar criterios metodológicos que el agente debe ser capaz de usar. En la teoría de los juegos, en la mayoría de los casos, el bien de uno parece derivarse del mal de otros (Ibid,p.63). Dilema del Prisionero: dos delincuentes están detenidos, hay pocas pruebas contra ellos, la policía les promete cosas a cada uno por separado, si cargan las culpas en el otro. Es probable que cada uno piense que la policía les engaña, pero es difícil que cada uno no desconfíe del otro. Mirado de modo racional, cada uno analizará que salvo que los dos callaran (ninguno puede estar seguro), el que calle se come todo el marrón, en cambio si los dos delatan, cada uno se come la mitad. Se perjudicarán los dos delatándose, porque si no, se arriesga cada uno a comérselo todo en solitario; cada uno tenderá a maximizar lo más posible su posición (ley utilitarista) y buscará una resultante superior a suma cero. La opción buena era callar, pero es muy difícil; lo racional es delatar: mitad de condena, frente a la posibilidad de toda. La otra posibilidad era condena casi cero (callando los dos), pero es una opción poco racional, aunque sería la ética: fiarse del otro, pero ¿quién se fía del otro? En la teoría de los juegos se constatan varias cosas: 1, se parte siempre de la desconfianza respecto del otro jugador. 2, un jugador racional sigue casi siempre la estrategia dominante. 3, la estrategia racional no es ética, es casi siempre estrategia egoísta, porque casi siempre se desconfía del compañero, compinche o rival. 4, parece simplista, pero en la vida real se utiliza mucho la teoría de los juegos en versión Dilema del Prisionero. Es cierto en el caso del prisionero, y es cierto en el caso de dos potencias militares que dudan si se rearman mucho, poco o se fían, y el gasto que les supone. El supuesto de la estrategia militar, caso Guerra Fría es correcto, ante el temor, la estrategia militar es incrementar el armamento. Es cierto que dos prisioneros pueden ser fríos y fiables, y callar, y USA y URSS pueden decidir que basta de amenazas y gasto de armamento; pero es inequívoco que el porcentaje mayor está del lado de la desconfianza y el egoísmo. En realidad la mayoría de las actuaciones comprometidas de nuestra vida se dilucidan en base a la teoría de los juegos. Un paso más en la teoría de los juegos la aportaron J.V. Newman y Oskar Morgenstern, que aplicaron la teoría de los juegos al comportamiento humano competitivo, sobre la base de decisiones racionales, a partir de exhaustiva e igual información que se toman en los juegos para ganar, caso del ajedrez. Todas estas directrices se trasladan a las decisiones de la vida real, pero entiendo que la vida real es otra cosa, se trata de personas. Esos postulados ofrecen estrategias para ganar, la atmosfera siempre es de competencia, por tanto de desconfianza, sin duda es lo propio de nuestro entorno.

En el último tercio del siglo XIX, había conflictos sociales, y se extendían las ideas socialistas entre la clase trabajadora. Esas organizaciones obreras pedían transformaciones de la estructura social, amenazaban con subvertir el orden y trastocar la propiedad; todo ello basado en un nuevo modelo ético: la justicia y la igualdad; ideales contrarios al liberalismo (que pretende no tocar ni la estructura social, ni los privilegios de status). Estas ideas se extendían cada vez más entre las masas y capas más amplias. El liberalismo naturalmente, debía ofrecer un paradigma o soluciones capaces de atender y satisfacer las demandas de una buena parte de la población, desde postulados que no pusieran en peligro la estructura de la propiedad ni el statu quo. Eso fue lo que hizo la ética utilitarista con algunas propuestas tendentes a aumentar los índices de felicidad, o bienestar, mediante el incremento de producción, y mediante teorías referidas a una relativa distribución. En esta línea, A.C. Pigou, entendía [12] que el bienestar económico debía llegar a gran parte de la población, lo cual sería una pieza importante para la felicidad. Ese bienestar, aumenta merced al volumen de la renta global y su distribución igualitaria entre los individuos. Pigou, se dio cuenta de que hay bienes sociales necesarios para amplias capas de la sociedad, que generan poco beneficios (Smith dijo lo mismo sigo y medio antes) al particular que acometiera esa empresa, por lo que se precisa de participación o subvención pública, son los llamados servicios sociales. Ya antes, Bentham había comprendido y expuesto, que grandes incrementos de riqueza aumentan poco la felicidad del tenedor; de esta certeza, otros (Jevons, Walras) más adelante cincelaron el concepto de Utilidad Marginal Decreciente, a consecuencia de lo cual Pigou, sugería cierta transferencia de dinero de ricos a pobres para lograr un mayor bienestar. Pero estas ideas según quien las escuche, pueden resultar peligrosas, en función de cómo entiendan el concepto "redistribución", motivo por el cual, siempre hay quien se apresta a echar un velo sobre la idea, por si acaso. En el por si acaso, aparecen analistas (Ibid 88) como T. Scitovskie, quien alegando dudas acerca de la eficacia de la medida propuesta, sugiere dejar las riquezas en las manos que están. Fueron diversos los estudiosos que elaboraron ideas para torpedear el enfoque redistributivo de Pigou, y lo hicieron con pequeña munición pero muy confusa y abstracta, de modo que la discusión fuera larga, farragosa, y sin conclusión final. Ante el barullo de la discusión -centrada en los enunciados normativos y la metaética, llegando a declarar al principio de utilidad como no cognoscible- , se derivó hacia temas más diversos y de menor enjundia, y se arrincona el tema del bienestar social, volviendo a centrar la ética y la felicidad en la satisfacción de deseos y las "preferencias individuales", cuya operatividad en la mejora social, es nula. La idea de bienestar pasa a centrase en los bienes que se consumen.

Hay algunas críticas principales que arrecian contra el utilitarismo. Se le acusa de que el Sistema permitiría el castigo del inocente, en función de según qué legislación. Menciona Bermudo un célebre texto de Carrit: "infligir daño cuando se trate de impedir un daño peor... Pero si se generaliza un crimen y es imposible pillar al malo... se puede ahorcar a un inocente...si se logra que parezca culpable". Se trata de tranquilizar a la sociedad. En la película *En el Nombre del Padre*, Daniel D. Lewis, un irlandés sospechoso del IRA, al que arrestan como sospechoso, al final se sabe que varios eran inocentes, la poli hace trampas por el bien común; utilitarismo. En los ásperos casos de terrorismo de Estado (Zimbardo, o Guantánamo), cuántos inocentes habrán sido torturados para obtener información útil, para la mayoría. Que complicado y conflictivo es este asunto. La legislación, los votos, la democracia, las mayorías, pueden abusar y atropellar derechos humanos con el salvoconducto del 51%. Parece que en Suiza se votó en referéndum que los inmigrantes tuvieran menos derechos que los nacionales. Sacaron más del 51%. Después razonaron mejor: ciertas condiciones o derechos inalienables no debían someterse a la consideración del voto. Solo algunas normas, de rango superior (que se respetaran), como la Declaración de Derechos Humanos, pueden evitar el abuso de mayorías sobre minorías. "Preferentismo, es el intento[13] de ajustar el utilitarismo respecto de las reglas de la democracia. Es el utilitarismo de nuestro tiempo". El despiadado humanismo que acontecía en el circo romano no se podría negar con los cánones utilitaristas, era apreciado y apoyado por la mayoría (los romanos, los otros no contaban). En España, en las elecciones de Mayo 2011 se agita cierta xenofobia hacia el diferente o extranjero por parte de políticos en Badalona, Vic, etc, de modo poco diferente a como hacían en Alemania con los judíos, y esas propuestas logran cierto respaldo social, y llegado el caso y según que grados de pactos y conveniencia política, se podrían proponer medidas que discriminaran (restar derechos) aún más a algunos colectivos, bajo el amparo del principio de mayorías o suma superior a cero. Queda un insoluble dilema: ¿Cómo se debe legislar y cuánto caso debe hacerse a las mayorías, qué es la democracia? Otro argumento fundamental contra el "utilitarismo es que la dignidad personal, y por tanto la justicia, no cuenta para el utilitarismo, pues lo impide el criterio de utilidad". Es el caso exacto de la luchadora saharaui Haidar. Tiene el apoyo moral de casi todos los españoles, pero el Gobierno Español no atiende lo bastante su dignidad y su justicia, porque razones de utilidad -conveniencia-, hacen que se escuche más a Marruecos. Ellos dicen que el utilitarismo sí está con la justicia, pero no explican cómo, Rawls sí lo dice, habla de equidad, de personas iguales y cooperadoras; nada de esto dice el utilitarismo. Su idea de justicia tiene que ver con la ley y el castigo. Se mencionan también derechos especiales superiores, por todos reconocidos, llamados Derechos Inalienables del Hombre, reconocidos en todas las Constituciones, que por tanto nadie discute: dignidad, libertad, trato justo e igualitario, y ciertos derechos de la persona relativos a su dignidad, respetados en casos de guerras; la tortura no es aceptada por nadie. Pero Farrel menciona un manuscrito que estudió el profesor Twining. Hete aquí, que Bentham (en muy pocos casos, decía) admite la tortura; Bush, Rundsfield, y los suyos también. En 2011 se ha logrado información sobre Bind laden; "a veces la tortura es necesaria" arguyen.

Diríamos que hay dos sentencias o puntos de vista sobre el egoísmo y los demás. Según la primera, el deber de un hombre es generar la mayor cantidad de bien posible para sí mismo, al margen de los demás; en la segunda, se establece como deber de cada hombre promover por sí mismo, la mayor cantidad de placer para toda la sociedad como medio más adecuado para incrementar el placer propio.

¿Por qué ser moral?, se preguntaba Bentham. "La estabilidad (Ibid 192), la paz, la confianza…, condiciones de la felicidad, exigen que mi preocupación por mi mismo pase por mi preocupación por el bienestar de los otros. Se trata de un egoísmo racional." Alude, a la lógica conveniencia-supervivencia: si no se conviene acerca de un principio general de moral, si no se siguen algunas reglas, no hubiéramos sobrevivido. Bermudo postula que el utilitarismo vire hacia "la superación del egoísmo ético, la fundamentación de una norma como buscar la felicidad para el mayor numero, de fuerte contenido altruista y solidario, partiendo de una psicología egoísta". Pero, es que ese no el principio utilitarista, no puede evitar el egoísmo, ni el principio de suma mayor que cero puede aceptar el altruismo. El mismo Bermudo afirma que "el Utilitarismo es esencialmente una ética para el legislador, una filosofía para el soberano, siempre conduce hasta la filosofía política". Solo vale para eso, queda lejos de la moral privada, de la persona. Dice Bermudo (Ibid 188) "parece obvio que la conciencia moral común tiende más a considerar como principios morales los de Kant que los de Bentham, al tiempo que parece cierto que los individuos se comportan más conforme a las prédicas de Bentham, que las de Kant". Gran verdad. Ética es el justo proceder respecto de los demás. Si la ética analizara la conducta respecto de uno mismo, no habría nada que decidir, arbitrar, juzgar ni debatir, lo que afecta solo a uno mismo no es objeto de la sociedad; pero la referencia sustantiva de la ética siempre son los demás. Admite Bermudo (Ibid,p.202) que hoy día se sigue cuestionando que el utilitarismo tenga un punto de vista moral. Los críticos le siguen negando el carácter moral, y contraponen abiertamente utilitarismo y justicia.

¿Qué es ético? Recuérdese la obra de teatro *La Cena de los Idiotas*. Si llevas al tonto, triunfas, ha servido a tu propósito, te ha producido placer y rendimientos; se debería decir entonces siguiendo a Bentham, que es una buena acción, es ético llevar a un tonto a tu cena. Pero solo un perverso podría sentirse bien media hora después de acaba la fiesta. ¿A cuál de ellos le gustaría haber estado en la piel boba de aquel bobo? Bentham sostenía, que en el ámbito de la moral los únicos hechos importantes son el placer y el dolor. No, no es cierto. La moral tiene que ser algo más que la mera sensación o medición de placer y dolor. El placer y el dolor son conceptos de tipo personal, que se refieren solo a cada uno -actuante o paciente- en concreto, mientras que la moral es algo que siempre nos da idea de pluralidad, de otros, de relación a otros.

"Los filósofos utilitaristas fueron británicos". Hubo algunos de otras nacionalidades, pero la doctrina es esencialmente inglesa (como el socialismo es europeo). Este dato, debe indicar algo. No se comprende fácilmente, porque rastreando siglos atrás el aspecto religioso, en ambos contextos abundó el protestantismo (algo menos en Francia) bien en forma anglicana, luterana o calvinista, al fin y al cabo se mezclaron, y marcan el rompimiento con el catolicismo en cuanto a la salvación y la importancia del trabajo. Para el asunto que nos ocupa, podríamos decir que la modernidad en Inglaterra empieza con Locke y Hume (postulados de reforma), que es algo anterior a Rousseau (postulados radicales o subversivos). Las ideas de de los primeros coparon toda Inglaterra y también se extendieron en menor medida en Europa, que se nutre más del pensamiento de Rousseau, cuyas ideas apenas permearon en Inglaterra. ¿Por qué las ideas tiene distinto calado en Inglaterra que en el Continente?, ¿vivían mejor los ingleses hacia 1800? o ¿ hay que buscar la razón es la ley de pobres y el evangelismo? Parece cierto que en Inglaterra floreció mejor el individualismo, ¿se explica por lo anterior? Podemos sintetizar diciendo que los ingleses son más proliberalismo y los europeos prosocialismo, ello explica el buen desarrollo allí del Utilitarismo, y a la vez el relativo rechazo o menor atractivo e influencia que tuvo en Europa, donde siempre se considero su base egoísta y poco solidaria.

Filosofía Analítica

B. Russel (1872-1970) aplicó su intelecto a la clarificación y precisión del lenguaje, persiguiendo dividir las proposiciones filosóficas en componentes más simples. La lógica y los postulados metodológicos de la ciencia, debían ser la herramienta del filósofo. Respecto de la ética, creía que esta era ajena al campo de la filosofía, y que los hechos morales, como enunciara Hume, eran valoraciones subjetivas que no podían ser verificadas de la misma manera que los hechos tangibles. Era preciso sustentar la Filosofía sobre bases empíricas, por tanto, debía estar construida sobre sólidos fundamentos de conocimiento, no específicamente filosóficos. Lo que Russel y otros filósofos perseguían, era que la filosofía se adentrara en el paradigma de las ciencias y en la senda de la verificación, que se arrinconara todo aquello que olía a metafísica y especulación misteriosa, por consiguiente, pusieron tanto empeño en ello -en el cauce de la lingüística y la lógica-, que se pasaron un poco, constriñendo en exceso la metodología de la filosofía. A su enfoque filosófico lo llamó Atomismo Lógico (átomos, elemento último del lenguaje), consistente en que basa su filosofía en la mezcla de la lógica perspicaz y el empirismo. La proposición atómica describe un hecho, afirma que una cosa posee determinada cualidad o que ciertas cosas mantienen entre sí determinadas relaciones. Esta concepción, tiene alguna semejanza con la posterior filosofía lógica del primer Wittgenstein. Trataban sobre propuestas tan complejas que rara vez lograban ofrecer clarificación, como cuando él mismo o Al Meinong, intentaban encontrar sentido a la proposición verdadera el círculo cuadrado

203

no existe". Aunque negaba las posibilidades de conocer acerca de la ética, en su discurso general ésta era de importancia vital para su discurso civil.

Wittgenstein, el gran innovador de la filosofía en la primera mitad del siglo XX, partió del positivismo. El positivismo afirma, que solo el conocimiento científico es auténtico y fiable, el cual solo puede surgir de la afirmación de las teorías a través del método científico. El positivismo trata de explicar causalmente los fenómenos por medio de leyes generales y universales, lo que indica, que la razón es un medio para otros fines. Siguen el método inductivo, despreciando la creación de teorías a partir de principios que no han sido percibidos objetivamente.

Wittgenstein pellizcó alguna influencia de Russel, si bien llegó más lejos y marcó el cauce que después seguiría el Círculo de Viena. Partiendo de la matemática, centró sus análisis en la lingüística a través del proceso de la lógica. Su obra se divide en dos partes: *Tractatus Lógico Filosófico,* e *Investigaciones Filosóficas* (aunque publicado después de su muerte). En el Tractatus, pretende explicar el funcionamiento de la relación lenguaje y lógica, tratando de mostrar que la lógica es el andamiaje o estructura, sobre la que se levanta nuestro lenguaje descriptivo (el lenguaje de la ciencia, el lenguaje que describe hechos y cosas que pasan y entendemos). Él, como Russell, perseguía esclarecer el lenguaje ideal, porque entendía que el lenguaje ordinario era marrullero. Defiende la tesis de que hay una estrecha vinculación entre lenguaje y mundo "los límites de mi lenguaje son los límites de mi mundo". El mundo son los hechos, las cosas que vemos, experimentamos, describimos, entre los que se establece cierta relación; esos hechos poseen una estructura lógica que permite la construcción de proposiciones (concatenación de nombres) que representen ese estado de cosas. Una proposición será significativa o tendrá sentido si representa cosas lógicamente posibles, comprensibles, cercano a la comprobación, con independencia de que la proposición sea verdadera o falsa. Esta es la clave de todo su pensamiento: el lenguaje lógico sólo lo es, en tanto que describe hechos posibles y capaces de someterse a verificación. Veamos dos tipos de ejemplos claros:

a) "No matarás"; "si ves que se la cae la cartera, debes dársela";

b) "Si estiras mucho esa goma se romperá"; "tú cogiste los diez euros".

Las frases o proposiciones de tipo b) establecen una relación clara y posible entre dos hechos: estirar mucho la goma y la posibilidad de romperse; tú que coges algo, diez euros. Estas dos proposiciones o enunciados se pueden someter a verificación, que confirmarán o no la certeza. Es sabido, comprobado y aceptado, que la goma tiene una capacidad de ser estirada límite, por lo que si se estira más de su límite, se romperá; respecto de la segunda frase, se establece una relación entre los diez euros y alguien que los ha cogido, asegurando que tu cogiste los diez euros, lo cual también es en principio comprobable pudiendo determinarse al final que es cierto o bien que es falso eso que se afirma; luego son frases, relación entre hechos, con lógica y con sentido posible. Las dos frases de tipo a), no establecen una relación. La primera es una orden o juicio moral, que no relaciona algo con algo, que no nos aclara más; y la segunda que parece más completa, es claramente un mandato u orden, y tampoco relaciona nada, no encontramos la lógica que nos permite decir si es verdadera o falsa. Es verdad que su estructura es claramente diferente en los casos a) y b); las segundas tienen estructura de relación, las primeras no. De este hecho, él concluye que el lenguaje sólo es lógico en las frases tipo b), que describen y relacionan cosas, descriptivas; y que en cambio las de tipo a), carecen de lógica y por tanto de significado, son pues absurdas, razón por la que deben ser rechazables o prescindibles. Sostiene Wittgenstein que estas (tipo a) son construcciones subjetivas, emotivas, no contrastables, donde rara vez dos o más sujetos opinan igual o se ponen de acuerdo. De hecho, para él, la filosofía y especialmente la ética, son de este tipo, dado que su sustancia, son los mandatos y juicios de valor, no los hechos ni los enunciados descriptivos. Acabará diciendo "de lo que no sabemos, mejor no hablar". Asunto complejo, porque en carta a su amigo Ficker, reconocerá que la ética es la razón de todo, que el mundo no es nada sin ética.

Lo importante es el significado de las proposiciones o enunciados. En este sentido rechaza las proposiciones que no establecen relación descriptiva o entre hechos. Admitamos en principio su posicionamiento. El ha cifrado el significado de las proposiciones lingüísticas en que los hechos que se describen sean comprobables, admitan la prueba de Verdadero o Falso. Pero podríamos mejor decir, que un enunciado o proposición lingüística adquiere significado (tiene sentido) en razón de que sea "comprensible" (olvidemos ahora si admite o no la prueba de V o F), es decir, de que se entienda de modo "concordante" lo que se está enunciando . Cualquier persona (tal vez en cualquier cultura, al menos la occidental) que oiga el enunciado "no matarás" o "no robarás", comprende sin ninguna duda lo que está oyendo y el significado exacto de esa frase. ¿Cómo negarle pues el significado? Luego, no es necesario que la lógica lingüística se derive únicamente del planteamiento de V. o F., sino más bien de su comprensión, que posibilita que distintas personas entiendan y coincidan en lo que se está diciendo. Es cierto que en el lenguaje común hay enunciados del tipo a), que son menos comprensibles y menos coincidentes que los ahora citados. Por ejemplo si digo "No debí decirle que vendría Antonio", le estoy diciendo algo a alguien (o lo estoy pensando para mis adentros), le estoy diciendo eso. Lo que le digo no es contrastable ni comprobable, es un sentimiento, una creencia, una opinión, ni siquiera es seguro si hubiera sido mejor decirle o no que vendría Antonio, estoy suponiendo que si no se lo hubiera dicho no habría pasado tal cosa o hubiera reaccionado mejor, pero no puedo estar seguro de esa reacción supuesta, en la persona a la que le dije que vendría Antonio. Esas palabras así unidas, constituyen una proposición o enunciado no verificable de ninguna manera, ni comprensible ni coincidente por todos o muchos, dado que pertenece a la esfera más compleja, es un pensamiento, una opinión, además basada en un supuesto (el supuesto de que el resultado hubiera sido más positivo si oculto que vendría Antonio). Efectivamente no hay forma de saber cuál es su significado, ni de coincidir en ello, es claramente un enunciado emotivo y subjetivo, lejos de cualquier "acuerdo intersubjetivo", imposible seguir los patrones de la ciencia (necesidad de verificación o coincidencia) con proposiciones de este tipo. Es preciso que se vea de modo claro la diferencia entre los dos tipos de frases "no matarás", y "no debí decirle que vendría Antonio"; es claro que ambas son proposiciones no demostrables, que no establecen relación descriptiva entre hechos. Pero, hemos visto que el significado de la primera la comprende perfectamente todo el mundo, en tanto que de la segunda, es muy difícil su comprensión y su coincidencia. Por tanto, yo diría que hay dos tipos de Enunciados Emotivos:

1. Enunciados Subjetivos.
2. Enunciados de "*Alta Calidad*"

Los enunciados subjetivos son toda proposición, que incide en suposiciones, sentimientos, opiniones, que no es demostrable, y no permite captar su significado, ni que haya coincidencia.

Los de "Alta Calidad" son enunciados en forma de sentencias,

206

mandatos, juicios de valor, *que todos entienden*, en los cuales es fácil coincidir, de tal modo que en cierto sentido, podría decirse que son objetivos (habrá que matizar este concepto). Estos enunciados intersubjetivos son del tipo "no matarás". ¿Por qué o cómo se reconocen esos enunciados de Alta Calidad? Porque son la base o fermento sobre el que la humanidad cimentó los primeros acuerdos, que hicieron posible sobrevivir (dejar de guerrear) y progresar, son el efecto de la herencia cultural y evolutiva del hombre (socialización), son valores que se aprenden sobre una plantilla filogenética heredada. Son de tan Alta Calidad (imprescindible el acuerdo) porque se aceptan como verdaderos (o falso su contrario); la necesidad de acuerdo de los seres humanos les confirió la categoría de Verdaderos no Cuestionables. "No matarás", es un enunciado, una frase, un sentimiento, una proposición, no cuestionable, por tanto verdadero (prima facie). En algún momento, la incipiente civilización -maltrecha, herida y ensangrentada-, debió darse cuenta de que la actitud de rivalidad permanente, solo conducía a la autodestrucción. Alguien, impuso o debió proponer algunos acuerdos mínimos, acuerdos que debían ser respetados, y en su defecto, acordarían hacerlos respetar. Esa es la base de los acuerdos "intersubjetivos o concordantes", que adquieren categoría casi de "objetivos", una vez que todos los comprenden y aceptan. Sin el acuerdo sobre algunas Verdades, no estaríamos haciéndonos estas preguntas. No robarás, ayudarás al que necesita ayuda, son enunciados semejantes al referido. ¿Cuántos y cuáles son? No se sabe y no importa, o mejor sí se sabe y sí importa, pero no de modo exacto, y eso no es importante.

Si admitimos enunciados emotivos de Alta Calidad, y les reconocemos significado (en razón de acuerdo intersubjetivo filogenético), ya no podemos rechazar la Ética; debemos tratar sobre la ética. "Lo que es bueno o malo no cambia nada los hechos del mundo", decía Wittgenstein. Puede que esté sacando la frase de contexto, porque si no, diría que *Lo cambia todo*, tanto, que él quería creer[14] en la ética, como le confesaba en carta a su amigo Ficker. Creo que quiere indicar que el hecho es el hecho, y otra cosa la valoración moral que demos a ese hecho. Nada tiene sentido en nuestro mundo si no hablamos de ética, porque ética es el significado de la relación entre los hombres. La ética trata sobre la relación de las personas, sobre la base de los acuerdos acerca del correcto actuar. La ética se basa en sentencias, mandatos, valores, es decir enunciados normativos, y ya hemos visto que algunos enunciados normativos (los de Alta Calidad) sí admiten significado y ofrecen acuerdo intersubjetivo, refrendan por lo tanto las razones de la Ética.

Su segundo enfoque filosófico -*las Investigaciones Filosóficas*, publicado tras su muerte- es un rompimiento con la obra precedente. Deja a un lado sus pronunciamientos sobre las estructuras lógicas del lenguaje, y se dedica a estudiar cómo se comportan los usuarios del lenguaje, cómo aprendemos y para qué sirve el lenguaje corriente, el lenguaje vulgar. El significado del lenguaje, de los enunciados, ahora no dependerá de la comprobación o verificación de sus proposiciones, sino de cómo se usa, el contexto de los hablantes, que es un reflejo de sus vidas. A ese contexto le llama "Juegos del Lenguaje", que no comparten esencia común de todos los lenguajes, sino que queda circunscrito a un determinado contexto, donde los absurdos del lenguaje radicarán en usarle fuera del juego del lenguaje que le es propio; el criterio correcto sobre el lenguaje, sería el uso habitual u ordinario de la comunidad.

En el lenguaje ordinario, la función descriptiva (tan importante en la versión del Tractatus) es una de tantas funciones del lenguaje, la cuestión del significado es más amplio que la mera función descriptiva, ahora hay más cosas en el lenguaje que la mera función descriptiva. Hace mención por ejemplo del dolor como términos mentales subjetivos, que solo cada uno puede conocer. Del mismo modo, los problemas filosóficos serían perplejidades, enredos del juego del lenguaje ordinario (por eso buscaban la fórmula del lenguaje ideal), ya que caemos en círculo vicioso, dado que es la misma filosofía la que marca las reglas del lenguaje. Por esto la misión de los filósofos no será hablar de filosofía y ética sino aclarar esos embrollos por medio del lenguaje. Pero opino que cabe otra visión del dolor. La apreciación y descripción del dolor es subjetivo, no es coincidente en grados ni sensaciones, pero es real y admisible, luego hemos de poder hablar del dolor, (subjetivo, e intersubjetivo), y por consiguiente de las dificultades del lenguaje y de la ética. Ese su segundo enfoque de su filosofía rompe tanto con el Tractatus que supuso el distanciamiento de Russell, y cierta incomprensión entre ambos. Al final no sabía que entenderse de tanta genialidad, en cierto modo todo su esquema parecían las tautologías que trataba de explicar; complicadísimo.

La Filosofía Analítica (Ibid p.592) se desarrolló a partir de las ideas de Fregge, Wetehead , Russel y Wittgentein, que fue quien más influyó. Decía: "de lo que no se puede hablar, mejor callar", y quienes participaban en extremo de esta concepción eran los componentes del Círculo de Viena, y posteriormente del C. Cambridge-Oxford. Entre los primeros debe citarse a Schlick, R.Von Mises, Reichenbach, Carnap, Otto Neurath, Ayer, etc. Abogan por una concepción científica del mundo a partir del empirismo de Hume y Locke, el método de la inducción y la búsqueda de la unificación del lenguaje de la ciencia. Rechazan por absurda la metafísica, estética y religión, y pensaban que los valores éticos constituyen una mera expresión de sentimientos. Creían que con las técnicas del análisis lógico disolverían los pseudoproblemas del lenguaje cotidiano. En aquella concepción filosófico-lingüística, la teoría de los actos parte del habla como actividad, no del lenguaje como sistema. Los filósofos eopositivistas o filósofos analíticos (con frecuencia se les denomina de indistinta manera) eran estrictos emocionalistas: los juicios, los valores, se escapan del campo del conocimiento. ¿Qué analiza el analista? Algunos se dedicaron a analizar la noción de análisis, que redundancia. En 1934 Carnap escribiría *Sintaxis lógica del Lenguaje*, donde pone de manifiesto que no existe algo que pueda llamarse lógica o lenguaje verdadero o correcto; uno es libre de adoptar la forma de lenguaje que le resulte útil a sus propósitos. El segundo Wittgenstein -contradictorio del primero-, centrado en el leguaje ordinario y que relativizaba el significado (no todo era cuestión de proposiciones descriptivas), liberó un tanto el corsé sobre la verificación de los enunciados normativos, idea que exploraron y trabajaron Hare, Stevenson y Nowell-Smith (escuela de Oxford). Stevenson (*Ética y lenguaje*, 1944) "se propondría aclarar el significado de los términos éticos: bueno, recto, justo, obligatorio (G. Reale 602).

La obra de Kutschera (*Fundamentos de Ética*) se centra en la ética, y considera que hay un lugar importante para la ética, que no puede ser arrinconada como proponían los neopositivistas o analíticos; examina pues las aportaciones desde el utilitarismo y desde la filosofía analítica, y al final expone su posicionamiento, y su postura de rescate y validación.

¿Qué debemos hacer? Esa es la pregunta de la ética y de la filosofía práctica, y siempre, precisa respuesta; es la clave fundamental de la acción humana correcta, el faro que se supone nos guía en nuestras actuaciones desde que el hombre inició una vida de relación -forzosamente un hecho consciente-, hasta nuestros días. No sobrevivimos ni progresamos por casualidad, sino merced a unos compromisos aceptados y entendidos -aunque antes no estuvieran escritos ni se supieran leer- respecto de qué acciones nos conviene realizar y qué actos es mejor evitar; en síntesis, la historia del comportamiento humano es la historia de la respuesta inconsciente y heredada respecto de qué hacer, qué es lo correcto o cómo debemos actuar. Muchos siglos antes de que los filósofos indagaran sobre estas cuestiones, el hombre incorporaba estas necesarias formas de actuación. A partir de Grecia, los cerebros pensantes de los filósofos, intentaban explicar cómo nos comportamos y cuál es el comportamiento correcto, entre los posibles de una acción. La respuesta actual, casi unánime, es que esos comportamientos en su forma lingüística son proposiciones normativas, es decir mandatos, prohibiciones, permisos, juicios de valor. El habla como actividad se manifiesta en forma de enunciados (oraciones o proposiciones). Habría dos tipos fundamentales de enunciados: normativos (éticos) y no normativos, que son lo que describen los hechos corrientes, también llamados enunciativos o descriptivos. La ética descriptiva o enunciados[15]no normativos, enuncian o dicen algo, o relacionan algo que se dice, y son verdaderos o falsos. Por ejemplo "la puerta está cerrada". Enunciados normativos, son expresiones que hacen referencia a órdenes, mandatos, normas, juicios de valor, por ejemplo: "todos tienen derecho a expresar libremente sus opiniones", o "no se debe mentir". El primero es un juicio de valor, que otorga un derecho general, el segundo es un mandato. Órdenes, mandatos, escalas jurídicas, opiniones, son términos de valor semejante en este caso, cuyas características fundamentales son dos: que normalmente no describen (prescriben), no ofrecen una visión constatable de algo; y que son emotivas, es decir que es una valoración del agente, subjetiva, interior, personal. La mayoría de los juicios sobre personas y las valoraciones sobre lo correcto o no de un acto, dependen en buena medida del estado de ánimo, alegría o frustración de ese momento, por parte del sujeto. En ocasiones, el mismo hecho puede valorarse de modo distinto 2 o 6 horas después. A veces, no es acertado juzgar los hechos de manera inmediata. Las teorías conocidas como No Cognitivismo o Emotivismo, indican que los enunciados normativos carecen de contenido cognitivo, no hacen ninguna afirmación, y por tanto, no son verdaderos ni falsos, se trataría solo de nuestra opinión, que se puede explicar o aclarar, pero que no demuestran nada. Desde este supuesto, la ética como disciplina normativa es imposible, y la tarea de la filosofía práctica es demostrar esta imposibilidad, arguyen, los emotivistas o filósofos analíticos. Buena parte de sus esfuerzos les dedicaron a analizar el lenguaje y la lógica, arrinconando las cuestiones sustantivas referidas a la ética.

Con los enunciados normativos -del tipo "no se debe mentir"- es nítido que se diverge bastante de lo que sería una descripción de un hecho o cosa, de este modo, es muy difícil valorar si lo que se dice es verdadero o falso, porque lo más cierto, es que se manifiesta un pensamiento interior o una valoración propia, una prescripción (orden), tan subjetiva que no hay forma segura de que otro opine del mismo modo. "Es malo conducir de noche", es un enunciado normativo, subjetivo, no demostrable, no coincidente, cada uno puedo opinar de modo distinto. No es el mismo caso con el enunciado "no se debe mentir", porque es un juicio de valor ancestral y cultural, que tuvo su utilidad social (reglas de confianza); se asemeja por tanto al enunciado "no matarás" y podría calificarse como enunciado de Alta Calidad. "Si sueltas la manzana se caerá al suelo", es un enunciado sobre leyes físicas, que todo el mundo entiende, y que no es cuestionable en razón de su carácter unidireccional, es verificable y no admite interpretaciones ni matices. "Está lloviendo", es un enunciado descriptivo, que en todo momento puede comprobarse y someterse a la prueba de verdadero-falso. "Está lloviendo mucho", es un enunciado descriptivo, pero también tiene una componente subjetiva de valoración u opinión. La palabra "mucho", modifica la estructura descriptiva del enunciado; unos entenderán que llueve mucho pero otros juzgarán que llueve poco, porque cada uno tiene una distinta capacidad de medida o sensación. "Es malo robar", no es un enunciado descriptivo sino normativo, no describe ningún hecho contrastable, único y real; sino que emite un juicio de valor, prescripción o norma, todos ellos subjetivos, se trata de una valoración propia, no necesariamente coincidente. Parece que esto dejara inservibles los pronunciamientos sobre la ética. Pero la ética, en definitiva la vida social, está llena de órdenes jurídicas, de normas, mandatos y juicios de valor, que gobiernan o dirigen de modo muchas veces inconsciente nuestro modo de actuar, que nos indican lo adecuado o correcto o incorrecto de nuestros actos; sin ellos, no habría vida social, no habríamos superado la etapa de guerra permanente que mencionaba Hobbes. La sociedad no sabría ser sociedad sin algunas normas, y el fundamento de la norma es lo bueno o malo, correcto o incorrecto; sin normas seríamos seres como hace 10000 años, meros individuos sin relación, seríamos el Oeste antes del sheriff. Sin proposiciones normativas, sin veredictos sobre lo correcto o incorrecto, sería válido pensar que "la limitación del más fuerte solo es otra fuerza superior y contraria"; podríamos caminar por la calle y robar o matar a nuestro antojo; nadie recriminaría nada, salvo que todo el mundo estaría presto a desenfundar, la ley del más rápido. Para que hace 5000 años dejaran de pelearse, hubieron de ponerse de acuerdo, y crearon unos valores-normas de comportamiento que sentenciaron los actos como correcto o bueno e incorrecto o malo, o bien alguien fuerte con la ayuda de algunos se lo impuso a los demás, e impuso esas normas. Es verosímil que aquellos acuerdos o imposiciones, con el tiempo dieron paso al hábito y herencia, filogénesis, cultura, de tal modo que nacemos con una fácil predisposición a comprender esos valores fundamentales (Hume, Austin, Witehead. -idea mencionada en páginas atrás). Desde muy pequeños, nos socializan aprendiendo qué cosas no debemos hacer (no pegues a ese niño si él no te pega, no le quites ese juguete que es suyo, etc.), y en poco tiempo captamos como valores eternos y convenientes lo que es bueno o malo.

No hay forma de prescindir del hecho cierto de que una parte de la vida real se sustancia en los juicios de valor. Pero los filósofos analíticos opinan de modo contrario. En la versión más actual, este modo de pensar se hace patente a través de Wittgenstein en el Círculo de Viena. Sostienen, por tanto, que los enunciados normativos no afirman ni niegan nada, no son demostrables ni generalizables y se alejan mucho de los postulados de la ciencia empírica y de sus patrones. Cierto que las palabras, la lengua, las frases, los pensamientos, no son objetos que se muevan, que pesan, que tengan un estado físico observable; sin duda tienen poco que ver con las ciencias físicas, con las ciencias puras. No es comparable a la manzana que cae por su peso, ni el agua que se derrama de un depósito si no se cierra el grifo. Pero casi todas las ciencias de algún modo relacionadas con el hombre, tienen sus problemas de verificación, incluidas disciplinas tan valoradas como la medicina. Resulta que existen enfermedades psicosomáticas, y que a veces aparecen o desaparecen síntomas; ¿cómo se miden? Qué decir de la historia, la economía y tantas otras, que a menudo se tropiezan con hechos no generalizables e impredecibles; no porque Madows engañara a todos, ni Mudys se equivocara en el caso de Irlanda (y otros muchos), se asegura que deba arrinconarse la ciencia económica. En las ciencias humanas hay pocas pruebas y mucha hipótesis, buenas si concuerdan con muchos hechos establecidos y si los nuevos descubrimientos lo confirman (A. Langaney). El mismo caso debe contar para la ética y los enunciados no normativos.

La Filosofía aglutinaba todo el saber de la antigüedad. La Ética, la razón suprema de la filosofía, donde se conjugan los anhelos, el saber y las dudas de la actuación convenida del ser humano que persigue un fin, no puede arrinconarse. En efecto, hay problemas de metodología y de fundamentación, de delimitación y de significado, porque es imposible avanzar en el desarrollo de la ética si no hay acuerdos sobre qué asuntos tratamos y sobre qué significa determinados conceptos básicos; alguien no puede decir negro donde otro ve blanco, ni duro donde otro siente blando, ni justo donde alguien ve un acto de maldad; tiene que haber unas coincidencias (metodológicas o de definición) básicas. La metaética, sería el cajón al lado de la ética referido a los contendidos del leguaje, su lógica , estructura y significado, lo que le da forma y contenido a los juicios éticos, sería[16] una parte importante de la ética como disciplina científica. La filosofía de mitad de siglo se ha centrado tanto en la metaética, que ha relegado la ética a un segundo plano, lo que a todas luces es exagerado, ya que una metaética sin ética, carece de objeto. Como afirma Kutchera (Ibid 56) "hay dudas de que sean neutrales las posturas _metaeticas,_ porque desde sus posicionamientos implican ya teorías normativas determinadas", con lo cual en la investigación, se hacen elecciones previas de muy amplio alcance. Esta es una afirmación clara, y fuerte. Hay una necesidad de disciplina científica, y en este sentido hay que atender al problema del significado y de la fundamentación. Buena parte de la discusión está, en la cuestión del significado del concepto, la distinción entre el bien moral y el bien subjetivo o útil, lo cual, se antoja un problema importante. Las primeras desavenencias (importantes) se centran en el significado de los términos morales, su status, limites y métodos de los enunciados, con lo que este enfrentamiento, ya limita o impide analizar en profundidad los principios o valores éticos, de este modo nos quedamos empantanados, dado que no hay forma de pasar de la metodología y el significado de términos. Para hacer una valoración moral de una acción, a veces, la divergencia/clarificación verbal es fundamental, porque si los interlocutores parten de distintos criterios morales, resulta difícil encontrarse en la sustancia de la disputa. Da la impresión de que a veces, se exponen determinados planteamientos epistemológicos con el propósito de encenagar la deliberación normativa.

El No Cognoscitivismo aduce, que los enunciados normativos carecen por completo de componentes descriptivos. Los enunciados normativos se usan para expresar opiniones personales, recomendaciones o consejos "y el ético cognitivista no puede negar este hecho". Ayer, (_lenguaje, verdad y lógica_) muy próximo a Carnap y el Circulo de Viena, se manifiesta entre quienes mantiene una postura más radical, negándole validez a los enunciados normativos cuando afirma, que los enunciados no analíticos solo tienen sentido si su valor de verdad puede ser decidido o comprobado mediante observaciones. Pero la diversidad del uso del lenguaje es inabarcable, y la estructura de muchas frases se parece a otras, pero a la vez son distintas. No es nítido que todo enunciado normativo posea solo un carácter emotivo y no acepte la prueba de verdadero-falso. Merced a dudas como estas, algunos no cognitivistas (Hare, Stevenson, Nowell.Smith) no siempre niegan la existencia de elementos descriptivos en los enunciados normativos (condición para adecuarse a los parámetros de la ciencia), y admiten, que algunos pueden ser verdaderos o falsos. Considerando la investigación de estos autores, estaríamos hablando de proposiciones normativas o emotivas, y su verificación en el parámetro verdadero/falso; algo que se negaba y se argüía como razón para desatender la ética. Por razones adaptativas y de supervivencia del hombre, hay términos que han adquirido un significado de consenso, más en el cerebro (subconsciente) que en la realidad sensible de cada día. Las teorías subjetivistas sostienen, que el juicio o valor sobre una acción moral depende de la valoración subjetiva de cada individuo. Si nos restringimos a este enfoque, no habría forma de que tres personas se pusieran de acuerdo. Por el contrario, el objetivismo refiere que las acciones tienen valor moral, que es independiente de las opiniones subjetivas; y quienes participan de esta concepción, sostienen que los hechos normativos no tienen nada que ver con las preferencias y valoraciones subjetivas, lo cual se me antoja una postura tan poco exacta, como la anterior.

El subjetivismo (Ibid 110) no proporciona un criterio moral, aparte de las preferencias subjetivas mismas. Subjetivismo individual: hace referencia a la valoración de una persona determinada. Un hecho no sería bueno sin más, sino buena para esta o aquella persona. Los contrarios al subjetivismo -los no cognitivistas- manifiestan que si solo digo "esto es bueno", estoy queriendo decir "esto es bueno para mí". No siempre esto es así de claro, digo yo. Yo sostengo que hay cosas evidentes, por ejemplo, digo que la actitud del profesor Neira (defendiendo a la persona) fue buena. Significa que lo es desde mi punto de vista, pero creo que coincidirán el 99%, en que esa, fue una actitud buena. Luego hay ciertos actos tan nítidos en su bondad o maldad, que todos coincidimos, hasta el punto de que a alguien le resultaría difícil negarles la calificación o equiparación de "objetivos", es decir, que existen premisas o axiomas, que sin ser demostrables como en la física, adquieren tanta fuerza de fundamentación como otros datos empíricos, aún sabiendo, que el sustrato del

214

que partimos era subjetivo. Y coincidimos, porque a través de la socialización hemos aprendido que una serie de gestos son *inequívocamente buenos, o malos.*

*   *   *   *   *   *

La ética (Kutschera p.102) solo será disciplina científica si muestra precisión suficiente y fundamentación satisfactoria de sus enunciados: posibilidad de demostración. El nudo de la fundamentación está en el significado: clarificar el significado de expresiones morales básicas como" mandato y bueno", y otras. Se precisa el desarrollo adecuado de estas dos herramientas para que la ética adquiera una categoría no cuestionable. Nos movemos entre enunciados, y es preciso fundamentar (demostrar y probar) el enunciado, lo cual depende del significado del término o expresión. La cuestión *clave en la ética es si es posible probar, fundamentar o justificar los juicios morales.* Toda fundamentación, en el sentido de prueba o deducción, presupone unas premisas, pero en ética no todo puede demostrarse, y eso es algo trivial y que todo el mundo admite, hay juicios en ética cuya justificación solo puede basarse en evidencias, que cuando salen de la esfera privada y se mueven en un terreno más compartido, es posible concederles un carácter probatorio. Si en ningún momento nos apeamos de la premisa de que los juicios morales no son ni verdaderos ni falsos, entonces el problema de la fundamentación ni siquiera llega a plantearse, ¿no cabe verlos en un contexto más amplio y dinámico?, yo creo que sí. Se precisa un control intersubjetivo respecto de los juicos morales (cierta coincidencia), pero se afirma que el juicio moral es una decisión o elección subjetiva. En la medida en que se demostrara, que nuestros juicios y normas de comportamiento más básico (el escalón superior a los instintos) no son meras decisiones subjetivas, sino que es común la coincidencia de valoración (asentada en razones filogenéticas y de socialización), estaríamos confiriéndole al juicio moral un *valor intersubjetivo*, y como tal, probatorio (siempre con las debidas reservas), dotándole de este modo de propiedades científicas, sin duda, alejadas del empirismo imposible de las ciencias puras.

R.M. Hare sostiene que a (Ibid,p.105) la pregunta fundamental "qué debo hacer", nunca se responde con afirmación, sino solo con imperativo. Considero que no es del todo acertada esta posición. Supongamos la siguiente frase: creo que mi novia se está viendo con otro ¿qué debo hacer? ¡Pregúntaselo!, o ¡vigílala!, sería una respuesta, y se puede entender que es de carácter imperativo. Pero pocos amigos responderían de modo tan seco y

215

corto, más bien le dirían: no lo sé chico, es complicado, por qué crees eso, tú tienes que valorar varias cosas, etc. A todos alguna vez nos han expuesto una dificultad y nos han preguntado qué debo hacer, qué harías tu, y con frecuencia no hemos podido o no nos hemos atrevido, o no hemos considerado lo más acertado pronunciarnos de modo categórico, sino

que hemos razonado entre el problema y la solución, y hemos expuesto posibles vías.   Como se ve, la respuesta no siempre es un imperativo. Kutschera opina, que esa (qué debo hacer?) no es la única pregunta de la filosofía moral, lo cual es cierto, pero admitamos que sí es la fundamental o el resumen de varias.   Pienso que sí es esa la pregunta clave, y también que uno puede interrogarse moralmente de modo igual de nítido con otras dos o tres preguntas similares, pero no iguales: ¿Es justo tal o cual acción que ha hecho fulano o que estoy a punto de hacer yo? Aquí me interrogo directamente por la validez, justicia de un acto, lo que supone que en relación a ese acto, lo que decida va a ser definitivo, de una gran importancia, porque me estoy preguntando si es justo, y tras ello, yo sabré si es justo o no hacerlo, y las consecuencias que después se deriven, en especial para mi conciencia, o decidiré ciertas cosas con relación a ese otro que hizo el acto, que yo he juzgado como justo, o no. Es claro que todos a veces nos preguntamos de ese modo, sobre la justicia de ciertos actos, nuestros, o de otros. Y esa respuesta no será imperativa, sino afirmativa o negativa, además de razonada. Y si a veces tengo dudas sobre la moralidad, validez o justicia de cierta acción, puedo tratar de aclararme preguntándome si de estar yo en ese lugar o circunstancia, me gustaría que ocurriera tal cosa, que yo sea el sujeto paciente de esa acción. Ejemplo: "voy por una calle solitaria a 40 metros de alguien y veo que se cae, cuando llego parece desmayado, lo primero que veo es la cartera en el bolsillo". ¿Debo auxiliarle rápidamente y pedir ayuda, o viendo que no viene nadie husmeo la cartera y si hay un buen dinero cogerlo y correr, y luego llamar o no a urgencias? Existen tres preguntas del principio, fijémonos que la primera podría responderla desde el modelo utilitarista, la 2° y 3°   no, y la que más me va a sacar de la duda es la 3°: qué me gustaría que ocurriera, si yo estuviera ahí mareado. Si me hago esa pregunta, solo puedo responder: que me ayudaran y que no me robaran (ponerse en lugar del otro), que no es un imperativo, sino una afirmación; y que sin duda despeja las dudas sobre la manera de actuar correcta. Sé que esa sería la forma de actuar de correcta, y aunque quisiera, no me podría engañar ni a mí ni a mí conciencia, otra cosa sería que me finja confundido o que no me convenga escuchar mi conciencia.

216

Esa certeza la tengo, porque sé lo que deseo para mí (principio universalizable kantiano), y porque el proceso de socialización cultural a través de los siglos, ha favorecido (predispone) el aprendizaje fácil de ciertas conductas o modos de actuar que fueron buenos para sobrevivir y progresar -la ayuda-.

No puede afirmarse con rotundidad que sea errado el argumento de quienes sostienen que la ética debe considerarse desde el campo del emotivismo y el subjetivismo. Si sostuviéramos este argumento, deberíamos diagnosticar que la ética no es falsable (Popper), no es verdadera ni falsa, y casi podríamos decir que no está o no se puede hablar de ella (Wittgenstein); sin embargo es evidente que la ética (actitud y comportamiento en la vida) está. ¿ Qué hacer con la vida si dejamos de hablar de la vida, de la ética? Popper afirma que algunas ciencias (pseudociencias) aportan teorías que no son verificables (aunque a veces aportan conocimientos válidos) ni controlables; ofrecen muy poca información, dado que no podemos sostener que sea verdadera o falsa. Teorías como las de Einstein (contraria al pensamiento establecido desde Newton) arriesgan mucho, por lo cual pueden ser falsables, y en este sentido aportan buen conocimiento. En cambio teorías como las de Freud o Adler son muy generales, lo abarcan todo, no arriesgan nada, por tanto no pueden ser falsables, y aportan muy poca información valiosa; para que la información sea provechosa, las teorías deben poder ser criticables. La investigación y las teorías científicas se basan en el método inductivo: observaciones controladas sometidas a riguroso control. De ese acopio de datos se infieren rasgos generales, que generan hipótesis generales, verificación y posterior teoría general. El modo de hacer filosofía de Popper, consiste en la exposición clara de las ideas, y pide que esta sea la norma, no el farragoso barullo lingüístico con que algunos filósofos suelen envolver sus ideas. También asegura que cuando observamos un hecho, estamos haciendo una preclasificación sujeta a intereses o puntos de vista diversos. No hay acuerdo con él en este argumento; y muchos rechazan sus excesivas pegas a la inducción. Pero sí admitiremos que los prejuicios existen, y mucho; y el intento de conseguir teorías convenientes, también. En todo caso, es positivo para las teorías científicas someterse a pruebas de verificación y falsabilidad. Aun así, las ciencias o las teorías sobre actuaciones humanas, con frecuencia tienen difícil las pruebas de verificación; pero la vida social está ahí, el hombre también, y por tanto no podemos arrinconar su estudio bajo el pretexto de la dificultad de fundamentación y falsabilidad.

Parece evidente que Kutschera valora (p.126) en general como positivo el aporte de Rawls, si bien, subraya que en su planteamiento de la Justicia como Imparcialidad trabaja con una situación imaginaria, y que el modelo no es real. Si en la situación imaginaria y de incertidumbre, elijo buenos principios de justicia, por qué debería elegir lo mismo en el mundo real -se pregunta-; Kutschera cree que el agente puede cuestionarse por qué ser moral en el mundo real. Mi apreciación es que la exposición y el modelo de incertidumbre de Rawls es correcto, y que en el mundo real no se elegiría ser tan moral como en el imaginario (la razón: el egoísmo), pero que el agente sí sabe que debería ser moral y porqué. Porque no sería tan moral en el mundo real (ambición, avaricia, etc.) es mejor el planteamiento del modelo de incertidumbre, porque te obligas a elegir sin conocer lo que crees, son tus ventajas. El agente sabe que debería ser moral en la medida en que lo son y lo exigen todos los hombres, porque si ese no fuera el supuesto, nadie optaría por la moral sino por su contrario. Sin duda que hay malos actos y no se respeta la moral, por eso existe la maldad; pero el 51% de los millones de acciones que acontecen a diario en el mundo son correctas, de lo contrario ya no existiríamos. Estamos hablando del hombre y de la maldad. Recuerda Kutschera que para Hobbes, solo el egoísmo explica todo el comportamiento humano. Hume menciona los intereses propios, los de su entorno, *y los de los demás,* que dice se pueden reconocer poniéndote en el lugar del otro, lo cual enlaza con el universalismo Kantiano, y el concepto de empatía. Nozick -muy particular él, creo que se define anarquista liberal- propone algo que llama "teoría histórica de la justicia": un Estado es justo cuando se ha promovido a través de un Estado inicial justo. ¿Y cómo se sabe que ese Estado inicialmente era justo? Porque ya está constituido, dirá (esto suena a la justificación de Hegel); ¿fácil, no? Así pues, todo se justifica a partir del statu quo; los estados, la propiedad, todo a favor del poderoso.

Para Kant, cuestión distinta es la moral, del interés (egoísmo), que nítidamente se corresponden con el deber (lo que deberías hacer, lo que la moral indica que debes hacer) y el querer (lo que deseas, lo que te satisface). Cuando el individuo actúa (cuando está pensando cómo actuar), se debate entre lo que entiende que debe hacer porque sería lo correcto, y lo que le apetece hacer (si no coincide con lo que sabe debería hacer). Con frecuencia, el individuo sabe bien cuál es la acción correcta, igual que sabe qué le apetece o conviene, por eso distingue claramente (el individuo, luego casi todas las personas) la moral, de la conveniencia. Porque Kant, cree que esta afirmación

218

es un hecho cierto, sostiene que la moral es objetiva, en el sentido de que es coincidente para casi todos, todos coincidirían en saber cuál es el deber, otra cosa es lo que a cada uno conviene y decide, pero dado que lo conocen y saben sobre el deber y el hecho correcto, entonces es un hecho objetivo, de coincidencia entre todos. Para Hume, para los subjetivistas y para los no cognitivistas, las normas y la moral son asuntos subjetivos que cada uno entiende e interpreta según su conformación personal interior, y por tanto, pocas veces coincidentes con otras personas, luego rara vez son intersubjetivos y menos aún objetivos. Kant le da la vuelta, lo ve de modo opuesto, porque entiende que todo hecho (toda actuación humana) es susceptible de ser examinado por el individuo desde dos prismas: desde el prisma de la moral, y desde el prisma del interés. El individuo en todo momento ve los dos enfoques, y él -de modo consciente sobre esa realidad que se le presenta- va a elegir, decidir y actuar; pero no es que de modo subjetivo cada individuo confunda o entienda lo que quiera sobre cómo debe actuar, sino que claramente va a comprender cuál es la acción moral y la actuación correcta, y advirtiendo unos segundos después acerca de su interés, decidirá lo que quiera, casi siempre sin engañarse. Por este motivo él considera que la moral es objetiva.

Cuando Ross (Kutchera: *Fundamentos de Etica* p.196) habla de mandatos *prima facie* (semejantes a los axiomas de las matemáticas, principios aceptados, no discutibles, que no necesitan verificación), en cierto modo coincide con la idea kantiana del objetivismo, pero entiende que "de la evidencia de mandatos prima facie, no se sigue que siempre nos resulte evidente en las situaciones concretas lo que hemos de hacer", la realidad se torna compleja, y al final, debemos recurrir a la "intuición". Se puede concordar con el planteamiento de Kant. Pero claro, él parte del supuesto -discutible- de que cada individuo (o casi todos) entiende cuál sería la actuación moral; Roos, cree que a veces no se aparece la evidencia, habría que aceptar que hay posibles actuaciones complejas y dificultosas y con innumerables matices, que dificultarían mucho asegurar (los mismos jueces en ocasiones lo tienen difícil) cuál sería la acción correcta, añádase los eximentes o circunstanciales que cada persona es capaz de alegar para justificar su decisión como correcta (aún cuando sepa que algunos son añadidos ocultos de conveniencia). De modo que la objetividad de la acción moral, o no es tal, o se encuentra en un callejón sin salida, aún cuando reconociéramos que todo individuo puede entender que una cosa es el deber y otra el querer, una cosa es la moral y otra el interés. Ese

219

supuesto de objetividad kantiana, le confiere lógicamente carácter generalizable y universalizable. Porque somos personas tenemos una moral, y por tanto un Deber. Si tienes un Deber, es porque tienes poder, poder de hacer, de elegir, luego eres libre, si no eres libre no tienes un deber, porque el Deber es la aceptación consciente de la moral; si te obligan no estás en el Deber, sencillamente estás obligado. Por tanto el hombre es libre y su característica es que es un ser de moral. Kant rechaza la coincidencia de la moral con nuestros juicios subjetivos, sino que la identifica con las metas que tenemos como seres racionales (superior al sujeto natural, y sensible). Kant no estudia esa adecuación de intereses a nivel empírico donde rigen los intereses egoístas, sino que directamente ubica la moral en un nivel más elevado, lo que él entiende como la razón pura; se decide a jugar en un peldaño superior, en el que no es seguro que pueda ubicarse al hombre. Pero puesto que la razón pura (dado el nivel de abstracción y virtud en que se mueve) está despojada de toda preferencia, resulta difícil entender cómo se convierte en razón práctica.

"El bienestar de los otros, en virtud de la simpatía y de los sentimientos que nos unen a los demás, nos resulta a menudo más importante que el nuestro propio…".El comportamiento moral (Ibid 209) nos hace más felices que el comportamiento egoísta. Así, la virtud es una recompensa en sí misma, y "solo una vida virtuosa puede proporcionar la verdadera felicidad". Es una buena definición de empatía o altruismo y parece que de este modo lo sentían los moralistas como Shaftesbury, Hutchesnson, Stwar Mill, etc, la definición incluso es válida y acertada hoy, pero esa actitud no se encuentra hoy día.

Kutschera no se opone frontalmente al No Cognitivismo, pero sí establece algunas posiciones contrarias. Sostiene que cuando hablamos de mandatos o valores morales, hay frases que muestran un carácter enunciativo o afirmativo, no evocativo o emocional. Por ejemplo la frase "está mandado conducir por la derecha", es verdadera o se sabe o se cree que es verdadera. Es un mandato, pero a la vez una afirmación que se sabe es contrastable y verificable. Del mismo modo se puede decir "está prohibido matar", y puede aceptarse que esta frase es verdadera. Y la razón como en el caso anterior, es que se sabe que así se ha establecido por la comunidad, en base a acuerdos atávicos de socialización, lo cual es fundamento de razón. Entiendo por acuerdos atávicos de socialización, algo de mayor valor y profundidad que la costumbre; la costumbre a veces puede ser de poco valor o errada. Su planteamiento pretende conjugar los intereses personales y las exigencias morales, *lo que queremos hacer, y lo que debemos hacer,* deseo y obligación; esta es la encrucijada de la ética, a la que se ha intentado dar respuesta desde diversos ángulos como sean el racionalismo, el kantismo, la filosofía de Aristóteles o el planteamiento de Hegel. La intención de Kutchera, dado que no ha encontrado en las teorías expuestas una buena adecuación entre valores morales y intereses propios, es *encontrar un nuevo paradigma.* En este sentido, su apuesta teórica indica que la ética tiene que ser cognitivista, tiene que ser intuicionista, teleológica, no subjetivista y no objetivista, dado que los conocimientos a priori son dudosos ("que haya algo así como un conocimiento sintético a priori, parece cuando menos dudoso"). Pretende pues, recurrir a la *experiencia* como base de fundamentación. La experiencia - base del empirismo y fundamento de la ciencia- lo es sobre las cosas, se le negaba experiencia a los valores, pero Kutchera afirma que también hay experiencias sobre valores, *experiencia axiológica.* La opinión general, es que la experiencia axiológica conduce a interpretaciones sobre valores subjetivos, y que no es una buena base para el conocimiento objetivo. Todavía en esta línea, se dirá que si a una acción se le concede un valor moral partiendo de sensaciones "propias", hay que admitir que de este hecho no puede haber experiencia de varias personas. A nadie puede demostrársele la existencia de una experiencia que otro no posea. Pretende encontrar apoyos válidos sobre el conocimiento axiológico (de valores), pero no les encuentra.

Estamos pues embarrancados, parece difícil la experiencia axiológica y el acuerdo intersubjetivo. Siempre se ha mantenido que la ética en la persona es un asunto individual, que se trata de valoraciones subjetivas, donde no hay nada claramente empírico ni demostrable, se trataría de una parcela de la no objetividad y del desacuerdo, donde se ofrece campo para actuar y justificar actuaciones diferentes. Yo rechazo que la ética sea un asunto individual, es un asunto de relación entre las personas. Si se coincidiera claramente en cuales son valores -actos- buenos y malos, a cada individuo le sería difícil justificar su mala acción, en cambio, con la presente descoincidencia, siempre le cabe argumentar a quien actúa mal, que para él era una buena acción o que no era tan mala, es una opción que conviene a algunos individuos. Menos mal que contra esa forma subjetiva de juzgar la conveniencia individual, por suerte disponemos de la ética social o jurídica, que es la que legisla si ciertos actos son malos -prohibiciones-. Pero en el terreno de la conciencia individual, a uno siempre le queda la excusa de decir que en su valoración, él creía obrar bien. No hay pues acuerdo intersubjetivo, que es el criterio importante para el

221

concierto sobre el hecho juzgado. Actuamos, y hacemos lo que hacemos, en base a preferencias, a nuestras decisiones. Esta acción de decidir o preferir no nos viene dado desde la naturaleza, es algo sometido a nuestro control y nuestro juicio, es por tanto una " reflexión practica"; aunque podría ser muy osado asegurar que todo el mundo ejerce esta capacidad. Expone que en la reflexión práctica hacemos una valoración -pretendidamente objetiva- de nuestras preferencias, porque intentamos justificar de modo objetivo nuestra decisión de actuación. Nuestra decisión de actuar en el campo ético se supone gobernada por la conciencia (Ibid 269), que es nuestro "oráculo divino, la más elevada instancia de la razón". Entendido así, la acción de la conciencia se movería por valores "concordantes", hacia lo correcto, lejos de los intereses personales. Algo de esto es cierto (solo en parte), no siempre podemos engañar a nuestra conciencia, ésta nos dice si esa acción es correcta o no; pero también es común taponar, endulzar, modificar, diluir, aparcar la conciencia, y además, lograr encontrar razones con que justificar este modo de actuar. La conciencia examina, dicta, y sentencia, lo cual no implica obedecer el dictado.

Habíamos dicho que Kutchera estaba en el empeño de superar el criterio de la valoración subjetiva, logrando validez para la experiencia axiólogica, intentando (Ibid,p.139) una cierta categoría de objetividad, y para mí que la encuentra. Razona sobre la fundamentación de la experiencia axiológica. Afirma que "ésta no es una tabula rasa, sino que es experiencia a la luz de supuestos anteriores[17]. Todos nacemos en un entorno social -una familia, una clase social, un orden político- en el que reinan normas de comportamiento determinadas, que representan ciertos supuestos e ideales axiológicos". "Crecemos en estos órdenes normativos...obvios y naturales. Ellos constituyen nuestro primer criterio para la distinción de lo correcto y de lo falso. Aprendemos...bueno, justo y obligación. Estas visiones heredadas...de la cual realizamos nuestras propias experiencias". Esto enlaza con aquella relativa valoración intersubjetiva, que aportaban respecto de la verificación de los enunciados normativos Hare, Stevenson y N-Smith. Aún así, Kutchera identifica la dificultad del criterio intersubjetivo, señalando que si faltan métodos de fundamentación aceptados, entonces todo queda en manos de la convicción propia respecto de correcto o falso, lo cual impide hablar de un conocimiento objetivo. Parece que Kutchera ha quemado todas las cartas. Opino que no hay otra forma que el criterio de *intersubjetividad*, respecto de la validación de los enunciados normativos. La ética no es física, química, ni biología, dos más dos no siempre son cuatro, no son ciencias empíricas ni exactas; los criterios de validación de la filosofía y de la ética deben ser exigentes pero distintos , sino, habríamos de afiliarnos a Wittgenstein y no hablar de ética, y por tanto, tampoco del hombre. Es incuestionable que el criterio de intersubjetividad (valoración compartida por muchos y en muchas épocas) debe ser elemento validador de los enunciados normativos, sin negar con ello la dificultad de precisar y delimitar, cuándo un juicio de valor adquiere carácter intersubjetivo. Manifestaba Hume que "los hombres por naturaleza están interesados en su propio bienestar. Como seres sociales solo pueden sobrevivir en sociedad, y están obligados a cooperar con los demás, *tienen intereses comunes*...acuerdo sobre las formas de comportamiento y el establecimiento de convenciones".

Valores de Alta Calidad

Cuando somos niños, no se nos puede enseñar todo; no habría tiempo para aprenderlo todo, avanzaríamos poco. Nacemos predispuestos para aprender con rapidez (sobre la base de experiencias aprendidas y aprobadas) muchas cosas que ya conocían generaciones anteriores, disponemos de una impronta (filogénesis) por la que desarrollamos respuestas a los estímulos de manera casi automática, y en buena medida acertada, no todo podría ser ensayo y error. Conforme crecemos y nos desarrollamos, vamos aprendiendo sobre la base de esa plantilla ,y respondemos de modo acertado a acciones parecidas, aunque no sean iguales. Aquellas reacciones, respuestas a estímulos que están en nuestros genes, nos han permitido defendernos ante las fieras o el adversario, buscar cobijo ante el frío, sobrevivir, evolucionar, avanzar, todo ello, sobre la base de entendernos con los demás y de ser conscientes de que en caso contrario somos individuos aislados. El hombre, en etapas de desarrollo superiores al primate, en algún momento toma conciencia de los otros, de la agresividad -guerra- o de la colaboración, de la relativa igualdad con los otros, y de los deseos de los otros; queda claro que los otros siempre están ahí, son una referencia constante en la vida del hombre, son alguien con quien hay que contar, son sociedad. Aquel hombre ancestral se ve obligado a decidir-elegir- qué trato establecer con relación al hombre, con dos posibilidades fundamentales: a) la rivalidad continua (la guerra permanente que decía Hobbes), o b) la tregua, el respeto y la colaboración. El Sapiens, o el hombre de hace 30 o 50 mil años se debió pelear con sus semejantes primeramente por la comida. Los miembros de las tribus (A;B;C;D) a veces se ven, se espían, desconfían, y en ocasiones recolectan y cazan en el mismo valle, y seguro que en ocasiones surgirían conflictos por causa de los frutales o por la caza de un animal; habría peleas y muertes. Cinco lunas después o 6 meses después, o 2 años más tarde, alguien quiere devolver la afrenta y de nuevo se esparce la sangre. Y otra vez, y otra, y muchas veces durante muchos siglos (Hobbes). Recientemente se han encontrado en Kenia, Nataruk, los restos de 27 individuos de unos 10 mil años de antigüedad. Son los restos de una matanza grupal, donde había adultos, mujeres y niños. Se mataron a pedradas, flechas, como pudieron. Aunque estuvieran en un periodo sapiens avanzado y la mente de algunos alumbraran ideas, no hay ocasión de ponerlas en marcha ni de mejorarlas porque la situación de alerta es casi permanente, cada grupo vive pendiente de revanchas, de afrentas y conquistas sobre un vecino o tercero. Algún día, alguien interioriza sobre esto y la conveniencia de frenar las guerras y lo hablará con miembros de la tribu B, y luego con miembros de C y D, y un día, acuerdan una serie de cosas como el derecho a la vida, o no atacarse en luna llena, ni en eclipses, ni a embarazadas; y acuerdan repartirse el valle y ayudarse a cazar mamut y bisontes, etc. Cuando eso ocurre, se están estableciendo unos primeros acuerdos, unas primeras normas. Pero seguirá primando la costumbre del odio y rivalidad entre vecinos, y aunque a veces se respetan parte de aquellos acuerdos, se saltan otros muchos y seguirá habiendo rivalidad y muerte. Un día el jefe de una de esas tribus aplasta a las otras, y con su guardia se impone (dictadura). Acto seguido dicta unas normas y prohibiciones, que son una pequeña extensión o reformulación de los anteriores primeros acuerdos, y castiga las luchas o revanchas entre esas tribus, él se erige en juez que media y juzga los conflictos. De este modo (no se sabe si por la fuerza o por consenso), se establece cierta paz entre tribus, en consecuencia, solo tendrán guerra externas contra otras tribus. Ese jefe dictador ha impuesto unas Normas, que permiten cierta paz, ya no será necesario estar en alerta permanente, y con ello se favorece que pueda haber división del trabajo y que la creación y las ideas puedan reposarse, y poner en marcha innovaciones. De este modo surge la convivencia, la civilización y el progreso. "La conclusión justa es una conducta que generalmente benéfica a los demás y a la sociedad. La sociedad debe compensar los buenos actos. Los padres y otras personas de autoridad marcan la diferenciación entre actos justos e injustos" (Rawls. p.414). No pueden inventar ni aprenderse una lista de 100 normas, *valen 6 o 7 Normas*, que se trasmitirán desde esos tiempos atávicos. Son pues normas casi sagradas, que adquirieron un gran valor, valor de supervivencia, son por tanto, los valores o normas que nos han permitido evolucionar y progresar, y son ancestrales, culturales, heredadas e intersubjetivas, de modo que en consecuencia, han adquirido el *valor de los axiomas*. Todos los miembros de aquel grupo de tribus conocerían aquellas normas y su porqué, y nadie en principio las niega (asunto distinto será que después a veces no se respeten), por tanto son la mar de intersubjetivas, empíricas (siempre que este término pueda entenderse como experiencia y no como ley física) y cognitivas. Luego, aquellos iniciales básicos juicios de valor, son enunciados normativos de *"Alta Calidad"*, y son empíricos, axiomáticos e intersubjetivos, y admiten la prueba del verdadero o falso (en una acepción distinta a la física).

Habíamos dicho, que los enunciados normativos son órdenes, mandatos, opiniones. Hay muchos, múltiples referentes a las acciones de nuestra vida diaria, y en principio será correcto decir que son valoraciones subjetivas, emotivas. Pero sin duda no todas las normas, mandatos o juicios de valor que rigen nuestra relación social tienen igual importancia, los hay más básicos, los hay de importancia capital. Todos entendemos la importancia del precepto "no matarás" o "no robarás" (ahora no interesan las circunstancias ni eximentes), "ayuda al que se cae en la calle", etc. Es obvio que hay otros muchos códigos, mandatos, y distintos grados de valoración. Por ejemplo, puntuarán a distinto nivel la norma "no mataras", que la norma "no engañar a otro". Veamos un ejemplo concreto. Alguien quiere vender un coche (o dos kilos de manzanas). El comprador pregunta si ha tenido averías. Le respondes que ninguna, que solo ha tenido las revisiones ordinarias, ningún otro problema, aunque sabes que en junio pasado le metieron gas para el aire acondicionado, que luego te aguantó todo el verano. Tu conciencia y la correcta norma social, lo mismo que un observador o juez imparcial, dirían que debiste indicarle sobre ese fallo; sabes que la única acción verdaderamente correcta sería decirle la verdad. Pero no puedes sustraerte del hecho cierto de que vives en un mundo real, donde no todo funciona (muy poco) de acuerdo a la norma ideal (Harrod y Harrison). Llegado a ese punto de duda de la conciencia, la mente se pone a razonar, y distingue entre normas de Alto Valor y normas menores, o comunes. Para saber en cada caso si me hallo ante normas comunes o de Alta Calidad, me interrogo acerca de cómo la sociedad juzga sobre cada norma concreta, en este caso, cuál es la valoración que la sociedad acostumbra a hacer sobre engaños comerciales que no ocasionan gran perjuicio. No es el mismo perjuicio el que se deriva de fallar la norma "no mataras", que el que se deriva de fallar la norma "no mentir" o la norma "decir siempre la verdad". Acto seguido, analizas cuánto daño puede causar la información inexacta (la conciencia de cualquiera adquiere un color distinto si ocultas un fallo, que si intentas vender un coche con el motor que se cae), y recuerdas, que nadie en los casos de pequeños fallos dice toda la verdad. Quizás incluso la tendencia a decir toda la verdad u ocultar parte, tenga algunas diferencias según distintas culturas; desde luego, en la cultura mediterránea deslizada del modelo lazarillo tendemos más a ser pillos que sinceros, y partimos con frecuencia de la certeza, de que esa carta está en juego. Conocemos la regla ideal y la postura ética, pero me contradigo al inclinarme por la regla real (Harrison) y aplicar el planteamiento utilitarista de la teoría de los juegos, imagino las varias posibilidades de reacción del comprador según yo le diga toda o casi toda la verdad, y al final adoptas (casi siempre) por la estrategia dominante y racional: decir casi toda la verdad (la que crees no te perjudica, y en cierto grado tranquiliza tu conciencia). En eso radica la diferencia entre normas comunes y normas de Alta Calidad. Las segundas se dictaron en los inicios de la civilización, y son necesarias para la supervivencia de la especie y el progreso, en tanto que las primeras son extensión y complemento de las segundas, y su falla ocasiona un perjuicio menor. Es curioso como reconocemos que tenemos una ética, y sin embargo sin muchas alharacas somos capaces de echarnos en brazos del pragmatismo, es "la presión del mundo real". Ocurre que la común venta del coche puede encuadrarse dentro del campus "actuaciones de menor valor", y en este apartado la conciencia es más laxa, no se contradicen los "valores inviolables"; cosa distinta será matar, dañar o robar a alguien. Las normas "menores o comunes" son más subjetivas, y con frecuencia, no hay coincidencia respecto de cuál era la acción correcta según qué circunstancias; pero respecto de las "normas de Alto Valor" todo el mundo identifica cuál es la acción correcta, luego son valores *"intersubjetivos", "casi-objetivos",* y sin duda cognitivos, razón por la cual no hay fundamento para arrinconar la ética en base a la invalidez de los enunciados normativos.

La Ética debe ser posible a partir de cierta fundamentación, sobre la base de los criterios de intersubjetividad. El hombre pudo seguir siendo solo, pero no sería hombre social. Desde que es social hay comportamientos correctos y actos malos, y el hombre civilizado no puede mostrarse indiferente ante los actos malvados porque le va en ello el bienestar, el progreso y hasta la supervivencia. Tal es así, que a lo largo de toda la Historia el hombre ha discurrido sobre la buena o mala actuación humana, y los más capaces o pensantes han elaborado discursos y doctrinas a este respecto. En la época moderna las doctrinas éticas parten -como ya hemos señalado- de Locke y la Ilustración, llegando hasta nuestros días dos paradigmas: el modelo utilitarista y el modelo igualitario. La ética igualitaria no ha tenido gran trascendencia, sí la ha tenido en cambio, su expresión social. El intento de mejora de las condiciones de la clase baja se apoyaba en las directrices marxistas, cuya filosofía indicaba que el cambio consiste en la "praxis" más que en la teoría, la acción más que la discusión. Se quiso entender que Marx, centrado en la praxis despreciaba la ética, motivo por el cual la discusión dialéctica quedó relegada en detrimento del cambio de estructuras social. Quedó pues casi todo el campo dialéctico disponible para la ética utilitarista, que bajo la premisa empalagosa de "la mayor felicidad para todos" copó todo el pensamiento moral. El transcurrir de las décadas fue mostrando las grietas de ese discurso y se hizo mayoritario el pronunciamiento que negaba valor ético a la propuesta utilitarista. Nos encontramos pues, con que ese paradigma no responde a las expectativas de análisis del comportamiento correcto, y por otro lado, las exposiciones igualitarias parten de una concepción humana muy valorada pero en desuso, la igualdad, idea que según parece cautiva poco al hombre común. El inconformismo humano ha propiciado la aparición de un nuevo modelo, que en cierto modo se mueve entre ambas aguas, un modelo que recupera la esencia del Contrato, y que reescribe sobre las líneas de Kant.

Contractualismo

Bentham decía que lo bueno, lo correcto, lo justo, acaba siendo el placer. Pero a casi nadie le ha convencido el argumento de que lo que es placentero deba identificarse con lo correcto; no parece un sendero adecuado para identificar la ética. ¿Cuál es la guía, la fórmula para saber lo qué es justo? Es difícil. Todos los listos, todos los eruditos, todos los pensadores, tienen su respuesta, con frecuencia poco coincidentes.

Algunos filósofos No Cognitivistas (Hare, Stevenson, N Smith) tendieron puentes hacia la ética, pero sería J. Rawls quien más hizo por rescatarla del pozo, poniendo en primer plano la primordial importancia de la justicia. Sostiene, que no todos los problemas políticos y reales son el resultado de un uso impreciso del lenguaje, y que existen situaciones reales, a los que hay que dar respuestas reales.

"La justicia es la primera [18] virtud de las instituciones sociales, como la verdad lo es de los sistemas de pensamiento". "No importa que las leyes e instituciones estén ordenadas y sean eficientes; si son injustas han de ser reformadas y abolidas. Cada persona posee una inviolabilidad fundada en la justicia, que ni siquiera el bienestar de la sociedad en conjunto, puede atropellar". Una sociedad está bien ordenada, cuando funciona eficazmente una concepción pública de la justicia. Significa, que en esa sociedad *"cada cual sabe y acepta que los demás aceptan* los principios de justicia; las instituciones sociales básicas satisfacen esos principios". Para su planteamiento teórico, es necesario este supuesto, es básico partir de esa creencia: todos creen un poco en los demás. Ese es el principio de sociedad.

En nuestras vidas, en la relación social, en la ética, siempre hay una pregunta clave e inevitable: ¿Qué es lo justo y lo injusto? Dirá el utilitarismo que lo que es útil, tradúzcase en última instancia por un sencillo principio, el de la felicidad, el placer. Tan aparentemente natural, que se convirtió en un principio avasallador, aunque muy abstracto, tan poco concreto, que a su vez fue causa de que adquiera carácter de nimiedad en el campo de la ética. Rawls trata de responder a esas preguntas a través de su modelo teórico *"La Justicia como Imparcialidad"*. Lo básico de esta noción de justicia, es que se trata de principios que serán escogidos en la posición original por unos participantes en situación de *"velo de ignorancia"*. Su modelo, imagina que unos participantes anónimos están juntos para elegir unos principios básicos, que gobiernen su modo de convivencia para todo el futuro, bajo la premisa de la ignorancia absoluta sobre condicionantes particulares. Cuando se tienen dudas sobre el juicio o la acción justa, ¿cómo me guía la Justicia como Imparcialidad? Su respuesta (Ibid,p.53) consiste en elevar un valor como asidero seguro contra las turbulencias. Propone como primer principio el de igual libertad (para todos), incluso delante del regulador de las desigualdades económicas; el individuo libre (kantiano) va a ser capital para que el sujeto se autoafirme en el camino de la justicia.

Todo el mundo tiene una concepción de la justicia, y con frecuencia no es muy coincidente con la concepción que tienen otros, y lo que es peor, las sociedades existentes rara vez, están bien ordenadas. Parece fácil coincidir en que las instituciones son justas cuando no se hacen distinciones arbitrarias entre las personas al asignarles derechos y deberes básicos. En la vida real, muchas actuaciones particulares, decisiones, juicios, son justas y otras no lo son. Pero Rawls quiere dejar un tanto al margen esas conductas, señalando que su interés se circunscribe a la parcela de la justicia social, cuyo objeto primario es la *estructura básica de la sociedad*, porque de aquí, se deriva la forma en que las instituciones distribuyen los derechos y deberes. Los hombres, (Ibid 21) nacidos en posiciones sociales diferentes, tienen diferentes expectativas de vida... circunstancias económicas y sociales..., esto es así, en razón de que las instituciones de una sociedad favorecen ciertas posiciones iniciales frente a otras, (status). Éstas, son desigualdades especialmente profundas, que si no se amortiguan, y en según qué sistema político y social se dejan en manos del libre azar, ejercen una influencia decisiva en la elección, posibilidades y camino que pueden seguir las personas, mermando mucho la entusiasta idea de oportunidades e imparcialidad. No vivimos en un mundo perfectamente justo ni mucho menos, sino en distintos tipos de sociedades, algunas, con importantes o abismales desigualdades respecto de la distribución de bienes, que ofrecen resultados muy distintos respecto de la felicidad o del mínimo bienestar, cuando no mera supervivencia, flagelada por el hambre y las calamidades. Por suerte para quienes nacimos en el mundo occidental (el azar), aunque las diferencias también son grandes, la supervivencia parece menos dificultosa. Son muchas las personas que consideran esta suerte (azar) tan natural, que en ningún momento piensan en la exigua suerte de los otros, más que para negarles todo derecho y mandarles a la m (pateras). Esa suerte de sobreabundancia, o escasez, que se da en la vida de muchas personas, se debe, a cómo está estructurada la justicia social, que es el campo que interesa a Rawls, quién sostiene, que sí podemos preguntarnos cómo sería una sociedad perfectamente justa. Aunque la sociedad -el hombre- esté contaminada de diversos vicios, es preciso partir del supuesto de la teoría ideal. Una concepción de la justicia social, debe permitir evaluar los aspectos distributivos de la estructura básica de la sociedad. Dice Rawls[19], que una teoría de la justicia no merece ser reconocida como tal, si permite que las personas resulten beneficiadas o perjudicadas, por circunstancias ajenas a sus meritos o propias elecciones. Que idea más bonita, que todos firmaríamos; pero qué lejos está de la realidad.

Rawls plantea una concepción de la justicia basada en la idea del contrato social de Locke, Rousseau y Kant. Kant indicaba, que los principios morales son el objeto de la elección racional, y la legislación moral debe ser acordada en condiciones que caracterizan a los hombres como seres libres y racionales. Una persona actúa autónomamente, cuando sus acciones las ejecuta como ser libre y racional. Los principios de justicia son también imperativos categóricos en sentido kantiano. "Por imperativo categórico, Kant entiende un principio de conducta que se aplica a una persona en virtud de su naturaleza como ser libre y racional." Entiende Rawls, que los principios de ese contrato se establecen entre personas libres y racionales, interesadas en promover sus propios intereses, y que en consecuencia aceptarán una posición inicial de igualdad. Parte del supuesto teórico, de que a los participantes en la posición inicial de imparcialidad, les va a convenir buenos principios de justicia para la estructura básica de la sociedad, dado que como se verá, desconocerán casi todo. La posición original no es real, es una situación hipotética sobre el inicio de una pretensión de acuerdo de unos participantes que buscan el mejor modelo social que rija sus vidas, lo cual, no debe restar mérito al planteamiento.

El Acuerdo original [20] consiste, en intentar averiguar qué principios de justicia serían escogidos en la posición original, por personas anónimas racionales (son egoístas y a la vez razonan) que persiguen su bienestar, y que estuvieran en posición de igualdad. Los participantes, tendrán que reflexionar y elegir de una vez y para siempre, lo que es para ellos su bien y lo que significa justo e injusto. Ninguno podrá suponer, que si se equivoca eligiendo del modo que crea interesado, podrá rectificar su posición más adelante, o que habrá un nuevo acuerdo 4 o 20 años después; han de saber que la elección es definitiva, y afectará a las circunstancias de su vida para siempre. Para que uno pueda pensar y elegir lo más libre y de modo justo, se parte del supuesto de que esos hipotéticos participantes no conocen cuál es su posición en la sociedad: clase, status, riqueza, tampoco saben si son torpes, hábiles o listos, bajos, guapos o feos, con mucha o poca capacidad de seducción, ni conocen sobre su fuerza, astucia o aguante; se trata de que tengan que decidir (del modo más neutro posible), sin conocer sobre ningún tipo de ventajas o desventajas, que de haberlas, lógicamente influirían en su elección-decisión. Ya apuntó Rawls, que no era un planteamiento real, sino un supuesto teórico. Interesa imaginar (lo cual es perfectamente posible, como se verá) cómo razona, elige y decide la persona cuando se ve desnudo, cuando se siente igual e imparcial, cuando sabe que va a elegir su futuro sin ninguna posibilidad de treta ni ventaja, cuando sabe que le cubre un "velo de ignorancia". Habrán de elegir principios que serán aceptados por personas racionales, dedicadas a promover sus intereses; todos ellos comprenden que nadie puede obtener todo que quiere, porque también cuentan los deseos de otras personas.

Los dos principios básicos de su Justicia como Imparcialidad, que espera serán aceptados por (Ibid,p.67) todos los participantes, son: *el principio de igual Libertad y el principio de Desigualdad Económica.* El primero le enuncia de la siguiente manera: "cada persona ha de tener un derecho igual al esquema más extenso de libertades básicas que sea compatible con un esquema semejante de libertades para los demás." El segundo enuncia, que "las desigualdades sociales y económicas habrán de ser conformadas de modo tal, que a la vez que se espera que sean ventajosas para todos, se vinculen a cargos y empleos asequibles para todos (Ibid 68). Del segundo principio se entiende, que exige igualdad (Ibid 27y 81) en la repartición de derechos y deberes básicos, y que las desigualdades sociales y económicas, como son las de riqueza y autoridad, sólo son justas si producen beneficios compensadores para todos, en especial, "para los miembros menos favorecidos de la sociedad". Parecen tan lógicos, que se supone son los que todos elegirían con "el velo de la ignorancia". En la p. 27 y 81, Rawls habla de igualdad en la repartición de derechos. La vida real está estructurada en base a malos principios básicos, o buenos principios, pero con trampa. Por eso, muchos hombres prominentes son directivos en varias corporaciones públicas, y todo el mundo está seguro de que existe el enchufismo. Hemos de fijarnos en que se admiten desigualdades económicas (compensadas), prototipo de teoría liberal, pensada desde una sociedad de corte occidental. Otros modelos sociales también aportaron resultados positivos durante un tiempo en los países del Este, pero al final se vivieron abajo, debiendo apuntarse como razón principal, que sin diferencias de recompensa y logros, merma mucho el esfuerzo que pueden aportar las personas/trabajadores; se prohibían las diferencias económicas, que sí

231

postula Rawls en su planteamiento. Cabe suponer (sin temor a equivocarnos), que los participantes elegirían como sistema económico el correspondiente a la libre economía de mercado, y dado que ninguno podría aventurar su buena o mala posición social, parece evidente que elegirían que hubiera compensaciones para los menos dotados. A su sistema de búsqueda racional de la mejor opción-elección, lo llama "equilibrio reflexivo", consistente, en encontrar la mejor opción por aproximación, tanteo, duda y reflexión, revisando juicios existentes o modificando situaciones iniciales. Aunque indica que este planteamiento no es real, lo defiende "porque las condiciones incorporadas en la posición original son aquellas que de hecho aceptamos", un planteamiento sobre igualdad, que es la aspiración mínima de todos.

Velo de la ignorancia (Ibid 135-6). "Debemos anular los efectos de las contingencias específicas que ponen a los hombre en situaciones desiguales y en tentación de explotar las circunstancias naturales y sociales en su provecho propio". En una pretendida situación de justa e imparcial participación, hay que tratar de anular las situaciones de desigualdad que se pretenden aprovechar para beneficio propio. Para ello, lo mejor es que las partes estén situadas bajo el "velo de la ignorancia". Es esta situación, los participantes no saben cómo las distintas circunstancias afectarán sus casos particulares, por lo que se ven obligados a elegir buenos principios sobre la base de consideraciones generales. "Nadie conoce su lugar en la sociedad, posición, clase social ni la distribución de talentos", ni otras condiciones particulares como la propia concepción del bien, aversión al riesgo, generación a la que pertenecen, tendencia al pesimismo u optimismo, en definitiva circunstancias de la psicología particular que pudieran influir en la elección. Los participantes, conocen que su sociedad está sujeta a las circunstancias de la justicia y todos los hechos generales sobre la sociedad humana; "entienden acerca de cuestiones políticas y los principios de la teoría económica", etc. Van a dialogar, buscar acuerdos y negociar, debatir sobre la conveniencia de encontrar acuerdos duraderos que gobiernen sus vidas sobre el principio de justicia, pero en realidad puede decirse que "no tienen base para negociar, dado que desconocen" casi todo su bagaje particular, posición y capacidades, deberán centrarse en cuestiones generales para su felicidad, "cuyo motor individual sin duda es el egoísmo, egoísmo racional. "Las restricciones a la información particular (Ibid 138) en la posición original son de importancia fundamental"; si hubiera conocimientos particulares, el resultado se vería taimado por las contingencias de cada particular. Un participante en la posición original, no podrá obtener ventajas especiales para sí mismo, dado que desconoce sus características propias, y tampoco querrá aceptar que de los acuerdos pudieran derivarse desventajas, por lo cual, hará esfuerzos por lograr principios de justicia que exijan una distribución igualitaria. Es tan obvio, dadas sus características de ignorancia, que eso es lo que empezarán exigiendo todos los participantes. Normalmente los participantes preferirán tener más bienes sociales primarios a tener menos. Dado que este planteamiento excluye conocimientos particulares previos y se buscan acuerdos generales que a todos beneficien o no perjudiquen, plantea el autor (Ibid 125 y 140) que no es descabellado pensar en el acuerdo de unanimidad (parece excesivo). Parece demostrado que el esfuerzo no es el máximo cuando no se espera recompensa; luego se admitirán las diferencias. Pero sabiendo lo mucho que implican según cuánta diferencia, se aplicarán en encontrar fórmulas correctas de amortiguación o compensación, porque no olvidarán que su posición podría ser de los no favorecidos por circunstancias naturales

En cuanto a sus dos principios básicos de Justicia -mencionados atrás-destacan dos aspectos fundamentales: el de igual libertad, y el que establece desigualdades económicas y sociales. El principio de igual liberad posibilita la libertad política, la de expresión y reunión, la libertad de conciencia, la defensa ante la opresión psicológica y física, etc. Los principios funcionan en un orden serial, dando prioridad al primer principio sobre el segundo principio. La libertad no es absoluta, es un concepto básico que puede ser objeto de límites y compromisos cuando "entren en conflicto con otras libertades básicas" (Ibid 69); la libertad de cada uno no puede mermar la libertad del otro. La lista y rango de libertades lo eligen los participantes; el derecho a poseer ciertos "tipos de propiedad como por ejemplo los medios de producción o la elección del modelo del laissez-faire, no son básicos y por tanto no están protegidos por la prioridad del primer principio". Entre los primeros objetivos de la sociedad estará distribuir ciertos bienes primarios: "derechos, libertades, oportunidades, ingresos y riqueza" (ibid p.69). "La concepción general de la justicia no impone restricciones respecto al tipo de desigualdades que son permisibles, solo exige que se mejore la posición de cada uno". No es aceptable disminuir el primer principio -libertad- a costa de ventajas (negociaciones, compensaciones) sobre el segundo —economía-. La idea del bien (justicia social), tiene que ver con un plan racional a largo plazo; se entiende que un hombre es feliz, en la medida en que logra más o menos llevar a cabo este plan; el bien, es la satisfacción del deseo racional. Para que sean posibles esos planes, se requieren ciertos bienes primarios, naturales y sociales, tales como derechos, la inteligencia, la habilidad, oportunidades y poderes, saben que son básicos, y tratarán de igualar o compensar esos bienes en los casos de los menos aventajados (Ibid 99). En el esquema de Rawls, lo importante para la justicia es la estructura básica de la sociedad. Son las profundas desigualdades de esa estructura, lo que los principios rawlsianos tratarán de regular. Una vez satisfechos estos principios, amortiguadas estas diferencias, es permisible desigualdades derivadas de la acción voluntaria y el premio al esfuerzo. Lo cierto es que el patrón de desigualdad aceptado en las costumbres y legislaciones de Occidente, facilita esa diferencia que crea tales desigualdades, que la parte baja de la sociedad rara vez puede aspirar alcanzar cuotas medias. Por ejemplo, esa desigualdad permitida nunca favoreció a los negros del Sur de USA o a los indios de Méjico. Igualdad y libertad, un binomio que es bueno para el blanco que nace en Boston y estudia en Oxford, no es lo mismo para el negro de Carolina o el indio de Chiapas.

En la estructura social, cada persona tiene dos posiciones pertinentes: 1, igual ciudadanía, y 2, el lugar que ocupe en cuanto a ingresos y riqueza. Las características de renta pueden modificarse, las características naturales (raza, sexo, inteligencia...) de cada uno son fijas y menos modificables. "Esa desigualdad, estaría justificada si fuera en beneficio de los menos favorecidos", pretendiendo cierta igualdad y bienestar para todos, cómo compensar a los menos favorecidos (Ibid 101). El concepto discriminación positiva, se acuño hace un par de décadas para fijar políticas sociales de apoyo en USA a los grupos discriminados o de mayor dificultad, mediante mayores ayudas en becas y otras formulas, y prefijando cuotas de ocupación o universidad, para colectivos como el de los negros, y lo cierto es que generó mejoras. Desde el lado de los beneficiados, se criticaba que estas ayudas les estigmatizaba y les quitaba valor por el hecho de reservarlos algunas cuotas, pero lo cierto es que gracias a esos programas, alcanzaron unos niveles de mejora que antes no tenían. Rawls sugiere, escoger una posición particular, por ejemplo los trabajadores no cualificado o en términos de renta todos los trabajadores con cierto nivel por debajo de la media, siempre pueden encontrarse alguna referencia para distinguir ese grupo menos favorecido que necesita ayuda de compensación, de hecho en el actual Estado de Bienestar se favorecen merced a becas de estudio, comedor, impuesto negativo, etc. Para mitigar las diferencias se ha de tener presente el principio de compensación, que afirma que las desigualdades inmerecidas requieren una compensación, y nada es más inmerecido que las desigualdades de nacimiento y de dotes naturales, por ambos extremos. Es grosero y bochornoso, comprobar cómo las actitudes ociosas descritas por Veblen, no son fantasía sino pura realidad, como lo es el hecho cierto de que un porcentaje significativo de personas, aún resbalan en el estercolero similar, al que pintaba Dickens en Oliver Twist. Tanto liberales como igualitarios, reconocen la existencia de la lotería de la naturaleza, pero se diferencias en la forma de enfrentarlo; lo "injusto es la forma en que las sociedades aceptan la desigualdad de los dones naturales". En la concepción liberal, ni se puede ni se debe hacer nada más que dejar las cosas como están (que gran principio para quienes gozan de posición ventajosa), en cambio los igualitarios tratan de actuar sobre las estructuras para cambiarlo. Si queremos igualdad de oportunidades, la sociedad "tendrá que prestar mayor atención a quienes tienen menos dotes naturales y a quienes han nacido en las posiciones sociales menos favorables

El Utilitarismo se distancia de cualquier planteamiento ético porque en cualquier supuesto, acepta el stastu quo presente, no retoca la cuna ni la herencia, lo cual deforma la igualdad y la imparcialidad, y supone en todo momento ventajas notables de unos sobre otros. El utilitarismo enuncia que cada uno mira para sí (cada uno es quien mejor sabe sus conveniencias), y a la hora de competir el bagaje de cada uno impone diferencias, de tal modo que los que participan con ventajas puedan optar, y los otros, directamente saben que no pueden intentarlo; y hasta es posible que en razón del distinto poder, el rico pueda poner oscuras cortapisas a otro menos poderoso en sus intentos de libre desarrollo. El utilitarismo es un modelo ajeno a la imparcialidad. Sostiene el utilitarismo que una sociedad está correctamente ordenada cuando sus instituciones maximizan el equilibrio neto de satisfacción (aumento del PIB, beneficio para el 1%, Stiglitz). Pero este aumento nos dice poco si en lugar de haber un crecimiento general, aumenta en pocas manos. Es una variable no válida, pero muy utilizada por quienes nos pretenden engañar, y por cierto que lo logran. Stiglitz: "en 2008 los ingresos de los estadunidenses estaban disminuyendo, aunque las descomunales ganancias de los de arriba distorsionaban el cuadro".

Los utilitaristas (Ibid 73) partían de la idea de felicidad para todos, pero era un principio ambiguo y confuso, así que se adhirieron al principio de Eficacia, que es la optimalidad de Pareto, referenciado a la distribución. Una configuración es eficiente, siempre que sea posible cambiarla de modo que beneficie a algunas personas, sin perjudicar (sin restar beneficio) al mismo tiempo a otras personas. La distribución de mercancías entre individuos es eficiente, si no existe una redistribución de estos bienes que mejore las circunstancias de al menos uno de estos individuos sin que otro resulte perjudicado. "Una distribución de bienes es ineficiente cuando no hay modo de mejorarlo para unos individuos sin hacerlo peor para otros". No es suficiente, la diferencia la marca Rawls: *"una distribución no solo debe ser eficiente, sino también justa"*. Las expectativas de quienes tengan las mismas capacidades y aspiraciones, no deberían verse afectadas por sus clases sociales y las posibilidades económicas que de éstas se deriven. Quizás valiera la pena recordar la importancia (Ibid 79) que tiene impedir la acumulación excesiva de propiedades y de riqueza, y mantener la igualdad de oportunidades educativas para todos. El pone un ejemplo de distribución justa: cuando al dividir un pastel del modo más equitativo posible, quien ha hecho las particiones, toma la última porción que ha quedado, no la cabeza del león como hacen muchos (quien parte se queda la mejor parte, es el dicho) (Ibid,p.90). En España, quien reparte no elige el último, sino que elige el primero y se lleva varias partes.

En el Utilitarismo clásico, (Ibid 157) se trata de maximizar la suma absoluta de expectativas de las personas, es decir que se miden las satisfacciones totales, en cambio en la Justicia como Imparcialidad, únicamente se considera aceptable el modo de elegir más y mejores bienes primarios. Una variante más actual del utilitarismo es el principio *de utilidad media,* que exige que se maximice no el total sino la utilidad media (per cápita), se trata de un cociente. El principio de utilidad más seguido en el presente, sigue la senda del modelo de (Ibid 161) Neumann-Morgnstern, que se basa en la toma de decisiones sobre posibilidades que implican riesgo, y aversión al riesgo. Este principio de utilidad media tiene en cuanta la aversión al riesgo de los participantes, y señala Rawls que a más aversión en la situación planteada, más se asemeja a su principio de diferencia.

Rawls (Ibid 115), parte del aserto de que tenemos deberes, lógicos, deberes que él llama naturales, positivos y negativos, de acción y omisión, actos, obligaciones relacionadas con la bondad, con el recto comportamiento. De ser cierto esa aseveración, y si consideramos lógica la idea de su

236

cumplimiento, estaríamos suponiendo cierto grado de bondad en el ser humano, quizás muy superior a desarrollo real que en esta faceta encontramos en la vida diaria. Aceptar esos deberes, significa imaginar al hombre en una actitud de relación social lejana a la realidad, utópica, casi inimaginable, como es inimaginable un general mundo de bondad. Menciona el deber de ayudar a otro cuando lo necesita o está en peligro, siempre y cuando pueda hacerse sin riesgo o pérdida excesivos, el deber de no dañar o perjudicar a otro, el deber de no causar sufrimiento innecesario. En el ser humano conocido, nada puede obligar al altruismo, ni a la benevolencia -por mucho que lo imaginaran Hutcheson o Smith-, y si esos sentimientos afloraran de modo natural, el mundo sería una arcadia, en cambio se asemeja más a la guerra continua de Hobbes. Rawls imagina esos deberes como naturales, porque si las buenas acciones derivadas de esos deberes nunca se dieran, el hombre se habría despedazado tan aprisa que nunca se habría escrito un libro; son razones de supervivencia y socialización.

Volvamos sobre la posición original. Debe haber acuerdos. "Nadie puede obtener todo lo que quiere; la mera existencia de los demás lo impide". Los individuos no entran a la posición original como tabla rasa, sino con su configuración psicológica particular (desconocida); además de diferencias naturales tienen una serie de defectos o carencias derivados del lógico egoísmo que parece inevitable en el ser humano. Hay ambiciones, demandas conflictivas, intentos de ventajas sociales, si fuera de otro modo la justicia no sería una virtud. Y justo por todo esto, porque todos pretenderían obtener cuantas más ventajas (postura diferente de lo que es justo e imparcial), han de ser capaces de dialogar, buscar y encontrar esos acuerdos que les beneficien a todos, o que no les perjudiquen, acuerdos justos e imparciales, porque debido a que se trata de personas egoístas, y dado que no saben lo que les espera, les conviene no perder, o limitar pérdidas. Lógicamente los principios habrán de ser universalizables, tienen que valer para todos, y su carácter ha de ser público. Los participantes son racionales, persiguen su interés, es decir su bien, pero hemos dicho que no conocen su idea particular del bien. El autor propone que conozcan una idea general del bien: desearán tener más bienes primarios a tener menos, y con esa información pueden pues jerarquizar las alternativas. En general saben que tienen que tratar de proteger sus libertades, ampliar sus oportunidades y promover sus objetivos, buscando en los acuerdos perder lo menos y en los menos casos posibles. Rawls, en su planteamiento, elimina el concepto envidia y toda su influencia (Ibid 141). Desde posiciones contrarias, se argumenta con razón, que ese no es un planteamiento realista. Admite las objeciones, pero sigue convencido de que al individuo racional no le importará advertir algunas diferencias, siempre que perciba su compensación y no las crea basadas en la injusticia. El sostenía, que los participantes desconozcan sus circunstancias y dotes particulares, pero sí desea que posean una idea real de la política, la economía y la vida social; y los sentimientos negativos (envidia, que él deja al margen) son parte real e importante de la vida. Creo que en la posición original no se debe negar el conocimiento de esos sentimientos, algunos muy importantes: envidia, avaricia y poder. Podemos aceptar que el modelo de vida ideal se basa en la bondad y la justica, pero la realidad muestra que en la sociedad se funciona de modo egoísta, y cada uno tiende a lograr la mayor riqueza propia, lo cual a veces proporciona bienestar, y otras veces frustración y desgraciadas, al no conseguirlo. Rawls está convencido, de que en el modelo de incertidumbre los hombres se decantarán en su elección por los principios de justicia e igualdad. De modo contrario, Harsanyi, cree que los participantes elegirían maximizar beneficios, aunque suponga asumir riesgos (envidia, avaricia). Hemos aceptado que la base del hombre es egoísta, que cree en su esfuerzo y tiende al beneficio propio y la diferencia. Hay hombres temerosos, pero también los hay temerarios y ambiciosos, dispuestos a creer que el azar jugará de su lado, y que lograrán hacerse ricos; les gusta soñar con la aventura, apostar, creer que ellos serán los elegidos porque la suerte les va a tocar en el hombro. A partir de aquí, parece lógico el planteamiento de codicia y riesgo que expone Harsanyi: el hombre confía en sí mismo, elige maximizar, y se decanta por el riesgo. Desoyendo las proposiciones de imparcialidad, este planteamiento es correcto, teniendo en cuanta la real ambición humana. Pero hay que prestar atención a la condición ciega que les ofrece Rawls. Les dice a los participantes, que deben saber que la elección no es por un tiempo, que luego habrá otra, o que se puede cambiar. No, les dice no. Los participantes sabrán, que van a intentar elegir el mejor sistema social, de una sola vez, y para toda la vida, para ellos, y para sus descendientes, deben intentar elegir bien y recordar, que cada uno y sus descendientes pueden pertenecer al bando de los favorecidos, o de los desfavorecidos. Se cree que frena más el temor al azar sobre sus descendientes, que sobre uno mismo. Si se escucha y atiende esa idea, es fácil que la ambición se frene de modo racional (los participantes se suponen

238

todos cuerdos y racionales), y los planes sobre riesgos quedarían forzosamente menguados; creo que serían pocos (Rawls sugiere una elección unánime), quienes se aventuraran a elegir un modelo que maximice resultados y hedonismo, sabiendo que el mismo modelo, ofrece la contrapartida del perdedor -según qué suerte de dones y aptitudes le toquen en su vida, y a sus descendientes: enfermo, poco listo, inhábil, débil-.

Hay algunas aportaciones más al debate de la justica social. La mayoría se presentan adversas al utilitarismo, y críticas con el planteamiento de Rawls. G. A. Cohen[20], le reprocha que su propuesta no es lo bastante igualitaria, se cuestiona por qué los mejor preparados tienen que recibir más que los otros. En su disertación, el mismo Cohen acaba entendiendo que si no hay esa compensación es difícil que los listos se impliquen. Rendimientos desiguales con el mismo reparto, eso es altruismo y amplia generosidad, y solo ha ocurrido en los Kibutzs -a veces-. Hay acuerdo en que no existe ese tipo de personas, en todo momento hemos admitido que el ser humano es egoísta. Desde el campo marxista, una vez que se percataron (Ibid 104) que no era inevitable el advenimiento del estado igualitario, empezaron a centrarse en la noción de justica dentro de las presentes democracias, su desarrollo y los logros para el bienestar humano. Acabaron certificando que la clase obrera ya no constituía una mayoría, ni producía toda la riqueza , ni era la única explotada, ni estaba tan interesada en grandes cambios, ya no había hambre ni zapatillas, ni existía la "esencia revolucionaria" (Ibid,p.105). Hay quienes se empeñan en escudriñar las citas de Marx (Ibid,p.106) sobre la justicia y la moral como basura verbal; no han entendido nada. Z. Husami, si vio de modo correcto la forma en que Marx entendía la moral y la justicia, J. Elster también: justicia destinada a aplicarse en la superior etapa comunista "de cada uno según su capacidad y a cada uno según sus necesidades". Desde las posturas igualitarias, nadie supera ni iguala la propuesta rawlsiana, a la que reconocen gran valor, y en ella se apoyan; intentan parchear su exposición, que es la más original y completa.

Ciñéndonos a la realidad sociopolítica, claro que es distinto si se elige un modelo u otro de convivencia. Con el modelo de imparcialidad se habrán de elegir leyes, constitución y formas de convivencia con referencia a esos dos principios: igual libertad, y desigualdad económica compensada, e imparcialidad en toda la esfera social y económica. Estoy recordando que una cosa es la justicia formal y otra la justicia de facto, como ocurre en todas las sociedades. Recordemos por ejemplo la forma en que Rockeffeller o Vanderbilt alzaron sus imperios. El paradigma de Justicia como Imparcialidad, requiere igualdad de oportunidades e imparcialidad y juego limpio en todos los órdenes. Desde ese supuesto, Rockeffeller no podría haber hecho aquella fortuna, al menos del modo en que lo hizo. Tampoco Vanderbilt podría haber operado con semejante impunidad arruinando la competencia con sus precios bajo coste y forzando a que le hicieran descuentos y comprando autoridades durante los litigios; eso no es competir con honradez ni igualdad, es aprovecharse de las fallas del sistema. "El valor de la libertad [21] no es el mismo para todos. Algunos tienen más autoridad y más riqueza y por tanto más medios para alcanzar los objetivos". Si las sociedades funcionaran bajo el principio de libertad e igualdad, la señora negra de 1965 no se tendría que levantar del autobús. Pero claro, así no funcionan las sociedades, todas tienen sus vicios, los vicios de los poderosos. La tan democrática sociedad USA empezó hacia 1640 en Playmounth y otras colonias, y ya allí, solo votaban o decidían los notables —ricos-, aunque ya se hablaba de igualdad. Y hacia 1790, se reunieron en Filadelfia 50 notables que doctrinaban sobre igualdad, pero ellos se cuidaban de que el pueblo apenas supiera de las decisiones de gobierno, y permitían optar a las altas instancias solo a quienes poseyeran cierto patrimonio. La justicia como Imparcialidad, puede decirse que se parece al Estado de Bienestar de algunos países del Norte de Europa, especialmente los escandinavos; la Suecia de 1776 y de Palme, serían lo más parecido.

El problema de la imparcialidad o de la mala ética o justica social, son las malas leyes, que permiten (algunos las hacen con trampa) el abuso y la corrupción. Si en las leyes hubiera menos errores o fallos, habría mucha más justica e imparcialidad, sin que importe que haya diferencias económicas. Le preguntan a Moreneses (Defensa) acerca del negocio que hace España vendiendo armas a Arabia, considerado un régimen no democrático y susceptible de utilizarlas para impedir la libertad del pueblo. El ministro justifica esa venta diciendo que "nada es perfecto". Eso es pragmatismo utilitarista: falsear los principios en aras de la conveniencia. Lo hace el gobierno conservador y está muy mal, se llama hipocresía. Lo malo, o peor, es que seguramente el PSOE habrá hecho cosas parecidas.

El Utilitarismo como sistema ético particular no vale, no es ético. Y

240

como modelo de justicia social, tampoco. La felicidad debe llegar no al 51%, sino a las mayorías, a los más posibles. Los hombres, las sociedades persiguen bienestar, acceso a bienes primarios y de consumo, y sabido es que solo unos pueden ser ricos, si muchos están limitados. Un modelo social es justo, cuando favorece el acceso a los bienes a múltiples mayorías, y esto no es posible en muchas sociedades, donde la mayoría de la riqueza está en muy pocas manos, a muchos ciudadanos apenas les llega para la supervivencia, eso no es felicidad. La felicidad, bienestar, solo es posible cuando la riqueza está repartida (no igual) de modo natural, o por imposición o acuerdo. Así pues, es precisa la redistribución. El utilitarismo calla, y solo piensa en que haya mucha riqueza, no en el modo en que esté repartida; no propone, no quiere que las estructuras se modifiquen, que la riqueza se redistribuya

Capítulo IV: **LA MALDAD**

> "Una mujer ruandesa de 45 años fue violada por su hijo de 12 años -que tenía el machete en la garganta- delangte de su esposo mientras obligaban a los otros hijos a mantener las piernas abiertas". Tutsis. p 36 de Zimbardo.

Primates

Somos El Hombre. El hombre, animales muy inteligentes merced a un gran desarrollo cerebral (1500 gr) que ha conseguido dominar la naturaleza y con el correr de los tiempos situarnos en una posición de dominio de la técnica, que nos permite grandes logros en todos los campos. Dominamos el espacio cercano y conocemos sus leyes, desafiamos al tiempo, retrasamos la muerte curando enfermedades, manipulamos los materiales de la tierra para construir útiles como presas, barcos, aviones, ocio, arte; todas ellas, actividades o actos que se supone nos proporcionan mayor felicidad, porque esa es la aspiración humana, toda vez que la idea de felicidad es una conquista de la mente humana desarrollada. Y para complementar nuestra naturaleza a

243

través del espíritu (expresión muy significativa, aunque nadie sepa lo que es el espíritu), somos hacedores de ética y conocemos acerca del bien y el mal, y somos capaces de empatía y altruismo. Visto así, se diría que somos un dechado de virtudes. Pero la realidad de la deforestación, contaminación, extensión de desigualdades y pobreza, parece indicarnos que debiéramos reconocernos como hacedores de maldad y vicios (Hobbes, Mandeville). Hubo un día y un tiempo, en que nos creímos el eslogan roussoniano "el hombre es bueno por naturaleza", es la sociedad la que le corrompe, cambiemos la sociedad, eduquemos al hombre, y éste será feliz. En las bondades de la educación también creía Kant (y casi todos). Desde entonces, el mundo ha "progresado" mucho, la educación ha llegado a todos los rincones (al menos en Occidente) y hasta se han probado cambios de modelo social, pero el hombre que sí es más fuerte y docto que hace 200 años, no consta que sea más feliz que entonces ni que en la época de Roma o de Sumer, salvo que seamos cortos, y felicidad lo midamos sólo por bienestar y consumo. Imagino, que felicidad es un estado de serenidad y equilibrio interior, y de relación con el entorno natural y social, en razón de unos objetivos. ¿Acaso no ha cambiado el hombre desde el Egipto de los faraones? Si el hombre almacena el fenotipo evolucionado de sus ancestros animales, en especial de los primates, debemos situarnos en los inicios de la civilización para ver cuánto hemos cambiado.

Se supone, que evolucionamos desde el primate, y es preciso comprender qué semejanzas pueda haber. Langaney, da un paso más y afirma que el hombre no desciende del simio, es el simio[1]. Es obvio, para algunos, que en razón del Génesis no evolucionamos a partir del primate, sino que Dios nos puso de un soplo en mitad del Eufrates, por lo cual a imagen de Dios, somos buenos. Volvamos a la Ciencia. Lo primero que sabemos de todo ser vivo, desde los más simples, es respecto de su capacidad de adaptación y supervivencia a través de pautas instintivas, que acontecen en todos los miembros de cada especie. Cuánto más simple es el ser vivo, más instintivo es su comportamiento. En biología, se entiende por instinto, una pauta de conducta heredada. Se caracteriza por ser común a toda la especie, y por poseer finalidad adaptativa. Dado que lo característico del ser humano es el mayor desarrollo cerebral y la actividad psíquica, se discute, si cabe hablar de instintos en el hombre. Pero en el fenotipo del hombre está impresa la historia abreviada de toda la evolución animal, porque lo primero que somos es animales y después primates, y nuestro comportamiento básico es similar al de todo animal en lo que concierne a la supervivencia. Parece que la naturaleza sigue una ley natural positiva: tiende hacia la conservación, y si no fuera de ese modo, no tendríamos ocasión de planteárnoslo. Freud hablaba de dos grandes instintos: Eros y Thanatos; amor, vida, reproducción; y destrucción o muerte. ¿Por qué habría de haber un instinto de destrucción? Parece que se refería más a pulsiones psicológicas, y menos a los motivos biológicos que empujan la acción de los hombres mediante respuestas rápidas y fáciles, que no necesitan ser aprendidas ni meditadas. Toda la vida (incluso las plantas) se rige por la lógica de la supervivencia. Los seres vivos nacen con una especie de pequeño chip lógico cerebral (instinto) que les guía y dirige, y todos los seres tratan en primer lugar de sobrevivir ellos, salvo algún caso extraño de suicidio altruista. Y para sobrevivir, por lo general nadie se ocupa de uno, mejor que uno mismo. Pervivir en los estadios primitivos requiere pues en principio egoísmo, porque se ha de cuidar sobre todo de uno mismo, de otro modo no sobrevive el individuo y no sobrevive la especie. Sería complicado que el primer planteamiento fuera altruista (excepciones aparte, los insectos de E.Wilson), sería un caos todos ocupándonos del otro. Llegamos pues a una primera (¿inquietante?) conclusión: es lógico el *principio egoísta* en los seres vivos.

Las reflexiones que hagamos acerca del hombre primitivo y de los animales, sólo pueden ser referencias generales sobre hechos o aptitudes difíciles de extrapolar y rara vez verificables, que sin embargo, sí serán útiles en aras a comprender si no el origen de la maldad, sí al menos los desencadenantes de ésta, y las formas en que se expresa y manifiesta en seres con capacidad de razonar. ¿Verificables? Esta es la clave de casi todo, qué es verdadero o falso, y qué son conclusiones taimadas o interesadas, que me temo son muchas más de las que lo parecen. En el capítulo anterior hemos tratado sobre lo que es verdad y verificable (o falsable), y la confrontación entre conocimiento objetivo y subjetivo -parámetros de capital importancia, imprescindibles en cualquier intento de estudios científico o riguroso- . ¿Quién no manipula, quién no tiene una idea preconcebida sobre el resultado de un estudio? Señalaba Malinowski en *Crimen y Costumbre en la Sociedad Salvaje* que en civilizaciones tribales como los Trobiandeses, donde no hay un cuerpo jurídico nítido ni escrito, basan en las costumbres ancestrales la guía y regla de lo correcto. Esas personas, se ayudan entre ellos por la razón más antigua, la necesidad de ayuda que todos a veces tenemos y por tanto debemos ofrecer. No es preciso que el hombre posea la bondad natural de la que hablaba Rousseau; ayudan, quizás no tanto por altruismo o generosidad, como porque

245

saben, confían, esperan, que cuando lo necesiten le devolverán esa ayuda.

En el hombre ha ocurrido una gran evolución y desarrollo cerebral, de tal modo, que casi todo lo que hacemos es fruto de la labor del entendimiento -aún cuando sea automático- que opera sobre el aprendizaje acumulativo, pero los comportamientos básicos de supervivencia son reacciones rápidas e instintivas. Ante una emergencia, un estruendo, un peligro, reaccionamos sin pensar buscando protegernos o huir, y la biología de nuestro organismo reacciona (como el de todos los animales) elevando los mecanismos de alerta que aumentan la producción de adrenalina. Fuera del campo de la supervivencia, y de ciertos mecanismos de reproducción, quizás todo nuestro comportamiento sea aprendido. Hemos perdido reacciones instintivas a favor de comportamientos culturales. Si se deja a un niño de 15 meses solo ante un desfiladero, seguro que se desnucará, y si se le deja cerca de un león, se le comerá.

Simios. Ya hemos mencionado las pautas de comportamiento y la motivación general de todos los animales y en particular de los primates o simios. Persiguen la supervivencia y la procreación, a través de una idea central en todas las relaciones de grupo, la idea de poder y dominio. El simio se comporta de modo básico, en forma similar a los demás animales, si bien, su cerebro le permite utilizar algunas herramientas y desarrollar algunas habilidades. Su interés primario es sobrevivir, y por ello se alimenta; y también para sobrevivir, a veces se defiende y emplea agresividad. Pretende reproducirse, función unida o cercana al placer, y en este terreno también se evidencia la agresividad para defenderse y para atacar, o para imponer su dominio y controlar su coto de hembras. Aprende pronto (de bebe) a manejar la agresividad para mostrar poder y dominio (en la medida de sus posibilidades), con el propósito de que otros miembros le muestren sumisión en distintas facetas sociales, se trata de que los miembros reconozcan quién es el macho dominante y los posteriores grados.

Los animales, y por tanto los primates, son individualistas y egoístas (si cupiese este calificativo) en tanto que a ninguno de ellos les consta, que otro se vaya a ocupar o preocupar de él (excepto los primeros años, y alianzas ocasionales), luego saben que para sobrevivir, cada uno debe cuidar de sí mismo (principio de conservación) y luchar por la vida. Parte de lo que ve

246

cualquier simio desde el primer día, es lucha, lucha por mamar, lucha por comer, por la fruta, por una sombra, por la mejor rama, por una hembra. En cuanto a la reproducción aprende que el fuerte, dispone en este terreno. Pronto entiende que todo se basa en el *Poder*, el poder que es reconocido; el jefe o líder manifiesta su poder (reconocido) con golpes en el pecho, y recibe saludos de reconocimiento de los demás miembros, etc.

Joseph Calla, del instituto Max Planck (Punset, Mayo de 2010), explica que en el caso humano, el niño aprende en poco tiempo muchísimas cosas, y sobre esa base desarrolla muchas más, almacenamos información (*Efecto Trinquete* lo llama Michael Tomasello), en tanto que el simio tiene memoria pero no almacena, para ellos siempre todo es nuevo, por este motivo no consiguen progresar. Tampoco puede este investigador precisar mucho más sobre la memoria en los simios, no se atreve a asegurar que recuerden su infancia, o que recuerden las circunstancias en que una vez se encontró con un leopardo. Nosotros hablamos, ellos comprenden muchas cosas y órdenes, pero tienen un lenguaje muy rudimentario; algunos simios entienden la frase "pon la pelota dentro del frigorífico", y lo hacen. Joseph Calla cree que los primates piensan, que tienen representaciones mentales de los objetos, distinguen la apariencia del objeto real. En Botswana, los monos se meten en cabañas en cuanto salen los turistas, y enseguida encuentran los bolsos de mujer, con gran habilidad corren la cremallera y abren los botes de cremas, que les encanta comerse; buscan eso, que saben está escondido en el bolso, ¿es abstracción? En cualquier caso, sigue la controversia sobre si algunos animales son capaces de tener autoconciencia. Algunos experimentos tratan de mostrar si algunos animales se reconocen en un espejo, y si se reconocen una semana después si se les pinta parte de la cara. No se sabe bien qué pensar en este campo; ¿Tienen sentimientos?, ¿ Puede un mono pensar algo respecto de nosotros, darse cuenta de que le enjaulamos? Parece cierto que nosotros poseemos el efecto trinquete (memoria acumulativa), ellos no.

Entiendo, que está superada la teoría del eslabón perdido. Parece ser que hay una evolución clara desde el primate, que derivó en múltiples variedades, muchas de las cuales no sobrevivieron, y alguna de ellas favoreció que el primate se pusiera en pie, lo cual es el inicio de la evolución del homínido. La ciencia refiere acerca de los primeros homínidos en la zona de Etiopía hace unos 4 millones de años, le llaman Australopitecus Afariensis, un ser evolucionado desde el primate que ya caminaba erguido. El biólogo

E.O.Wilson, refiere, que el primate que evolucionaría hacia el homínido se separó de los chimpancés hace 6 millones de años. Los estudios indican que los primeros primates vivieron hace unos 70 u 80 millones de años, y que evolucionaron para adaptarse a la vida arbórea, a base de cambios en los pies y en las manos, que fueron modelados para agarrar, después vendría la aparición de pulgares oponibles, y la presencia de uñas planas en vez de garras. Más adelante, nuestra especie de primate bajó de los árboles [2] y se adoptó al bipedismo. No lo hicieron todos los primates, sino los antecesores del homo y del chimpancé común y el bonobo "cuando se hallan en el suelo, con frecuencia levantan los brazos y corren o andan sobre sus patas traseras". Hace unos 5 millones de años, los australopitecinos alargaron sus piernas y se enderezaron, la pelvis se reestructuró, ocurrieron cambios en la dentadura y la dentición, aunque aún el cerebro siguió siendo de 500 c.c. como el del chimpancé. Nuestros ancestros fueron evolucionando los brazos hasta conseguir el lanzamiento de piedras y objetos, algunos chimpancés también lanzan piedras. Merced al bipedismo el cuerpo se estira más, y se van fortaleciendo (cambios morfológicos) los músculos que han de permitir estar mucho tiempo estirados y cómodos, lo cual crea más cambios morfológicos, en relación a la pelvis, los pies y otras partes, que permitirán caminar cómodos a dos patas, y después correr; con la posterior consiguiente ventaja de tener los brazos libres para transportar cosas. El bipedismo se supone la primera conquista revolucionaria del homínido, que al llevar aparejados los cambios expuestos, debería producir un mayor desarrollo cerebral y un ser más inteligente. Parece que aún no está claro por qué aconteció el bípedo, qué le animó u obligó en este sentido. El hecho de que caminara erguido, debió generarle cierta sensación de diferencia, que unido al posible hecho de su consciencia, favoreciera cambios y progreso cerebral, aunque lo cierto es que no aumentó el cerebro y hubieron de transcurrir más de otros 2 millones de años para que dominara el fuego, hace unos 2 millones. El fuego lo generan las tormentas, los rayos; los animales que no logran huir, son asados.

Por esa época, el homínido ya es carnívoro (y carroñero), y probaría comer esos animales, a partir de los cual conoce las ventajas alimenticias del fuego. Pronto logra coger pequeñas ramas ardiendo y transportarlas, los otros animales no las pueden coger, temen al fuego y huyen. Llegar a coger el fuego en ramas supone alguna forma de pensamiento. A su vez, el fuego les permite calor, luz, y defensa en sus cuevas. El dominio del fuego es de una importancia capital, y facilita y ayuda a vivir en campamentos, sin embargo el cerebro apenas crece. Wilson describe bien la evolución y el progreso en torno al concepto de Eusocialidad (pag. 52). Como él muestra, solo las especies eusociales progresan. Y lo hacen a partir de la división del trabajo y el "*nido protegido*". Se trata de especies animales sociales, que desarrollan toda su actividad y vida en un entorno social y común. Por ejemplo los lobos, las leonas y algunas otras especies en ocasiones se unen para cazar, pero no hacen nada más en común. Las hormigas, termitas y algunos otros insectos, tienen toda una vida común y social organizada, los primates también. Y además cuidaban y protegían el nido (las crías) entre todos los miembros (cuando unos van de caza o se ocupan en otras tareas), como sabiendo, que a todos les va algo en ello. Esas dos circunstancias: división y nido, les obligan a una mayor compenetración y contacto, y una mayor necesidad de relación y comunicación, lo cual empuja al progreso. Se entiende que el ser inteligente solo podía evolucionar desde especies eusociales, que como indica Wilson, entre los grandes mamíferos, eusociales solo eran los primates. Menciona no obstante, que en la especie de perros salvajes africanos, una o dos hembras cuidan de la camada mientras otros miembros traen comida para todos. ¿Por qué estos no progresan?

Un derivado del homo Erectus, el homo Hábilis, apareció hace 1,8 millones de años, se han encontrado pruebas de este antecesor en 1984 en Tanzania. ¿Había progreso, o poco progreso? En unos estudios (N. Geographie), el Erectus tenía ya un cráneo mucho mayor, como 2/3 del nuestro, en cambio Wilson cifra su cerebro en 700 c.c. en esa época (Ibid 53). Utilizaban y fabricaban herramientas para cazar, defenderse y cortar carne, por lo que cambiará su alimentación. Para poder fabricar herramientas, se precisaba un cerebro avanzado, porque diversos ensayos demuestran que se necesitaba mucha coordinación y la participación de muchas funciones y precisión, tolo lo cual empuja a desarrollar más el cerebro. Hubo que luchar y defenderse de las bestias como el leopardo. El arte de cazar requiere más coordinación, habilidades y desarrollo (Ibid.58 y 94), pero otras especies también cazan en grupo, y no hubo desarrollo, los lobos cazan en grupo y los perros africanos, y los chimpancés. Por entonces, una rama evolutiva daría lugar al Neardenthalis, que se expandió por Europa. Hace unos 200 mil años ya utilizaban utensilios líticos y se cree que practicaban formas de enterramiento. Esto en cierto modo es contradictorio, porque el enterramiento supone amplia capacidad de abstracción. Supone, creer y suponer sobre fuerzas superiores, y preguntarse por la vida y quizás acerca de la vida después,

249

eso hace pensar en un cerebro muy capaz, y no parece que pudiera darse con solo 700 c.c., dado que solo nos hablan (Wilson) de los 1500 c.c. en el Sapiens. Las modificaciones en el diseño del cuerpo, en las formas de vida y del cerebro, y el hecho de que cazaran en grupo y necesitaran comunicarse sobre las presas y los peligros, hace suponer la necesidad de lograr un más amplio lenguaje, unido a una mayor intercomunicación del cerebro.

Homo Sapiens. El Sapiens apareció hace unos 150 mil años, y posee ya un cerebro de 1,5 litros. ¿Era ya humano? Hay dudas, muchos dicen que aún no; las herramientas aún seguían siendo primitivas. Hace 70 - 60 mil años, salimos de África por el Nilo hasta Eurasia, y desde allí hace 42 mil se extendieron a todo el mundo.

Diversos estudios señalan que hace unos 74 mil años explosionó un gran volcán en Indonesia, y a continuación una glaciación que dejó el clima muy frío e inestable en Europa y China, a raíz de lo cual se produjo una gran merma en el número de humanos, se cree que solo quedaron unos 2000 Homo Sapiens, que lograron sobrevivir, y conseguirían avance y progreso. Se supone, que todos los presentes descendemos de aquellos 2000. Se establece, que hace unos 60 000 años, el Sapiens empieza a generar creatividad y lenguaje, y avances en las herramientas. Conforme el Homo avanza, cambia de vida y sobrevienen nuevas necesidades, se modifican algunas estructuras de la cara, el cuello y la laringe, que sufre modificaciones en la ubicación definitiva más abajo, indicando que el hioides sí estaba en parte desarrollado. Este hecho, se asocia mucho al desarrollo del lenguaje, pero ahora se sabe que el jibón también tiene modificaciones en la posición de la laringe.

Volviendo atrás, el homínido -aún no el hombre- pretendía como los demás animales del entorno sobrevivir, de lo cual se entiende que su preocupación fundamental era la comida y defenderse de ser comido. La agresividad y la pelea tenían pues un único motivo: comer y sobrevivir. Langenay [3] cree que en paleolítico ya acontecían las conductas de envidia y avidez, aún cuando él mismo apunta [4] que en ese período no podía haber grandes diferencias. Maldad es la acción intencionada de aprovecharse de otro, o de vengar una mala acción de otro elaborando un plan de venganza con consecuencias traumáticas. En Kenia, Nataruk, se han encontrado restos de hace 10 mil años de la muerte por guerra de 27 miembros a base de pedradas, flechas, etc.   Roussau decía: la sociedad es mala, el hombre es bueno, tímido y huye de los conflictos. Lo que parecía lógico se acaba verificando: el mal es anterior a la sociedad-civilización. Casi nadie hace actos de maldad sobre su propia familia,   ni en épocas tan antiguas donde apenas hubiera nada "apetecible". Los actos de maldad intencionada, tuvieron que iniciarse cuando se viviera en tribus compuestas de varias familias y con un número de miembros (Ibid 45) que permite imaginar la escasa relación de sangre entre varios de ellos. En este caso, sí es imaginable el robo, la venganza, el daño causado, el forzamiento sobre hembra u otro miembro más débil; todos esos son actos de maldad, que permiten planear venganza y hacerlas efectiva.

Ya sabemos que su interrelación con el medio, generó un mayor y más complejo cerebro que posibilitó el lenguaje, la abstracción y el pensamiento, de modo que el hombre ya era un ser inteligente, capaz de dominar el medio y de progresar sobre los conocimientos acumulados, con lo que generará grandes avances técnicos. Habían estilizado más su figura, se cubrían con pieles y perdían parte de la grasa y el pelo. Pero seguían siendo eminentemente forrajeros (aunque cazaban) y por tanto nómadas, hecho que aún limitaba los grandes avances técnicos. La idea del progreso técnico, está unido al proceso de sedentarización. Los grandes avances requieren tiempo, reposo, no un constante movimiento buscando mejores frutas o defendiéndose de las adversas condiciones climáticas. Los Homo Sapiens, ya hombres, recogen fruta, cazan y pelean contra otros animales. Y en ocasiones se ven inmersos en peleas contra otras tribus. Sólo los jefes dirigen este tipo de acciones. Y queda pues claro que ellos, son los más fuertes o más astutos, o hábiles (hasta que muere, u otro más fuerte le destrona), o quienes detentan "cierto" poder (chamanes). El jefe por tanto manda en los cometidos de caza y guerra, y como consecuencia se entiende de modo fácil, que en todo lo demás. Elige sobre varias circunstancias, elige el botín de guerra, y se impone (apodera) sobre los útiles (deseables) que hay en su comunidad, todo ello sobre la base de algo muy sencillo que todos los miembros entienden: el jefe, y la ley del más fuerte, *el Poder, el Dominio*. Este es el hecho más real y que da más sentido a la vida en grupo, de primates, de homínidos y de hombres: las relaciones de poder, que abarcan cuestiones tales, como dirección, dominio, abuso, mando, rebelión, destronamiento, rapiña, y   mucho más adelante propiedad y acumulación.

Los expertos en Antropología y Paleontología coinciden, en que fue hace pocos miles de años cuando el hombre comienzan a abandonar el nomadismo y asentarse. Se suponía que la revolución neolítica era consecuencia de cambios climáticos y de descubrir la agricultura. A partir de este avance, deciden establecerse y dejar de ser nómadas. Empezaron a plantar extensas áreas con variedades mutadas de trigo (con el trigo silvestre la semilla cae en cuanto está madura, dificultando su recolección). A raíz de estas agrupaciones que van siendo mayores y más posibles porque se alimentan en buena parte de la agricultura, surge la civilización y mayores asentamientos, lo cual favorece un continuo intercambio de ideas e innovaciones técnicas, de modo que a la postre, adquieren gran desarrollo la religión y el arte. Las primeras nociones de religión o de pensamiento sobre el otro mundo, deben situarse hace muchos miles de años, 50 o 90 mil años [5], o 200 mil según Wilson[6]. En los asentamientos de Eurasia ya disponían de muchos útiles, como piedras cuchillo, algún recipiente, herramientas, pieles, chozas; ya había cierta división del trabajo, jefes de tribu, lideres, reconocimiento de cazadores y luchadores, religiosos, artesanos. Aquellos grupos de agricultores formaban sociedades cada vez más grandes, y habría tensiones (Nat. Geg.), debido, a "objetivos más complejos como almacenar grano y mantener las viviendas permanentes". La religión organizada pudo servir para amortiguar esas tensiones, y también es posible, que ayudara a justificar la jerarquía social (Wilson.308). "Los que ascendían al poder se presentaban a sí mismos como poseedores de una vinculación especial con los dioses". Imagino que éste ha sido siempre el motivo y el fin por el que nacen las religiones organizadas. El poder se trasmite y se justifica por la religión; y las diferencias sociales se manifiestan hasta en la muerte [7]. El reino de Sumer, en la confluencia del Tigris y del Eufrates, hace unos 6000 años, para muchos representa el inicio de la civilización. Aún no está claro si la agricultura favoreció los grandes asentamientos, o si ya los asentamientos eran grandes (cultura natufiense de Childe) cuando aún no eran agricultores. A estas dudas, se suma otra interpretación a raíz del descubrimiento de restos de templos en Göbekli Tepe, en el sur de Turkía, que datan de hace unos 11 mil años [9]. En Göbekli, aún no aparecen restos de poblados en un entorno cercano, por lo que Klaus Schmidt sugiere que la religión pudo surgir antes que la agricultura, que el sentido humano por lo sagrado, pudo ser el motor de la civilización.

Hemos entrado en el período técnico, donde se producen cosas. El dominio del medio y de la agricultura ofrecen mayores posibilidades de vida y alimento, lo cual favorece una mayor división del trabajo que proporciona artesanos y objetos suntuarios; nace de este modo la noción de lo superfluo, "lo bello no útil". Lo bello no útil siempre escasea, raramente disponible para todos, y naturalmente lo quiere el poderoso, lo cual indica que pasará a ser símbolo de poder y de distinción; lo cambia (por carne, o un arma, o una hembra o un esclavo) o lo toma, o lo rapiña, siempre el poderoso. Los fuertes, "los triunfadores", fuerzan que los forjadores les fabriquen objetos de metal u objetos de piedras exóticas; estos objetos simbolizan privilegio y distinción, "tesoros que señalan el nacimiento del poder" [10]. En algún momento de esa época, el jefe o poderoso dice "esto es *mío*". A partir de la repetición de ese concepto, nace la idea de *Propiedad*. No merece que supongamos como propiedad el hecho de que después de cazar un mamut el patriarca de un grupo de homínidos o los dos más fuertes, decidan quedarse un buen trozo de carne y guardarle para ellos solos, queriendo indicar que es de su propiedad por la razón de la fuerza. Debemos entender por propiedad algo más duradero que la comida. La propiedad acontece sobre cosas útiles (o inútiles suntuarias) durables, y por tanto deseables, de distintas calidades y configuraciones, dignas del apetito del poderoso, y a continuación de otros menos poderosos. En algún momento, todo será botín y objeto de propiedad: las mejores chozas, mejores pieles, mejores cuchillos, mejores armas, mejores adornos, esclavos; la idea de la propiedad de la tierra (principalísimo en nuestro mundo) debió ser más tardía. Cada tribu tiene su/sus jefes, y (cabe suponer) el mundo que le importa a cada hombre en el año 14 mil o 5 mil es su tribu (su familia, amplia), y todos los demás son otros, "las otras tribus", algo totalmente ajeno, y contra quienes hay muchos siglos de rivalidad heredada en los genes, a consecuencia de la comida, el territorio. Los otros, vecinos que compiten por la comida y el hambre, más que colaboración (rara) son el estorbo, el botín, la competencia, el enemigo, la afrenta del pasado, la rivalidad continua. Las tribus guerrean durante muchos siglos, y llega un momento en que alguna tribu se impone sobre varias, y un jefe se impone como rey de varias tribus, y quizás de la imposición sobre varias tribus nace un Estado (Hobbes). De modo algo parecido debió surgir el reino de Summer, Ejipto, Mesopotamia, o la Babilonia de Nabucodonosor. Y continúan las guerras y los odios heredados, y se matan y se hacen esclavos. ¿Cuál es el cometido del esclavo?, trabajar para el amo, para qué si no habías de querer un esclavo. Agresiones hay desde que existe la fuerza y la vida, otra cosa distinta es la *maldad*. Hemos visto que la agresividad estaba mucho antes que la propiedad, de hecho la propiedad es una consecuencia cultural o de la civilización humana. K. Lorenz "sobre la agresión, el pretendido mal" recalca que la tendencia agresiva es un verdadero instinto en el animal, destinado a conservar la especie. La agresividad en los primates o en los Australopitecus, es solo en razón de defensa o pretensiones de dominio. En el humano, que ha ido evolucionando, está presente esta agresividad instintiva animal durante muchos millones de años, y con el desarrollo de la inteligencia irá surgiendo la capacidad del mal, a lo cual en algún momento, se sumará ese elemento cultural (de suma importancia) que antes no existía, la propiedad, que pasa a ser objeto de deseo y motor de actividad social; todo empezará a girar en torno a la propiedad, la codicia y la acumulación (obtener más de lo necesario). Quien acumula mucho, no ha podido conseguirlo solo con su esfuerzo, luego ya queda patente *la rapiña* y el abuso, la opresión; a partir de lo cual, también se hará presente la respuesta de rebelarse. En el paleolítico no podía haber grandes diferencias, pero en cuanto aparece la producción y la propiedad, se acelera la desigualdad[11].

El león, el lobo, a veces matan animales indefensos, reses en corrales, ¿son malos? No, es su naturaleza, su instinto. Matan en los corrales porque lo tienen fácil, no pueden hacer lo mismo en la sabana donde los animales corren, y cazar cuesta trabajo y esfuerzo ¿Por qué matan más de lo que necesitan? Por simple instinto, su instinto es sobrevivir (comer) y para ello han de matar, son cazadores. El animal en ocasiones hace daño persiguiendo sus deseos ¿Daño y maldad es lo mismo? Un niño de 14 meses le puede empujar un poco a otro al borde de una escalera, el que cae se hará daño; el que ha empujado no sabía lo que hacía ni las consecuencias, a esa edad no puede haber maldad en el que empuja. Ni el animal, ni el primate de hace 4 millones de años aún saben nada de maldad; su única pretensión es alimentarse y reproducirse. Se comete acto de maldad cuando el sujeto comprende la situación que va a ejecutar y tiene intención de hacer sufrir. Si un simio de hace 3 millones de años rivaliza y mata a otro, no le importa lo que hace, no lo capta del todo (creo que ahora tampoco), no era eso lo que perseguía, al vivo la da igual lo que le haya ocurrido al otro, él perseguía disfrutar esa rama o hacerse con la herramienta de desenterrar raíces, o con comida; eso es instinto, él no pensó más allá, lo que ha ocurrido son consecuencias colaterales (diríamos hoy día). El instinto en los animales persigue: a) alimento y en consecuencia territorio, b) satisfacción de unos cuantos sencillos deseos.

254

Los animales, los primates y los homínidos de hace 4 millones, no ejecutan acciones elaboradas e intencionadas para hacer sufrir, no tienen actitudes psicopáticas, no hacen planes malvados para disfrutar del daño ajeno. Siempre hemos dicho -y creíamos- que los animales no hacen daño, no son asesinos, solo matan para comer. Durante unos minutos se apodera de mí la duda al leer en Wilson sobre el hecho de que los chimpancés y los monos capuchinos de Sudamérica cooperan para cazar —matan-[12]. Claro que a mí me importa la maldad. Yo no dudo que en todas las especies hay agresión. En esa página (Ibid 93), Wilson habla de la "agresividad tribal de primates y homínidos", que podría remontarse "antes de la división de hace 6 millones". También indica que en los chimpancés hay mucha más violencia no letal que en los humanos, producto de la competencia y status. Creo que pocos a eso le llamarían maldad. Da la impresión de que Wilson está hablando de maldad (lo contrario solo merecería dos líneas), aunque lo cierto es que no menciona ese término (al menos en la traducción). Wilson menciona "los asesinatos que ha documentado Jane Goodall". Esos chimpancés, solo machos, evitan confrontaciones abiertas y buscan el ataque sorpresa. Parece que esto lo ha presenciado J. Mitani en Uganda. Cada 10 o 15 días "patrullas de hasta 20 machos penetraba en territorio enemigo moviéndose silenciosamente en fila india, escudriñando todo el terreno y deteniéndose a cada ruido del entorno. Si encontraban una fuerza mayor que la propia rompían filas y marchaban corriendo a su territorio Cuando encontraban a un macho solitario, caían en grupo, lo apuñaban y lo morían hasta matarlo". A primera vista parece evidente que hacen daño a sabiendas y de modo preparado, son auténticos asesinos; todo se nos viene abajo (al menos a mí). ¿Está hablando Wilson de maldad? Es importantísimo saber si a esas actitudes las identificamos como maldad. No es lo mismo asegurar y coincidir- en que la maldad existe de siempre en todas o muchas especies, que hablar solo de agresividad (instinto de supervivencia) y convenir, en que la maldad es un acto de intención que requiere una inteligencia consciente y desarrollada; las derivaciones son muy distintas. Leo un poco más y lo veo más claro. Esas peleas o guerras a veces les llevan años, y "solo acaban cuando terminan con la tribu rival o vecina, porque los han matado o se han ido, después de lo cual consiguen tener más territorio"; es decir más posibilidades de comida. Entiendo que al final, solo se trata de esto, están guiados por su instinto egoísta (lógico) que les empuja a tener menos competencia y lograr más comida.

Alguien de modo ligero, podría indicar que los nazis en 1942 solo querían más territorio al arrasar Prusia y el Oeste de Rusia. No cabe juzgarlo en la misma comparativa, entre otras razones porque el vencedor pretendería la sumisión, el aprovechamiento y explotación de los perdedores. Los monos no tienen ningún plan inteligente ni pretensiones en ese sentido, solo desean asegurarse más posibilidades de comida. No es lo mismo el asesinato de alguien en una calzada, derivado de un error conduciendo, que el asesinato de quien va por la calle detrás de alguien apuntándole con una pistola y le dispara. En las cábalas de los chimpancés no entraba hacer sufrir, ni humillar, ni esclavizar, ni cortar una mano, solo querían tener menos competencia de territorio y alimento, lo hace el león, el leopardo, y todos los animales. No veo claro que eso pueda identificarse con maldad. Solo el humano (en razón de la inteligencia) es capaz de desear otras cosas y de verle la utilidad a otros objetos, solo el humano es capaz de hacer daño al robar a otro su fruto. Eso no es instintivo, es intelectual. Apunta Wilson (Ibid 281) que "las personas son ambas cosas (buenas y malas)". "Y así será eternamente a menos que cambiemos nuestros genes, porque el dilema humano está predestinado en la manera en que nuestra especie evolucionó, y por tanto constituye una parte invariable de la naturaleza humana". Cierto que nuestra especie evolucionó de cierta manera, pero no creo que la maldad estuviera en los genes de nuestros ancestros más ancestros, sí del Sapiens (ser inteligente), no del primate ni del Australopitecus ¿Cuáles son nuestros genes, los de hace 3000 años, los de hace 50 mil o los de hace 3 o 8 millones de años? Lo que sí está en los genes de todo ser vivo es el egoísmo, que no es lo mismo que la maldad. Cuando Wilson da por hecho (sin argumentos suficientes) que la maldad ha estado siempre, en cierto modo se legitima la maldad y la maldad social (desigualdad y estructuras injustas), aún cuando es evidente que no esa su intención "hay estudios adicionales que sugieren que la igualación es beneficiosa incluso para las sociedades modernas más avanzadas, países nórdicos, etc." (Ibid 291)

Ya hemos indicado, que no en toda la historia del ser humano, estaba presente la maldad. La ambición y la maldad nacen casi juntas en la evolución del Paleolítico, con los primeros útiles de fabricación. Para este cometido, se precisa un gran desarrollo e inteligencia, que se constata en los utensilios y modo de vida. No surge de pronto. No es que un lunes no haya maldad, y el miércoles ya sí, no, todo es una continua y lenta evolución. Quiero remarcar estas dos ideas: 1, la maldad no está escrita a fuego, porque no existe desde siempre. 2, Lo que sí está escrito a fuego es el egoísmo, porque todo ser vivo nace egoísta (instinto. para sí). Este egoísmo (acontece en todos los animales)

256

no es suficiente causa del mal. Cuando sobre el egoísmo se ejercita la Inteligencia (entendamos cultura: ambición, codicia), ahora sí da como resultado el mal, de donde se concluye, que solo se da en el ser humano. La Inteligencia pues es el nuevo gran poder de la Tierra. Como gran poder, puede operar hacia el mal, pero también limitarlo. No cabe imaginar que se pueda evitar, primero porque la base instintiva de nuestra conducta es el egoísmo, y segundo porque no es imaginable un mundo de perfección.

Todas las cartas parecen echadas en favor de la maldad. No. El hombre es una especie única. Y tanto. Dominamos la tierra en solo 12000 años y podríamos acabar con nuestra especie en menos de otros 500. "Estamos desmantelando estúpidamente la biosfera;...la humanidad es un logro magnífico pero frágil"[14]; nuestro maravilloso cerebro de 1500 g. ofrece todas las posibilidades, desde destruirnos, a limitar el mal. Todo lo bueno y malo que tenemos, se lo debemos al cerebro. Cierto que hay instintos por debajo, pero el cerebro es tan poderoso que puede modelar, modificar e imponerse sobre todo. Yo no creo que el mal desaparezca nunca, pero no me cabe duda de las posibilidades del ser humano, mejores y peores; "somos seres intrínsecamente imperfectos, por suerte" (Ibid 281). Las normas y la ética permiten comprender respecto del otro, hecho este que nunca se entendió hasta cerca del Neolítico y la civilización. Cultura es un proceso de avance social, y lo social solo existe, cuando en la realidad se ubica uno mismo y también al otro, algo distinto al mero individualismo. Ese cerebro y las normas (que se empezaron a elaborar hace 15 a 7000 años, no lo sé), ofrecen la posibilidad de controlar o disminuir la maldad.

Los objetos deseables derivados de la técnica, y la idea de propiedad empujan a guerrear entre individuos, y entre tribus. La guerra no es solo el acto de guerrear, sino la disposición manifiesta en ese envite. Si la guerra es casi permanente, no hay sosiego para la ciencia ni seguridad para la vida de nadie, y se teme por la muerte; estos temores incitarían a la paz. Aceptando como lógico y plausible este planteamiento de Hobbes, y sin que sea posible confirmar (y menos desmentir) ese estado de guerra permanente, o periodos más pacíficos, la lógica de la sangre y el instinto familiar nos hace suponer la idea de Maine de que las guerras eran de tribu a tribu, no de hombre a hombre; Kenia, Nataruk. En esas condiciones "no puede haber seguridad para nadie"[15]; de aquí resulta que el hombre "debe esforzarse por la paz y seguirla". La paz se acordó o se impuso, no lo sabemos. En cualquier caso, se debieron establecer unas normas o acuerdos de respeto o prohibición. *Estos Acuerdos* (aún cuando se violen) son el primer *Contrato Universal, son la clave y el inicio de la socialización,* la cultura y el progreso, *el momento más trascendente del Homo Sapiens.* Cuando se decide respetar estos acuerdos, se está afirmando que los actos contrarios son malas acciones, porque tienen consecuencias negativas para el bienestar y la supervivencia de esas tribus. Se están pues sentando las bases de lo que *son buenos y malos actos,* empieza a haber de este modo normas de actuación consensuadas.

Si el hombre decide frenar las guerra, hay que establecer (o nos obligan) acuerdos, hay que domesticar el egoísmo, someterlo al ejercicio de la conciencia y la inteligencia, "egoísmo inteligente", distinto al egoísmo de hace 1 millón de años. Después se pondrían de acuerdo sobre cómo detener o castigar esas infracciones "... existir un poder coercitivo que compele a los hombres al cumplimiento de sus pactos"[16]. Estos primeros acuerdos son las bases de la valoración de bueno y malo y posibilitan el nacimiento de las *Normas y Valores.* De este modo se sientan las bases de la moralidad, primero porque los jefes juzgan lo que es bueno y malo, y después extienden ese conocimiento o imposición a todos. "Renunciar a su libertad (Rousseau p. 31) es renunciar a su condición de hombre. Despojarse de la libertad equivale a despojarse del ser moral". Los hombres libres (Ibid 37) pueden encontrar obstáculos para su conservación como seres individuales "no tienen otro remedio que unirse, formar por agregación una suma de fuerzas... obrar de mutuo acuerdo. ...unirse en una fuerza común...". Así nacería, según su pensamiento, la sociedad civil y el Estado; "...su conducta pasa pues de "guiarse por el instinto a regirse por la justicia, dando a sus acciones la moralidad de la que carecía en principio, y obrando en base a la razón". La moral nace pues de los acuerdos, nace en la civilización y en la cultura.

La propuesta de Rousseau, es un supuesto ideal, justo y deseable; un mundo basado en la libertad y el acuerdo...pero la realidad sigue empeñada en mostrarnos un mundo basado en la fuerza y el poder. La agresividad (deseo de dominio y poder) está impresa en nuestro fenotipo animal, y la maldad ya sabemos que es una razón cultural, pero derivada de aquel deseo de dominio. Hobbes comprendió mejor la naturaleza viciada del hombre, Rousseau quiso creer en la bondad natural del hombre primitivo y libre, un hombre al que suponía tímido, que escapaba de la violencia y le gustaba vivir libre, solo y en paz. Esa idílica descripción rondaba el imaginario de muchas gentes en esa época en que D. Defoe (inglés, murió en 1731) escribía sus novelas, y en la que se leían relatos sobre los indígenas pacíficos que encontraban en las Américas (por cierto, algunos muy violentos, conforme a relatos autorizados sobre las relaciones de conquista de Aztecas y Mayas, y los cazadores negros en el centro de África). No parece que Rousseau tuviera razón en este particular de amabilidad y timidez. Pero el optimismo que derrocharon sus ideas y el ímpetu que estas generaron, empujó a que el hombre rompiera las cadenas y comenzara la época del progreso, la justicia y la dignidad. Sin sus valientes ideas, se hubieran tardado varios siglos más. De hecho, las cadenas siguen bien engarzadas en otras partes del mundo, donde aún permanece semioculta la idea de libertad, ni se ha reflexionado sobre el derecho al "ser", ni sobre las circunstancias y relación entre los hombres, más allá de la inclinación y postración que durante siglos han sentido hacia los superiores o poderosos. En algunas culturas aún no ha penetrado la idea de igualdad, ni por tanto la de Contrato, ni la de subversión (aún cuando se sublevan), siguen sumisos en aquella idea de inferioridad que les niega el derecho a pensar y gritar la palabra: "libre, e igual", siguen presa de la filosofía de aceptación y obediencia que difundiera Confucio hace 3000 años.

Alimento y Trabajo

Al inicio de la civilización en Eurasia (unos 10-15 mil años), no consta que existieran las relaciones de dependencia, los hombres vivían y comían, tal vez libres; pero desde hace 2 o 4 mil años, comer no es una relación biunívoca con recolectar, se ha complicado, y por eso necesitamos trabajar. El hombre anterior era libre y forrajero, recolectaba y comía. Aquel hombre no se levanta un día y dice "me gusta trabajar". La razón única por la que el hombre trabaja es porque la comida no le caía directamente en la boca; la tenía que buscar en la naturaleza, de todos. Un día, el fuerte decide que los árboles frutales o el trigo de la tierra, son suyos. A partir de este invento, todo cambia; antes, dado que el fruto estaba libre, cada uno se autoalimentaba; ahora deciden que no hay fruto libre, y los no poderosos no tienen acceso fácil a la comida, por lo cual tendrán que dar algo para que les permitan el acceso al alimento. Los no poderosos no tienen nada, solo tienen su supervivencia (un saco de huesos y piel), que la han de enajenar para acceder al alimento, tienen por tanto que *vender su fuerza de trabajo*. Su trabajo es el pasaporte único por el que comen, vivir depende directamente de trabajar. Si el hecho de nacer da algún derecho a vivir, este derecho debe implicar forzosamente derecho a comer, y por ende, en el presente modelo de no libertad, a trabajar.

El problema del alimento, y por consiguiente del trabajo enajenado, solo surge (en edad cercana) cuando alguien decide ser el dueño de la caza o de las tierras o los frutales, entonces no puedes comer sin el permiso de ese dueño, de modo que habrá que guerrear de continuo, y cuando el poderoso vence, impone la propiedad sobre esas tierras. Por tanto, guerras permanentes o aceptar de facto la propiedad, lo cual implica rentas o una parte del trabajo para el fuerte. El fuerte acumula, nace la riqueza y la codicia, nacen todos los males. "La facultad humana más desarrollada sigue siendo atacar al vecino y quitarle lo que posee"[17]. Es decir, que el mal es permanente, no hay razones claras para el optimismo. "Habría que lograr comprender por qué los hombres tratan con más frecuencia de combatirse que de cooperar" se pregunta Langaney. A estas alturas quizás podamos afirmar que dos son las razones: una, que como todo animal perseguimos el dominio; y dos, que por causa de la inteligencia y la cultura nos dejamos guiar por la codicia, que supone competencia y rivalidad. Confío, en que podamos verlo más claro al final del libro.

Desde el siglo XVIII (fabricas), la mayoría solo somos la fuerza de nuestro trabajo, que debemos vender o alquilar para obtener la contraprestación que nos permita comer; antes estaban igual de mal: siervos sin derecho a tierra. No es que hayamos elegido trabajar, subordinándonos a las órdenes de alguien: un dueño, un amo, un patrón; no hay nada más odioso para el subconsciente humano que la institución del amo, es la muerte de la libertad y de la dignidad. En tiempos ancestrales éramos libres, ahora no lo somos, nos tenemos que enajenar. Lo que comemos está en el campo, y al 80% de los mortales (dicen) no nos pertenece el campo ni los alimentos que de él se obtienen, dicen que el campo tiene puertas y dueños; luego hemos de comprar la comida vendiendo lo único que tenemos: la fuerza de nuestro trabajo. Aun aceptando esa realidad antinatural, si tenemos derecho a vivir (de lo contrario sería una contradicción nacer), tenemos *derecho al trabajo*, pero resulta que *ya no hay* trabajo para todos, vista la ecuación muchos deberían morir; de hecho mueren a diario en el SubSahara.

Las relaciones sociales y económicas en el mundo actual, se expresan en las relaciones laborales. No sobrevivimos si no es en relación de un entorno productivo y laboral, comemos porque trabajamos. Y el trabajo que -en el mundo civilizado- era un deber y un derecho, se ha convertido en un poder: te doy trabajo y consumes, no tienes trabajo y pasas hambre. A su vez quien se aprovecha del trabajo ajeno (plusvalía, beneficio) obtiene riqueza y poder. Veremos que al final siempre perseguimos lo mismo, siempre volvemos al principio de los homínidos y primates: dominio y poder; solo que el dominio y poder atávicos, se expresa en la civilización como el abuso, la explotación y la riqueza.

No es significativo si en los orígenes, hace 10 o 30 mil años, era una continua guerra de todos contra todos o si por el contrario los períodos de paz y armonía se daban por espacios mayores, ni tampoco es relevante si los primeros acuerdos entre tribus lo fueron de modo amistoso o por imposición. Lo que no es discutible es que somos el fenotipo evolucionado de todos los animales y en particular de los simios, y que sabemos que sus pautas de comportamiento se rigen por el poder, el dominio y la supremacía; y que la agresividad es una característica puesta al servicio del dominio y hasta de la supervivencia. En origen somos animales, y como tales seguimos deseando dominar, de lo cual es fácil inferir que se derive daño.

Cuando acontece una gran crisis económica, se genera mucho desempleo, malestar y pobreza para muchos, cuyo grado de empeoramiento va aumentando. La pobreza ocasiona padecer necesidades y mala vida, todo lo cual crea frustración, resentimiento, subversión y un clima conflictivo con altercados sociales que puede tornar la *situación incendiaria*. La clave para sofocar esa situación inflamada está en el bienestar, por ende en *el derecho* al trabajo, y en la necesidad de redefinir ese concepto. No hay bienestar posible sin trabajo.

El progreso nos ha permitido liberarnos de las epidemias y las hambrunas, los avances técnicos nos han ofrecido más alimento y bienestar, nos hemos alejado tanto de la miseria que en siglo XX ya nos creemos buenos humanos, morales; hasta juzgamos que ofrecemos generosidad y altruismo. Este

261

supuesto se ve negado por la realidad de sufrimiento y sangre de todo el siglo XX. Ralph Milliband, un socialista optimista durante toda su vida, apuntaba estas dudas: "El punto de partida del socialismo es que no hay ninguna maldición implacable que condene a la humanidad a la división y la lucha perpetuas [18] ... pero ciertamente la historia del siglo XX parece proporcionar una fuerte refutación a cualquier optimismo semejante". No obstante, él siempre conservó un rayo de esperanza. Hegel dijo en cierta ocasión que "la historia es un matadero". Nunca ha sido esto más verdad que en este siglo. "Los seres humanos son criaturas corruptas e indolentes..., quienes esperan demasiado de la naturaleza humana (como los socialistas y los libertarios, por ejemplo) acabarán cruelmente desencantados"[19]. "El final violento de millones de vidas en la I y II G. Mundial, la guerra de Argelia, USA en Corea y Vietnam", la limpieza ética de Yugoslavia, los conflictos nacionalistas en África, etc. Recuerdo una escena cerca del final en la película Gallípoli: Iª Guerra Mundial, australianos contra turkos, guerra de trincheras. El comandante ordena avanzar a bayoneta calada hasta la trinchera enemiga; según salen de su trinchera caen como moscas. ¿Tendrá algo eso que ver con el progreso humano? Qué fácil se lleva a los hombres a la muerte. Podríamos añadir Kioto, y la avaricia que propicia la deforestación amazónica; en definitiva siempre se trata de poder y codicia. "Todo parece testificar en contra del optimismo socialista, ¿es este el material humano con el cual se van a construir sociedades basadas en la cooperación y el altruismo?, ¿la idea de perfectibilidad humana, no es una ilusión?"[20]. No hay mimbres para ese cesto, opino yo.

Poder y Propiedad

Creo que era Manuel Delgado[21] quien decía, que el poder consiste en hacer daño o causar dolor. No le entendí bien, no lo vi claro, no capté lo suficiente de aquella explicación. Al primer chispazo uno diría que no, que el poder consiste en elegir, elegir mucho, poder hacer, comprar o consumir muchas cosas; poder es la realización de muchas posibilidades en razón de la riqueza o de un poder institucional. Poder, también se asocia con un ministro de defensa o con un general y con la guerra; o por la otra vertiente con Soros, Gates, o cualquier rico, o empresario, o gobernante. Pero en verdad el poder

262

es más subliminal que todo esto, es más primario; esa idea del dolor o daño, ahora me parece acertada. Imaginemos un chico que camina solo por un parque y decide que rompe un arbolillo, o raya un coche en un aparcamiento, o rompe una luna de parada de autobús de noche en las afueras, y echa a correr; sabe que lo puede hacer porque ha calculado que en ese momento nadie le va a ver o reconocer. Otra persona puede rayar los coches en un garaje, por qué, porque le da la gana, porque siente el poder al poder hacerlo, porque disfruta haciendo ese daño (y riesgo) creyendo que no le van a ver. Tiene el poder de hacerlo, de hacer algo que sabe que no debe, que no puede, que está prohibido. Aquí está la gracia. Las malas acciones están prohibidas para casi todos, para los normales; casi nada está prohibido para los grandes y poderosos, para los héroes, para los reyes, para los multimillonarios que pueden pagar la sanción de cualquier capricho. Recuerda a ese funcionario (algunos) de la ventanilla que te dice no, que te escucha pero dice no, con esa expresión que tú calificas de burla. El sabe que tiene poder, poco poder, pero suficiente para amargarte la mañana; algunos disfrutan con el ejercicio de ese pequeño poder, no es nadie, pero en ese momento tiene todo el poder. El inconsciente susurra que quien es capaz de saltarse la prohibición, es que es poderoso. El chico sabe que tiene ante sí las dos posibilidades; puede decidir actuar mal, se arriesga, está ejerciendo una acción de poder porque está haciendo algo que no puede o no debe hacer, se está imponiendo sobre algo, está ejerciendo una parte de poder por encima de lo normal o permitido. Lo hace porque recibe la satisfacción del desafío, del riesgo, al notar que hace algo que le pone en contra de muchos, de la sociedad, la justicia, la ley; en ese momento, simbólicamente, se atreve contra todo; de modo real solo se atreve contra todo, quien tiene mucho poder, Vanderbilt y Carnegie se reían y burlaban de la ley, porque tenían poder. Al hacer daño ejercitamos poder, que es el instinto más básico tras la supervivencia, todos los animales persiguen el dominio y el orden de primacía, desde esa posición se ejercita el poder; el simio que decide sobre las hembras y sobre quien puede copular, ejerce poder y daño cuando priva a otros de su deseo o elección. El rico, a través de la propiedad persigue el poder que le permite consumir como ninguno, pero lo que le faculta es para elegir y decidir, cosa que no se le admite al pobre, luego el rico evita que le hagan daño y puede hacérselo al pobre mediante la humillación o no permitiéndole consumos que no están al alcance de su chequera. El poder atrae y emborracha, erotiza, seduce, halaga a quien lo tiene; el poder alimenta la vanidad del poseedor, porque de modo subconsciente significa como en el caso del homínido, que te permite ejercer la voluntad sobre los que te rodean, es decir, hacer daño o causar dolor. A menos riqueza, menos posibilidades de ejercer el poder.

La vanidad y el halago del poder, envenenan o confunden el cerebro de todos, creo que de todos. El exceso de poder siempre deriva en corrupción (Bakunin). Dice Asa Larson, que el mismo David, bueno, listo y generoso rey, "de mayor tenía tanto poder que también se perdió y se corrompió, y mató a mucha gente de modo criminal".

Propiedad.

De la humanidad moderna no se puede hablar sin la referencia al concepto de propiedad. Ya sabemos que la propiedad no existe en los primates (más allá de una fruta o un palo) y tampoco en los homínidos de hace 1 millón ni quizás de 0,3 millones. Se necesita un gran desarrollo para producir objetos y útiles, que despertaran el deseo de uso y posesión propios o exclusivos, lo que hace suponer que no pudo ser mucho antes de la agricultura y de Göbekli Tepei.

Antes incluso de los inicios de la civilización, los objetos más bellos serían elegidos por el o los jefes que detentan el poder[22] (mencionado atrás). Acontecen dos circunstancias: una, que como hemos señalado el fuerte (jefe) decide y elige lo que le gusta (por el morro, porque sí, por la fuerza); dos, que avanzada la civilización, cuando el progreso técnico permite multitud y diversidad de objetos y materiales, por ejemplo hacia el año 2000 a/c., surge un elemento nuevo que será la *codicia o avaricia*, mediante la cual, ya no se sacia el apetito con elegir primero y lo que quieran, sino que empiezan a encontrarle placer al hecho de acaparar, al hecho de poder decir esto o todo esto es mío, es decir que la acumulación servirá como demostración de poder. Los objetos, como útiles que son, adquieren un valor y valor de cambio, a más objetos (más propiedad) más valor. Con los objetos de valor se podrá traficar, cambiar, comprar esfuerzos, voluntades y lealtades. Los objetos-propiedad podrán influir en el poder, y generalmente el poderoso será quien más propiedad logre acumular (rapiña). Con toda lógica nadie tenía más propiedades y riqueza que Julio Cesar, ni después que Octavio. Nace pues en la clase dirigente en la clase de los poderosos, y después en las escalas medias el deseo de poder, la voluntad de poder, la soberbia y la vanidad, en definitiva el *Afan de Poder*.

Cuando hablamos de propiedad, normalmente se entendía "la tierra". Rousseau:[23] "...autorizar el derecho de primer ocupante, ... que el terreno no esté ocupado por otro, segundo que no se ocupe más que la parte necesaria para subsistir, tercero...posesión mediante el trabajo y el cultivo" ; hace 6 mil o 3 mil años a/C se supone que así se poseía la tierra. Las gentes cultivaban un trozo de tierra durante años, décadas, siglos, luego sus descendientes, al lado de otros descendientes. Ellos se conocían, establecían relaciones, se respetaban, sabían qué tierra trabajaba cada uno desde siempre. Un día hubo un jefe, o un rey de una comarca o provincia. Ese rey les dijo: soy vuestro rey, os doy un sistema de convivencia pacífico y os protejo contra los enemigos exteriores, me tenéis que dar la cuarta parte de vuestras cosechas para alimentarme yo y mis guardianes. Pudo ocurrir de modo parecido, lo cual supone que ese rey no hizo nada para cambiar el derecho sobre la tierra de quienes la venían ocupando. En algún momento después, el poderoso decidió que la tierra era suya. La versión más clara de esta historia en España aconteció cuando la Reconquista, en que conforme iban tomando territorios a los árabes, el rey se hacía dueño de todo el territorio, quien luego repartía una parte entre sus generales, duques, nobles, de tal suerte que el duque o conde de tal, pasaba a ser dueño absoluto de tal territorio que incluía castillo, señorío, arboles, ganado, tierras y siervos o labriegos, porque estos, trabajaban y se alimentaban de esa tierra desde sus antepasados y no podían irse a otra parte. Pero por arte y gracia del poder, quedaba fuera de toda duda que esas tierras eran propiedad del señor tal, suerte tenían los ahora siervos cuidadores y poseedores de esas tierras durante generaciones, de poder seguir malviviendo, sacando el jugo de esos terruños para dar la tercera parte a quien ahora decían ser sus dueños. Nozik, nada sospechoso de socialismo, reconoce que la presente titularidad de las tierras, en buena medida obedece a pasadas prácticas de apropiación, aunque un hijo de Cayetana de Alba justifica todas las tierras que tiene, porque "era el medio reconocido entonces, se conseguían con la espada".

La propiedad de la tierra habrá sido el pilar de la propiedad y riqueza, de las sociedades modernas. Esas riquezas en manos merecedoras unas, y otras

265

no, proporcionaron enorme poder y acceso a todo, aún más que el poder legítimo o institucional. El hombre acabó sabiendo de la importancia del poder en todas sus manifestaciones, en especial propiedad y dinero, y por ende siempre persigue el poder. El dinero. "Es hora de meter en cintura esa desembridada creación humana" [24]. No lo comparto del todo. El dinero solo es un símbolo; antes, se había inventado la propiedad, y de ella se deriva la codicia. Ese, sí es el mal. Maldad, avaricia y daño, por el poder y las riquezas, había en Babilonia y Sumer y antes, y no existía el dinero. A más riqueza, más poder. Más poder te permite disputar los primeros puestos entre poderosos, se trata de una erótica, una adulación que atrapa a los vanidosos, a casi todos los humanos, es el Afán de Poder, que mueve todos los hilos de la vida humana. El poder generalmente se ejerce en detrimento de otros seres esquilmados de poder, o de objetos útiles, o de comida, es por tanto un abuso y se hace con fuerza y daño, sabiendo que se agrede o intimida, es decir haciendo maldad. Vemos ya la relación clara entre poder y maldad (no del todo unívoca y unidireccional), son correlativos, van de la mano con mucha frecuencia.

Conciencia y Ética

La culpa es un sentimiento humano de insatisfacción -interior, propio e individual-, un reproche, que nos indica que hemos causado daño (al obrar mal) a un ser que nos importa algo. Ética, es el correcto actuar de acuerdo a unas normas sociales. La culpa, al igual que las otras dos, requiere abstracción, memoria, razonamiento, luego es obvio que esas características no estaban en el simio; los animales bastante tienen con alimentarse y sobrevivir. Parecen procesos muy complejos (más la ética, se entiende a partir de la elaboración de normas), que no creo aparecieran ni siquiera en las primeras etapas del Sapiens. La culpa está asociada a daño y a empatía. No se sentía empatía (ni aprecio) por miembros de otras tribus, que en principio solo eran el rival o la competencia; luego la culpa tiene que surgir en el seno de la propia tribu. La culpa acontece cuando alguien siente y capta las experiencias de dolor y daño (causado) dentro de su tribu (empatía de primera), por ejemplo el daño o la muerte por peleas. Una vez que somos capaces de distinguir entre actos buenos y malos, se genera la conciencia: análisis interior sobre actos de

266

comportamiento, y juicio (valoración). Da la impresión de que la conciencia debió surgir acto seguido de la culpa. Freud cree que la culpa nace cuando se hace daño a miembros de la propia tribu, más en concreto, cuando algún miembro se subleva y mata al padre, dueño de todas las hembras (mito). En los primeros albores de la humanidad, el daño que otro soporta, nos duele solo en tanto que se trate un miembro de nuestro propio grupo; más evolucionado el hombre, ese dolor pudo extenderse a miembros cercanos o de coincidencia emocional (empatía de segunda).

La moral (o ética) es un juicio sobre la corrección o no de actos públicos, quiere decir que traspasan la esfera de lo personal, y que su valoración es, en base a unas normas. Las normas no las trae Moisés en unas tablas, ni las enuncia un Homo Erectus, ni siquiera el Homo Sapiens de hace 70 mil años (que sí pintaba en las cavernas) que era nómada y establecía poca relación con otras tribus (hombre tímido que gusta de la paz, decía Rousseau). Solo cuando las tribus son numerosas y se cruzan en exceso sobre espacios comunes se ven abocados a disputas y guerras, y después más guerras (Hobbes). Alguien se imponer sobre esas guerras, y establece unas normas. Valorar el modo de actuar respecto de esas normas, eso es la moral o la ética, en tanto que conciencia es un juicio de carácter interno y privado. La conciencia es capaz de conocer sobre el acto y emitir valoraciones, y en consecuencia de juzgar sobre uno mismo (es el superyó freudiano), lo cual genera en el sujeto un estado de serenidad o de culpa. Las relaciones humanas y los sentimientos, avanzan desde la tribu hasta la civilización, y el sentimiento de culpa se extiende desde el daño causado dentro de la tribu al daño causado a otro igual (empatía de segunda) cuando la conciencia juzga como malo el acto.

La conciencia es un ejercicio de alta instancia de la razón; la razón es el pleno ejercicio de pensar. Porque el hombre ejercita la razón comprende y domina la naturaleza, y por ello, es libre (Kant). Porque es libre ejercita su voluntad y se hace responsable, por ello la razón es la autoridad última de la moral. La Conciencia es una función muy compleja que requiere de un gran desarrollo mental y la conjunción abstracta de diversos procesos: recordar, pensar, analizar el acto desde la perspectiva del autor y del paciente, considerar varias circunstancias concomitantes al acto, medir o tratar de conocer la intensidad del acto y la intención del autor. Ningún proceso similar ejecutan los animales. La conciencia es un juicio sobre acciones, que cometemos no como individuos que viven solos, sino sobre los individuos que nos rodean. Cuando un simio agrede a un pequeño (Instituto Max Planck), sí se observa la reacción de empatía y defensa de la madre, y tal vez de algunos cercanos, pero nada más (salvo que haya interés en alguna coalición). Hay un experimento[25] que indica que el simio (lo ve) entiende que no es de su incumbencia juzgar (ni actuar) el hecho de que uno, esconda la comida de otro. Esto nos indicaría que solo reacciona ante "su" perjuicio, sin prestar suficiente atención a lo que ocurre a otros, otros es distinto de él, no hay conciencia de unión sino de individualidad, ni valoración sobre la actuación que no le atañe directamente. En el hombre del Neolítico hay cierta conciencia de unión, no solo porque vive en grupos (también el simio), sino porque ya no se permite que sus acciones solo sean individuales, sino sometidas a unos acuerdos y *normas*. El simio (que no se sabe si avanza), sigue siendo eminentemente individual; el hombre es un *ser social*, por voluntad o por obligación, que debe acatar acuerdos.

Con la conciencia como instancia clarificadora sobre lo que son actos buenos o malos, la civilización se adentra en la explanada de la paz y la cooperación, y avanza hacia más técnica, progreso y mayores grados de socialización, instaurando cada vez mayores cuotas de acuerdo sobre valores, normas, y fundamentos jurídicos (leyes y justicia).

Los animales -y los primates-, ejercen cierto dominio y agresión porque quieren poder, y el hombre de Gobelky también; persiguen dominar, imponerse y obtener para sí lo que desean. El primate se pelea de uno en uno, o aunque sea en grupos, solo utilizan sus fuerzas y brazos, normalmente con paliza e intimidación se soluciona el conflicto, unos ceden ante otros. Pero el hombre ha desarrollado mucho más el cerebro, y en consecuencia, maneja diversas herramientas que también son aptas y peligrosas para la pelea, y pueden ocasionar la muerte. Alguien se percato de que la pelea continua, causa dolor y muerte, e impuso colaboración y prohibiciones. Las prohibiciones constituyen normas: formulas sobre la manera correcta de comportarse en el medio civilizado. Cumplir la norma sobre las prohibiciones o sobre las ayudas entre hombres, es el correcto comportamiento, es lo que ayuda o facilita el seguir viviendo, es por tanto bueno. Lo bueno y lo correcto es cumplir las normas. A partir de este hecho, hay alguna paz y progreso. Esto ha ocurrido, porque a aquellas normas básicas -Normas de Alta Calidad- que evitaban la muerte, se han ido sumando nuevas y más complejas normas, y nuevos acuerdos y directrices sobre cómo deben ser ciertos tratos, sobre qué es la mentira o la inhibición de ayuda, y cómo se ha de castigar o actuar frente a ellas. Quien actúaba en la vida diaria acorde a aquellas normas, actuaba de modo correcto y bueno, quien actuaba de otro modo, lo hacía de modo incorrecto o malo. En algún momento a la forma correcta de actuar se le llama moralidad o ética: trata sobre la forma correcta de actuar en la relación entre personas, es por tanto contrario al egoísmo puro. Es ética o tiene moral, quien actúa de modo correcto y bueno. La ética o moral no exige pues más, que el cumplimiento de las normas (supuestamente correctas).

Hay dos palabras más, que son empatía y altruismo; pero están fuera de las normas, y por tanto de la ética, son valores plus, pegados a la ética. Al hombre en principio solo se le pide ética, se le exigen normas. Partimos del supuesto de que remezclando las nociones de daño a evitar y actuaciones correctas y justas, el hombre desarrolla en la vida una actitud ética. Todo hombre conoce estas nociones, y sabe que los hombres esperan, que todo hombre sienta inclinación hacia ellas (Kant, Rawls). Pero la realidad no es esa, sino estaría menguado el mal en el mundo; lo cual indica, que el hombre conoce la actitud buena y ética, pero que a muchos les resulta de mayor interés desviarse del comportamiento ético (la virtud es austera), porque a casi todos los hombres en distintos grado, nos place mecernos en la esfera de los vicios, que reportan más egoístas satisfacciones que el correcto y justo actuar. La codicia, la avaricia y el poder no son comportamientos éticos, y sin embargo generan satisfacción, vistos desde el lado oscuro.

Las Raices del Mal

En esencia, aun hemos tratado muy poco sobre el mal. Casi todas las páginas anteriores tenían por objeto mostrar al hombre y su evolución para comprender cómo es, por qué y cómo actúa en el presente, en relación a lo que es correcto, o su contrario más incisivo, la maldad. Hemos analizado la historia del hombre occidental a partir del 1500, y la concepción antropológica. Es arbitraria esa fecha elegida, pero coincide más o menos con el desarrollo de hechos significativos en Europa. España va a ser potencia hegemónica del mundo merced a sus Tercios Castellanos y el aporte amplio de las novedades del Nuevo Mundo. La figura emergente de esta nueva Europa será Lutero, cuya doctrina y movimientos tendrán una influencia capital. Inglaterra alumbró la revolución agrícola y después la revolución industrial, y en el campo del pensamiento, lideró al mundo con el enfoque empirista y la Ilustración -que aconteció de similar modo en Francia-. Desde hace tres siglos, quien marca el paso en Occidente es el hombre anglosajón (USA; Gran Bretaña y la Comenwhelt). Para comprender al hombre, y sus modos y razones para la acción, hay que conocer la evolución del pensamiento (surgirá una concepción social y solidaria, y otra más individualista), sobre todo anglosajón; que en el campo que me interesa, el de la maldad y la ética, debíamos empezar en el Utilitarismo, lo que hemos hecho en las páginas precedentes. Suponiendo que comprendemos la evolución del hombre, y también el desarrollo de la ética y el paradigma utilitarista, debemos ahora centrarnos de modo más directo en la maldad, que pretendo abordarla desde el examen de algunas exposiciones recientes (Kekes), para finalmente centrarme en el mal común. No hay duda de que la maldad tiene que ver con las motivaciones del hombre, y la forma en que ha evolucionado desde el siglo XVI.

Philip Zimbardo, dedica su libo *El efecto Lucifer*, a analizar el mal en el entorno de experimentos psicosociales, tratando de reproducir situaciones de violencia para estudiar la reacción de las personas implicadas. Expone, la gran importancia y poder del ambiente y del grupo, sobre todos en los jóvenes. "Había otro chaval que desahogaba sus frustraciones desollando gatos vivos". Actuaciones semejantes las hemos visto en muchas películas, acontecen en grupos violentos como Las Maras, etc. Para ser admitidos en la pandilla todos tuvieron que robar, "pelearnos con otros niños, llevar a cabo algún acto audaz... Nada de todo aquello se consideraba malvado, solo seguíamos las normas de la pandilla y obedecíamos al cabecilla".

En la política, en los nacionalismos exacerbados, en la confrontación, con frecuencia se recurre a tácticas psicológicas sobre la base de la ideología y la propaganda, que consisten en crear un enemigo[26], que será útil para unir al pueblo en torno de un objetivo común, y que a la vez, exorciza (como culpable) todos los males del grupo. Es un elaborado ejercicio de manipulación, mediante palabras e imágenes. Se crea una imagen estereotipada y deshumanizada del otro como ser despreciable, diabólico, que amenaza nuestras creencias y valores más preciados. Así se creó la imagen, entre otros del enemigo Sadam. Cuando el miedo cala en la opinión pública, se

270

actúa de manera irracional y con obediencia ciega. Del mismo modo, solo que un poco más extremo, es lo que hizo Hitler con el odiado enemigo judío, lo mismo que han hecho los dirigentes hutus con los tutsis: en pocos meses fueron asesinados cerca de un millón de ruandeses con garrotes y machetes (Ibid p. 36). Años después, un asesino hutu decía: "lo peor de aquella matanza fue matar a mi vecino; solíamos beber juntos, era como un pariente". La mujer que mato a los niños del vecino contaba: *"era como hacer un favor a aquellos niños que se quedaban huérfanos indefensos porque sus padres habían sido asesinados"*. No hubo límite para las atrocidades *"una mujer ruandesa de 45 años fue violada por su hijo de 12 años -que tenía el machete en la garganta- delante de su esposo, mientras obligaban a los otros hijos a mantener las piernas abiertas"*. No recuerdo haber leído nunca nada tan espeluznante, y dudo que alguna vez pueda alcanzar a comprender cómo es posible ejercer tanta maldad; no está en mi mente decidir si los tutsis podrán perdonar esas salvajadas. Se puede asesinar y exterminar -por miedo, por conveniencia- con pistola, machete, en cámara de gas, pero la conveniencia de acabar con alguien no explica la necesidad de la humillación y el sadismo más absoluto. La acción malvada consistente en que muchos maten, violen, se explica por mimetismo o el temor al grupo, incluso la maldad de Pauline. Cuando los tutsis lograron organizarse resistiendo contra los hutus en Butare, el gobierno envió a una hutu, Pauline, a dialogar con ellos (Ibid 36). Pauline les prometió que las Cruz Roja les daría comida y refugio en el estadio de la ciudad. Una vez dentro, los hutus aniquilaron a todos, con ametralladoras y rematados a machetazos. Ordenó a los milicianos que violaran a las mujeres antes de matarlas de diversas formas, o de quemarlas vivas. Sólo cabe explicarlo recurriendo al fervor patriótico y la necesidad de despuntar entre hombres, llegando más lejos que ninguna mujer. Hay un punto ahí, de competición, de grado: más lejos. En definitiva, se trata de mostrar afán de poder, exhibición de poder, capacidad de superación, ser número uno, la borrachera del poder, la erótica y la seducción del poder, llegar más lejos que los demás en algo, te alaban por ser el más listo o el mejor, pero también te alaban los malos por ser el más malo entre los malos, en esto igualmente hay orden, jerarquía, competición, "El Mas". La abogada N. Bergevin, dice que todos somos vulnerables y que lo de Pauline nos podría pasar a todos. ¿A todos? No lo puedo creer, entonces habría que condenar o perdonar a todos; no nos puede pasar a todos. Parece más lógico pensar que Pauline no fue nunca un ejemplo de bondad ni un dechado de virtudes, sino que siempre manifestó actos de competición y cierta maldad. El modo en que

271

uno llega a adulto -y lo que después venga- depende de cómo se haya formado en la adolescencia e infancia, e incluso del carácter de bondad o maldad de sus padres; no todos harían lo que Pauline. Parece que el horror y la venganza en la Historia era semejante hace 3 mil años, que ahora. Ya Agamenón daba (Ibid p.35) órdenes de este tipo: "arrasadlo y destruid todo, hasta la memoria". Otros muchos crímenes grandes ha habido desde entonces: Holocausto, Stalin, etc.

Los errores son de los demás, nos valoramos en exceso. "La mayoría de nosotros, nos construimos (Ibid 352) unas ideas preconcebidas, interesadas y egocéntricas que mejoran la imagen que tenemos de nosotros mismos y que hacen que nos sintamos especiales, nunca normales y corrientes, siempre por encima de la media". En todos los ámbitos, todos nos creemos mejores de lo que somos y nunca inferiores a casi nadie, todos. Todos nos creemos unos genios, nos creemos muy listos, no necesitamos que nadie nos enseñe ni nos dé consejos, casi no escuchamos (hablamos pero no escuchamos) a nadie, porque nosotros lo sabemos todo. Estas ideas le valen a Zimbardo para decir que nos creemos mejor que los demás y que nosotros no haríamos ciertas malas acciones, nosotros sabríamos ser éticos y rebelarnos; pero con frecuencia no es así. Con frecuencia cedemos en nuestras creencias o actitud (Ibid 355) para acomodarnos a la forma de actuar de la mayoría -experimento de Asch-. En este experimento, unos sujetos aplican distintos grados de descarga eléctrica (simulada) a otros sujetos. Se verifica que cedemos a las presiones del instructor (jefe), porque: 1, llegamos a dudar de nuestro planteamiento ético, pensamos que quizás estemos equivocados. 2, llevar la contraria a la mayoría, en ocasiones nos incomoda y complica. El supervisor nos incita a que sigamos con lo acordado aunque sabemos que hacemos daño al paciente del experimento, queremos dejarlo pero nos presionan, nos sentimos coaccionados y cedemos ante la presión del supervisor, ¿ cuánto ? Se pregunta el autor, cómo es posible que dos tercios de los participantes llegaran a aplicar los 450 voltios de descarga al sujeto sufridor. La respuesta la da un participante: le dije al experimentador que si seguía no me hacía responsable, y él me dijo que se haría responsable de todo. El participante siente cierta coacción y temor, y actúa, porque al abrazar la respuesta del experimentador, cree liberar su responsabilidad.

Muchos hombres (Ibid 380) desarrollan acciones de maldad porque forman parte de un sistema de autoridad muy poderoso; puedes hacer muchas cosas horribles e incluso sonreír en fotos porque tienes miedo de que se note que ofreces dudas. En la guerra o en situaciones especiales, no todos los que maltratan son sádicos, con frecuencia es el miedo a quien te vigila y ordena. (Ibid 382) También había miembros de las SS que sentían repulsión y asco ante lo que les ordenaban hacer.

Abu Ghraib es la cárcel de Iraq donde retenían e interrogaban a detenidos, presuntamente talibanes o de Al Quaeda. Se destapó un escándalo a raíz de unas fotos en la prensa sobre desprecio y maltrato a los presos. Por qué guardaban las fotos de los actos delictivos sabiendo del peligro si se descubría. Encuentro algunas razones que pueden explicar este modo de proceder: 1, En la borrachera de maldad y compañerismo (se supone una comunión de espíritu), se tiende a creer que nadie hará con las fotos nada que les perjudique. 2, La mente coteja posibilidades -disfrute y riesgo- y considerando el riesgo menor, se piensa que vale la pena guardar las fotos, mostrarlas -son trofeos- y divertirse presumiendo con ellas. Esa borrachera impide (el cerebro se autoengaña) pensar seriamente, sobre lo que podría ocurrir si no hay tal camaradería o esta se rompe. 3, Esos actos malvados son una medalla, una insignia, un trofeo. Se pregunta, cómo unos buenos soldados cometieron aquellas maldades. Si miráramos más atrás, se vería que no eran tan buenos chicos, sino conflictivos. Debemos añadir que una vez se inicia el juego, muchos o todos se acaban sumando, unos por emulación y diversión, y otros por miedo y presión de grupo. Estos segundos eran buenos o normales, pero les puede el grupo; en los primeros, seguro que no cuadra el calificativo de buenos muchachos; aunque la situación sea muy conflictiva, no se transforma tanto el carácter de todos. Una buena persona, también -según qué circunstancias- puede llegar a asesinar, pero nunca disfrutará del acto; solo "otros" disfrutan y nunca se arrepienten.

El problema de A. Graig fue la publicidad, aquellas fotos inoportunas. ¿Por qué ocurría aquella maldad? Porque el oficial de prisiones no era el adecuado (Zimbardo, p. 442, 444), "no tenía la formación ni personalidad adecuada". ¿Y lo de los héroes?. Es muy duro ser un héroe. Si te atreves a hacerte el héroe por denunciar situaciones de maltrato e inhumanas, pocos te comprenderán, y muchos te fastidiarán la vida, le ocurrió a Joe Baerdin en Iraq y al soldado Maning con los papeles que cedió a Snowden.

Desconexión moral (Ibid 409). Al ir creciendo, adquirimos unos procesos morales de socialización, mediante este proceso se frena la conducta antisocial, debido a que con el tiempo se interioriza en forma de códigos personales. Pero el psicólogo Bandura, sostiene, que podemos desconectar -a voluntad- la autocensura y los frenos morales que regulan nuestra conducta, con lo cual daría por explicado todo el abanico de maldades. La afirmación es fuerte, aunque creo difícil que se pueda llegar a tal extremo, aun dudando que exista el hombre ético. Admito que el superyó (conciencia) cede casi siempre ante los dictados del yo (egoísmo, conveniencia). La conciencia puede ser consciente, pero se pliega y narcotiza, facilitando la acción egoísta del yo. Pero creo que con frecuencia ha de quedar un poso en el pozo de la conciencia, capaz de removerla.

En Yugoslavia en los 90 ocurrieron las mayores atrocidades humanas en Europa desde la II Gerra. El ejercito dominaba un enclave o ciudad, y entonces cogían a familias enteras y ponían la mitad a un lado y la otra mitad al otro (Redes, Punset). A una mitad le sacaban los ojos delante de la otra mitad, luego les mataban. A la mitad viva, le dejaban escapar para que lo contaran y expandieran el miedo. Quizás lo peor, sea saber que estas prácticas las perpetraban todos los bandos. Por lo visto siempre se puede superar. Atrocidades semejantes ocurrían hace 2000 años, les llamábamos barbaros, sin
civilizar. Con todo lo que hemos avanzado en muchos terrenos, esos comportamientos parecerían imposibles. Quizás, a más civilización, peores personas; El Leviatán.

J. Kenes, en su libro *"las Raíces del Mal"*, nos dice, que la maldad son "excesos dañinos gratuitos en el desarrollo de una acción". De una forma más tosca y directa, diríamos que maldad es cuando te fastidian tocándote las narices (la expresión no sería exactamente esa) sin ningún motivo. Cuando Kekes habla de excesos dañinos gratuitos, se entiende que la atribución justificada de maldad a una acción requiere por lo tanto, motivo, consecuencia y falta de excusa [27]. "Mi objetivo (dice él) es proporcionar una explicación causal de por qué los hacedores del mal hacen el mal". Me parece un buen inicio y buen propósito, por qué acontece el mal, y por qué tanto mal, y si puede ser cierta la sensación de que cada vez hay más mal. Él opina (Ibid 27) "más importante que el daño psicológico es el daño físico que se causa a personas inocentes". Es una valoración dudosa, con frecuencia hemos oído que en ciertos casos era peor el daño psicológico o humillación, la derrota moral que las palizas. El análisis de la maldad que él expone, nos guía por seis casos paradigmáticos de maldad. Para mi propósito, resultan más interesantes los exámenes que hace sobre Robespierre, el nazi Stangl, y Charles Manson.

Ha habido muchos muy malos en la Historia. Sería fácil citar algunos nombres recientes, y también coincidir en algunos más antiguos; quién no calificaría de maligno al conde Vablac o a Nerón, etc; pero en realidad, cada uno elegimos nuestra lista de depravados, que sólo en parte coincide con la de los demás, confeccionada en base a gustos, antipatías, prejuicios, sentimientos, formas de pensar, es decir ideología, en el fondo siempre está presente la ideología, a pesar de que muchas veces se haya repetido que han muerto las ideologías, al hilo de aquella síntesis "El Fin de la Historia", de Fukuyama. Lo que ocurre es que se ha impuesto el pensamiento único -económico, que es el que más importa- y un tipo de política y de sociedad que tiende hacia el centro y la moderación (aparte de soflamas estentóreos), hechos que parecen minar las diferencias ideológicas. Pero lo que pensamos y hasta sentimos, en cuestiones de moral o de religión, e incluso la forma de pensar respecto de los parados, está guiado por la ideología. Fueron siempre las ideas de algunos hombres (muy pocos) los que despertaron la mente de otros, para que más tarde, entre muchos, empujaran la rueda de la Historia. Siempre unos pocos, nunca las masas. Las masas (antes se decía la chusma) o muchedumbre, son inertes (en cierto modo), están pero no se mueven, y si lo hicieran se mueven en derredor, o avanzan y retroceden sin horizonte claro, hasta que son conducidas. Entonces su empuje genera un gran movimiento capaz de estampidas, pero la masa se confunde y dispersa, y no es nada sin la dirección nítida de algunos líderes (al final del libro, retomo un poco este tema). Todos los grandes movimientos sociales se han hecho con la mente preclara de algunos líderes. En Egipto ha triunfado una revolución del pueblo, pero siempre ha habido unos pocos que engarzaron sobre el pensamientos de otros más y estuvieron cada segundo organizando, exponiendo ideas y jugándosela, en particular, cuando al principio no eran miles los que exponían la voz contraria al Régimen. En Rusia fue del mismo modo, fueron unos pocos los que se pusieron al frente de la subversión. Con frecuencia, pienso que las revoluciones no valen la pena si no se implica en profundidad el pueblo, la masa, porque si la muchedumbre no se compromete y hace suya la revolución, le acabará dando la espalda a las primeras dificultades, por lo cual no vale la pena. Pero visto de este modo, nunca habría revoluciones ni grandes movimientos de transformación sociales, porque solo los líderes y los grandes hombres (no las masas) escriben la Historia. O mejor, la Historia la escribe cualquiera, normalmente los vencedores, pero la Historia la hacen unos pocos. Siempre recuerdo la película *Mi Nombre es Hervey Keitel*, el diferente, el gigante, él solo volteó la montaña. Owen no creía en el "conocimiento" ni la capacidad de las masas, su modelo social consistía en la elección y dirección de los "principales". Las masas deberían ser el ejecutante de la democracia real, pero el pueblo se inhibe de este ejercicio "dame pan y llámame tonto". Mi aplauso y admiración al coraje y la valentía de los líderes, tan denostados a veces; aunque cabe siempre la duda de cuánta proporción de vanidad es motor de sus acciones. En definitiva, Kekes tiene su lista de bellacos, y entre los peores (por mor de su ideología) figura en primera línea Robespierre.

La fase del Terror en Francia ocupó 1793 y 74. Robespierre era el miembro más influyente del Comité de la Seguridad Pública, que controlaba la Convención. Los jacobinos, partido de Robespierre, se apoyaban en la clase media-baja, y baja de París, los estratos humildes, quienes sentían la esperanza de que los cambios estructurales que imaginaban merced a la República, fomentara un mejor reparto y aliviara sus miserias. Cambios estructurales, como siempre, habría pocos, a pesar de las referencias progresistas que aportaba la Constitución de 1793 (cuyas medidas nunca se pusieron en marcha). Kekes afirma, que el apoyo de los jacobinos estaba en los "Sans-culottes,"…cinco por ciento de la población era indigente y sobrevivía (Ibid p.70) gracias a una mezcla de crimen, prostitución, mendicidad y trabajos ocasionales". No es correcta esa identificación. Sans-culottes significa sin calzones, el pantalón ceñido en la rodilla que vestían las clases altas, la clase baja usaba pantalones largos. En los Sans-culottes se incluían parte de los representantes del Tercer Estado y pequeños burgueses, comerciantes y trabajadores estables. "Los jacobinos movilizaban a los Sans-culottes siempre que les convenía, y cuando no eran incitados a movilizarse -al no tener nada mejor que hacer-, se sumaban a la muchedumbre que asistía a las ejecuciones públicas…insultando…hacia la muerte, regocijándose con las cabezas cortadas". Dice "ese era el pueblo a quien los jacobinos tenían algún derecho a decir que representaban" A esta clase de gente normalmente se la calificaba como "la chusma" (que por cierto existe en todas partes), y esa es la analogía que Kekes pretende establecer entre chusma y Sans-culottes, con el aparente propósito tendencioso de ir creando una esfera de negatividad en torno de

Robespierre y la Revolución. La Revolución según el autor, se prolongó en "Napoleón, que generó victimas en múltiplos de cientos de miles. Había cambiado poco y destruido mucho"(Ibid p.61). Todas las guerras y revoluciones han destruido mucho, también (en distinta medida, conforme a recursos y material humano de las épocas) la Revolución de Cromwell de 1641, y la Independencia de USA, y la Guerra de Secesión, no hay guerra incruenta. Kekes toma trozos del horror del Terror (que sin duda aconteció). En 1792 asesinaron, de entre muchos, a la princesa de Lamballe, "la locura de los asesinos en La Force. Aquí hubo canibalismo, destripamiento y actos de indescriptible ferocidad. Lamballe eliminada (Ibid.62 y 63) de un golpe de lanza, su corazón todavía latiendo fue arrancado de su cuerpo, sus piernas y brazos arrancados y disparados con un cañón". Constátese, que entonces Robespierre aún no era el jefe de la Convención. En cualquier época moderna, en casi todos los pueblo, y en razón de casi todas las ideologías, solo cabe decir: horror y horror; y señalar que por desgracia ha ocurrido de modo semejante muchas veces en la Historia (Zimbardo: Ruanda). Hampson, un historiador que Kekes cita como "generalmente a favor de la Revolución", señala las palabras de Robespierre. "Reconozcamos que hay una conspiración contra la libertad pública...coalición criminal"; así pues política represiva. Esta es la forma corriente de defender algo contra el exterior o contra conspiraciones imaginarias del exterior; no lo justifiquemos, pero reconozcamos que sigue siendo de igual modo. Así actúan aún algunos regímenes de América del Sur, Oriente Próximo, así actuaban USA y URSS, así actuaba Mackarty. La conspiración exterior sobre aquella Francia era real (Maetternich).

Robespierre "se volvió tan incapaz de distinguir el bien del mal como un hombre ciego lo es para distinguir el día de la noche". Cierto; el poder corrompe y es fácil caer en la tentación del fanatismo y la tiranía. Sin embargo, refiere que Robespierre en su juventud (Ibid 66) recibió una buena formación como abogado. "A principios de 1789 fue elegido como representante del Tercer Estado, empezó como un demócrata bastante radical, y luego se volvió más radical". Es decir, que no era el Demonio, sino uno como tantos otros, demócrata; que con las circunstancias complejas evoluciona mejor o peor. En 1792 ya estaban instaurados los tribunales revolucionarios y el Terror, y él aún no dirigía el Comité de Salud Publica. Se entiende pues que desmanes había muchos, animados y amparados por varios miembros del poder, él era uno más (o El Mas) entre los desquiciados. Cita Kekes (Ibid 68) que el arte de

277

gobernar tenía en la intención de Maximilien "ilustrar al hombre y hacerlo mejor. La tarea de la Revolución era instaurar la felicidad, tal vez de toda la raza humana". Supuestamente, a eso se dedicaba Napoleón: la libertad a todos los pueblos. A Kekes, éstas y otras intenciones de la Revolución le parecen verborrea, ideas descabelladas y peligrosas, pero él sabe como filósofo, que todos los pensadores, filósofos e ideólogos han perseguido dotar a su sistema de creencias e ideas, de unos medios que permitan acercarse o perseguir la felicidad, qué se había sino de perseguir. Los clásicos perseguían y exponían sobre la felicidad, Sto. Tomás (en otra línea) también nos habla de la felicidad, el Utilitarismo de Bentham y Mill persiguen la felicidad (el summun bonum), Espartaco, Hegel, Marx, Kant, todos persiguen la manera de hacer más accesible la felicidad, de limitar las penas y miserias de los hombres.

Las ideas más nítidas de Robespierre se articulan (Ibid 69) en la Declaración de los Derechos del Hombre, que constituyó la base de la Constitución de 1793. Kekes menciona en esta página varios de esos derechos, y son intachables; que por cierto, son muy semejantes a la Declaración de independencia de USA, inspirados en las ideas de igualdad y soberanía que expusiera Rousseau, y que Jefferson transcribiera en aquella Declaración. Distinto es el modo en que Robespierre ensució después esos derechos, y como fueron utilizados de modo demagógico para defender la República. "La Declaración de Derechos no ofrece ninguna garantía a los conspiradores que han tratado de destruirlo" [28], cita Hampson. Ese el problema y el gran error. En un Estado garantista, siempre debe haber derechos inalienables de las personas: el derecho a la dignidad, a la inocencia y a la defensa, etc. Estos derechos se vieron conculcados en la Francia del Terror, como en la Servia de Mladic, o en Guantánamo, o en Abu Grahig (es difícil olvidar que algunos defienden la licitud de ciertos interrogatorios). En todas las guerras (actuales), se dan cita con frecuencia el estado de excepción y los tribunales sumarios, los conceptos de traición, colaboración con el enemigo y espionaje, son medidas extremas, de las que se abusa. Expone: "Una ideología (Ibid73) es una cosmovisión coherente utilizada para comprender las condiciones políticas vigentes e indicar la manera de mejorarlas". Efectivamente eso es la ideología, cuyo fin último consiste en perseguir y ofrecer la felicidad. La ideología y la felicidad la ofrecen y promueven los líderes, que a veces machacan al pueblo en pos de esa felicidad (Hitler, Stalin,…). Tal vez, menos los muy sencillos, todo el mundo lleva dentro un pequeño Mesías, todo el mundo siente que ha visto el camino correcto. Ideología eran los planteamientos de Locke y los

278

postulados de la Revolución liberal de 1641. Por esas y otras ideologías y revoluciones, todos en Occidente vivimos en democracia, y podemos opinar y escribir (que es mucho más importante de lo que a simple vista puede parecer)."Estas interpretaciones (de las ideologías)…son especialmente (Ibid 74) propensas a pensamientos que solo expresan deseos, son engañosos y ansiosos, sirven para determinados fines, como también a vuelos descontrolados de la fantasía y la imaginación". Pinta un panorama un tanto siniestro de las ideologías, aún reconociendo que "todas las grandes religiones, sistemas metafísicos, etc, y las culturas perdurables fueron animadas por una o más ideologías". Escribe kekes "Dejaré de lado el tema de hasta dónde Robespierre siguió fielmente las ideas de Rousseau y en qué medida se las puede culpar por el Terror". La cuestión principal es el contenido de la ideología de Robespierre, que indudablemente le debía mucho a Rousseau, a quien veía como "el tutor de la raza humana". Parece empeñado en lograr la condena de ambos, y en establecer la unión de continuidad en el pensamiento y de responsabilidad hacia atrás. Qué habría de tener de malo que Robespierre bebiera de las ideas de Rousseau, ¿o sí? Voluntad general y soberanía popular, son conceptos aceptados y asimilados hace mucho tiempo, y se acepta el principio (indemostrable) de que la voluntad general expresa "los principios de justicia que protegen los derechos del pueblo". No es negable que en diversas ocasiones esto solo ha sido una falacia, pero partiendo de la aceptación de ese principio por todos reconocido (por Kekes también, y recogido en la Declaración de USA), se da valor a la democracia parlamentaria representativa, donde los parlamentarios elegidos, se supone que representan el sentir y la voluntad del pueblo. "Las convicciones de Robespierre… un todo coherente. Esta coherencia…lo que le convirtió en un formidable orador, enérgico y persuasivo". Kekes ahora nos ofrece la imagen de un fenómeno; pero acto seguido nos muestra al verdadero Robespierre "…ser un hombre de elevados principios. La apariencia sin embargo era engañosa". Por fuerza Robespierre tenía que ser malo, pero lo importante para Kekes no es él, sino su ideología, porque es contraria a la suya (luego volveremos). Sin embargo veamos lo que sigue. Ya nos dijo en páginas atrás que Maximiliem había adquirido una buena formación como abogado, y ahora nos dice (Ibid 79) que tenía una buenos conocimientos y amplia cultura "había leído a Fenelón, Guicciardini, Bacon y Pope…monárquicos, Maribeau, girondinos, participó en los debates de la Convención sobre la adopción del modelo de la monarquía constitucional inglesa, y conocía bien la Revolución Americana". ¿Cuál es pues

279

el problema? Es fácil darle caña a Robespierre, como a Stalin, Hitler, Pinochet; lo que no se comprende, es la inquina contra Rousseau. Hay mucha gente empeñada en demonizar el socialismo emparentando los errores del Este con el Nazismo. Barbaries fueron ambas, incluso muchos apuntan las mayores cifras de asesinatos que ha generado el comunismo, sin embargo las ideas de partida son muy distintas. En un caso, la idea base era el intento de lograr la igualdad de todos los hombres y sus derechos, la del otro, decía que todos los hombres no son iguales, y por tanto tienen distintas escalas de derechos (leyes que disminuían derechos), de ese modo se les puede negar la vida, y hacer con ellos jabón.

*　　*　　*　　*　　*

En otro capítulo, esgrime el caso -muy instructivo- del nazi Franz Stangl como prototipo de ambición, que ciertamente con frecuencia conduce a la maldad, analizando el comportamiento y las razones de éste, expuestas en el libro de Gitta Sereny. Franz nació en Austria, fue comandante de campos de exterminio, al terminar la guerra logró "llegar a Roma, y desde aquí con ayuda de la ruta de escape organizada por el Vaticano marchó a Siria", acabó en Brasil, donde fue detenido en 1968, extraditado, juzgado y condenado a cadena perpetua. Murió en la cárcel en 1971.

Su cometido principal lo desarrolló como jefe del campo de exterminio de Treblinka. Relata un liberado: "nos pusieron en un tren de carga, tantos, que nos sujetábamos unos contra otros…sin aire…la gente orinaba, defecaba y vomitaba. Algunos morían parados y permanecían parados, no había más espacio". Todas esas escenas, por desgracia no son sólo cine, sino realidad.

De joven trabajaba de tejedor. Poco después logró ingresar en la policía en 1931, cuando contaba 23 años. En 1935 le transfirieron a la división política. Hasta ahí, todo muy normal; tuvo un recorrido como otros muchos jóvenes que buscaban su sustento, incluso aunque ya gobernara Hitler. En 1938 se produjo la anexión de Austria por Alemania, hecho que no le inquietó. Señala Kenes, que ya antes se sentía identificado con el partido nazi de Austria. Este hecho tampoco es muy especial. "Los miembros de la policía austríaca que no demostraron lealtad a la causa nazi perdieron sus trabajos y fueron maltratados". Este ya es un apunte más significativo: unos cedieron a toda insinuación del poder, otros no. "En 1940, se le ordenó que asumiera como encargado de la policía de un instituto especial...programa secreto de eutanasia...dementes, prisioneros políticos". "Cuando supo en qué consistía el programa, se mostró reacio a aceptar el puesto". Veremos, que éste, es el momento clave de su vida, el centro del remolino. Parece obvio que fue capaz de suponer las perspectivas que se le presentaban, ante si tenía la puerta oscura, aún podía no cruzar el umbral. Se le intentó tranquilizar, amenazar y ascender,...y aceptó. "Pronto descubrió lo que ya imaginaba, que todo era mentira, pero se quedó". Todo lo que viene después, se deriva de esa aceptación, el peñasco que rueda montaña abajo. Mientras estaba en el campo de Sobibor, su esposa le visitó. Lloró, suplicó, trató de convencer a Franz. "Es imposible" le dijo. En efecto, ya era imposible, era tarde, la piedra rodaba por la pendiente. A preguntas sobre esos crímenes, Stangl le contesta a Sereny "que era una cuestión de supervivencia", el miedo a negarse. En ese momento, tal vez. Stangl argumenta su defensa: "en la escuela de adiestramiento... para que se considere crimen... se necesitan cuatro requisitos", que serían: sujeto, objeto, acción, e intención; y según él, faltaba la intención, luego él no era un criminal. La mente de cada uno reconstruye sus fortalezas, elabora su defensa, a veces sofisticada, y parece presentar cierta lógica, pero en el rescoldo de su conciencia, ésta le sigue gritando, que no es así; la culpa no se lava tan fácilmente, existía el cuarto elemento. Stangl era consciente de todo cuanto estaba ocurriendo. "Tenía los conocimientos requeridos[29]; conocía los hechos relevantes y la significación moral de lo que estaba haciendo, aunque trabajó mucho para protegerse de que los comprendía. Si se le disculpa de la responsabilidad, debe ser por su falta de elección". No es correcto, él eligió. Le responde a Sereny "Nos enterábamos todos los días de que alguna persona había sido arrebatada ...concentración, fusilada;...era una cuestión de supervivencia". Tiene razón, hay que ser muy héroe (casi insensato) para negarse en el período avanzado del nazismo, quizás a nadie se le puede exigir tanto, aunque siempre hay algunos con tal alto grado de dignidad (el teniente de Vietnam y Joe Baerdin en Irak). "Varias personas de la SS y del personal de los campos de concentración optaron por no participar sin que les ocurriera nada grave". Quedó demostrado en el juicio a Eichmann (Arendt) que en ocasiones "conflictivas", algunos mandos se apartaban o pedían traslados, y apenas fueron represaliados. Dice Kekes que "la argumentación defensiva de Stangl parece más consistente que la de Sereny". No lo veo yo del mismo modo. Sigue Kekes "el hecho de que algunas personas hayan podido elegir no participar, no demuestra que Stangl tuviera la posibilidad efectiva de elegir". Cierto, rara vez las circunstancias son calcadas. No es justo exigir que todos sean héroes, basta con que sean morales, basta con que hubiera seguido el principio de universalidad kantiano o tomista "no hagas a otro lo que no quieras te hagan a ti", en definitiva, no seas criminal. Es criminal quien comete crímenes: malas acciones en grado terminal que pudo haber evitado. Franz no podía evitar que todos aquellos acabaran en la cámara de gas. Stangl pudo evitar que él fuera el jefe de esas cámaras, sencillamente, porque pudo no haber sido el jefe de esos campos. Esta opción la tuvo en 1940 "instituto de eutanasia". Hasta cierto, punto parece comprensible que Stangl no intuyera cuánto podía envenenarse la situación socio-política cuando la Ansschlus de 1938, donde algunos compañeros pagaron distintos precios por negarse a ser acólitos, pero sí da la impresión de que pudo echarse atrás en el "instituto", en cambio prefirió engañarse y aceptar las prebendas y promesas; entonces, sí pudo elegir. Kekes le disculpa, porque Franz (Ibid 97) "no era persona admirable, de gran coraje…, deplorable". Por supuesto que era responsable. Sí tuvo coraje para cargarse miles de judíos. El fundamento de la elección de Stangl es básicamente uno, y así lo señala Kekes "ambición", que es una posición moral meditada, calculada y elegida. Su personalidad, situaciones forzadas, el contexto social, (Ibid 99) todas esas son consideraciones que podrían tener su lugar en el juicio legal, pero no pueden ser eximentes determinantes. El determinante fundamental para juzgar una acción es la responsabilidad interior del autor, y ésta se determina en razón de la voluntad (Kant: el hombre mediante la razón es libre y ejercita su voluntad y elección, y por ello es responsable), que presupone una ejecución consciente y libre. Eximente no puede ser el contexto social, adjuntando como razón la dirección execrable de los dirigentes nazis, ni la sumisión y fe ciega de gran parte del pueblo alemán hacia su líder, en la gran locura criminal no participó todo el pueblo sino algunos miles (no sabemos cuántos hubieran sido capaces), y entre esos, sin muchos remilgos, destacó Stangl. Menos aún puede servir como coartada, el hecho de que tuviera (Ibid 100) una personalidad ambiciosa, ¿cuántos no tienen no se qué grado de ambición? La ambición es una elección. "La ambición por lo tanto no (Ibid 105) es intrínsecamente mala. Si a quienes les gobierna la ambición, se les presenta la oportunidad del éxito en actividades malas, difícilmente hay algo que les detenga". "No puede haber duda de que Stangl sabía que lo que estaba haciendo en Treblinka era algo horrible y equivocado". ¿Equivocado? ¡Qué eufemismo! Malo y criminal, son adjetivos más acertados, no creo que él sintiera la consideración de equivocado. "Debía haberme matado en 1938". Parece un gesto noble, pero no es más que un gesto grandilocuente y publicitario. Nadie se arrepiente a tal extremo, menos quien apenas se cree culpable (p. 96, cuestión de supervivencia, y la no intención). "Si no hubiera sido (Ibid 106) detenido y condenado de por vida, habría vivido su vida en Brasil sin pensar mucho en las novecientas mil personas que había asesinado". No necesitaba matarse, hubiera valido con renunciar o pedir traslado en el 38, o en 1940. Por tanto, eligió, y actuó con intención. Eligió lo que hacía, lo que sabía, las consecuencias, lo que significaba, las vidas que segaba. Eligió en función de su ambición. Menos en la lotería, nunca viene un gran premio sin contrapartidas, conocía las recompensas: económicas, honores, prestigio; y conocía los riesgos: morales y jurídicos. Nunca se engañó, es imposible. Intentó insensibilizarse y narcotizar su conciencia, pero solo se logra de modo parcial, es improbable en grado suficiente. Con el trabajo cognitivo (autoconvencimiento) se logra despreciar y deshumanizar a las víctimas a tal grado que resulta más fácil el trabajo de destruirlas y matarlas, porque si no eres un enfermo psicópata, se trata de concebirlo todo como un mero trabajo. Pero después del trabajo, la conciencia siempre te pide cuentas. La conciencia es una instancia atávica autónoma (el superyó de Freud), no manejable a voluntad -aunque Bandura dice que sí-, formada en razón de las necesidades inevitables de consenso por la supervivencia en los inicios de la civilización, de este modo, la conciencia siempre te remite de modo subconsciente a la moral, al acto correcto, repiquetea en el centro de tu cerebro, te muestra las imágenes y te interroga sobre tu proceder, no en todos los humanos con la misma insistencia, dado que es cierta la distinta capacidad para atenuar y encubrir el zumbido de la conciencia. El no tenía intención de gasear a todos esos desconocidos, diría, la intención era de sus dirigentes. Tampoco esos dirigentes fusilaban a los judíos ni habrían la espita del gas, ni siquiera hacían que las cámara funcionaran "como un reloj", y nadie discute que ellos eran los responsables. Él, de modo vicario, por delegación, ejecutaba los deseos y actos criminales de sus superiores. Sus jefes tenían la intención, y él conocía y asumía aquella intención, aceptaba pues la intención, y no hizo cuanto pudo por evitar ni dificultar aquella intención. El mundo, y su conciencia, no pueden aceptar que estuviera ausente ese cuarto requisito en la acción criminal. La ambición, propicio primero la reflexión, y después la elección y la intención.

283

Durante los fusilamientos en masa de los judíos en la URSS...personas indefensas.... aquellas madres que tenían que ver como mataban a sus hijos sin poder ampararlos, que no podían sino morir con ellos...Blodel tuvo que enviar a Alemania a un ruttherfhurer de 30 años que había hablado con un condenado. El judío, que era de la misma edad que el ruttherfhurer, llevaba en brazos a un niño de unos dos años y medio, y junto a él, su mujer iba con recién nacido de ojos azules; el hombre miró al oficial a los ojos y le dijo tranquilamente en un alemán sin acento: "Por favor, mein Herr, fusile bien a los niños". Pag. 115, Las Benévolas.

*   *   *   *   *

"...ataron al hombre y lo mataron con doce cuchilladas y 14 pinchazos infligidos con un tenedor de dos puntas. La mujer había sido apuñalada cuarenta y una veces en la espalda...". Estos homicidios se cometieron en el verano de 1969 en Los Ángeles, a manos de Charles Manson y sus secuaces.

Toda una infancia y juventud[30] de violencia. Sin mimbres, sin moldes, sin educación. Manson, era hijo de una madre de 16 años, delincuente y drogadicta. Cuando las posibilidades mentales y sociales de algunos padres son nulas, lo normal es que ocurra lo que ocurre. Salió de la cárcel en 1967, en pleno auge de libertinaje (Kekes p. 110) y promiscuidad, drogas y felicidad para todo el mundo, el hipismo. Quería algo de la música, y lo persiguió ofreciendo putitas que él controlaba; ejercía de gurú de una gran "familia" que le seguían como atontados, por el embrujo de su hueca (Ibid 111) y embaucadora berborrea. "Tengo mil caras... Y en mi vida he usado cada una de esas (Ibid 112) caras". "Las razones (ibid 115) ocultas de Manson, se encuentran en la envidia". Envidia no significa sólo querer -en el plano material- lo que otra persona tiene, también implica aversión y deseo de dañar a aquel que tiene lo que el envidioso codicia o anhela, "...un defecto mucho más grave de lo que implica esta manera simplista de verla". Parece ser que Manson reflexionando en la cárcel, se consideraba un pequeño tonto impertinente, y que fue el descubrimiento de la música en esa etapa lo que le devolvió la ilusión y la consideración como persona "me sentía confiado y seguro cuando tenía espectadores"(Ibid 122). "Mi vida nunca ha sido importante para nadie", ni la de muchos, lo cual no es óbice para la maldad. Señala Kekes que aunque nos cuente sus miserias reconocidas, este hombre "tenía mil caras, golpeaba a su esposa, violaba hombres y mujeres...". Salió de la cárcel "lleno de miedo, esperando reconstruir su vida en torno a la música". Llegó con "sus niñas" a los hombres de negocios de la periferia musical, "sufriendo una decepción tras otra, y este rechazo aumentaba su resentimiento"; nadie en ese mundillo creyó que tuviera madera. Pero ni supo ni quiso aceptar la respuesta de los demás, lo cual solo generó más resentimiento, amargura, temor, vacio y odio; su sueño se le escapaba sin querer aceptarlo. Su mente reaccionó viendo solo corrupción y abuso de quienes tienen poder y dinero. "Al diablo con el mundo y todo lo que contiene" (Ibid 124), es el disparo de bajada hacia el infierno. Si él no triunfaba y otros sí, dictaba que tal hecho era injusto y que se debía a conspiraciones. Nunca quiso trabajar, nunca quiso ser uno más, nunca quiso entender que muchos otros también se frustran en la música y aceptan triunfar (o simplemente ser un normal) como camareros, dependientes, administrativos, o fontaneros, no, a él solo le interesaba el éxito en la música. Al entender quemadas sus naves en la música "se desintegró el sentido que había encontrado para su vida...aumentó su rabia... asesinatos". "Escogió a las primeras víctimas porque estaban en la casa del ejecutivo que le había echado de manera humillante; a las segundas porque eran ricas, exitosas...". "Manson era una mala persona, más allá de lo que él creyera", y más allá de

285

que fuera un producto de aquella sociedad. "Las personas no son receptoras (Ibid 127) indefensas de las influencias sociales. Pueden controlar sus reacciones y negarse a actuar", esto es lo que todos suponemos, en sintonía con Kant (la voluntad y el hombre libre). Afirma Kekes que las acciones de Manson estaban motivadas por la envidia, y que "la envidia es una amenaza moral grave que no puede ser eliminada, y que contribuye de manera importante en el predominio del mal".

Como Kekes refiere, todo pensador (Ibid 208) a lo largo de la historia ha aportado explicaciones al mal; unas inciden en el enfoque religioso, otras en el biológico (herencia) y otras en el social. Al enfoque religioso, él le llama explicación *Externo-Pasiva*: hay un orden moralmente bueno, que a su vez implica una parte mala, que sería en cada momento la menor posible. Contra la agresión, siempre se enfrenta una defensa a nivel individual o en guerras colectivas, morirán forzosamente algunas personas; el orden bueno dispone que mueran los menos posibles. Se trata de un optimismo cósmico donde es relevante la mano invisible atribuida a Dios; es por ejemplo la posición de la Teodicea de Leibniz. Esta explicación, olvida, que las "necesarias" acciones malas causan un daño excesivo e inútil: cegar, cortar narices, quemar cataros, etc. Esa teoría (el mal menor, controlado por Dios) no explica adecuadamente estas acciones, pues si Dios es todo bondad, cómo se explica tanto mal. Llegado a ese punto del gobierno de la moral desde lo sobrenatural y de la mano de Dios, toda especulación es absurda. "Quizás haya un orden moral...malo, bueno o indiferente a los seres humanos. Quizás haya muchos dioses enfrentados entres si... Si nos gobierna Dios, como nosotros a las hormigas, u otros extraterrestres, nos sirve de muy poco tales suposiciones. Toda esa especulación no tiene ningún sentido moral" (Ibid 216)

Lo que él denomina explicaciones *Externo-Activas* nos remiten al orden social y su configuración. "Los hacedores del mal son impulsados por defectos como la codicia, la agresión, el egoísmo, etc."(Ibid 219). Desde este tipo de explicaciones, se niega que los "defectos se originen en los seres humanos", sino que estos son corrompidos por el medio social (política). La trampa -imposible de solventar- es que estamos entrando en la guerra de siempre, la explicación a través de la política y la ideología, y todo el mundo tiene una posición más o menos predeterminada, nadie es del todo objetivo ni imparcial en sus juicios, opiniones ni valoraciones; los malos harían el mal (según el pensamiento de quienes cabría encuadrar en este tipo de explicaciones) no porque son malos, sino por las condiciones sociales. De modo simplista traduciríamos, en que cambiamos las condiciones sociales y se acaba el mal. Toma esta frase del Emilio de Rousseau: "Dios hizo todas las cosas buenas, el hombre interfiere en ellas y las hace malas". El hombre causaría el mal por imposibilidad de actuar de acuerdo con la razón; pero el ser humano sería "maleable, y dadas las condiciones adecuadas, perfectible". "La clave será quitar los obstáculos del camino... lograr la mejora a través de la educación". Es la época donde se genera el clima utópico del "buen salvaje" en los ensayos, y en la literatura de Dafoe, y otros. Kekes cita a Kant como otro protagonista de aquel optimismo, errado "...el bienestar humano depende del esfuerzo humano; somos capaces de hacer el esfuerzo correcto; la corrección del esfuerzo depende de nuestra voluntad y de nuestra razón; y el empleo correcto de la voluntad y la razón depende de individuos que deben liberarse a sí mismos de influencias externas corruptoras...como desean vivir y usar la voluntad de acuerdo con la razón". Aparte de exceso de optimismo, dónde está el error de estas cinco líneas. Nadie dudaría que las posibilidades de mejora de cualquier circunstancia en la vida, dependen -generalmente-, en primer lugar del esfuerzo, por consiguiente de la voluntad. Y la razón es la que nos guía, para el mal, y para el bien. Cuando decidimos y actuamos en razón de algún hecho, al lado, hay otras fuerzas que pugnan por intervenir, pero la razón es capaz de conocerlas y de imponerse, si lo desea; luego la razón es primordial. Kant (se mueve en un mar de contradicciones) -le influye el pietismo- (Ibid.39), suele creer que el hombre es malvado por naturaleza (pecado original), la tendencia al mal está en su naturaleza, en su esencia; si bien, dado que monserga sobre la voluntad y le quiere al hombre responsable, le cree capaz del bien y del premio, en virtud de buenas obras y de una vida ordenada. Kant, está obligado en este sentido a ser optimista, pues lo contrario implicaría un determinismo que haría no culpable al hombre, debiendo cargarlo todo en las alforjas de Dios. ¿Por qué unos adoptan máximas buenas, y otros, malas? Insiste Kant, en que eso es inescrutable, que no lo podemos saber. Esa es una argucia fácil, deberíamos poderlo saber. Y lo conseguiremos, si sabemos cuáles son las razones últimas de la decisión de las personas (en los crímenes de las películas siempre se dice: sigue el rastro del dinero), qué buscan, qué persiguen y prefieren, entonces llegaremos a las pocas cosas que al final le importan al ser humano. El problema de Kant para explicar el conocimiento y para toda su filosofía, es que creía en Dios y necesita justificarle, y dado que es omnipresente y omnisciente necesita que Dios intervenga en todo, pero como bien reconoció, no podía demostrarle. Por eso, acabó concibiendo que existen dos mundos separados: el de la experiencia física y el de Dios, el fenómeno y el noúmeno.

Hegel también dedicó muchas páginas a defender la posición de Dios, aunque siempre de modo confuso y contradictorio; en ocasiones parecía teísta, deísta y hasta agnóstico. Para él, nada que no fuera enrevesado tenía valor. Richard Bernstein[31] decía: "En suma, podemos leer a Hegel tanto hacia adelante como hacia atrás: desde la perspectiva de lo finito y desde la de lo infinito verdadero"(Ibid 89). Menciona Bernstein (Ibid 128) una diatriba ininteligible de Heidegger acerca de Dios. Dice luego el autor: "llegado a este punto, puede que el lector quiera darse por vencido". También la distinción de Schelling entre fundamento y existencia puede sonar tortuosa. Puede comprenderse así, "por qué Carnap y otros lógicos positivistas le dieron la espalda a todo este tipo de especulación metafísica, declarándola no solo falsa, sino carente de sentido".

Estábamos con Kekes en las influencias Externo-Activas, debidas al medio corrompido. Esas influencias son la envidia, la avaricia, la codicia (el dinero), en definitiva el Afán de Poder, una fuerza sin duda muy atractiva y muy poderosa, pero que no se impone a la razón, sino que, en según qué personas, la razón puede permitir que triunfe el lado egoísta de esa persona. No debemos considerar que la razón es un ente estúpido, sino por el contrario listo y capaz, de tal suerte que conoce la realidad social en que vive, y se percata que abundan "las influencias externas corruptoras". "No hay buena razón para creer que los seres humanos son básicamente buenos y perfectibles… y que si la libertad, igualdad y la justicia estuvieran garantizados, el mal no sería algo habitual"(Ibid 221). Es cierto que el optimismo y el utopismo expusieron -entonces- este pensamiento, igual que lo es, que en la actualidad no existe ser humano tan ingenuo. El problema es que esas virtudes constitucionales que él cita (libertad, igualdad y justicia), no están garantizadas… y nunca lo estarán del todo, porque una cosa es la norma y otra el truco y el subterfugio.

Kekes rechaza las explicaciones externo-activas: el hombre es bueno, y el

288

mal es consecuencia del ambiente social corrompido. El remedio que él receta, arenga a favor de "la fortaleza de las propensiones internas". Pero sigamos con su razonamiento, político. "Si el mal es causa de las condiciones políticas....entonces las acciones malas deberán variar con las condiciones políticas"; menciona todas las dictaduras comunistas, además de Hitler, Sadam, etc. Nadie, o pocos, en el Iluminismo o la Ilustración, predicaban en pos de la revolución y profundos cambios sociales, generalmente se escribía y disertaba sobre la maldad histórica, la corrupción, la bondad, y las mejores posibilidades del hombre bajo el supuesto de la educación. Es cierto, que más adelante, las corrientes socialistas   -influidos en el ambiente positivo y optimista de la Ilustración- sí estaban convencidas de que grandes cambios estructurales y políticos, traerían el "*hombre nuevo y bueno*", que creyera Rousseau y también Marx y otros.   Sin duda pecaron de utopismo. No debería extrañarnos tanto, utópicos del mismo signo, aún los hay caminando por las calles. Cambiar las condiciones políticas, cambiar formas de poder y quizás estructuras sociales, no cambia valores ni costumbres, ni solo de ese modo, se logran profundos cambios en el superyó. La maldad profunda es algo atávico, que hay que redescubrir antes incluso de la civilización, está en lo más profundo del hombre, y no se erradica cambiando formas de gobierno civil, que en cierto modo son ajenas al interior del hombre: su conciencia y sus pensamientos. Esos cambios sociales (democracia -justicia e igualdad- cuanto más real, mejor), pueden incidir en que la sociedad esté más satisfecha (posibilidades de distribución) o frustrada, y en consecuencia más "tranquila" o agresiva e inclinada al mal. Ningún gran cambio social va a aportar la arcadia ni eliminar el mal. "Parece que buena parte de las motivaciones humanas no cambian según cambien las condiciones"(Ibid 223). Sin duda -de acuerdo con Kekes- que las influencias externas no bastan para explicar la maldad de Manson; otros, con infancias igual de deficientes, no cayeron en grados tan extremos de maldad, aunque tampoco parece muy probable que con semejante bagaje de infancia muchos logren ser ejemplares ciudadanos. Una fuerza enorme impulsa a la maldad: la avaricia, el Afán de Poder. Kekes "las explicaciones externo-activas aportan algo correcto: el mal no es sobrenatural, sino que lo causan los seres humanos, y presumiblemente los seres humanos pueden, sino eliminarlo, sí amortiguarlo"(Ibid 226); de acuerdo. Parte de la explicación "está en los procesos internos de los hacedores del mal".

A otra perspectiva para explicar el mal, la denomina explicación *interno-*

activa, refiriéndose, a una *propensión* hacia el mal, una tendencia innata para hacer el mal. Esa propensión sería como "la ferocidad de los tiburones, la caza en los tigres, la codicia en las ardilla". ¿Algo de esto puede haber? Siempre se decía que el animal solo mata para comer, esto hace suponer que no hay maldad en reino animal, sino solo los medios adecuados a la necesidad y la supervivencia. La propensión [33] en el ser humano es hacia el mal y hacia el bien, "y toma forma psicológica". Hay defectos comunes en el hombre: crueldad, agresión, codicia, egoísmo, etc. "En las circunstancias adecuadas, la propensión motiva la acción correspondiente, a menos que sea controlada o impedida de alguna manera". "Que el bien prevalezca sobre el mal o viceversa depende de las circunstancias, el carácter, la educación, las consecuencias previsibles de las acciones incompatibles, la moral del sujeto, etc." Muchos han defendido este tipo de explicaciones, solo que unos desde el lado positivo y otros con un enfoque pesimista. Entre los primeros, Bradley, Rousseau, Kant[34], quienes pendulaban mucho el efecto del ejercicio de la razón; entre los segundos, Hobbes y Freud, quienes eran más pesimistas, "pensaban que la propensión para el mal es lo bastante fuerte como para atravesar a las otras propensiones y los esfuerzos positivos de la razón". Estos segundos, no confían en el altruismo, la razón o el ideal del yo bueno, fundamentos de los optimistas. Éstos no falsean la motivación humana, ni aceptan el mito de que el hombre es básicamente bueno. "Reconocen, en pocas palabras, que la causa del mal es una natural propensión psicológica humana". Algo de esto hay, la clave está, en qué y cuánto significa el concepto "propensión". El hombre se decanta con frecuencia hacia el mal porque ha examinado el entorno y contexto, y decide que le conviene (principio egoísta). En qué medida esa elección sea fruto del análisis y simple conveniencia, o producto de una inclinación o empuje interior no hay forma de delimitarlo. Se evalúa como cierto, que en algunos niños se dan en ocasiones formas de comportamiento o manías de muy difícil corrección, por mucho que a veces los padres insistan, parece que hay renglones torcidos que la perseverancia y docta labor pedagógica no logra enmendar. La palabra propensión señala una tendencia instintiva, anterior a la experiencia, el examen o la reflexión, algo que tendría que ver con la biología o con la herencia cercana, o la filogenética, la herencia desde los tatarabuelos o la herencia ancestral. Yo parto del supuesto, de que en el animal grupal, el ejercicio del abuso (herramienta para la dominación) es en buena medida instinto; también de modo instintivo se iniciaría el abuso en el humano, pero pronto la mayor necesidad de socialización y la actuación del superyó, constriñen el ejercicio instintivo del mal, que se deslizará en conducta racional del mal, comportamientos aprendidos y razonados. ¿Cuál es la causa interna del mal? Según Hobbes la búsqueda del poder, y según Freud la destrucción, el instinto de muerte; pero Freud piensa que la destrucción y la muerte tienen por causa el Afán de Poder, la necesidad de ser el número uno, lo que implica guerra y destrucción (y autodestrucción) en tanto que se persigue el poder; es decir que Freud pensaba en este asunto muy cerca de Hobbes. Hay un libro reciente de Mónica Garcia, *El Lado Femenino del Mal*, que relata el mal de 19 mujeres guardianas en los campos nazis. Stangl dirigía el campo de exterminio, no se manchaba con las muertes; éstas sí, según cuenta la autora, ellas mismas mataban, eran psicópatas que disfrutaban con el daño, quizás se parezcan más al Pauline de Zimbardo que a Stangl. La autora, al no entender tanto mal, opina que en cierto modo debe tratarse de maldad innata "llevaban ese mal dentro". Seguramente es muy difícil intentar una explicación distinta. También señala que ninguna se arrepintió, argumentaban que ellas cumplían órdenes. Stangl sí se arrepintió (o eso dijo). El hombre dice Kant, es libre en razón de que elige y ejerce su voluntad; y aun cuando Stang supo que avanzado "su trabajo" no era libre para decidir sobre lo que hacía (antes sí lo fue para elegir), por lo visto siempre fue dueño de una parte de su cerebro (siempre comprendió lo que hacía, nunca estuvo enajenado) para pensar y comprender, por ello pudo sentir incomodidad y escrúpulos, y un día pudo decir "debí haberme matado en 1938". Parece ser que nada de eso pensaron esas mujeres citadas por Mónica, ¿acaso ellas nunca fueron libres, estaban enajenadas, acaso no poseían la razón de la que habla Kant, estaban totalmente hechizadas, eran meros animales destructivos? Stangl le reconocía los errores y horrores a Sereny, ellas no. Por último, Mónica García cree que el hombre es bueno por naturaleza; con lo cual, es más difícil comprender cómo es posible toda esa maldad, que ella cree "innata"; ambos conceptos son contradictorios. Una hipótesis más suave, apunta, que el hombre por naturaleza no es malo, pero tampoco bueno; es una "tabula rasa" y sobre ella escribe el medio social. Pero casos de tanta maldad como los descritos, es difícil explicarlos solo por el medio social (explicaciones externo activas de Kekes), parece necesario recurrir a las propensiones. No encontraríamos razones suficientes recurriendo al origen del hombre y la herencia filogenética, la agresividad animal y también del homínido; porque ya hemos aclarado que en razón de una superior evolución y de un cerebro de 1500 g., el hombre se instaura en la civilización y es capaz de comprender, aumentar y disminuir el mal;   en consecuencia, la maldad tiene más que ver con la inteligencia (lenguaje, razón, ect.) que con razones innatas.

Para Kekes no hay una única causa del mal, el asunto es más complejo, aunque yo creo que el mal se reduce a pocas causas. Creo que Freud cuando hablaba de instintos básicos y de causas últimas o primarias -que sí las hay- en los animales y en los hombres primitivos, hablaba de instinto de superación, de afán de poder. Ese es uno de los instintos de supervivencia básicos, y se da en todos los seres vivos, y se manifiesta en según qué grado de evolución cultural y socialización en diversas expresiones como el hecho de mostrar la fuerza, el abuso o dominio. Resulta que en nuestro avanzado grado de cultura, el poder del dinero lo es casi todo, y es lo que facilita buenas ofertas de vida (basada en el bienestar y consumo), luego es lo que se persigue y lo que se va buscando incluso cuando se roba, mata o se aceptan trabajos de torturador (Stangl era ambicioso), el dinero o sus derivados. El poder -la riqueza- es más causa última de lo que él admite. El dice "así como hay muchas virtudes, también hay muchos defectos". No. Hay que plantearlo de otra manera: quien tiene esos defectos, qué es lo que persigue, qué es lo que le empuja o motiva. Y la respuesta siempre estará relacionada con el dinero y el poder, Afán de poder.

Bernstein, recoge [35] una frase de Levi Strauss sobre Freud: "Con tótem y tabú construye un mito muy bello, pero esto no nos dice cómo sucedieron realmente las cosas, sino que necesitamos imaginarlas". El mito analiza y describe los tabús de la sociedad, las cosas que ocultamos, aquellas de las que no queremos hablar, el fundamento de la horda primitiva y el mito de devorar al padre, todo lo cual nos acarrearía la culpa y el remordimiento. Según Freud, nuestra vida se rige en base a dos instintos fundamentales: Eros, instintos de amor, de supervivencia; Tanathos,   instintos de muerte o destructivos *o* inorgánicos. Y nuestra personalidad está constituida de tres estados; *ello, yo, y superyó*. El ello es amoral, es la fuente del egoísmo e instinto de satisfacción absoluto,   todo para él. El yo es el principio de realidad,   conflicto y contradicción. El superyó es el freno, la conciencia, la moral. Respecto al origen (Ibid 215) de la conciencia, Kant hablará de la razón práctica, Freud menciona los tabúes y la muerte del padre. La conciencia rige nuestra moral. La conciencia puede adormecerse (yo no diría que se anule) y confundirse bajo el influjo y la presión de las masas, masas de personas (Ibid, 217) *Psicología de las Masas y Análisis del Yo* (Freud). El individuo en medio del grupo, consigue librarse de las represiones de los impulsos inconscientes. No se trataría tanto, de que el movimiento de acción del grupo te anime a dejarte llevar y actuar conforme "al espíritu" del conjunto del grupo, sino que "la atmosfera" del grupo (empleo las comillas queriendo dar un significado muy especial a esas palabras, como si se tratara de un éter con poder) favorece-anima que la conciencia se contagie y se diluya ("la jauría humana"), y de este modo no haya condena ni represión para los instintos del mal. Es decir, que si hacemos caso de su idea del Tanathos, el hombre tiende en cierta medida - 50%- al mal y la destrucción, acciones que limita el superyó; pero cuando éste y la conciencia se evaden o adormecen, Tanathos se empeña en lucirse y se da un festín. Parece inevitable que todo pensador quiera encontrar la fórmula para trascender o superar o dominar el mal. Freud dice que Nietzche también lo persiguió con su idea de una nueva ética superior: "Más allá del bien y del mal". Pero sostiene, que es una ilusión peligrosa que nos induce a creer que "podemos cambiar lo que no podemos cambiar". No comparte la idea de que la razón, es el fundamento de la moral y de la conciencia, él, concede mayor influencia a los instintos y al inconsciente.

Filippa Foot[36], aporta otro tipo de explicación, que en cierto modo se podría decir, biológica o natural. Denuncia, el empecinamiento en que el interés y el egoísmo son la base y razón de la acción humana, lo cual empuja a fortalecer las teorías utilitaristas. En desacuerdo con ese paradigma que ella juzga poco ético, da por sentado que el mundo no puede (Ibid F.40) funcionar sin una moral, sin unos acuerdos, a lo que llamará razón práctica. Su exposición parte de la naturaleza, se fija en las hormigas, las abejas de la miel, los robles, que le parece actúan del modo lógico, prendiendo los elementos positivos entre los posibles, para afianzarse y sobrevivir. El ser humano que antes que hombre es un ser natural, también se guía por las actuaciones lógicas para que él y su especie se adapten y sobrevivan. Si no actuaran así, corren el riesgo de destruirse. El roble no deja que sus raíces se hinquen en la tierra aleatoriamente, sino de un modo lógico y natural que favorezca la fortaleza y seguridad del roble. Para ella, el mal son anomalías, acciones equivocadas, no naturales, fuera del arco de la lógica. El mal no es lo natural, necesariamente lo natural ha de ser el bien, al menos en el 51%. Sin embargo ella menciona a Glaucon (Ibid 179) -discípulo de Sócrates-, quien opina que "la mayoría de las personas piensan que la injustica es mejor en si misma o más favorecedora que la justica", porque ésta, siempre acaba beneficiando a los fuertes, y los débiles quieren creer en la justicia porque no les queda más remedio, y en cuanto pueden obran por detrás de la justicia. Por desgracia en la vida real es así, porque nunca la justicia en la vida real se establece en su autenticidad. A los honestos y a los valientes, casi siempre les fue mal. Por ejemplo, en el Oeste sobrevivían los mafiosos y los prudentes; los otros acababan en ataúd. En el mundo real hay tres clases de hombres en relación con la justicia: 1, Los injustos (fuertes), que casi siempre ganan; 2, Los justos, que creen en la justica (pocos), y la practican; 3. Los justos débiles -no les queda otra-. Glaucon sentencia: "Si una persona que dispusiera del poder de la invisibilidad se abstuviera de rapiñar los bienes ajenos, no sería admirado, sino que más bien sería considerado el más estúpido de los hombres". El significado es el mismo que el de los dos tenderos de Kant...y cuánta razón tiene. Food, apuesta, que lo natural es mayoritariamente el bien, pero admite que la gente es egoísta y tiende hacia el mal, solo frenados en función de la ley y la justicia. La suya es una posición filosófica, que no explica bien cómo siendo la tendencia natural hacia el bien, hay tanta maldad en el mundo.

Aburrimiento

Johan Huizinga[37] describe la vida cotidiana en la Edad Media. "Todo acontecimiento, toda actividad, se manifestaba en formas expresivas y solemnes,...circunstancias como un viaje, un trabajo...tenían su emoción". "Las calamidades y la indigencia afectaban más que hoy...difícil protegerse y encontrar consuelo... el frío y la oscuridad del invierno eran verdaderos males... un buen fuego en el hogar, un vaso de vino eran una bendición". "Los funerales, los ajusticiamientos...se vivían con pasión y emoción...mortalidad infantil alta, sin atención médica ni anestesia...ni motores ni electricidad...y la ignorancia y el miedo". "Se temía mucho de las adversidades, pero también se esperaba mucho de la promesa de la Iglesia de una vida mejor después de la presente". Ni siquiera cabía que pensaran si se divertían o aburrían, estaban tan ocupados en sobrevivir y en sus miedos, que no tenían hueco ni tiempo para concebir estas preguntas. Ha cambiado tanto el mundo desde el siglo XIX, que la comodidad ha remplazado las privaciones y miserias medievales. La comodidad nos permite satisfacer necesidades y nos facilita disfrutar del ocio. Merced al progreso y los avances de la técnica, gozamos de bienestar y libertad, lo cual nos permite preguntarnos por el significado y propósito de nuestras vidas (que antes solo hacían antes las clases ociosas. Veblen). Presume Kekes (Ibid p.171), que quien no se hace esas preguntas se sentirían "vacíos e insatisfechos". "El aburrimiento es una amenaza grave porque llena el vacío creado por la pérdida del significado y el propósito de la propia vida… o tiene nada por lo cual vivir. Todo parece sin sentido e indiferente; nada parece importar". "Si se cree que nada importa y que todos los hechos carecen de significado…no hay razón para hacer ningún esfuerzo tratando de cambiar algo en el mundo o en uno mismo". "Caer en un estado de aburrimiento es una de las peores cosas que le pueden suceder a una persona, porque destruye el placer de la vida. El aburrimiento combina la apatía e intranquilidad", uno se siente vacío. La vacuidad es frustrante y negativa, porque uno ansía el estímulo, actividades que valgan la pena. Cuando uno se siente hueco se intranquiliza, porque siente que ansía algo, pero no sabe el qué, se ve impelido a buscar. Buscar en un sentido amplio puede implicar muchas cosas, y algunas personas "se pueden perder" buscando y probando cosas que quizás le sigan dejando insatisfecho, de modo que uno puede necesitar "ir más allá" (el mal).

Al unir el aburrimiento con el mal, señala que hay sujetos que en el terreno común no logran distracciones, y pueden buscarlas en esferas paralelas. Esos sujetos, con frecuencia, despreciarían a quienes sucumben a las distracciones habituales, y algunos sueles tener propensión a los defectos de la crueldad, la codicia, el egoísmo, etc.; se deslizan por el mal camino, porque "el mal es emocionante" (Ibid 176), "la maldad es activa y enérgica… y el éxito en tales operaciones les da un sentimiento de logro por haber triunfado en circunstancias difíciles". Armstrong acaba de confesar que se dopó los 7 tours. Pero se muestra convencido de que no le hubieran pillado si no hubiera querido volver; ¿Por qué volvió? Por una mezcla de aburrimiento, vanidad, desafío, chulería, exceso de confianza; la vanidad le empujaba al riesgo y a tratar de comprobar que era tan listo, que podía seguir engañando a todos. Se trata del placer obtenido al realizar malas acciones exitosas, como la ganancia del robo, sentirse fuerte en la agresión, la violación. Lo que juega, es el riesgo, la astucia y el cálculo, el peligro y la satisfacción de cometer infracciones sin ser atrapado, que conlleva la emoción durante la planificación y la ejecución. Quien se introduce en esta vorágine no está aburrido, "sus creencias y planes constituyen un todo coherente, se sienten vivos" (Ibid 178). "El aburrimiento no implica deslizarse hacia el mal, pero explica por qué la maldad habitual puede parecer atractiva para las personas que disfrutan de la libertad y las comodidades". El mal con frecuencia es un hecho deliberado, que generalmente produce emoción; y esa acción aunque inmoral, es tan racional como otra. Hay quienes hacen el mal guiados por la necesidad de aliviar el aburrimiento "el mal, por tanto, les motiva, y no lo confunden con el bien (Ibid 180), hacen el mal a sabiendas"; tienen por tanto razones para el mal.

En el subcapítulo Postcapitalismo, mencionábamos los disturbios de Notthingham. Una parte de los alborotadores eran chicos de clase baja y media-baja, desanimados del estudio, que deambulan por las calles sin perspectiva de fututo y con mucho tiempo sin planes en qué ocuparlo, aburridos. El coctel de desocupación y aburrimiento les anima a unirse y mezclarse en tumultos o algarabías, que viven más como ocasión de diversión y disfrute (salida de la rutina) que como verdadera intención delictiva. El aburrimiento incita a encontrar una ocupación o distracción, que puede ser por senderos siniestros, si los rectos aparecen copados o faltos de motivación.

Kekes nos ha ofrecido las varias explicaciones del mal a través de la historia y la filosofía, concediendo mayor crédito a las que él llama explicaciones externo-activas, e interno-activas, si bien, ninguna le parece completa (la completa, siempre es la de uno mismo). Lo que él propone, es lo que llama una (Ibid 274) explicación "mixta", porque tiene condiciones internas y externas, activas y pasivas, y es multicausal: nos muestra las causas diferentes del mal. La suya será una "explicación naturalista, objetiva, factual y psicológica". Arguye, que "la explicación debe reconocer que los seres humanos son *ambivalentes* respecto del bien y del mal. Hay propensiones humanas básicas…". Entiendo que la propensión es algo de carácter biológico que en cierto modo alienta la forma buena o mala de comportarse de una persona. La mayoría de nuestros comportamientos son aprendidos por imperativos culturales y de socialización. No todos crecemos en las mismas circunstancias ni contexto social. Esas circunstancias, difíciles o facilitadoras, de calor o de rechazo, positivas o negativas, van configurando la mente de quien ha de aprender, a partir de una mente heredada y de predisposiciones o propensiones -de carácter-, siempre enfrentables a cada realidad, y a nuevos aprendizajes, nunca herméticos. No es que la razón esté con las acciones buenas, "las acciones malas no necesitan ser irracionales" (Ibid 276); y tanto que no, las acciones malas son igual de racionales que las buenas (salvo los casos de mentes enajenadas), aunque entre otras diferencias, "son normalmente contrarias a los bienes universales". "No es irracional no hacer lo que la razón admite" (Ibid 292).

¿Por qué actuamos mal? Tenemos predisposiciones (propensión me gusta menos) buenas y malas: "fe, ideología, ambición, envidia, aburrimiento" (Ibid 278). Quienes tienen un alto grado de predisposiciones malas, y son atrapados por la conjunción de esas predisposiciones y circunstancias negativas, es bastante factible que desencadenen malas acciones; esa misma predisposición sin circunstancias favorecedoras, puede permitir que se desarrollen actuaciones inocuas de la persona. "Las personas tienden a evaluar sus vidas". Es inevitable; y hay circunstancias que las viven como amenazas hacia su forma de ser y su inteligencia. Cuestiones concernientes a "la fe y la ideología", son muy importantes en la vida de muchas personas, y la confrontación con otras posturas, en según qué personas, acarrea malas interpretaciones y conflictos, porque "la pasión da como resultado la falsificación sistemática de la importancia moral de los hechos". Quien se apasiona mucho en la fe o la ideología, con frecuencia tiende a considerarlo un ejercicio de verdadera moral, y rara vez comprende la posición liviana de otras personas, sino que los ve como un rechazo a su posicionamiento o a su inteligencia; parece como si oyéramos decir: "Ese es tonto, no tiene solución, está equivocado, que poco listo es". Ser poco listo es peor que ser bruto, el bruto (como el chiste del borracho) puede cambiar, el tonto generalmente no puede ser más listo, te estancas pues en el escalón más bajo, y se hiere tu orgullo de modo extremo. Cuando hay fanatismo sobre fe e ideología hacia el diferente y al distante, primero se le teme, y luego se le ataca -no se le acepta casi nunca- porque, o puede socavar sus formas de vida, o al menos parece que desprecia las ideas de ellos, que están convencidos de que son las buenas y les hacen felices. Bertol Brecht: "Primero vinieron a por los judíos, como yo no era judío no me preocupé; después vinieron a por los gitanos, como yo no..."

El diferente parece mostrar opiniones o actitudes discordantes con el grupo, lo cual, significa descoincidencia con el grupo, es decir que el grupo o el diferente, están equivocados. En principio, un grupo (supongamos 20) han de ser más listos que uno, luego la lógica nos remite al supuesto de que el equivocado es el diferente, luego es éste quien debe rectificar. Si el grupo pensara que el diferente puede estar en lo cierto, debería reconocer su inferioridad al admitir que todos ellos son menos acertados que uno solo, no se suele ser tan magnánimo; cada uno en el grupo se cerraría ante ese reconocimiento, se niega la verdad por la razón de la fuerza, así ha acontecido muchas veces en la Historia, en principio el diferente está condenado. Todo el mundo se identifica con algún grupo, casi nadie puede ir de espíritu libre por la vida. Pocos, pueden permitirse afirmar que no les gusta el futbol, ni los grupos de no sé qué, ni los conciertos de música, ni ningún partido, ni los ecologistas o los que adoran a una roca. "Tu grupo es el mejor" (Wilson.p.82).

El diferente es molesto, porque nos origina dudas y nos muestra nuestras debilidades. Por qué el diferente ha de ser más listo, si cada uno ya se cree muy listo. Antes muy pocos sabían leer, ahora todos creen ser una enciclopedia o con capacidad para saber cuánto les interese, en consecuencia son listos; si ya todos somos listos, ¿por qué alguien nos va dar lecciones? Si ya soy listo, el diferente no puede ser más listo, luego va de listo, se cree especial; ese el pensamiento general que se establece con frecuencia respecto del diferente, en consecuencia molesta, se le aparta y se le desprecia y margina, y si llega el caso, se le ataca. Si acontece un acto de delincuencia (que genere pánico social) y la policía no da con el culpable, y en ese entorno hay un "diferente", puede estar seguro que éste tiene el 99% de las papeletas del premio; ha ocurrido siempre. Podríamos recordar muchos casos. Me estoy acordando del caso Vaninkov, donde la encausada era diferente, la cayó de todo, y nadie ha pedido disculpas por destrozar su vida. Son complicadas las discusiones sobre fe e ideología. Kekes juzga, que Stang entendía que sus víctimas[38] amenazaban el núcleo central de su seguridad psicológica y su sistema de valores. No puede ser cierto que temiera algo semejante, a la par que abstracto. A casi nadie se le permite ser diferente, hay que ser parte del grupo, y la verdad ha de ser *concordante* con el grupo. Que se lo pregunten a The Guardian (presiones del gobierno, rivales, etc.) al publicar las revelaciones de Snowden. Nadie amenazaba a Stangl), excepto a su currículum y su dinero; a él le habían encomendado una misión, y ese era el trabajo que debía cumplir, y de su buen cumplimiento dependían honores y recompensas. Es cierto que las condiciones externas tienen su importancia en el desarrollo del mal, pero no vale culpar solo a las condiciones nazis del desarrollo del mal; "Stangl (Ibid 285) podría haber sido un funcionario de la policía austríaca". Stangl tuvo la oportunidad de alejarse del mal en 1938 y en 1940 (instituto), sencillamente (razonando, y valorando la ambición) jugó sus cartas. "Si sus predisposiciones buenas hubieran sido más fuertes que las malas, podrían haberse resistido a las influencias externas". Cuando alguien va a jugar sus cartas o decide que debe hacer algo trascendental para el desarrollo de su vida o para un período corto pero importante, su mente se ve asaltada por múltiples caminos, posibilidades, consecuencias; la mente lo examina todo, y razona -con su moral y con su egoísmo- sobre la realidad que le envuelve, su contexto, sus deseos, sus propensiones, y en función de todo ese conjunto de expectativas o elementos, decide. No es sólo un elemento el que inclina la balanza, casi siempre actúa el examen razonado, Stangl no fue un idiota atrapado por circunstancias perversas, supo bien cuál era la partida. "Los límites (Ibid 288) existen para impedir las acciones malas". No hay límite más limitador que la conciencia y la ética, si se le quiere escuchar. "Los límites son baluarte de la vida civilizada". Pero los límites, dice "no han de ser absolutos y pueden violarse en ciertas circunstancias extremas" (Ibid 288). Cuidado, nunca se deberían violar los límites de los Derechos Inalienables, la Declaración de Derechos del Hombre, el Acuerdo Básico de mínimos sobre Derechos, de otro modo, se pierden los derechos y se instaura el abuso de la autoridad. Esos derechos y límites, son la salvaguardia de la civilización.

Hablábamos de la razón, unos renglones delante. La razón moral nos enseña que la sociedad valora y quiere proteger los bienes universales (bienes básicos que todos entienden como necesarios para un mínimo de bienestar). Lo que la sociedad requiere de la razón no es lo mismo que lo que requiere el individuo. La razón de los individuos (es egoísta) apunta "que ellos mismos (y los bienes universales) deben ser protegidos, no que todos deban serlo". Pero además de bienes universales, existen bienes diversos, que también son importantes para cada distinta persona. Quien hace malas acciones, es capaz de privar a otro de un bien universal en tanto que persigue conseguir un bien diverso, para él mismo. Entre las razones no morales para frenarse de hacer el mal, puede citarse la actitud de la prudencia (ibid 295), cuya ausencia expone al sujeto a castigos severos. Menciona también como razón que inhibe las acciones malas la educación, que le permite a uno mismo hacerse preguntas tales como "¿Te gustaría que te hicieran a ti eso?" pero esta actitud de reflexión requiere cierto grado de empatía, que desde hace tiempo es muy escaso. La "visión platónica de que las buenas acciones son racionales y las malas son irracionales es errónea" (Ibid 296).

En la valoración del mal, hay que considerar la intencionalidad y la responsabilidad por las consecuencias previsibles, que es primeramente de orden moral. Dice, que en ocasiones hay una responsabilidad moral interiorizada, consistente en "sentir vergüenza, culpa y remordimiento". Tal vez, pero casi nadie se arrepiente, casi nadie concede un milímetro para sentirse avergonzado. Uno es responsable de sus malos actos porque a priori suele conocer las consecuencias de ciertas acciones. "Saltar desde una torre, poner una mano en el fuego...lanzar un (Ibid 306) automóvil contra la muchedumbre, son acciones que tienen consecuencias que cualquiera que conozca los hechos puede prever fácilmente. Sería absurdo afirmar que las consecuencias inmediatas de tales acciones eran inciertas o difíciles de pronosticar". Sin duda, un acto que causa perjuicios importantes no puede dejar de calificarse de mala acción, y difícil será no responsabilizar al agente, aunque siempre hay desgracias que se derivan de actos fortuitos, donde no había ninguna intencionalidad. "la idea básica es que la intención conecta el motivo con la acción", sí. Una acción intencional es una decisión razonada del agente. La intención es vital (Ibid 318) para considerar o no la culpabilidad de un agente, pero Kekes tiene una visión distinta. Dice que "sus seis hacedores del mal no actuaron con intención, porque sus pasiones les impidieron tomar decisiones razonadas". Está totalmente equivocado, actuaron con intención; creo que no estamos hablando de alienados psíquicos, diría que hablamos de hombres en sentido kantiano. No es que Stangl deliberadamente quisiera quemar a miles de judíos, pero sí tenía intención de desarrollar bien su trabajo, y sabía, que eso implicaba hacer que aquellos hornos y maquinaria funcionaran "como un reloj", y también sabía, que todo aquello era para carbonizar judíos, luego hay una clarísima intención implícita. Continúa apostillando: "Segundo, si...la intención...la mayoría de la sociedad no sería responsable". Aquellos de sus seis casos que cometieron las malas acciones, "se les dice que deben hacer y lo hacen. No han planeado y pensado, hacen lo que se espera de ellos" (bid 319). Falso. No son clones autómatas a las órdenes de Darth Vader. Sigue empeñado en decir que en sus seis casos carecían de intención, luego solo serían responsables causales pero no morales. No. Hay al menos tres formas de intención: explicita, implícita, y poco profunda, en todos sus casos actuaba la intención implícita, y en Manson la explícita, quería hacer mucho daño.

Eichmann.

Merece una atención especial, porque la Historia le ha señalado como icono y símbolo del mal, sin que él se propusiera alcanzar tal honor. El análisis

300

más clarificador sobre su persona se los debemos a A. Arendt: *Eichmann en Jerusalen*. Parece claro que fue el arquitecto de la logística de transporte que exterminó a millones de judíos. Considerar este caso, permite examinar la maldad normal, o como decía Arent la *"banalidad del mal"*, no porque los actos de maldad que Eichmann propició fueran algo banal, como algo que se hace sin importancia, un mero trabajo más. Eichmann se propuso y consiguió, que todo aquello no le afectara, como quien ejecuta una orden normal de su jefe, llevaba millones de hombres a la muerte como quien establece una ruta de camiones de naranjas a Europa. Hoy sabemos que Goering, Himller, Speer, estaban comprometidos con un líder y partido, pero también fueron lógicos oportunistas que actuaban en función de cálculos personales. No era el caso de Hitler, cuyos motivos parecen más la megalomanía, el odio y el apocalipsis; y tampoco el de Eichmann, que parecía *obsesionado* con cumplir y desarrollar de modo *eficiente* su trabajo. Otros exterminadores se corrompieron, se lucraron, él no, despreciaba esas bajezas. Es curiosa la actuación mental de este hombre, su caso es algo parecido al de Hitler: enfermo de odio, pero Eichmann no era un enfermo de odio, de nada, trataremos de verlo más claro al final.

Nació en Solingen, Alemania, en una familia de clase media baja en 1906. En los estudios le debió ir regular, no terminó el bachillerato al contrario que sus cuatro hermanos. Trabajó algunos años como vendedor en la Vacuum Oil Company. Contaría que esos 5 años fueron seguramente los más felices de su vida. Ganaba un buen salario. El año 1932 fue decisivo en la vida de Eichmann. En el mes de abril ingresó en el Partido Nazi y en las SS, a través de su amigo Kaltenbrunner. En el 33 se quedó en el paro. Parece que a los pocos meses en el partido, captó el importante universo que se abría a sus pies. Hubiera preferido -contaría- ser ahorcado en concepto de Obersturmbannführer que vivir anónima y normalmente como viajante de la Vacuum Oil Company. En cuanto a su carácter y trato social, parece contrastada una actitud muy común hacia su esposa, hijos, padres, hermanos y amigos, era «no solo normal, sino ejemplar».

Él era un tipo cuando menos normal en comprensión y capacidad, no un tonto que se dejara aturdir con el sonido de los primeros desfiles. En el seno de las SS, en 1934 ascendió a cabo. En el 35 Alemania prosperaba fruto del gran rearme, y había una cierta tranquilidad. Estaban en marcha leyes antijudías, pero aún no se descubrían todas las cartas en esta parcela, hasta el 38. Después de producirse el Anschluss (la incorporación de Austria al Reich) en 1938, Eichmann fue enviado a Viena para organizar una especie de emigración de judíos. Ya por entonces debió darse perfecta cuenta de que en Alemania mandaban cuatro, e incluso solo uno, y que habría que obedecer sus palabras y sus ideas acertadas o equivocadas, aunque eso pudiera implicar "todo", tuvo que saber que llegado el caso, sería capaz de obligar a su mente a aceptar juicios y actos que en otros tiempos pudo juzgar malignos, de acuerdo a su enfoque de Kant, que dijo presidió su moral en los primeros años. En esa época en que trabajaba en Viena, parece que se ocupaba en algún plan relativo a trasladar a millones de judíos a otro lugar, llegó a considerarse entre otros, la isla de Madagascar. Él cuenta, que esta idea se fue perdiendo y estropeando, y quedó en nada hacia 1941. Cuando ocurrió se sintió decepcionado, pero le premiaron con un ascenso, lo cual consuela. Se dice que el arquitecto de la Solución Final fue Reinhardt Heydrich, también se dice, que Hitler la tenía en mente desde las eutanasias de 1939. En la Conferencia de Wansse en 1942 se habló claro en este sentido, y así se le indicó a Eichmann. "Al principio, fui incapaz de darme cuenta de la importancia de las palabras pronunciadas por Heydrich"; después, sí las comprendí. Dijo quedar en silencio porque jamás había pensado en semejante solución. Narra que perdió la alegría, toda mi iniciativa, todo mi interés. A él se le encargó organizar el traslado desde los diversos campos de prisioneros hasta los campos de trabajo y de exterminio, y se le hizo visitar diversos emplazamientos para conocer y verificar la operativa y la eficacia del método. A este fin, Eichmann acudió a Lublin con la finalidad de entrevistarse con el Brigadeführer Odilio Globocnik. Allí presenció como el motor de un submarino generaba los gases que penetrarían en el edificio destinado al efecto, y los judíos morirían envenenados. Conoció diversos campos y su método de exterminio, aunque según contaba, no lo aprobaba. "No sé cuántos judíos entraron, apenas podía mirar la escena. No, no podía. Ya no podía soportar más aquello". Se acepta, que él no disfrutaba con esto, e incluso que él no sentía especial odio por los judíos, de hecho parece probado que tuvo diversas relaciones de parentesco o de amistas con algunos de ellos anteriormente. Eichmann, prestó ayuda a un primo suyo medio judío y a un matrimonio judío de Viena, en cuyo favor había intercedido su tío, lo que hace aún más difícil comprender esa especial dedicación o empecinamiento en la brillantez de su tarea.

Durante el juicio, en el que participaron muchos testigos, el tribunal quiso saber acerca de la colaboración de algunos prohombres judíos con los nazis, porque algunos desempeñaron un papel importante en la destrucción de su propio pueblo, lo cual constituye uno de los más tenebrosos capítulos de esta historia. Por ejemplo, en Hungría, el doctor Kastner salvó exactamente a 1.684 judíos gracias al sacrificio de 476.000 víctimas aproximadamente. ¿Por qué colaboró aquella gente en la destrucción de su propio pueblo? Alguien les decía que era mejor no intentaran huir. Pero el cincuenta por ciento de los que escaparon fueron capturados y ejecutados, en tanto que murieron, el noventa y cinco por ciento entre los que no escaparon. También se quiso saber, por qué los prisioneros se dejaban matar como conejos, por qué subían a los trenes, por qué rara vez se rebelaban cuando en ocasiones había decenas de miles de hombres frente a algunos centenares de guardianes. David Rousset, quien había estado recluido en Buchenwald, describió lo que ocurría en los campos de concentración: "El triunfo de las SS exigía que las víctimas torturadas se dejaran conducir a la horca sin protestar, que renunciaran a todo hasta el punto de dejar de afirmar su propia identidad". ¿Por qué no se rebelaban? Parece que la respuesta tiene que ver con lo ocurrido en Holanda, cuando unos cuantos judíos del barrio hebreo de Amsterdam se atrevieron a atacar a un destacamento de la policía militar alemana, en el año 1941. Este ataque provocó la detención de cuatrocientos treinta judíos que, en represalia, fueron literalmente torturados hasta la muerte, primero en Buchenwald y luego en el campo austríaco de Mauthausen. Durante meses y meses, murieron mil veces.

Se le concibe diseñando la eficaz operativa de trasporte tranquilamente desde su despacho de mero burócrata. En su concepción parece que no era importante cuántos millones debiera cargarse, "solamente quería ser bueno en cualquier tarea que se le asignara". El tribunal quiso saber por qué hizo ese trabajo con tan gran diligencia, y cómo adecuaba su conciencia al saber que enviaba a la muerte a millones de personas. Contestó que él cumplía con su deber. El contexto era conocido, basado en las órdenes del Fuhrer, él era un ciudadano "respetuoso de la ley,…cumplió con su deber". Y para asombro del tribunal y de los asistentes, recurrió a Kant. Se sabía condenado, pero se mostró más interesado en exculparse moral, que legalmente (aquellos de las leyes y de la obediencia debida). Declaró, que "había vivido toda su vida de acuerdo a los preceptos morales del imperativo categórico kantiano: …mi voluntad …pueda convertirse en principio de leyes generales" (capt. 8 de Arendt). Cuando le encomendaron la solución final se percató, y "consoló con la idea de que ya no era dueño de sus propios actos". Del Imperativo categórico, hay tres formulaciones similares, a mi me parece más entendible esta: "Obra de tal modo que uses la humanidad, tanto en tu persona como en la de cualquier otro, siempre como un fin, y nunca sólo como un medio". Ten el valor de hacer uso de tu propia razón, exigía Kant. Actúa de tal modo que tus actos y normas puedan tener un carácter universal; es decir, que tu modo de actuación pueda ser la de todos y que ese acto se pueda aplicar a tu persona. Visto así, cualquier ley tuya, o de un superior que tu obedeces, ha de poderse aplicar a ti. A nadie sano, le puede parece bien una ley que diga que le maten, o que le gaseen junto a otros 100 o 5000. Eichmann dijo: "El principio que rige mi voluntad debe ser siempre tal que pueda convertirse en principio de leyes generales". El anterior imperativo kantiano y el que el expone, obligan más que a obedecer, a que la persona razone y trate de imaginar esa ley contra él. Por eso, dice que dejó de vivir de acuerdo a esos principios y que sabía que no era dueño de sus actos. Dijo que llegado a ese convencimiento, decidió modificar la ley general kantiana "compórtate de tal manera, que si el Führer te viera aprobara tus actos". No, el hombre no somos clones de la Guerra de las Galaxias. Por esa regla de tres, obedecer, solo contarían las teorías de Hobbes y siempre habría un soberano absoluto y dictador, nunca habría sublevaciones ni habría existido la Revolución Francesa. El hombre no puede ser obediencia ciega a la ley, el hombre es voluntad y razonamiento crítico (se supone no alienado) y por tanto, se ha de preguntar, y no puede renunciar a juzgar, so pena, de renunciar a ser hombre. No vale cambiar la fórmula, porque él sabe, que en moral, el que te tiene que aprobar, es tu conciencia; nos quiso engañar, pero él no se pudo engañar. Una ley es una ley, pero al juicio moral autónomo no le tapona la ley. Obedecer en grado extremo una ley, quizás fuera excusa legal en tiempo de guerra, pero nunca excusa para la conciencia, y es curioso que él, sobre todo, pretenda decirnos que su conciencia era legal y limpia.

También quiso excusarse alegando que una vez dentro de la rueda no había solución al conflicto, salida ni marcha atrás. Es falso. Comentó que su única alternativa era el suicidio, pero en el juicio quedo constatado que se podía salir de la trampa sin grandes perjuicios. PVon dem Bach-Zelewski, declaró: "Cabía la posibilidad de soslayar determinadas misiones, por el método de solicitar el traslado. Sin duda, en muchos casos, ello comportaba un castigo de orden disciplinario. Sin embargo, la vida del solicitante de traslado jamás corrió peligro". Eichmann reconoció, que hubiera podido apartarse del cumplimiento de su función, tal como otros habían hecho. Pero siempre

304

consideró que tal actitud era "inadmisible". Alucinante. Según confesó nada de todo aquello le gustaba, y hubiera podido dejarlo; pero le importaba menos que se le revolviera el estómago, que aflojar en su dosis de obediencia fanática. El seguía empeñado en ser el más eficaz cumplidor de los deseos del Furer, incluso cuando vio como sus superiores se desentendían de algunas directrices pensando en guardarse para lo que veían se avecinaba; nada de todo esto mermó su determinación. Fue un fanático obedeciendo a Hitler, pero cuando quiso también se hizo el despistado. En 1942 participó en negociaciones sobre liberación de judíos para conseguir dinero con que equipar más unidades SS, lo cual le convenía para fortalecer su posición. Y supo en 1944, que Himler negociaba la liberación de un millón de judíos a cambio de mil camiones. El pudo estar seguro de la victoria hasta el 44 como todos los alemanes. Pero en esa fecha vio lo que hacia Himmler y otros, y sin embargo no dudo en su fidelidad (solo a Hitler) y en hacer bien su trabajo. Si lo hubiera hecho menos bien, se habrían salvado muchos. Insistió, en el intento de que el tribunal creyera que él no podía hacer otra cosa, que solo era un cumplidor de la ley que hacia bien un trabajo y que nunca tuvo especial interés en que se completara la Solución Final. Sin embargo, quedó claro que sí puso la mayor de sus capacidades, celo y empeño para llevar a cabo su cometido. El tribunal tuvo a su disposición un telegrama -al que concedió mucho valor- de 1944, en que Eichmann pedía aclaraciones y confirmación de órdenes a la oficina de Hitler en Berlin, respecto de la paralización de exterminio que ordenaba Himmler en Budapest. Quería torpedear la maniobra de éste y a la vez satisfacer el deseo del Furer, que sabía era contrario al presente intento de Himmler.

Llegó a justificar la adoración o admiración por Hitler, a partir del hecho de que había conseguido todo el poder partiendo solo del escalón de cabo. Pero esto se antoja insuficiente para comprender por qué, el mismo en 1944 se ataba el nudo al cuello; sus superiores (conocidos como "moderados" en esa época) trataban de labrarse una mejor imagen humana. Casi todos actuaban por oportunismo y poder: honores y recompensar, ambición. Speer nos confesaría la clave: "yo era muy ambicioso. Llegué a imaginarme ocupando el lugar del Furher". Eichmann también era ambicioso. El contrato imaginario tenía dos partes: una, cumplir fielmente; dos, el inmenso premio, si había victoria. Dice Arendt: "Eickman con su extraordinaria diligencia para la búsqueda de su progreso personal". Pero en su caso había algo más, porque do otro modo no se entiende que desprecie la idea de la caricia de la soga en el cuello. Se llegó a dudar de si Eichmann sabía o no lo que hacía cuando ponía tanta diligencia en abastecer los hornos y campos de exterminio. A pesar de los esfuerzos del fiscal, cualquiera podía darse cuenta de que aquel hombre no era un «monstruo», pero en realidad, concluye Arendt, "se hizo difícil no sospechar que fuera un payaso o un estúpido. Únicamente la pura y simple irreflexión fue lo que le predispuso a convertirse en el mayor criminal de su tiempo".

Explicación de los porqués, sí las aportó Eichmann, ya las hemos visto, pero yo creo como Arendt que no son suficientes para comprender, no ya el mal que hacía (lo hicieron otros muchos, como los comandantes de campo, por ejemplo Amon en la película "la Lista de Schiller"), sino que no buscara desagraviar su imagen cuando ya se veía todo perdido. Es imposible comprender esa actitud en una persona con un cerebro normal. La conclusión posterior, es que ese tipo de gentes, son muy peligrosos, de alguien a quien no le importa su vida ni su supervivencia, puede esperarse cualquier cosa. Quien se obsesiona con obedecer las órdenes de un líder, se mimetiza tanto que las cumple sin pensarlas, le vale con la adoración o idea de obediencia debida. Son menos peligrosos los arribistas u oportunistas, porque estos no desconectan de la realidad, y pueden cambiar cuando lo ven crudo; el obsesionado no, no le importa tirarse por el precipicio o hacerse estallar. De hecho, en el caso de algunos cuerpos de asesinos paramilitares que ha habido reforzado el poder de algunas dictaduras, su cerebro había sido modelado de modo semejante. En este sentido, se hablaba de la guardia de Caeucescu, y de los asesinos de la represión chilena y argentina.

No mencionaré nada de *Los Diarios* de Ana Franz. No acabaríamos. Historias de fuerte calado emocional en relación al Holocausto hay muchas. Creo que *La Lista de Schidller*, ya aporta suficiente.

Respecto de Arendt, indicar, que hay información acerca de los *Cuadernos Negros* de Heidegger. Se sabe, que Arendt -judía- era conocedora (se cree) de todas las actuaciones de su admirado maestro (y amante) en cuanto a sus posicionamientos ideológicos, lo cual, nos deja un tanto ¿confusos?

Soluciones.

Si la apelación sobrenatural a Dios no es convincente[40], y la visión iluminista de que el mal es irracional tampoco se antoja satisfactoria, ¿qué se puede hacer para superar el obstáculo que presenta el mal en la vida de los seres humanos? Kenes contesta: "Vérselas con el mal depende de crear razones contra las malas acciones que sean más poderosas que las razones a favor". Para encontrar esas razones a favor del bien, rebusca en la moral de Platón "la moral consiste en actuar de acuerdo con la razón, la cual brinda el conocimiento del bien". Pero qué bien, el de uno mismo o el de la sociedad, el de Platón o el de Epicuro, el bien solidario o el bien utilitarista de Bentham; qué es el bien, el bien moral o mi bien; las personas se guían por el bien, pero se guían por "su" bien. Siguiendo a Platón, cree que el mundo está convencido de "que las personas cuyas vidas son razonables tendrán buenas vidas, y que las vidas malas les correspondan a los malos" (Ibid 330). Este intento aún nos deja oscuros; prosigue hasta enlazar Platón con Aristóteles en la noción de "merecimiento": beneficios y daños (Ibid 331) proporcionales a las buenas o malas acciones. El Oxford Englis Dictyonari describe merecer: ...tener derecho a algo a cambio de servicios o acción meritoria. Tanto se podría escribir en relación a esta idea, asalta la mente tan fácilmente el recuerdo de algunos apellidos (P. Hilton, Cristina Onasis o el Sultan de Bruney), ¿merecimiento?; ya Veblen nos describió muchas cosas en su "clase ociosa" en una época en que tenía algún valor los posicionamientos éticos. Pocas cosas debe haber más reñidas con el merecimiento que la herencia económica. No debe ser fácil aportar razones sustanciosas ni nítidas a favor del bien, Kekes tampoco lo hace. Parece convencido de que las   personas reales de los casos que él expone, hicieron el mal sin intención "no comprendieron que lo que estaban haciendo era malo" (Ibid 337). "Sus creencias eran falsas por culpa de sus pasiones". El planteamiento es errado, sus malos sabían que sus acciones eran malas. "Sería ilusorio inferir..., que así como la virtud lleva a la buena vida, de la misma manera, las malas acciones generan una mala vida" (Ibid 340). Sí, sería un espejismo suponer que el azar o devenir acierte con el premio o castigo que en teoría debería corresponder a cada uno. Hay muchos casos (muchos Madows que no han caído) de gente que se enriqueció robando y que en absoluto han pagado, y que gozan de la bendición de sus pares y el premio de la buena vida. Si se atendieran la multitud de justificaciones   -respecto de dudas e inseguridades- que puede aportar (Ibid 341) un malvado -en un hipotético juicio, sí se le debe escuchar-, entonces sería imposible dictaminar un culpable.   Quien actúa mal, sin duda ha encontrado razones para hacer el mal de modo intencionado. Todo el mundo, evalúa los pros y los contras del bienestar, de lo material, de la moral y de la ley; y en un momento dado, decide. Dos son las razones contrarias al mal: la moral, y la ley; es esta segunda, la que suele importar: el riesgo de la sanción legal si el malvado es atrapado. Todo hacedor del mal sopesa las razones; es lo que hacemos siempre, los buenos, y los malos. La única razón poderosa que frena a los malos, es que al calcular, se den cuenta de que en efecto el castigo y la ley es dura con ellos (según quienes). Estima, que la mayoría de las personas [41] tienen sentimientos a favor del bien. Sin duda, pero eso no es suficiente; también hay muchas fuerzas y personas a favor del mal. Cómo frenar la acción de estos, porque a estas alturas ya debería estar claro que no cabe invocar razones morales.

Parte de sus soluciones para disminuir el mal (Ibid 350), consiste en la imaginación moral. Pero parece un poco ilusorio que los verdugos imaginaran la vida anterior del paciente, y el sufrimiento que iban a causar a sus víctimas. No, esto es muy simple. Stangl, no podía verlos ni hacerse preguntas sobre su humanidad porque todo sobre ellos se decidía desde más arriba, de nada le hubiera servido imaginar, nada hubiera podido cambiar solo con imaginar.   Su solución era anterior, estaba en no aceptar lo que le propusieron en 1940. Imaginando siempre el lado bueno de las personas (y concediendo valor a esa imagen), pocas veces existirían las malas acciones, pero quien va a hacer el mal, no se detiene a imaginar la vida de sus víctimas. El mal en marcha, avanza como una rueda enorme, y es imposible pararle sino con un mal igual, pero contrario. La buena imaginación moral parece poca cosa frente al mal. Otra sutileza que propone, consiste en que los malvados encuentren opciones atractivas. Si las tuvieran o si les interesara encontrarlas, no harían el mal. Qué opciones atractivas tenía Manson para su vida, tal como le había ido, ninguna. Al salir de la cárcel pudo optar por aceptar ser una persona sencilla y buscarse una vida de camarero o dependiente (por ejemplo); pero él ya tenía otros pensamientos y metas: había decidido que quería dinero y reconocimiento; y para eso, no tenía salidas ni alternativas (salvo que hubiera sido un buen músico), él decidió que no le interesaban las pobres alternativas, escogió intencionadamente el camino. Las alternativas siempre están ahí, pero hay quien tiene claro que no le atraen.

Stangl, no podía apartarse de los crematorios solo con imaginación; la alternativa la tuvo antes, y la desechó. Continúa encontrando posibilidades de freno al mal a través de la imaginación moral en el estudio de los clásicos [42]. Se refiere a personas cultas que luego utilizarían ese conocimiento para la reflexión privada. Estima, que conocer a los clásicos puede servir como enriquecimiento personal y como fuerza moral que ayude a hacer vidas mejores y enfrentarse con el mal. Suena bonito, pero nos estamos saliendo un poco del tiesto, personas cultas y que quieren reflexionar antes de la acción, rara vez están en la trinchera del mal; lo común entre quienes se inclinan por el mal, es que no acostumbren a gozar de tal conocimiento, ni sientan interés por semejante estudio; no me imagino a John Allen reflexionando sobre Sócrates antes de dispararle a su amigo. Por otra parte, seguro que ha habido grandes criminales con amplio bagaje intelectual. Penetra en una senda más realista cuando afirma: "Posibilidades de vérselas con el mal, mejoran con poderosas prohibiciones de las acciones malas" (Ibid 355). No hay mucho más contra el mal.

Maldad Comun

De la mano de Kenes, hemos examinado la maldad desde el vértice antropológico y filosófico o sociológico. Hemos visto los grandes motivos del mal, algunos de los cuales tienen que ver con psicopatías, pero en la mayoría de los casos hacen relación al poder y las estructuras sociales. El caso que él examina, Robespierre, tiene como motivo un poder y unas estructuras, y el deseo de que el poder cambie de manos. En el caso de Stangl se trata del Holocausto, detrás de lo cual, hay un deseo de conquistar y esclavizar nuevos pueblos (toda Rusia). Como vemos, se trata siempre del reparto del poder y de dinero, es siempre el mismo modelo, eterno, el que está en juego. Contra ese modelo eterno, que lo concentraba todo –de modo absoluto- en unas pocas manos, se alzaron los ilustrados y el Contrato Social de Rousseau, creyendo, que una más democrática distribución de los medios y del poder, propiciaría más felicidad y bienestar. Cuando no hay acceso al bienestar o hay privación, lo que se genera es infelicidad, en ocasiones maldad social, que según determinadas circunstancias y en qué medios, puede afectar a una parte importante de cada sociedad. La excesiva desigualdad y la imposibilidad de trabajar generan mucho mal, debido a la imposibilidad de consumir y de lograr bienestar. Ese es parte del mal de las sociedades, que desde ideologías socialistas trataban de combatir, propuestas que no convencen a Kekes, quien observa que ese intento ya aconteció en el siglo pasado en los Países del Este sin que pudiera decirse que disminuyó el mal; de modo que para él, el mal tendrá que ver más con la envidia. Pero casi todos los estudiosos sí admiten que el mal y el mal social, tienen su origen en los abusos del poder y en la excesiva desigualdad de riqueza.

En la órbita del mal, creo que también se debe mencionar otra parcela, menos notoria, menos social y más particular, es un mal en la esfera de la psicología, es un mal personal. Un mal más común, más nimio, pero que también es real; el mal que rara vez ocupa las páginas de los informativos ni de los medios, que tampoco es motivo del interés de todos los sociólogos o analistas por la espectacularidad del hecho malvado, o del personaje hacedor. Me estoy refiriendo a las malas acciones particulares contra el otro, contra el de al lado, que son derivaciones de los vicios, el rencor y la envidia. Para quienes le restan interés a esta maldad que no suele acarrear la muerte (caso del Holocausto y guerras), disponen del fácil argumento de que siempre hubo esa clase de maldad. Pero ahora hay más, o quizás, nos fijamos más. Es común, oír a las personas mayores quejarse de que ahora hay más maldad, aunque algunas quizás le echen la culpa al libertinaje, "antes nos tenían más sujetos" -se oye-. Tal vez tenga algo que ver con la educación o la menor vigilancia, se cree que antes había un respeto que ahora parece no haber, había una vergüenza mínima de civismo y reglas. Se podrá argüir que eso no es tanto maldad como mala educación y egoísmo. Cierto. Pero en ocasiones, esa, es la base de otras muchas conductas. El deseo de dañar, menguar y perjudicar a otro, ha estado presente siempre, son conductas derivadas del rencor y el deseo de venganza; con frecuencia, se trata de competencia y comparación, y la negativa a aceptar que a otro pueda irle mejor.

Por maldad común, entendemos: cotilleos, envidias, feas miradas, difamaciones, calumnias, abusos, etc. Pero claro, de ese tipo de actos nadie muere, es la primera respuesta que pudiera ocurrírsenos, nada comparable con la huida de las guerras ni los riesgos de las pateras, y menos por supuesto, los actos derivados de guerra directa, venganzas y revanchas; e incluso, menos que la maldad de un hogar sometido al alcoholismo, menos que la maldad de un desahucio. Entonces, total, apenas es nada. En ese caso, por qué se habla tanto de la maldad, por qué hay tantas leyes, tantas prohibiciones, tantas denuncias, tantas condenas, tantas noticias diarias en los periódicos e informativos. Sabido es que en los informativos se cuentan pocas buenas o felices acciones, esas no cuentan, no interesan, o porque no dan morbo o porque a priori contamos con que la mayoría de las acciones humanas han de ser buenas, las noticas trascienden, porque la mayoría son negativas. Nadie se acaba de encontrar con dos amigos y dice "acabo de ver a dos chiquillos muy simpáticos jugando con un balón"; no, alguien llega y dice "acabo de ver una hostia enorme en el cruce de esas dos calles" o "he visto salir corriendo a un tipo de la pastelería, y luego he escuchado que acababa de dar un robo con cuchillo y se ha llevado 300 euros". Todos los días, en los informativos nos cuentan sobre actos de blanqueo, corrupción, trata, una empresa multada. Todo eso, es maldad. ¿Te ha robado a ti el presidente de Caixa Nova? No, ni a mí, ni al otro; en realidad, sí a muchos de modo indirecto mediante contratos blindados o comisiones, o hundiendo las acciones, o como en el caso de Forum o Gescartera. Sin embargo, en el inconsciente colectivo apenas llegan a malas acciones y menos al significado de maldad, porque ese 99% que sí hemos oído sobre el hecho, no hemos sido afectados en nuestra persona física, ni moral, ni pecuniaria. En los juzgados, también abundan las denuncias de faltas, de amenazas, de vejaciones, de insultos, de maltrato; bueno, pero eso es poco, se dirá, y aunque la mayoría sí nos hemos visto en alguna trifulca o insulto, rara vez hemos cruzado la puerta de un tribunal por estas causas. Insistiendo por ese camino, podríamos concluir que no existe la maldad general social, o es de menor cuota. Y sin embargo, cuántos están contentos con el ambiente de trabajo, cuántos en vez de sentirse felices con algunos compañeros no piensan que no les queda otra que aguantar, por qué existe eso que llaman stres postvacacional, cuántos valoran positivamente a la mayoría de sus vecinos, cuántos creen que los demás les aprecian, por qué este país tiene una tasa tan alta de abogados. Pero todo eso, tampoco mata.

Las causas u orígenes de la maldad común, puede resumirse en estos tres conceptos: codicia, comparación, envidia. La envidia lleva al rencor. El rencor empuja a los malos deseos o malas actuaciones contra otros. Entiendo como maldad común, una amplia diversidad de malas acciones, como pueden ser: pegar, insultar, matar, menospreciar; robar, explotar, estafar, daños económicos de corrupción; envidia, rencor, mentir, difamar, calumniar. Todas esas malas acciones y otras más, podemos encuadrarlas en tres términos más significativos: a)daño físico (que incluye el psicológico),   b) codicia y c)frustración.

a) Daño Físico.

Cuando un hombre mata, o pega una o veinte palizas a alguien inferior, con frecuencia una mujer, eso es maldad. Y en esas acciones va implícita la vergüenza y el miedo que sufre el agredido. La vergüenza de llegar a dudar de uno mismo (la agredida) y de no querer contarlo, y el intento de que se le noten los golpes en la calle, el miedo a imaginar que quizás alguien pueda pensar que a lo mejor se lo merecía, y el miedo continuo a no saber en qué momento caerá la próxima bofetada, el miedo a qué hacer, el miedo a denunciar, el miedo a la reacción del agresor, miedo a la protección de los hijos, miedo a la familia que se entera, todo miedo, un miedo infernal. Caso similar, es el maltrato que proporcionan algunos chicos abusones, cuyo motivo principal solo puede estar en una agresividad innata no frenada ni encauzada en la familia, sino a veces azuzada por parte de los progenitores, y en los malos modelos sociales. No puede menospreciarse la influencia que en algunos jóvenes ejerce el rol de machote, la adulación del grupo y el negativo influjo de algunos programas de televisión hoscos que fomentan el orgullo de la zafiedad y la ignorancia, e incluso la mala enseñanza que algunos son capaces de extraer de documentales naturales en los que las hembras se aparean con el macho dominante, en nuestra cultura el más gallito y el más bruto, todo esto sigue presente en el inconsciente colectivo. La paliza hace daño, el insulto no marca, no deja un moratón, no duele. Sí duele, sí humilla, porque lo suele hacer un fuerte sobre un débil; rara vez se ve a un chico de 1,40 insultando a uno de 1,70. El humillado lo ve injusto y quisiera sublevarse y establecer justicia, pero no lo ve claro, no se atreve, no puede; debe por tanto bajarlo al estómago, juntarlo en la bilis y digerirlo como pueda; le gustaría pactar con el diablo, recibir un poder especial y machacar al matón. Tendemos a suponer que los jóvenes matones están poco interesados en la formación y poco vigilados por algunos padres, y que con relativa frecuencia se tuercen por vías poco higiénicas; al violento enseguida le asociamos desinterés educativo. Suponemos que llevan los estudios a matacaballo, y que se muestran más interesados en imponer su estilo de machote, que en terminar los estudios o comprender su utilidad. Obviamente, esto en principio es libre elección y voluntad, y no todos los que no terminan la ESO acabarán transitando por cauces conflictivos. A los chavales complicados podemos imaginarles como el caso de algunos niños que ya en su infancia mostraban signos de agresividad en grado mayor a lo común y admisible. Si de alguien se puede decir, que "a los dos años era violento, tenía mucha costumbre de pegar al primer niño que se topaba"; a nadie le extrañarían ciertos comportamientos que desarrollan de adultos. Con frecuencia es así de sencillo (no siempre), y a veces lineal. Naturalmente, los responsables de esta actitud a corta edad, y de su posterior desarrollo difícil, son los padres, con algunas excepciones. Cuando un niño es pegón, a veces los padres miran para otro lado y se hacen los despistados. ¿Por qué? Solo caben dos interpretaciones. Una, que directamente ellos son agresivos, y solo conciben el mundo de la relación social en un plano (en cierto modo) agresivo; o dos, que tienen claro que su hijo debe aprender que nadie le ponga la mano encima, y que el otro siempre es un posible rival o enemigo, y que ante la menos duda, mejor siempre dar primero y, segundo. Esos actos existen, son maldad. Bueno, pero no te matan, sigues vivo, solo te ocurre a veces. Algunos sí te matan, como es sabido, otros te comen en vida, y otros (algunos chavales, colegios) acaban de un modo muy triste, casi nadie imaginaba, porque no logran soportar ese acoso que les arrincona y empequeñece cada día. Todo esto tiene algo que ver con la educación cívica, que quería eliminar el ministro Vert. Pero no siempre la culpa de la violencia del niño es de los padres. También hemos de considerar la influencia que ejercen los videojuegos y la mitad de los programas de televisión: insultos, bronca soez, provocación. Hay casos en los que los padres hacen cuanto pueden, y los resultados o modificación conductual no siempre son satisfactorios; pero son situaciones distintas a la del padre que mira para otro lado cuando su hijo pega. ¿Comprenderlo todo, valorar el entorno, ser suaves en la valoración, excusarlos? Que hay entornos familiares y vecinales difíciles todos estamos de acuerdo, pero oportunidades de estudio y formación, y ocasión de asumir la responsabilidad personal, nos llega a casi todos; algunos quieren reflexionar, otros no.

Creo que fue en 2013, cuando apareció una notica sobre el acoso por parte de chicos de 15 años en un autobús en Norteamérica, a una mujer que cuidaba la ruta escolar de esos chicos. Se llamaba Calvin Clein. Estaba muy gorda. Las burlas eran tremendas a base de insultos, escupitajos, empujones y collejas; ella lloraba. Cayó en depresión y hubo de abandonar la ruta escolar. Veo dos circunstancias a considerar: ¿de dónde sale el deseo de tanta burla y maldad para con un semejante, e indefenso?, y el hecho de que fuera una actuación de grupo. La mujer, no se había encarado con nadie ni representaba ningún tipo de amenaza, por qué algunos deciden que sea su fiesta; qué hay en la cabeza de 3 o 4 de esos chicos, y qué ocurre para que en el maltrato participen otros varios, quizás no muy interesados. No hace falta extenderse sobre este particular, dado que ya hemos reflexionado con Zimbardo. El caso[43] ocurrido en España, de 7 menores acusados de abusar de una deficiente mental de 19 años, es muy similar, excepto el agravante de que las mentes de unos chicos sanos sean capaces de obrar sin ninguna reflexión ni conciencia moral.

b) Codicia

Consiste en el deseo de acaparar, de conseguir más y más (avaricia) cantidad de cosas valerosas, hecho, que en nuestra cultura nos proporcionan una posición social de imagen, y en definitiva de poder. En este aspecto, sí hay alguna similitud entre la conducta humana y la del simio. No es que el simio se ocupe en recoger cosas y guardarlas ni en ponerlas el lazo de su propiedad, pero el simio en sus relaciones sociales, sí persigue su posición en el grupo, su status, el reconocimiento de esa posición y los pequeños privilegios que se deriven de ésta; como vemos, es una cierta forma de reconocimiento de poder. Reconocimiento, adulación y poder, es lo que persigue todo hombre, y por ello se empeña en conseguir más cosas y objetos valiosos, hace 10 mil años bastaba con la fuerza, como en los simios.

Para tener poder, en nuestra cultura, importa mucho más el dinero, las propiedades y las habilidades, que la fuerza. Ésta, está mal vista, y siempre es superable por la unión de varias fuerzas, que pueden ser juntadas o compradas mediante el valor económico, normalmente dinero, por lo tanto dinero, es el símbolo del poder. Mucho poder se consigue con mucho dinero, acaparar mucho, eso es codicia o avaricia, mucho más de lo necesario para acceder a una buena vida. No todo el mundo necesita mucho dinero y poder, pero algunos sí, y éstos son los socialmente complicados. Puede haber varias formas de conseguir mucho dinero, pero la mayoría de ellas, consisten en fórmulas ilícitas o inmorales: desaprobadas por la conciencia social y de uno mismo. Sin necesidad de darle muchas vueltas, enseguida podemos posar el entendimiento en acciones de robo corriente, robo de cuello blanco, hechos de corrupción, la trata, la venta ilegal de estupefaciente, la explotación laboral, etc. Es claro en qué consiste la corrupción, siempre en derredor de prebendas y de contratos con la administración o de licencias sucias (lobbis), bajo cobertura legal. En estos campos, normalmente el corrupto hace dinero sin pegar o matar a nadie. Pero el corrupto obtiene beneficio a través de prácticas ilícitas, que sin duda perjudican a la sociedad en forma de altos costes económicos, que han de privar de ingresos a otras necesitadas áreas sociales, o incluso aprobando leyes que después causarán diversos daños en personas particulares (casos medioambientales, vertidos de Aznalcollar, asunto Boliden, Talidomida). El que vende droga (coca, cristal, heroína) podría alegar que no hace ningún daño, es cada uno el que elige sus perjuicios, dirá, igual que el bebe excesivo alcohol o el que sabe que fuma en exceso. Pero hay mercancías que por el especial daño social, la sociedad decide que son mercancías o sustancias prohibidas. Querer hacer negocio con algo que la sociedad no permite, es hacer daño social. Qué decir de la trata de blancas o de prostitución forzada, es daño claro y directo sobre personas.

Es un hecho señalado que el mercado laboral en España está por los suelos. Conocido es que hay ofertas de empleo por 500, 400 y hasta 200 euros, sin que se le caiga la cara de vergüenza a quien publica esos anuncios. El empleador, que hace trabajar a alguien 40 horas a la semana por 500 o 600 euros, está acometiendo en la esfera social y en la particular, malos actos humanos, que jamás querría imaginar para sí. Es obvio que abusa de la indefensión y de la nula elección de quien acepta esa oferta, pero además sabe, que quien acepta no puede costear sus necesidades vitales con ese salario. No puede valer como excusa que el mercado es libre y que no le ha puesto una pistola en el pecho. Ese modo de hacerse rico, es hacer malas acciones de modo consciente y voluntario, sabiendo el daño que causa. De ésto, hay mucho, y se le da poca importancia. Se supone que son acciones legales a veces (640 euros), escasas, ilegales y abusivas (400,500) otras; pero que no matan a nadie ni le pegan, total, cuando quieren se van. Se van y viene otros 10, porque no tienen nada.

c) Frustración.

Parece mentira, pero cuando se tienen 3 o 5 años pueden empezar las primeras sensaciones de frustración. Se aprende, cuando en la calle un niño le dice a otro: "Tienes un camión muy bonito, pero mi papa me ha comprado uno más bonito y más grande". No es lo importante que un niño tenga un helicóptero más grande, o una pala u otro juguete, son las palabras que a veces hay al presentar ese juguete, es ya ese afán de comparación y competencia. Así empiezan no solo las diferencias, sino las sensaciones, la interiorización de las diferencias. Más adelante, de los 16 a los 20 años, los jóvenes aprecian poco las diferencias, son generosos y se dejan de todo, es la época de la gran amistad, de las confesiones, los colegas. Dos o tres años después, se acaba el espejismo y la magia. Hacia los 22, 25 empieza la competencia, cada uno luchará por su hueco, por lo suyo. A los 8 años, algunos querían ser astronautas, policías, médicos; a los 15 pensabas estudiar Derecho o una ingeniería, o ser bióloga. Luego ya a los 24, terminaste tu carrera o puede que estés en las colas del paro sin cualificación o quizás, terminaste esa carrera y también estás en el paro. Con 25 años y con 28 si estás en el paro, estarás frustrado, y si trabajas en labores que no habías imaginado, quizás estarás frustrado, pero si ejerces en lo que habías soñado (pocos) percibiendo unos emolumentos muy inferiores a los lógicos y supuestos, también estarás frustrado. No todo el mundo está frustrado ni tiene un trabajo penoso, cierto, pero es que siempre hemos de compararnos con el ideal, aquello a lo que aspirábamos de modo sensato antes de empezar. No podemos negar, que muchos hombres y mujeres poco a poco logran una estabilidad laboral y de ese modo, los medios económicos que permiten una subsistencia más o menos digna. Pero eso era hace décadas, ahora cada día se presenta más difícil para amplios porcentajes de población. Es un hecho, que la gente tarde mucho, varios años en estabilizarse, mientras, lo que crece es el enfado y el desánimo. Puede que muchos a los 32 años estés casi estabilizado laboralmente, aun así es una fecha es muy tardía, y representa un freno para todo el desarrollo personal. Es probable que percibas menos de tus lógicas expectativas cuando estudiabas, y llegado a ese punto, ya llevas una mochila de frustración acumulada, que en muchos casos podrá aumentar debido a las dificultades que presenta la vida. No debemos dar por hecho que la frustración es solo consecuencia de las dificultades laborales y de las crisis. No, la frustración puede llegar por varios caminos. En décadas anteriores y en los períodos de bonanza, también había frustración. Frustración, es la comprobación de no adecuación, entre nuestros sueños, deseos y expectativas, y la realidad que nos va correspondiendo en cada momento. La frustración hunde sus raíces en los deseos e ilusiones, esos que nos forjamos a los 15 años y que nos van achatando a los 20, y que nos dan en la cara a los 25, cuando te enfrentas a la realidad de todo signo y percibes que ha disminuido la cantidad y calidad de los amigos, y que las fuerzas con las que has de contar son las tuyas y pocas más, y que has de romper con el mundo mágico, y ser consciente que la primera regla eres tú y los tuyos, y la lucha; la camaradería ya solo queda para algunos ratos, estás entrando en el mundo oscuro de la realidad. Se acabó el paraguas mágico que te permitía vivir en babia, se acabó pensar vivir siempre de la sopa de los padres, se acabó pensar que todo era diversión y colegas, se acabó creer que tus padres vivirán toda la vida y tú podrás ser un joven eterno sin edad y sin obligaciones. De pronto, de golpe, en unos meses, tienes que suponer que todo lo anterior no existe o se acaba, y tú tienes que hacer por tu vida, la tienes que mantener y desarrollar, tienes que introducirte en algo tan desagradable como es el círculo de producción: hacer cosas, ofrecer cosas, vender cosas. Si no eres un fenómeno creativo y con posibles, te tienes que enajenar (no toca aquí entrar en la desagradable sensación inconsciente de tener amo o jefe), te tienes que ofrecer, y comer la rabia si crees que te ofrecen menos de que rindes o vales. La vida te enseñará -aceptes o no- a cargar con una amplia mochila de frustraciones. Y las frustraciones, ¿qué dan?, alegría y hermanamiento, no. Las frustraciones sólo dan cosas negativas, y acumulan rabia, malestar, rencor, contra alguien, o contra el sistema, contra nada y contra todo. La frustración te hará notar que no tienes cosas que crees te mereces. La frustración no existe si has elegido vivir solo en mitad de un bosque, pero si viven en sociedad no puedes no ver a tus vecinos, y no puedes evitar compararte, salvo que estés muy, muy arriba. Comparación, he aquí la clave. Al compararnos vemos los bienes de que otros disponen, y a veces, creemos que nosotros merecemos esos dones tanto como los de enfrente. Nuestro razonamiento y mente, nos ofrecen un montón de razones que nos permiten ver la nula superioridad del otro, y por el contrario su mejor acomodo o posición. Conclusión: algo es injusto. Desde ahí, queda un paso para el resquemor contra el mundo y contra alguien. El rencor y la envidia, que haberlos hay los, y todo el mundo los ha visto, empiezan en ese punto: creemos, que alguien tiene mejor suerte que nosotros de modo injusto, sin merecerlo. Podemos acabar pensando que quizás ese alguien nos está quitando algo o se está llevando algo de la suerte común, en cualquier caso, ya estamos negativizando a ese alguien.

Cuando nos metemos en esa labor, en pocos días, ese alguien pasa a ser nuestro objetivo negativo y nuestro enemigo. Nos hizo nada, y puede que nunca hayamos hablado con él, pero nos cae mal, ese alguien, concentra sobre su persona nuestra colección de fracasos o frenos. A veces vemos la cara de personas y no logramos evitar formarnos una suposición que enseguida convertimos en opinión. Su aspecto, su cara, sus similitudes o no con nuestra imagen mental, enseguida da paso a una configuración inconsciente, y rápido formamos prejuicios. En ocasiones concedemos una segunda oportunidad, otras veces no, alguien ya nos ha entrado por ojo bueno o por el malo. En este caso hemos decidido que ese alguien nos cae mal, y cuando alguien nos cae mal y se nos ha atravesado, no deberá esperar nada bueno de nosotros.

El vecino o el compañero de trabajo, que hemos negativizado porque se ha llevado nuestra parte de suerte, será la diana de nuestras iras, nuestra vida va peor por su culpa o en comparación con lo bien (e injusto) que le va a él. Jamás alabamos a quien hemos hecho objeto de nuestra rabia, si podemos le achicaremos, disminuiremos su imagen. Ahora se trata de afianzar los corrillos, las alianzas, las invenciones, las malas miradas, los desprecios, los malos deseos. Se cuentan cosas, han oído cosas, han visto cosas, decimos que les han dicho. Entra en juego "la vieja al visillo", que de modo magistral reflejaba Mota en sus squechs. El motivo de todas estas actuaciones hay que buscarle en la envidia y otras cualidades negativas. Alguien podría pensar: es que hay personas que no tienen buen ocio, no leen o no ven buenos programas ni ocupan ningún tiempo en la cultura. A nadie se puede culpar en ese sentido. Cualquiera te dirá que elige su ocio y su cultura, como le da la gana. Es injusto (y absurdo) exigir que la gente consuma ocio cultural, cada uno ve la televisión que quiere; esa elección y responsabilidad es de cada cual. Por este motivo, tampoco creo preciso excusar (nadie quiere que le excusen en su elección) a nadie, amparándonos en la supuesta escasa formación o el bombardeo de la mala televisión. Posibilidades de formación y educación, ya han llegado a casi todos, nadie nos ata para que consumamos cierto ocio, nadie nos prohíbe mirar el frontispicio de una biblioteca, unos lo aprecian y otros lo desprecian, y algunos, orgullosamente lo escupen. Cada uno elige.

Podemos volver a reubicarnos en la idea de que la ojeriza y los malos deseos no matan. ¿Seguro? Permítaseme referirme a una película. Muestra ese tipo de realidad, por desgracia tan común: personas pequeñas, frustradas, que causan mal en el entorno. Me refiero a: *"Mi Mapa del Mundo"*. En esa película, una madre que no sabe atender lo suficiente a su hijo de 8 años se insulta con la enfermera del colegio. Cuando un día esa madre (la enfermera) se está poniendo el bañador, en una habitación juegan sus dos hijas y las hijas de su amiga, esperando para bañarse en un pequeño lago que tienen en el jardín. La hija pequeña (4 años) de su amiga, sale sola de la habitación. Cuando la encuentran, está ahogada en el lago. Se sucede un tremendo drama. Aprovechando ese drama, la madre del anterior chico la denuncia; la detiene la policía, va a la cárcel, sale en las noticas, se juntan todo tipo de insidias e invenciones, y se unen las denuncias de tres o cuatro madres más, llevadas por la histeria y la amistad con la madre del chico. La denuncia acaba indicando que esa enfermera en el colegio abusaba de los niños, les maltrataba y les toqueteaba; de pronto toda la comunidad está alarmada e imagina de todo, la fianza sería muy alta por causa de esa alarma, de modo que permanece en la cárcel un tiempo, con el consiguiente dolor físico y psicológico. Lo que reflexiona la película, es que esa familia quedará marcada y destrozada, y casi arruinada (tienen que vender la casa y el terreno) por culpa de unas insidias y calumnias que se demostrarán falsas, por parte de una regular madre e inmadura y mala persona, que propaga y acusa sobre unos hechos que sabe falsos, o que se aprovecha de la reciente desgracia para dar consistencia a sus sospechas, manipulando la predisposición de sus amigas cotillas. En la película, aparece al final un ángel salvador en forma de su amiga, la madre que ha perdido la niña, quien conoce la bondad de su amiga y se fía ciegamente de ella. En la realidad no siempre aparece el ángel, y hay quien se come el pescado descompuesto que otros podridos han cocinado.

Como se ve, de modo extremo, pues es una película, unas simples "calumnias", sí puede matar o casi peor a una familia inocente. Se supone que otras muchas veces no llega a tanto. Lo curioso, es que todas las envidias y malos rollos, con frecuencia, tienen su causa en la frustración personal, ésta es la ciénaga de la manan los malos deseos. Lo positivo, sería un buen sistema social que evite la frustración. Claro, pero es imposible. La frustración es casi siempre económica: posición social, status, capacidad de consumo. Pero aunque el nivel casi se igualara (sin duda disminuiría la frustración), luego queda algo más oculto que tiene que ver con el funcionamiento cerebral: los deseos íntimos, los sentimientos heredados. Hay personas empáticas, y otras con grados nimios.

Hemos visto los tres factores aglutinadores de la maldad social, de tipo personal. Hemos mostrado que los males derivados del engaño de un banco, o de la explotación laboral, de la venta de estupefacientes o de calumnias, parecen de escaso grado comparadas con las circunstancias de las guerras o la actuación de algún psicópata. Visto así, lo anterior parece poca cosa. Sin embargo es una maldad muy común, aunque la imaginemos de bajo grado. Es en este tipo de maldad, en la que nosotros -personas más o menos normales- podemos incidir para aminorarla. Las personas somos los hacedores directos de ese mal, nosotros lo ponemos en marcha, y lo podemos evitar; nosotros la iniciamos y la ejecutamos, a las claras o a escondidas, con nuestra voluntad. En las guerras y en los actos terroristas de Atocha, de Francia o las torres de N. Y, nosotros no intervenimos, no hacemos nada, no decidimos nada, nos llega de golpe, nada podemos hacer ni evitar. No somos partícipes ni se nos consulta, son decisiones complejas que asumen unos pocos, a los que quizás no vigilamos o elegimos mal. Por este motivo, yo me fijo poco en ese mal, porque nada puedo hacer contra él. Contra el mal común podemos hacer muy poco, pero podemos ayudar a mostrarlo, exponerlo, sacarlo a la superficie. Este mal no nos es ajeno, depende directamente de nuestra actuación particular y voluntad. Nosotros lo podemos limitar.

No cabe poner un montón de ejemplos de malas acciones que se acometen a diario. Puede que ninguno quizás estemos libre de actuar alguna vez en esa dirección, pero nítidas diferencias las hay y las conoce cada uno, estriba en la cantidad, grado y sobre todo, intención. Líneas atrás me he referido al matonismo. Permítame el lector tres breves recuerdos.

Hace meses, oía en algún medio acerca del juicio a cuatro jóvenes que en 2008 apalearon a un taxista en Mataró. Le dieron con bates de beisbol, y siguieron dándole cuando estaba inconsciente en el suelo; quedó en coma y luego murió. ¿Cabe alguna explicación?

No muy distinto del anterior, es el caso de los porteros que mataron a Usía en la puerta de una discoteca de Madrid; la paliza se la dieron entre varios, aunque al final uno le aplastara el pecho. No muy diferente fue el caso de los vigilantes que tiraron al agua al sudamericano en el puerto de Barcelona hace 7 años. No creo que tenga mucho provecho detallar las razones "jurídicas" por las que hicieron eso. Solo me merece interés la forma en que esas mentes entienden sobre los valores y las razones inmediatas que empujan a que esos matones actúen de esa manera, que tampoco me parecen muy instructivas en estos casos. Lo que es de resaltar en estos sucesos, es que los malvados son varios que actúan a la vez. Esos malvados sienten de modo común el suceso, se contaminan del mismo espíritu y reaccionan como uno solo, de modo que diluyen la capacidad de pensar sobre el daño que hacen, se sumergen en un halo del lento fuir irresponsable.

Apenas me quiero referir a episodios donde es la masa social la que se emborracha del clima histérico y acaba liberando su instinto vengativo en forma de linchamiento, como acontece en la película *La Jauría Humana*. En esas ocasiones, son muchos los que aupados en la impersonalidad desean liberar su nimiedad frustrada. Es claro que en casos de este tipo, la persona se escuda y esconde en el influjo de la masa, nunca se siente del todo responsable, dirá, que hacia lo que todos.

Nadie dirá que las motivaciones del mal sean simples, admitamos que todo es complejo, pero eso no va a ser suficiente ni exculpatorio. Es verdad que han cambiado parte de los valores, pero no las referencias eternas, no el esquema de valores elementales. Todo el mundo intuye las condiciones mínimas que definen lo correcto (bondad) o incorrecto (maldad) de una acción, en razón de atávicos acuerdos culturales (filogénesis) de supervivencia sobre la base de la integridad física y el derecho a la vida. ¿Cuál es la causa última de su maldad? Podríamos echar la culpa al medio social. También podemos inclinarnos por la hipótesis de la propensión (Kekes) y concluir que en origen, algunos tienen una fuerte tendencia al comportamiento insocial y agresivo (nunca determinante, por eso les exigimos responsabilidad). Siguiendo al citado autor, estaríamos hablando de causas o factores externo-activos en el primer caso, e interno-pasivos en el segundo. En cualquier caso, no resolvemos nada echando la culpa en cualquiera de las dos alforjas. En principio, no le vamos a eximir de responsabilidad, sino que la sociedad le exige que no realice actos malignos, actos que causan daño innecesario, dado que damos por hecho que estamos ante el caso de personas con capacidad responsable (capaz de conducirse de modo correcto) y no un alienado.

¿Qué perseguimos?

En la más común de nuestras vidas perseguimos tranquilidad, algún retazo de felicidad, realizar un cúmulo de cosas abrigadas en nuestra mente, y conseguir un montón de proyectos, contando con que nadie nos fastidie mucho. Se supone que no deseamos incordiar, ni deseamos que otros nos irriten (la mayoría somos el humano tímido de Rousseau), rara vez pedimos mucho más, con ese dispendio de sosiego nos conformamos. La maldad es la que trastoca nuestro pequeño intento de felicidad. Cierto que no acertamos a concebir la idea del bien sin su contrario el mal, pero ambos no pueden ser igual de necesarios; deseamos el bien y no el mal, y aunque no es concebible que el mal desaparezca, si esperamos y creemos posible que el mal se pueda aminorar, porque con ese fin se supone que progresa la humanidad: lograr más bien y menos mal. En razón de un acumulado proceso evolutivo impregnado de conveniencias y acuerdos, la civilización -y las personas- lograron establecer unas normas de comportamiento y valores. A partir de este consenso sabemos lo que es el acto bueno, y el acto malo, el cual en consecuencia, normalmente rechazamos. Sabemos por tanto lo que es correcto, ético y justo, y en principio confiamos en que todos actúen de acuerdo a esos principios (Kant) y esas normas de convivencia (y conveniencia). Solo los malos están habituados (y preparados) al mal y rara vez les sorprende; su mente está muy acostumbrada a lidiar con el mal. Los protagonistas del mal hacen daño de modo consciente, deseando hacer daño o dañar la imagen de alguien.

Cierta dosis de maldad es parte de la cotidianeidad de nuestra sociedad. Las causas del mal común están (ya lo hemos indicado) en la comparación y la frustración. Siempre hubo y hay lucha por el dominio y la rivalidad. Incluso en los buenos sistemas sociales hay rivalidad y desconfianza. En el Kibutz de 1935, el esfuerzo era tan grande que apenas debía quedar tiempo para la envidia, pero cuando ya vivían un poco más holgados como en 1950 surgieron rencillas, porque parecía que algunos se aprovechaban de la dedicación política, y otras formas. Se soslaya la importancia de la maldad común. Considerar esta faceta parece que fuera un asunto menor, o que obedeciera a revanchas por parte de quienes se fijan en esta perspectiva, cuando sin embargo es básico para comprender que la actuación de los individuos es continua competencia, y que las motivaciones y conductas particulares son la antesala del comportamiento social de las personas, y en consecuencia, de la forma en que después funcionan las instituciones.

Envidia

El Síndrome Salieri

Por qué Señor has elegido a esa criatura mediocre para gloriar tu obra, cuando yo te he prometido castidad y sacrificios, ¡Por qué!

La envidia es el peor de los defectos, anida en muchos corazones, los corroe y envenena y carcome todo el cerebro del envidioso. Envidia no significa sólo querer -en el plano material- lo que otra persona tiene, también implica aversión y deseo de dañar a aquel que tiene lo que el envidioso codicia o anhela (Kekes). Quien envidia, de modo inconsciente se siente inferior a la persona envidiada. Se puede tener envidia sobre objetos materiales, como que el objeto de la envidia sea un Porsche, en cuyo caso se puede comprar o se puede robar; o bien acerca de las diversas formas de éxito o felicidad de otra persona, lo cual vuelve el asunto más complicado "porque una vida envidiable depende de ser cierto tipo de persona", y eso ni se compra ni se fabrica. Cuando la causa de la envidia es la vida de otro, el envidioso establece una comparación, "donde la persona envidiada tiene una ventaja considerable de la que el envidioso carece". Cuando la persona envidiada tiene reconocimiento y éxito social, y no lo logra el envidioso, "la sola existencia del afortunado se transforma en un reproche", difícil de asimilar. Podemos añadir el enfoque de Eagleton[44] sobre la envidia: "dolor que se siente por el éxito de otra persona". Ese dolor tiene un sentido, porque nos obliga a enfrentarnos de forma humillante con nuestros propios fracasos. "A los envidiosos les duele el placer de otra persona, porque pone de relieve sus propias existencias frustradas" (ibid 126). El malo, el malvado, el que padece de envidia, sufre un proceso de no extinción. Es como "las llamas del infierno, se dice que no tienen fin porque el fuego se alimenta a sí mismo, de manera muy parecida a como lo hacen la malicia y el rencor" (ibid 115). Envidioso no es todo el mundo; lo suelen ser sobre todo los inferiores, los mezquinos, los inseguros.

Las reacciones ante este reproche del envidioso pueden ser varias. Una sería la admiración del afortunado. Otra ignorar el éxito ajeno y engañarse a sí mismo (es la actitud más común en muchas facetas de la vida). "Una tercera consiste en preguntarse por qué uno fracasa donde otros tienen éxito". Podría ser por la incapacidad [45] de uno mismo, de lo cual uno es culpable, que a su vez aumenta el malestar y el orgullo herido; o se puede hallar la respuesta en "la mala suerte de uno, y la buena suerte de los otros". La suerte (mencionada páginas atrás), algo en lo que no creemos ni dejamos de creer, sirve para explicarnos muchas cosas cuando nos conviene. Y la suerte es un elemento arbitrario, ajeno al esfuerzo y al merecimiento, es el azar y el fatum, es maravillosa cuando nos sonríe y es injusta cuando nos da la espalda. Injusta, hemos dicho; y este calificativo significa mucho. La mala suerte, calificada de injusta, genera "resentimiento". Cuando el envidiado o su vida, generan dolor en el envidioso, éste -si puede- tratará de cambiar la suerte de aquel, recurriendo en ocasiones a santería, vudús, brujería, que se suponen armas que influyen en la suerte, a tal grado que si esos sortilegios no surten efecto el envidioso puede llegar a volverse medio loco, o intentar acciones más peligrosas que la brujería, para acabar con la suerte -injusta, juzga él- del envidiado. Si la suerte no cuenta en nuestra explicación, hay que volver a la incapacidad de uno mismo (razonamiento que no se suele aceptar) o elaborar otra fantasiosa explicación a base de "culpar al mundo y considerar estúpidos a los demás por dejarse embaucar por las falsas virtudes del envidiado y no reconocer sus verdaderos méritos" (Kekes). Se dirige así el resentimiento hacia afuera, hacia el sistema y hacia quienes se benefician del sistema. No hay medida sobre cuanta riqueza se ha poseer para ser feliz, pero sí la hay sobre la envidia, generalmente nos basta con superar un poco al otro. Lo que nos importa es la comparación y la diferencia. Dado que en verdad nos importan e importamos a pocos, lo que nos satisface es que se note que estamos por encima, que ocupamos el primero o uno de los primeros puestos en las escalas, en las diferencias. Ser pobre si los otros son más pobres es una victoria; el que se come las migas que caen de la mesa, es feliz si detrás otros esperan a ver si a él se le despista alguna.

Las personas establecemos continuas comparaciones, y con frecuencia "concluye de modo negativo que otra persona vive de modo inmerecido mejor que uno"[11]. Qué es vivir mejor que uno; que no nos engañen, en principio todos entendemos que se refiere a una calidad de vida derivaba de un mayor potencial de consumo. Sin embargo, Kekes no lo ve de este modo, trata de restarle importancia a la riqueza y las diferencias de igualdad. "Las discusiones sobre la envidia se han politizado" (ibid 128). Menciona las izquierdas y derechas, y subraya que ambos "creen de modo ingenuo que el objeto de la envidia son los bienes materiales". Dice: "El origen de la envidia está en el reconocimiento de las excelencias…comparar la propia vida (ibid 128)…en el orgullo de salir bien parado en las comparaciones…". Ahí está el salero: en hacer creer que el dinero no es importante. Solo en parte tiene razón, porque ¿qué mueve al ser humano desde sus orígenes? El dominio, la posición de primacía, hoy día todo esto se resume en dinero. Lo básico es sobrevivir (alimentarse, consumir) y reproducirse, los aplausos no alimentan. Al mago que hace trucos en el Retiro una tarde de domingo no le importa que le griten bravo y le aplaudan, pero espera que le echen unas monedas, igual que el que mueve los bolos cuando se paran los coches delante de los semáforos; la gloria para después. Sólo cuando están satisfechas y cubiertas las necesidades básicas (dinero que sirve para pagar comida, cama o hipoteca, y sostener la familia), se preocupa uno de soslayarse y rebozarse en el reconocimiento (Hegel le estimaba en demasía); e incluso el éxito, el aplauso y el reconocimiento siempre llevan aparejados prebendas y recompensas económicas, que es lo que te permite disfrutar mayor calidad de la vida. Los Rollings no tocan solo por el aplauso y el reconocimiento, sino por los muchos ceros que hay en el cheque de las giras; las "comparaciones" le sirven a Cristiano y a Messi no solo para correr tras el balón cada domingo en pos de los vítores, sino para exigir más millones de euros cada año en su ficha. Sabido es que también la salud, la mujer bonita y el amor, son más fáciles con abundancia de bienes materiales (dinero). Admito, que hay algunas personas que prestan su servicio en organizaciones de diversa índole, donde perciben unos emolumentos inferiores a los que percibían en su actividad más profesional, pero estos casos son los menos, y cuando ya sienten seguridad económica. "La razón por la cual la amenaza de la envidia no puede ser eliminada de la vida moral es que las diferencias en virtudes tales como el talento…persistirán mientras haya seres humanos; las personas seguirán sintiéndose orgullosas de sus excelencias y continuarán sintiéndose mal por sus deficiencias"(Kekes). Sí, pero no, algo no cuadra, ésta no puede ser una explicación satisfactoria. Cierto que siempre habrá esas diferencias. Qué quiere decir "sentirse mal por sus deficiencias". Reconocerse inferior en cierta proporción de habilidades o talentos, entiendo que no tiene porque traumatizar a casi nadie; muchos admitimos no tener las destrezas para ser cirujano o un buen ebanista o inventor, o la mente ágil dotada para la abstracción de un matemático, ni la naturaleza nos dota a todos de la belleza de un adonis, pero no por eso nos tiramos de los pelos sino que deberíamos ser capaces de sentirnos orgullosos de las pocas cosas que sabemos hacer bien, y apreciar el esfuerzo y dedicación que ponemos en ello; que no ocurra de este modo es malo, y la causa -en parte- está en una deficiente educación y atención en la infancia y adolescencia (además de cierta predisposición hereditaria). No es necesario, no es inevitable generar resquemor y odio por no tener ciertas habilidades. La sentencia de Kekes es esta: "Por tanto, la idea de que reformar la sociedad reformará a las personas que viven en ella, es un sueño"(ibid 130). Espero, que esté equivocado.

¿A quién envidiamos? Al vecino, al de enfrente, al otro. No podemos envidiar a Pete Sampras, ni al señor Toyota, ni a G.Soros, apenas sabemos quiénes son, viven muy lejos, y nunca les vemos; nos importa un pepino, no tenemos ocasión de envidiar su suerte ni su riqueza. Al que odiamos, envidiamos o con el que competimos es el que está cerca, nuestra vida está referenciada a nuestro entorno, a nuestros compañeros de trabajo o vecinos. Nadie es profeta en su tierra. No soportamos que triunfe el igual, el que conocemos de siempre, ya lo decía Cobett: preferimos al rico, desconfiamos del igual. Contaba Javier Marías (ha inventado el término "rajing") que cundo adquiere éxito con algún libro, se disparan todas las alarmas, malos deseos, envidias y calumnias. Sólo se amortigua este efecto cuando alguien comenta: "si pero está muy malito, se va morir pronto"; ahí ya se quedan tranquilos. Si económicamente estamos angustiados, no queremos percibir que otros nos superen. Si la suerte sigue sin ponerse de nuestro lado y seguimos con empleos precarios o en el paro, seguimos queriendo igualar, y si no podemos igualar por arriba, entonces deseamos que los demás desciendan, que nos igualen por abajo, en ese momento ya no seremos inferiores sino iguales; claro nadie va por ahí diciendo que quiere que a los otros les vaya mal. Cuando alguien comprueba que no puede llegar a la escala de arriba, se repite hasta convencerse, que otro alguien tampoco merece esa suerte, y cultiva una imagen destructiva de él. El problema está en el subjetivismo mediocre con que nos miramos en el espejo. En esos casos no intentamos crecer o superarnos, sino que optamos por el camino más fácil para deshacer la diferencia: romper el espejo (como la bruja de Blancanieves), nos echamos en manos de la rabia y el rencor, negando el mérito ajeno. Un escorpión le pide a una rana que le transporte a través del arroyo; el escorpión le asegura que no le picará, pues ambos perecerían en mitad de la travesía. La rana acepta y a medio camino el escorpión le pica. ¿Por qué lo hiciste? pregunta mientras ambos se hunden. Es mi naturaleza (E.O.Wilson).

La maldad existe, y la envidia existirá siempre, pero nada indica que deba ser en grado extremo; opino que sí es amortigüable la dimensión de la envidia, en según qué contexto social. Puede que en las enormes diferencias de recompensa y poder esté una parte de ese odio. ¿Dónde creemos que existiría más envidia, en USA y Méjico, o en los Países Escandinavos? La envidia no desaparecerá, pero no es imposible que disminuya. Siguiendo a Kekes habría que decir que todo lo que está en la sociedad tiene que estar y es inevitable. Parece que detrás de la idea de reforma, siempre teme que se toque la propiedad. Sin embargo su rol va de positivo y no puede por menos que ofrecer posibilidades, "¿no hay nada que hacer sobre el defecto de la envidia? (se interroga, y responde), por supuesto que sí. "La mayor esperanza es reflexionar sobre uno mismo y tratar de no ser envidioso"[12]. Parece la sentencia del cura de su pueblo. Que poco nos ofrece

Capítulo V: **NUEVO PARADIGMA**

Felicidad, y Televisión

Si nos preguntan algo, casi cualquier cosa que haga referencia al motivo de nuestra existencia, de inmediato evocaremos la palabra o concepto felicidad. Incluso sin darnos cuenta, sin responderlo, de modo inconsciente estaremos pensando en ello, aunque no sepamos articular cuatro palabras para explicarnos o definirlo. La única razón coherente o comprensible que se supone gobierna nuestra vidas es el intento de lograr felicidad, el "summun bonum" que siempre nos proponen los filósofos; y si nos pusiéramos filosóficos, diríamos retazos de felicidad, ya que llegado a ese punto, tendríamos claro que de la felicidad a lo sumo hay trozos, instantes. Pero no puede haber otro pensamiento ni otra respuesta en cualquiera de nosotros, desde el santo o noble, al criminal o más abyecto; perseguimos siempre felicidad aunque rara vez acertemos a visualizarla ni sepamos en qué dirección buscarla. Estamos convencidos de que la felicidad ha de tener que ver con las más altas expectativas y posibilidades de ser humano, en tanto que ser racional, con los escalones precisos por encima de los meros instintos que gobiernan la vida del resto de los animales, que resumimos en supervivencia y reproducción. Por causa del un proceso evolutivo lógico y comprensible, nuestro cerebro goza de la gracia del entendimiento y la abstracción que nos permite comprender etapas o realidades, superarlas y llegar a otras nuevas

329

sobre la base de las anteriores. La abstracción, la imaginación, la comprensión, la combinación de estas facetas nos permite ser conscientes de hechos o momentos buenos y positivos y desear otros nuevos, e inventar múltiples realidades que en la medida en que vemos realizadas o posibles nos proporcionan satisfacción. La felicidad tiene que ver con esto: la percepción, la seguridad y el convencimiento de que puedes inventar o proponerte cosas sencillas y que puedes lograr que se realicen. Es una felicidad enorme, porque nos permite comprender el titánico salto y diferencia con el reino animal.

Todo el mundo sabe definir lo que es una manzana o un lápiz, un perro, un ladrillo, claro son cosas concretas, y casi cualquier persona sabe definir lo que es un hecho malo. Parece claro que es imposible una definición ni nítida ni común del concepto felicidad, es una idea muy compleja, quizás porque nos interesa mucho; es la aspiración de nuestras vidas, no el motivo; vivimos por razones más simples, pero nunca dejamos de perseguir la felicidad. Carmelo Vázquez -profesor de psicopatología- indica que la felicidad tiene que ver con la vida plena, y con el desarrollo y aspiraciones de uno mismo, y no tanto con el progreso individual, sino que tendría que ver con las relaciones con los otros.

Hay multitud de enfoques hacia la felicidad, que se sustancian en buena parte en según cuál es la cultura originaria. Vemos que en Occidente el concepto felicidad ya casi está limitado a bienestar y consumo, en tanto en la filosofía Oriental (hay una mayor base religiosa) -no tanto en la actual vida social- sigue dependiendo de nociones colgadas de Confucio o del budismo (en definitiva la religión). Aun no siendo lo mismo budismo que hinduismo ni sintoísmo, todo Oriente está impregnado de la cultura de la obediencia, la sumisión, la aceptación, hay allí un concepto muy especial: "los anhelos". Pero los anhelos como algo que no se tiene, a lo que se renuncia o que se domestican. En Occidente decimos "¿qué anhelas?" anhelar es desear, desear vivamente, con convicción; es un deseo profundo capaz de poner en marcha muchos esfuerzos para intentar lograrlo. Porque esos anhelos conseguidos aportan gran placer o felicidad, y su no consecución reporta disgusto, fracaso, mala sensación, nunca nos deja indiferente; ellos renuncian a los anhelos. Donde no hay anhelos no puede haber frustración, no hay rabia, luego no puede haber rebeldía. En Oriente no hay rebeldía. Nosotros no logramos entender la actitud resignada y tranquila de la gente haciendo esas enormes colas para abastecerse tras el desastre de Fukushima; ellos lo aceptan como si estuviera escrito. ¿Puede haber felicidad sin anhelos, felicidad cuando todo es renuncia? El hombre que se deja llevar. Kant hablaba de otro hombre, el hombre de la libertad, y por tanto de la voluntad, del propósito, de la intervención, de la modificación del medio, "el hombre solo es hombre cuando tiene poder para ejercer su libertad, y voluntad de hacerlo". Dudo que los seguidores de Confucio puedan entender este pasaje ni comprender el Contrato Social. ¿La felicidad es una búsqueda, o la mera aceptación? En cierto modo esa sería una discusión estéril. Vivimos en Occidente, y aquí la felicidad en cierto sentido podríamos decir que la hemos banalizado mucho y la hemos vuelto muy concreta, tanto que ya la identificamos con bienestar y consumo. No obstante, en todas las épocas de la historia humana han vivido quienes desoían al cuerpo y concebían la vida solo en función del alimento y la satisfacción espiritual. Sin irnos muy lejos, hemos oído o leído sobre vidas de anacoretas o ermitaños que viven convencidos de que el cuerpo solo es la carcasa y que lo único que merece la pena para ellos es ofrecer alimento a su espíritu. Como decía Aristóteles, todos estamos de acuerdo en que queremos ser felices, pero en cuanto intentamos aclarar cómo podemos serlo empiezan las discrepancias. Para él, la felicidad consistía en alcanzar las metas propias de un ser humano. De modo semejante pensaba Platón, si bien creía que al horizonte de la felicidad solo se accede después de la muerte. Podríamos seguir por esta línea, y enlazar con S. Agustín, que nos llevaría hasta Dios.

Desde un ángulo más sensitivo, el hombre pronto aprende sobre las circunstancias básicas que le rodean. Enseguida sabe qué cosa es comer, e irá aprendiendo qué es el frío y su contrario placentero el calor. Cuando eres maduro en alguna sociedad de corte occidental, pronto sabes qué es una casa, seguridades, comodidad, calor humano, y formas y posibilidades de consumo. Ni mucho menos todas las personas, ni todas las familias, disfrutan de estándares de bienestar, es fácil para quienes no gozan de esos mínimos que les echen en falta. Todo eso, y mucha más variedad de cosas y situaciones constituyen parte de lo que llamamos bienestar. La mayoría de las personas no se engañan, quieren al menos el bienestar. Es posible que muchas personas rara vez se paren a pensar qué pueda ser la felicidad, pero seguro que sí saben por experiencia o ausencia qué es el bienestar, y te responderán que eso es lo que quieren. Quizás en algún momento alguien se pregunte por la felicidad, pero en principio muchos se bastarían y no interpelarían más, si su realidad o la suerte les permite disfrutar bienestar. Unos pensarán de una manera, otros dirán que ellos están muy bien con sus cosas, con su casa, su coche, sus cañas, sus comidas, sus vacaciones y cierta cantidad amplia de consumo, y alguna cuota extra de consumo superfluo. Y algunos también dirán que preguntarse más por la felicidad, que esas son cosas de Punset, o de filósofos, o de "chalaos". Evidentemente, hay un componente más elevado que el mero consumo, que algunos sí sabrán apreciar; hay quien dirá que la felicidad es estar bien con uno mismo, conseguir una relación proporcionada entre los anhelos y las consecuciones reales, y cifran éstas no tanto en el bienestar material -sin despreciarlo- como en la sensación de satisfacción y tranquilidad interior. Otros dirán, quizás alguno de los anteriores, que la felicidad tiene poco que ver con el bienestar del consumismo, del coche grande y lujoso y la casa grande, que la felicidad está en disponer de tiempo para leer, para cultivarse o consumir arte, alguna forma de alimentar el espíritu. Pero en definitiva, casi nadie negará la cercana identificación entre felicidad y consumo, es más, señalarán que intuyen que la felicidad no saben qué es, que debe ser algo más complejo, pero que ante esas dudas, prefieren vivir el placer que supone la realidad del bienestar.

¿Entonces, qué perseguimos? Sencillo, lo ve cualquiera y lo hemos dicho: perseguimos felicidad; hoy identificado mayormente y ante todo con consumo. Con este concepto nos metemos en la realidad social aún más que con el término bienestar. Pueden anhelar también otras cosas, pero quieren mostrarse muy realistas y con los pies en el suelo, el consumo es real y satisfactorio, las posibilidades de conseguir y disfrutar otras realizaciones "más elevadas" es más complicado y se aspira a ello teniendo presente primero el acceso al bienestar/consumo. Todo el amplio abanico de personas, no disfrutan iguales índices de bienestar o consumo, sino que varía según clase social a que se pertenece, cuyo parámetro más definitorio es el potencial económico o potencial de consumo. Hay quienes se *empeñan* en hacer una demarcación de clases sociales considerando el aspecto económico sólo como uno entre varios aspectos (los muy ladinos), pero es erróneo; es verdad que no es el único, pero es el primordial y definitorio, y cuando mencionan como otros valores la cultura, el saber, los modales, el comportamiento, las aspiraciones, etc. olvidan que todo esto cuando lo hay o cuando falta, es consecuencia en gran medida del nivel económico en que creció y se mueve el individuo, sin olvidar obviamente que siempre hay excepciones, hay auténticos borricos aunque luzcan mucho oro y pedruscos. Volvemos a señalar que el tipo de consumo depende de la distinta clase social. Evocando a Veblen[1] recordamos que en 1920, ésta solo se correspondía con la aristocracia y los herederos de las

332

grandes fortunas, gente que dilapida el tiempo y el dinero en aparentar y en despreciar el trabajo -auténtico ideal de la buena gente en la España del siglo XVI (el no vivir de rentas no es trato de nobles)-, y que por debajo de esta clase ociosa y alta, todas las otras capas sociales -en orden descendente- tienden a imitar a la superior, que es el espejo ideal. A las clases pudientes intentan imitarles las clases medias, que aspiran a subir los peldaños para situarse en la clase alta, pero que aún debe conformarse con el piso de 200 m. en vez del chalet de 500. Naturalmente sigue habiendo más escalones, estamos cerca del suelo en un rellano muy amplio donde se ubica la clase baja, que también aspira al piso de 200 metros y conoce por las revistas y el cine las mansiones de 500 metros y 9 habitaciones, pero que de momento ha de conformarse con el piso de 75 metros y el coche de 18000 euros y algunas vacaciones que no son las de Isla Mauricio o las Seychelles. Todo eso y mucho más, es consumo y bienestar. Bienestar relativo, porque -excepto para la clase ociosa y alta que tiene acceso a todo- siempre le faltan el acceso a algunas formas de consumo, pero es bienestar para esa clase amplia, porque si logra satisfacer un buen puñado de deseos consumibles importantes, encontrará que en cierta medida está satisfecho (de modo relativo) con la casa, el coche, el ocio, los amigos, el calor de la familia; y cuando le apetece cerrar los ojos y pensar un poquito, tiene claro que todo eso es bienestar. Pocos admitiremos que estemos interesados en buscar otra felicidad más esdrújula. A falta de dudosa felicidad, la clave es el bienestar, y el concepto más definitorio de bienestar es: consumo; y la palabra mágica: dinero.

Ya estamos seguros pues, que el centro, razón, y móvil de nuestras vidas es el consumo/bienestar; no son conceptos idénticos, pero de momento les voy a utilizar en este sentido. Hemos referido, que el consumo no es ilimitado ni igual de posible para todos. La razón que posibilita más o menos consumo es el potencial económico, que como sabemos, es muy diferente según las clases, según las herencias, los rendimientos -inversiones de diversa índole- o remuneración. En el común de los mortales -olvidemos la clase alta-, las personas y las familias se financian en base a la remuneración del trabajo, ésta será pues, la clave para el consumo. Hay puestos de trabajo de abogado, médico, ingeniero, periodista, etc.; la mayoría de estos, después de unos años de trotar, suelen estar bien posicionados y remunerados, y sus dueños pasan a ocupar una plaza en la clase media -algunos, alta- Hay muchos trabajadores con menos formación, capacidad y dones naturales (peor suerte evolutiva, porque una cosa será la suerte o azar y otra el merecimiento), la mayoría de los cuales constituyen la clase baja y se mueven en un amplio espectro que abarca desde profesiones técnicas, cualificaciones medias, hasta las bajas cualificaciones, y la falta de título elemental de estudios; rayando con este estrato estaría el lumpen y la delincuencia, siempre campos interconexos. En el amplio estrato de clase baja con cierta formación, los trabajadores en su mayoría suelen ser estables y con retribución decente -sin excesos- en su mayoría, y escasa en otro porcentaje -también amplio- Estamos entrando en un capítulo muy importante, porque hablamos ya de retribución suficiente o menguada y por tanto consumo justo o deficiente (Z. Bauman). El estrato del lumpen queda por debajo del consumo, por lo que no interesa en este momento. Los ya mencionados de las retribuciones decentes, se permiten un nivel de consumo que les genera cierto nivel de satisfacción y conformidad. Debajo, está el otro estrato que a veces tiene dificultades para llegar a fin de mes; más abajo quedan quienes caen en el pozo del paro, y es un problema que no esperaban. Llegado ahí, vemos las distintas posibilidades económicas de estos dos últimos grupos, ninguno boyante. Si el consumo queda muy limitado por causa de una mala época, o tan menguado que hay dificultades para reparar el viejo televisor, o el embrague del coche de 12 años, qué se siente. Se siente frustración, cabreo, incomprensión, decepción, rechazo; si nos faltan los mínimos nos ponemos nerviosos, perdemos el cauce. Le habías prometido la Play al niño, pero ahora necesitarás que se estire el abuelo en Navidad porque si no, no llega. ¡Frustración!. Si nos va mal, echaremos la culpa a algo, a alguien o a la mala suerte. Hay un dicho por todos conocido, y que a todos nos vale cuando estamos en el lado bueno de la partida "cada uno tiene lo que se merece", cuando nos conviene todos creemos en ese aserto, y cuando estamos en el otro lado nunca lo creemos cierto ni acertado. Rara vez admitiremos que otro sea ni mejor ni más listo que nosotros (si acaso pensaremos que somos nosotros más capaces, pero que despreciamos ciertos esfuerzos), porque ya todos somos muy listos, no escuchamos a nadie, dejamos hablar a la gente pero no atendemos sus argumentos; todos conocemos la verdad, o al menos nuestra verdad. Un día le preguntaba Ebolé (Salvados) a M. Ángel Rodríguez (ex-portavoz del gobierno de Aznar) sobre las televisiones, y decía algo cierto: "la verdad no le interesa a nadie. No hay ninguna televisión imparcial, ni radios, ni periódicos; cada uno quiere leer el medio que trata la información como cada uno piensa". Es verdad. Todo esto significa que la imparcialidad es imposible, que no interesa a casi nadie.

Estábamos, en que a algunos las circunstancias económicas y laborales les pueden ir mal y cebarse en ellos el desempleo. ¿Quiénes son más proclives a los malos empleos y a desembocar con relativa frecuencia en el paro? A cualquiera le puede pasar, pero resulta que en casi todas las circunstancias, la precariedad y desempleo se ceba con relativa frecuencia en el mismo estrato, el de los menos preparados, el de los que menos se forman, los que casi siempre estudiaron menos, gente que siempre reconoce que no lee un libro, gente que ve mucha tele, mucha calle, etc. Después de la jornada laboral, al llegar a casa, hay diversidad de actuaciones...y hay gente que solo centran su entretenimiento en "la otra tele", zapean mayormente entre el futbol y los programas que siempre cuentan las gracias y desgracias ajena; hemos llegado a la telebasura.

¿Por qué tienen tanto éxito esos programas? Porque mucha gente los vemos, así de simple, aunque el 90% dicen que solo cuentan tonterías e insultos. Cuando Tele 5 pagó a la madre del Cuco, tuvo mucha contestación en los medios sociales, y se retiraron anunciantes, unas semanas después cambiaron el programa, es decir que cedieron un poquito. Lo que interesa saber es que esos sábados no disminuyó el share sino que aumentó, quizás por el morbo, lo innegable es que el público seguía en la cadena y no parecían sentir escrúpulos. Ese tipo de programas les ven gestes de todas las capas sociales, se dice; cierto. Cierto a medias, quizás aquí empieza la diferencia. No me imagino a muchas cirujanas, ni a muchos ingenieros, ni a muchos catedráticos, ni eminentes abogados, rebozándose hasta las orejas con el disfrute de esos programas, por la sencilla razón de suelen tener cosas más interesantes que les ocupan. Y tampoco me imagino a muchos ricos ahí delante, porque tienen formas más enriquecedoras de consumir ocio. Fulano (no es importante, pero lo comentaba un día) puede permitirse coger un avión e irse a ver una opera a N. York; y a un matrimonio que ingresa 10 mil euros al mes seguramente se le ocurre un sábado por la noche algo mejor que coger el mando de la caja tonta para zambullirse en el agua de las cloacas: puede ir al cine, a cenar, a un teatro, a una exposición. Luego no todas las capas sociales ven por igual esos programas. ¿Quienes los ven? Quiaen quiere, nadie necesita explicarse ni excusarse. Los ven una buena parte de los que les sobra mucho tiempo y no tienen otro interés ni mucho dinero con que comprar otro ocio. Muchas familias que ingresa entre 1300 y 3000 euros al mes, es decir una parte de la clase media-baja, y baja; también ven esa tele personas de otros estratos, pero éstos tienen fácil comprar otro ocio. Disponer de poca renta no implica que haya que estar mirando el televisor, y menos visualizando ciertos programas, pero es verdad que la televisión es el ocio más barato, y aquel para el que se requiere menor esfuerzo. No a todo el mundo, le gusta jugar al ajedrez, hay que pensar, hasta para jugar a las cartas hay que pensar, y hay que hacer el esfuerzo de concentrarse para leer; el ocio de la caja tonta es más simple y liviano, solo tienes que dejarte llevar, te puedes mecer como en un columpio y te llevan. Hay personas, muy libres, que se tiran dos y tres horas diarias disfrutando de ese modo. Los programas de ese tipo, comenzaron su andadura hacía el 2000, y a todo el mundo le parecía repudiable su contenido y la falta de escrúpulos cuando copaban toda la franja horaria y emitían en horario infantil. Aquello era un escándalo, pero no se logró ningún cambio. ¿Qué es pues lo que nos interesa a buena parte de los españoles? No nos engañemos, ahí están los shares. Si los shares son fiables, lo que interesa es el cotilleo, no hay que rasgarse las vestiduras, si no fuera de ese modo ya habrían caído de la parrilla. Tele 5 dedica el 80% de su programación a estos espectáculos, obviamente le va bien. Si los espectadores son fieles a esos programas, será por algo. ¿Qué buscan o les satisface a los televidentes de estos programas? Las cositas sencillas, tipo novela Corín Tellado; obviamente les gusta conocer sobre las vidas -en sentido amplio- de los famosos, desde sus amores, sus desamores, los hijos, las fiestas, los coches, los enfrentamientos entre famosillos, los insultos en ocasiones, sus buenas casas, hasta su miseria y caída en desgracia, las formas en que se prostituyen, amenazan con suicidarse, se separan, se reconcilian, los hijos secretos; todo un arsenal de miserias humanas. En los antiguos circos, el público (sobre todo el pueblo bajo) se desinhibía, se emborrachaba de crueldad y creía liberar su alma o su mente, y salía de allí aplacado, feliz y con renacido vigor, tras participar en la catarsis. Algo más civilizados, la catarsis de aquel circo acontece ahora en el futbol, donde mucha gente libera allí su rabia. Pues ahora de modo más cómodo, desde el sofá y con la cerveza en la mesa, y para un público más amplio, tenemos la misma posibilidad de insultos que en el futbol y de reírnos con los cuernos de los protagonistas, como en el teatro, y el solaz refocilamiento, comentándolo al día siguiente con algunos compañeros. En la obra de teatro *Cosas que Hoy Decíamos*, comentaba una de las protagonistas que el público se ríe tanto, porque "a la gente le divierte ver cómo los demás lo pasan mal", así exorcizan sus desgracias. ¿Por qué a la gente le hace feliz las desgracias ajenas? Pensemos, en el cine cómico de Baster Keaton y de Charlot. Siempre se decía que gustaban porque representaban a gente pobre y humilde expuesta a las penurias y los abusos pero que eran avispados, y cuando podían se vengaban un poco de los ricos o poderosos, dándoles una patada en el culo, también al policía, porque representa la merma de libertad del pobre a favor de una ley que siempre beneficia al poderoso. Parece que al poderoso nunca la va a ocurrir, "la suerte" de la que tanto hablamos, está de su parte. Y dado que al rico ya le va bien por la suerte de ser rico, siente el pobre que es de justicia que el rico también tenga su parte de "circunstancias" o calamidades, porque no sería justo un teatro donde solo sufriera el pobre. La monologista Eva Hache, contaba en alguna actuación que la gente espera que el famoso se rompa la cabeza, para eso gana con el famoseo.

Líneas atrás estábamos hablando de los realitys. En este sentido, un directivo de Telecinco[2] dice: La televisión es un show, se trata de dar espectáculo, si no das juego, pierdes el empleo. Paolo Vasile: "La televisión se alimenta de stress". En su laboratorio de ideas, los productores ejecutivos preparan futuros episodios del personaje de Belén Esteban. Carlota Corredera (TeleCinco): "A la gente le gusta verla sufrir, también que luche por ser feliz". Hay que darse cuenta de esa frase "a la gente le gusta verla sufrir". Aquí radica gran parte del éxito: la gente paga por el circo y por el teatro, por los payasos y por el bufón. Decía un ex-famoso de los realitys: "La tele es una fábrica de vanidades, es como una droga, y cuando dejas de salir en ella te vuelves loco, se desploma tu autoestima". Probablemente hay coincidencia en que esos programas no aportan nada positivo en el capítulo de la formación personal - suponiendo que eso fuera importante-. No creo que haya que excusar ni culpar a nadie por engancharse a esas parrillas. Cada uno ve lo que le da la gana, si acaso alguien sería responsable ante sí mismo. No me parece acertado culpar de la pobreza intelectual y atontamiento cerebral a la labor de engatusamiento y cosificación que persiguen los max-media, del supuesto gran hermano. Las posibilidades de formación crítica hace tiempo que están disponibles para quien tiene alguna inquietud, aunque puede haber algunas dificultades en algunas zonas y tramos de edad elevada. Si no se desea, no se puede adquirir formación. El que se amodorra, lo hace de modo consciente y voluntario, no quiere ser salvado, dejemos que cada uno se equivoque a su gusto.

Parte de la sociedad parece estar acelerada, excitada y exaltada, y dispuesta para embarcase en nuevos gustos, valores y aventuras. De este modo se comprende el auge en los gustos de modas como el boxeo, el boxin, la sangre, el toro Ratón, nunca han gustado tanto las películas donde solo hay

337

mamporros, son las más vistas. La gente va a ver a Ratón porque esperan que coja a alguno y haya sangre, y cuando está perezoso y no ocurre eso, la gente se desilusiona y se enfada, y aparecen en un reportaje de televisión y lo dicen claramente, es como en los encierros, la gente los ve para ver las cogidas. No siempre fueron así los gustos ante el televisor. Es obvio que han cambiado los valores desde los setenta, y la vida ha ido girando de tal manera que aquel tipo de circunstancias y de realidad social ya no interesa; interesa otra realidad social. Por otro lado, quienes eran padres en 1980 (personas de entre 30 y 40 años) no conocieron el hambre de la guerra, crecieron en un mundo más posible y alegre, recibieron información y conocimientos y apercibieron muchas de las posibilidades del nuevo mundo del bienestar y el consumo, sintieron la posibilidad de llenar a sus hijos de felicidad (regalos); ellos tuvieron pocos, y creyeron que a todos los hijos les hace feliz los regalos, no quisieron escatimarles esa felicidad y les colmaron (hoy día, más). En consecuencia, muchos adultos que nacieron en 1980 son hijos del consumo, de la inmediatez y de la satisfacción. Pero el consumo abundante y satisfactorio no llega a todos los bolsillos, y entonces sobreviene la frustración y la reacción, la agresividad y la bronca.

En España, hace décadas, se valoraba el esfuerzo y el trabajo de la gente normal, del fontanero o albañil, o del operador en una fabrica u oficina, y el del ingeniero, se valoraban los estudios, y se alababa al gran emprendedor o empresario (Barreiros) que habían conseguido grandes cosas y triunfar con el esfuerzo, el empeño y la labor correcta. Pero vinieron los ochenta con el éxito rápido (Solchaga decía que España era un buen país para hacerse rico) y el ascenso a la cima y los honores (honoris causa, algunos) de personajes de triunfo dudoso, como M. Conde, de la Rosa, Ruiz Mateos, Roldán. El modelo de los chicos lo constituían los personajes señalados, y los deportistas, los actores y cantantes, y los banqueros. En la televisión aparecían la casa y vida de los triunfadores, y la vida de las guapas y las modelos. Las chicas estaban aprendiendo en los 80 por medio de la tele y los medios, (ya habían conseguido la liberación) quienes eran las famosas y lo bien que vivían, y que era lo que más se valoraba de una mujer, y cuáles eran las cualidades más seguras para triunfar. Por mucha liberación y vueltas que se le diera, lo que el mundo -los hombres- más valoraban de una mujer, es que fuera guapa, que encandilara, que atrajera y sedujera. Así que el modelo social, no era una cirujana, ni una enfermera o una profesora, sino que era la modelo Linda Evangelina. Casi todas las chicas de 16 años se encaminaban en la vida a ser

338

guapas, a ser deseadas, como un diamante, como un artículo de lujo, como un adorno, como un objeto suntuario. Pocos se han hecho ricos con el trabajo honrado, para hacerse rico hay que soltar muchos remilgos y adentrarse entre los espinos y dejarse la piel y la ética entre las zarzas. Así se comprende que nadie se sonroje por ganar 3000 euros por unas horas (en plató) insultando y haciendo de bufón. En el fondo, no podemos por menos de dividir a la gente, entre los que juzgamos que trabajan y quienes viven del cuento (vida onerosa), nos parece que estos merecen una reprobación o castigo, y entonces, cuando la tele nos muestra sus desgracias, nos parece que la justicia equilibra un poco la balanza.

Moralidad Actual: me lo llevo

"Los pueblos tienen los gobernantes que se merecen".

"Mas vale un adarme de favor que un quintal de justicia"

El Chojin: "Mienten"

El poder corrompe. La frase se le atribuye a Bakunin, y deberíamos coincidir en que es una de las frases más certeras de la Historia, como aquella que decía: "El hombre nace libre y en todas partes está encadenado". Si todo el mundo está convencido de que el poder corrompe, no se entiende que no se hagan sesudas propuestas para limitar el poder (y el tiempo de poder). ¿Quién nos engaña para que no se acometan esas reformas? El poder tiene su parte buena para quien está situado en el poder; pero todos hemos de contar con el hecho cierto de que la inmensa mayoría no llegaremos a ejercer el poder, luego las posibilidades nunca se compensan, de modo que no hay razón para consentir que los profesionales del poder nos engañen, y se eternicen. No hay manera de acometer este error social. Todos parecen decididos a convertirse en momias antes de abandonar el poder. Quienes querían hacerse oír en la nueva esfera de la política, exponían propuestas para limitar mandatos y se cansaban de perorar contra la profesionalización de la política (El 15M habló mucho contra la casta). En cuanto intuyen que están próximos a sentarse en un sillón, se olvidan de lo dicho y solo piensan en pegarse con loctite, y eso que dicen que los políticos están mal pagados.

La vida social, la queremos suponer basada en el principio de justicia e igualdad de todos ante la ley. El fundamento son pues las leyes justas. Partes importantes de la Historia Moderna se han hecho apoyando acciones de facto contrarias a la moral natural. En ocasiones, el derecho positivo obedece a patrones de conveniencia más que de justicia y moral, y en consecuencia las leyes no son justas, pero tienen el enorme peso de la ley (digamos de los poderosos, que son quienes "conformaron" la ley). Cuando las leyes están en consonancia con la ética y son justas, los ciudadanos pueden desarrollarse en libertad y crecer, emprender actividades positivas en confianza, y competir persiguiendo metas y beneficios correctos y posibles. Pero cuando las leyes no son tan justas (y ocurre muchas veces), el beneficio mayor no le obtienen los mejores y los que más ofrecen, dado que no todo tiene por base el esfuerzo y el mérito, sino que intervienen poderes oscuros que modifican las reglas de juego limpio. La corrupción es un quiste maligno que merma la capacidad, la iniciativa y confianza de los ciudadanos.

El Mediterráneo fue la cuna de la civilización. Pero ahora hay consenso en el Norte, en el hecho de que esos países están fuertemente dominados por la corrupción, a veces se dice que siempre fue así. Tal vez haya algo de razón. El Norte siguió a Lutero, una moral más austera y recta; El Sur quedó bajo el dominio corrupto de los papas lujuriosos.

El mundo aún existe porque son más quienes hacen poco mal, que los pocos que hacen mucho mal; sino ya nos habríamos aniquilado, aunque siempre estamos a tiempo. Por eso refiere Hobbes que se instauró la civilización, para frenar la autodestrucción de la especie. El poder es -en cierto modo- la fuente (la palanca) de satisfacción de todos los deseos, y quien ejerce el poder tiende a perpetuarse en él, y usarle en provecho propio y de sus cercanos.

No se atiende ni se escucha a quienes opinan a contracorriente, casi en ninguna parte, desde luego no en España; la coincidencia de las mayorías y del pensamiento correcto (conveniente) ahoga toda disidencia y cualquier posibilidad de ser escuchado. De hecho, la verdad suele quedar supeditada al interés; la verdad solo es atendida si coincide con los intereses particulares y de grupo. Estamos en una época en que la verdad no existe (solo los jueces, a

340

veces se ocupan de ella), se da por hecho que existe la verdad subjetiva o de conveniencia (que contrariedad: solo lo objetivo es cercano a la verdad), y raro es el que palidece al reconocer la poca importancia que hoy tiene la verdad. Acomodamos la verdad a nuestras necesidades sin enrojecernos; está perdido quien hoy priorice la verdad. Si la verdad coincide con el interés, bien para la verdad, sino, será sacrificada. Estamos asistiendo impertérritos al espectáculo diario de la corrupción, y muchos son pillados con las manos en la masa; pero aquí es muy raro que alguien dimita, pida disculpas o pida perdón; eso no se lleva, se niega una y 26 veces, y hasta lo demostrado se sigue negando. Casi nadie dice la verdad en España, los políticos ni uno (se dice), ni los ciudadanos en las encuestas, ni el chismorreo, todo el mundo exagera o miente, por pudor, o porque le da la gana. El problema es que estamos muy acostumbrados a la mentira y la invención, por eso los políticos hacen lo propio, es una costumbre del pueblo, debe ser la cultura de la picardía. En el 2010 se afirmaba que los pisos habían bajado un 17%, que ese era su precio bueno, y que se debía aprovechar porque ya se iban a estabilizar los precios. Lo mismo dijeron a finales del 2011 cuando la caída era del 30%, y lo mismo dicen en mayo de 2012, por una razón o por otra, siempre mentimos (los españoles tampoco en esto somos únicos, en el terreno del dinero miente todo el mundo, el penúltimo, Wolkswagen). Y lo peor es que siempre encontramos justificación. En Inglaterra un diputado tuvo que dimitir por una mentira (conducir sin carnet), aquí puede mentir todo el mundo. Mentir es responder a una pregunta de un modo, que 2 días después se sabe que lo dicho era falo: todo el caso Bárcenas, los pagos en diferido, el embrollo de los ERES, etc. Justificación encuentra la Vicepresidenta (principios de 2013) cuando la preguntan por aquello de que la prima se llamaba José Luis Rodriguez Zapatero; dice recordando el pasado "a veces me sonrío".

La actual crisis está desatando lo peor de las personas, el temor a pérdidas nos vuelve más egoístas. Fuimos un país de emigrantes, volvemos a la emigración, y querremos que nos traten bien en los países que nos acojan, pero nos molestan nuestros inmigrantes; y luego nos molestarán nuestros parias, y nos encerraremos en nuestros castillos negando reparto y solidaridad. Hubo un tiempo en que la solidaridad gozaba de un significado más amplio. Inglaterra fue muy castigada por la aviación nazi, el pueblo que contribuyó mucho a la defensa de la patria sufrió mucho, y Beveridge entendió que era de justicia que ese pueblo fuera atendido y ayudado, e instauró el Estado de Bienestar. Ahora el que cae no importa. De la crisis, los que no mueran, saldrán. Para que no se nos olviden, la repetimos cada 15 o 20 años; total, los listos siempre son los mismos…los tontos, también.

Dicen que el capitalismo puede llegar a destruir la especie humana. La frase es correcta, pero es más certero decir que la especie humana puede destruir la especie humana. Es la codicia y la maldad las que pueden destruir la especie humana. Se acierta en tanto que la avaricia es consustancial al capitalismo, es como la ley de la gravedad al planeta tierra (E. Ekaizer); pero la avaricia y el ansia de poder es muy anterior al capitalismo; el capitalismo es el modelo moderno de dominación. La fórmula capitalista más simple para obtener cuantiosos beneficios, es dominar la parcela del mercado a la que se dedica tu empresa, es decir, que el ideal de todo empresario es el monopolio, y hacia ello se aplican todas las artes "escondidas" de cualquier gran empresa, aunque se haga bandera de la libertad del mercado y de la competencia (Stiglitz). Los empresarios y los altos ejecutivos se emplean[3] a fondo en "la búsqueda de rentas"; "hay dos formas de llegar a ser rico: crear riqueza o quitársela a los demás". "En las facultades de económicas ensañamos como hacer trampas y defender los monopolios frente a las leyes" (ibid.82). Avaricia es lo que empuja a los ejecutivos de muchas corporaciones a llevárselo, sin mirar el socavón que provocan en la empresa. Caixa Galicia, la CAM, el gran fraude en Italia, los singulares casos del Presidente de Alemania, los bancos de USA, etc., son múltiples los casos que luego hemos de padecer los ciudadanos del mundo, siempre se trata de codicia y beneficio impropio. Hay una enorme falta de ética y corrupción en todo el mundo, claro que en unos sitios más que en otros. Hubo un tiempo, en el 2010, en que nos creímos aquellos de que teníamos los bancos más saneados de Europa y superábamos todas las pruebas de stress, todo mentira como se demostró; la mitad de nuestra banca necesita rescate. Cabe pensar que el Presidente del Banco de España y los ministros Solbes y Salgado no se enteraban de nada, peor aún, ahora sabemos que años antes ya había avisos sobre la burbuja. Mira por donde, solo "los tiburones" de W. Street han acertado (2012), ellos han sacado los colores de los economistas y gobernantes españoles, especialmente ellos han puesto encima de la mesa la deuda privada española, sobre todo de los bancos, la millonada que hay en el ladrillo.

El paradigma de la riqueza es la libertad económica y su icono el *Laissez-Faire*; la no intervención, dejar que cada uno elija y decida, ceder el mercado para los emprendedores y establecer la mínima regulación. Esta base de propia iniciativa, se lanzó como caballo desbocado al negocio del ladrillo, y los bancos, con avaricia se aprestaron a prestar, sin mayores cálculos ni reservas. Ahora han trascendido los negativos informes de los inspectores del Banco de España sobre la negligente política crediticia de Bankia. Aquellos campeones de los grandes números acabaron hundiendo los bancos, los fusionaron y los hundirlos más, y ahora piden que les salve papa Estado (también las autopistas), como en USA, bajo la amenaza de hundir el Sistema. ¿No querían Laissez- faire?, a qué viene la petición de que se les rescate con el dinero de todos, mientras los beneficios se los reparten solo unos pocos. Eso no era lo que proponía Smith, es la propuesta codiciosa de los Neocom. En todas las empresas públicas hay mangoneo y choriceo. Lo mismo ocurría en USA hasta 1850. Allí detectaron el problema y parecieron acertar privatizándolo casi todo, así son menos los que roban en las empresas públicas; que cada uno permita que roben en la suya. Pero resulta que los avispados también roban en todas las grandes empresas privadas, en USA, y en todas partes. Estas son de nadie, son de un montón de ingenuos accionistas, que son unos paganos, y los listos con sus altos sueldos y bonus, se lo llevan y las hunden. Roban igual, *todo el mundo está por la labor de robar*, luego la corrupción es general en todos los ámbitos. "El capitalismo moderno está dispuesto a jugar sucio todos los días" (ibid. 84). "El 1% determina las reglas del juego político". Los grandes y los bancos, se llevan todas las ayudas; saben que está mal visto, pero les da igual (ibid.174). Señala Krugman (elpais, septiembre 2013) que las grandes rentas en USA proceden del sector financiero, al que los contribuyentes tuvieron que rescatar. Stiglitz propone, (ibid 191) poner coto a los poderosos y limitar las formas y poder de los bancos, pero no hay manera, ellos son los verdaderos dueños, que controlan a cuantos tienen influencia mediante el sistema de puertas giratorias. Clinton (ibid 315) quiso poner a alguien en el Banco Central, pero no era del agrado de W. Street y lo evitaron. Grecia engañó a Europa de la mano -bien pagada- de Golman Sach. Grecia no puede devolver los créditos, se le aplicó una "quita", pero seguirá con el agua al cuello durante mucho tiempo. La corrupción es generalizada en muchas sociedades, no en todas por igual, no es un sello que te estampan cuando naces; depende de la ética personal y de la cultura social de cada país. En algunas sociedades, como las Escandinavas y la de algunos otros países de tinte protestante, la corrupción parece ser menor y su tolerancia también, y no por azar, sino porque provienen de otra filosofía y moral (emparentada con la religión), y de una concepción distinta en la forma de relación de las personas: ayuda y sociabilidad. Los pueblos se corrompen, pero los ciudadanos nunca admiten ser culpables. Lo que quiero señalar, es que los ciudadanos son como niños, exigen, pero nunca se sienten responsables de nada. Hay aquí un vacío moral y social, nadie debería tener fácil inhibirse de toda responsabilidad, del mismo modo que no deberíamos permitir que decidan por nosotros; la solución está en el significado de dos palabras: *Responsabilidad y Democracia*. Obviamente, una democracia participativa mediante fórmulas de consulta o referéndums favorecen esa función de opinión y responsabilidad. Suiza parece entre las democracias que mejor tiene encaminadas esas funciones. Lo curioso es que Grecia se aprestaba hacia un referéndum en 2012, pero los prestamistas no dejaron que el pueblo opinara. Visto así el pueblo no puede ser responsable, solo debe responder el Gobierno que acuerda la "dirección" con la Troika. Aunque lo anterior es cierto, no se debe olvidar que el pueblo siempre empuja por los derechos, no quiere saber cómo, ni quiere que le recuerden que era imposible tanto funcionario, tanto escaqueo tributario, nos negamos en redondo a aceptar responsabilidad alguna, se diluye en la colectividad, quién se atrevería a castigar a un pueblo entero, solo en algún episodio de la abundante mitología griega. No es muy diferente lo que ha ocurrido en la España del derroche, con tanto kilómetro de AVE, aeropuerto y ciudades de la cultura, fiestas a lo grande, y las plantillas de ayuntamientos y comunidades hinchadas para satisfacer compromisos y amistades. Ahora exorcizamos nuestra responsabilidad echándole la culpa a Merkel y la facilidad crediticia alemana de los años anteriores, nosotros no construimos la ciudad de la cultura de Galicia, ni los pabellones de Zaragoza, ni el aeropuerto de Castellón, ni…, fueron los alemanes. ¿Qué es lo que hacen los políticos en los países del Sur? Forrarse con la aquiescencia del pueblo. Se consigue manteniendo el sistema activo muchos años y logrando ser parlamentario mucho tiempo. Lo cual se logra, dándole (en principio) a la gente bienestar a cualquier precio: sanidad, educación y pensiones... Con esto, el pueblo está contento y acepta cualquier cosa, y no se fija en nada. Pero en algunos países la gente se jubila a los 52 años, ¿cómo se puede pagar todo ese bienestar? Con las arcas del Estado. Ese Estado, no tendrá dinero suficiente, entonces se piden préstamos a los bancos, y a otros bancos (internacionales). Llegado un momento, los préstamos a devolver son ingentes, no se pueden devolver, hay quiebra y suspensión de pagos, lo cual implicará el montón de sacrificios equivalente a las regalías anteriores. La cosa es complicada, porque por supuesto el pueblo no quiere saber nada de todo esto, y además es menos responsable que los políticos que se lo llevaban y decidían. El pueblo (y cualquiera) hace oídos sordos si cree que algo bueno le puede caer. Contaba el ex apoderado de Castrourdiales, (Evolé) que nadie controla a los alcaldes, y que se corrompen los grandes y muchos de los de abajo porque les llegan las migajas. De los 30000 habitantes, pensaba que se habían beneficiado algo, entre 3 y 5 mil. Se precisan cambios en la forma de atender los asuntos públicos, pero como señala Judt "el mismo stablisment dificulta los cambios. Upton Sinclair (USA, siglo XIX) decía: es difícil que un hombre entienda algo cuando su sueldo depende de que no lo entienda". En sentido parecido, recuerda Zarzalejos que los políticos tienen miedo a cambiar, a abrir los melones, a destapar la caja de Pandora. Tenemos una "clase política profundamente endogámica", que funciona como casta; no quieren cambios porque temen que pueda cambiar su status. Esto no puede seguir así, "hay problemas que se están enquistando y necesitan cirugía".

Cualquier día justificarán la corrupción alegando que hay mucha en todas partes. En Alemania, han saltado a la prensa varios casos de gobernantes que contrataban como empleados a familiares de diputados del parlamento de Baviera, y casos de directivos de Siemens, Deutsche Post, etc., todos esos personajes involucrados, tienen un patrimonio que les permite una vida fácil…pero todos quieren más. Qué decir de Suiza y la multitud de paraísos fiscales. Los mediterráneos, opinan, que todo el que tiene poder económico o político se corrompe, y admiten que muchos harían lo mismo, de ese modo autojustificamos la tendencia a pagar de menos y el hecho de que nadie vea mal el fraude a Hacienda, sino la gracia; todos esperan su momento para forrarse. La publicidad decía "Hacienda somos todos", pero es obvio que en España nadie lo siente de ese modo, no hay ningún sentimiento ni implicación colectiva, excepto para buscar el beneficio. Se dice que en el Norte defraudan menos (y está mal visto) porque sí sienten lo público como propio; tienen una idea más desarrollada del concepto comunidad, en el Sur funcionamos más en torno al término individuo. Quien tiene ocasión se lleva una buena tajada y soluciona su vida y casi la de los hijos, lo que sea de la colectividad o lo que opinen o insulten, no les importa. Ha habido comisiones y comparecencias en el Congreso de algunos directivos implicados en el asunto de la CAM y Caja la Mancha, nadie se equivocó, nadie se arrepiente, nadie devuelve un duro. El Supremo tumbó en 2012 los PAUS del Ayuntamiento de Madrid, lo cual ocasiona grave perjuicio a miles de familias. Alguien debería ser responsable, seguro que nadie responderá, esto es España, aquí nunca pasa nada. Una sociedad en la que nadie asume culpabilidad ni responsabilidad moral, no parece fácil que logre caminar hacia adelante. Solo hay alguna dificultad para esos a quienes pilla la justica (los menos), y en la mayoría de los casos les compensa el escaso tiempo de condena, en razón del botín. No en todos los sitios se entiende igual la corrupción. No es imaginable un nórdico contando a otros cómo se las ha ingeniado para declarar de menos a Hacienda, ni mostrar el coche o las vacaciones que se ha costeado con dinero negro. Recuerdo que un programa de Salvados trataba sobre la corrupción, y Evole quiso examinar este fenómeno en Dinamarca. Allí, casi nadie recordaba un nombre de alguien encausado por llevárselo. Preguntado a este respecto el Presidente del Parlamento, indicó que para alejarse de la corrupción hay que "trabajar las actitudes y las tradiciones". *"Casi todas las doctrinas tradicionales sostienen…que adquirimos un deseo de actuar de modo justo cuando hemos vivido en el marco de unas instituciones justas y nos hemos beneficiado de ellas"* (Rawls p.412).

En el Norte, tienen registrado en su impronta que Dios exige trabajo honrado;   en el catolicismo no había problema, porque era suficiente con que te arrepintieras 5 segundos antes de morir. Ahora cualquiera se atreve a decir que su obligación o su lógica es ganar dinero, como animaba el ministro Solchaga.

La justicia tiene dos dificultades: una, con los legisladores, que hagan o no, buenas y justas leyes; y otra con los encargados de administrarla, los jueces, en tanto que son personas, normalmente con un mayor sentido ético y de la justica, pero a veces también corrompibles. La ley, con frecuencia no se ajusta a la justicia ni a la imparcialidad, y a veces directamente se hacen leyes con trampa, solo de ese modo se explican las actuaciones de los directivos de CAM, Bankia y Caixa Galicia (obligaban a los empleados a engañar a los clientes) respecto de las indemnizaciones. Dice el periodista Ramoneda, que ha conocido muchos directivos que se hicieron ricos cuando les echaron, que manera de prepararse la jubilación. Los máximos directivos de las empresas se lo llevan. "No porque generen más productividad, solo porque se han vuelto más avaros y hábiles, contando con la indolente tolerancia[4] del público". "Los directivos españoles son los mejor pagados de Europa, según un estudio de la consultora francesa[5] Alpha Value". Hay 200 o 300 miembros de consejos de administración de empresas (cada uno está en 8 o 10) que se lo llevan por un par de reuniones al año, donde ni hablan ni se les escucha; 300 mil euros en

346

dietas, para luego decir que ellos no sabían nada. De ese modo se expresó la consejera farmacéutica de Bankia ante el juez: 180 mil euros por decir sí aunque no supieran nada de contabilidad. Qué vergüenza lo de las Preferentes. Con la pátina de Europa quieren robarles el 70% a los que confiaron. En este país, si roba el pobre diablo va a la cárcel, y si roba el del cuello blanco, la ley le protege (innumerables casos que estos días -2013- todos conocemos); las leyes nacen con trampa. Ahora se alienta vigilar al pobrecillo que hace algunas chapuzas de modo ilegal (si además cobra el desempleo, le pueden meter en la cárcel), aun cuando la A. T. ha confirmado que el 75% del fraude corresponde a las grandes empresas. Nos extrañamos de que Bruselas no se fíe, nos apriete y quiera auditorías externas sobre las comunidades y los bancos, esos que eran los mejores de Europa en las pruebas de stress. El hito de la corrupción en Occidente, pareció marcarlo el asunto de la valoración de la empresa y la cotización (falsas) de las acciones de Em-Rom, con auditoría implicada, y el posterior suicidio de su presidente. Después vino (amén de otras muchas) la trampa de las Subprime y Leman Brothers. Luego ya el vaso nunca se lleno, todas las semanas aparecían nuevos escándalos; en todas parte cuecen habas, y en España más que en otros lugares. El móvil de tanta inmoralidad siempre está en la *avaricia*. Tras el desastre del Madrid Arena, se dice que aquello fue un cúmulo de errores, una chapuza. No, errores es cuando no se saben hacer las cosas bien, o se han hecho con premura de tiempo; no es el caso. Aquí sí se saben hacer las cosas. Lo que ocurre, es que no hacerlas bien en principio cuesta menos dinero (menos personal, menos medios). Lo que todo organizador pretende es recaudar mucho, y con algo de suerte no pasa nada, así habrá sido muchas veces. Mejor vender 15000 que 9000, y si luego entran otros 3000 a beber pues más mejor, todo es dinero. Me queda más dinero si contrato a 2 médicos y una ambulancia que si contrato a 4 y seis ambulancias; no son errores, es avaricia, propiciada por la mala ley y la vista gorda de la administración. Naturalmente los riesgos de la avaricia a veces salen mal.

De pronto hemos caído en la cuenta de que en España hay mucha corrupción, parece ser que antes teníamos los ojos tapados, o no nos enterábamos de nada. Ahora sale a la luz el estiércol, porque la escasez y los recortes obligan a mirar las cosas con lupa y prestar mayor atención a todas las partidas. A raíz de "los manifiestos", la periodista Pepa Blanco pregunta a Cesar Molinas si creía que la actual irritación de los ciudadanos con la corrupción se daría de igual modo si la situación económica fuera más boyante. Molinas no acertó a contestar, cosa que no se entiende, todo el mundo conoce la respuesta: la prueba está en que siendo la corrupción la misma desde hace 7 u 8 años solo nos preocupamos y escandalizamos ahora. Un artículo suyo (muy comentado en septiembre 2012) exponía que los políticos españoles son una clase profesional que se apodera del poder, se afianza en él, y trata sobre todo de obtener beneficios, de modo bastante ajeno a las preocupaciones de los ciudadanos. En este sistema, los jóvenes que llegan con ilusión y empuje a la política, en cuanto ocupan cargos medios en la administración o en el partido, se acomodan (cuando no se corrompen) y observan fidelidad a las cúpulas; nadie se atreve a abrir las ventanas para que entre aire fresco, todos aprenden al cruzar el umbral, que el que se mueve no sale en la foto. Ese modus vivendi de la política española alterna cargos oficiales con enchufes en las empresas, fundaciones y organismos públicos.

Una canción rapera de El Chojin *Mienten* describe muy bien la relación entre los políticos y la sociedad. Dice:

Mienten, enciendes el televisor y nos mienten, hablan con tal corrección, pero mienten, dicen tener la solución y luego…, nananana nana, mienten, nadie les cree, y con razón porque mienten, nunca cometen ni un error, ellos mienten, dicen tener la solución y…

Al final todos somos gente, siempre hay un pueblo y una clase dirigente, y unos pocos que mandan y otros muchos que obedecen, los que mandan…

Enciendes el televisor y nos mienten, hablan con total corrección, pero mienten, dicen tener la solución y…

Estoy harto y el reparto hay que ganarlo, ellos mienten, cogen el lenguaje y lo retuercen, las mismas cifras muestran países diferentes, se alían con periodistas, ellos mienten…

Pero también es verdad que les dejamos hacer lo que quieren, va siendo hora de enseñarles los dientes, y exigir resultados a esa panda de estirados que mienten, mienten, mienten, MIENTEN.

*   *   *   *   *   *

Se tolera la corrupción y se le restaba importancia debido a que son muchos los que tienden a jugar sucio. ¿Por qué infravaloramos la corrupción? Es común el pensar que no hay voluntad de atajar el problema de la corrupción; es un mal endémico en este país. El actual grado de corrupción debería levantar océanos de indignación, pero no lo hace. "Por el contrario, en España la situación se torna peculiar porque no da miedo ser corrupto, incluso se festeja al que lo es, lo que preocupa y desfavorece es que te pillen" (Garzón en *Reacciona*). Leyes (regulares) contra la corrupción las hay, lo que no hay es cultura democrática y de servicio a la comunidad, y las leyes castigan poco la corrupción, por eso el corrupto calcula que le sale a cuenta. El español acostumbra a presumir y aparentar (consumismo), porque no soporta parecer menos que ese con el que se le pueda comparar, el vecino (nadie se compara con un rico que vive a 100 kilómetros). De modo simbólico el vecino siempre es rival, por eso criticamos al vecino y nos alegramos a veces de sus desgracias (siempre lo negaremos); por eso es tan español el sentimiento (la frase pública menos) ¡que se jodan! Construimos nuestra vida en parte en función del vecino, porque con frecuencia la nuestra es insuficiente para llenar nuestro cerebro, estamos medio vacíos y rellenamos nuestra vida con la de los otros; quienes tienen una vida casi plena no se ocupan en los otros. Somos muy orgullosos (no sé de dónde nos viene), que se manifiesta en ponernos muy gallitos, por eso nos ofendemos y nos retamos con facilidad. Decía Julián Marías, que el español es agresivo, belicoso, violento, instantáneo; luego poco reflexivo, tenemos fama de hablar alto y mucho. A consecuencia de nuestro orgullo, no nos gusta que nos ganen ni en las trampas, por eso hay tanto chiste de pícaros. Somos vanidosos y arrogantes, por eso rara vez admitimos que nos equivocamos y casi nunca pedimos perdón. Todo el mundo está muy satisfecho de lo que hace; hay mucho joven de 20 años que confiesa en algún reportaje estar enganchadísimo al móvil. Pero ocurre, que lo dicen riéndose, como si fuera una proeza; y además que no van a hacer nada en ese sentido, porque les parece la mar de molón y superguay; todos están encantados de sus errores (errores elegidos).

A veces llega un compañero y dice "hoy no he dado ni palo"; en otras culturas puede resultar extraño, pero aquí es motivo de orgullo y chanza. Y el que lo oye se ríe, pero le jode un poco, y seguramente no porque nos parezca injusto, sino porque ese es más listo que nosotros. En España, al final siempre se trata de una pelea de pillos. En el 94 Fraga recurriría a la novela picaresca para explicar la tendencia endémica de los españoles a la corrupción. Si tenemos la mentalidad de pillos y lazarillos, se comprende nuestro desdén con la corrupción; en amplio porcentaje, el español comparte esta filosofía: "vive y deja vivir". Hay 4 cosas de las que les gusta fardar a los españoles: de defraudad a Hacienda, de no dar ni palo, de tener mucho sexo, y de no leer un libro. Cuando un pueblo presume de esta guisa, es un mal síntoma. Se necesita un cambio de moral de la sociedad; si la gente se ufana de esas cosas es muy difícil que la corrupción no lo carcoma todo. Nos indignamos y despotricamos contra los chorizos, pero tenemos una visión tan particular de este asunto que todo el mundo en tertulias de bar acaba confesando "que Dios me guarde de donde haya dinero". En todos los medios, apareció la noticia de que W Buffet y algunos ricos franceses y alemanes pidieron a sus gobiernos que les subieran los impuestos; justo igual que los ricos españoles. Con 6 millones que hay en paro y mucha gente malviviendo con 400 euros, han pedido al Ejecutivo que recorte el desempleo, y les baje las cotizaciones. Spanihs is fiferent, es como el chiste ese: Q+Da. Los políticos no salen de las flores, sino que son miembros de la sociedad, están podridos porque la sociedad está podrida; aunque hay algunos políticos de nuevo cuño que opinan que hay muchos políticos corruptos, pero que el pueblo español no es corrupto, sino honrado y de fiar. Opina Savater[6] que "lo más probable es que los políticos se nos parezcan mucho a quienes les votamos, quizá incluso demasiado". Apunta R. Montero, el gozo (secular) con que despachamos nuestra tendencia a la ignorancia, el placer y el orgullo de sentirnos diferentes. Viene al caso la reflexión que hacía Montero (dominical país 10/6/12) a propósito de un estudio que publicaba la Fundación BBVA sobre conocimiento científico en distintos países. Los españoles quedábamos en último lugar, junto a Italia y Polonia, países católicos los tres, donde en toda la Historia, la Iglesia se ocupó más en quemarlos y silenciarlos, que en alentar la investigación y la búsqueda de verdades, que no fueran la suya.

De dónde nos viene esa afición bastante común entre los españoles por la pillería. No lo vislumbro, aunque es evidente que se trata de una vicisitud antigua en este pueblo, quien escribió el Lazarillo en el siglo XVI se inspiró en la cultura popular, y ya se cuidó el mucho, de que se conociera su nombre. Me pregunto por qué y desde cuándo los españoles tenemos un carácter orgulloso y "echao pa lante". Un país que desconoce su historia tiene menos capacidad para encauzar el futuro, es como nuestra historia clínica cuando acudimos al médico. Refiere Gabriel Tortela[7] que cuando "vamos al médico se recoge información de nuestra historia: nuestros antecedentes y nuestros padres, son datos necesarios para comprender algunos porqués de nuestra actualidad; del mismo modo ocurre con nuestras características como pueblo, somos lo que somos en función de una Historia, que pende en exceso de la gloria (no superada en el inconsciente colectivo) del siglo XVI. Los políticos olvidan mucho el pasado. Señala que con lo que ocurrió con los bancos, los ferrocarriles y las crisis del XIX, se podrían extraer muchas consecuencias, pero los políticos españoles no leen (la mayoría de los españoles tampoco, somos un pueblo orgullos de su ignorancia) y tropiezan múltiples veces en la misma piedra. Quizás aquello de la Reconquista, el Descubrimiento de América y el potencial de los ejércitos de Carlos V y Felipe II tengan algo que ver en la conformación de aquella idea de grandeza, y posterior arrogancia; hay que tener en cuenta que durante algo más de un siglo, el ejército español era la mayor potencia mundial, los españoles pisaban por todo el mundo. Ahora que España gana en muchos deportes, y en especial en el futbol, todos nos sentimos un poco partícipes (soy español, a qué quieres que te gane), los pueblos tenemos el sentimiento de que todos ganamos cuando nuestros 11 jugadores ganan. En el siglo XVI éramos los reyes del mundo, y probablemente en esa época trascendió el sentimiento de que era merced a la altura y el acierto de Carlos y Felipe, luego en sus personas se conforma la imagen de magnificencia, ellos y su absoluto poder simbolizan la grandeza de este pueblo, por tanto, para el pueblo eran casi idolatrados como Dios, de modo que cegados en el poder, no había ocasión para que apareciera el pensamiento y la crítica. La imagen de los reyes en España era suprema, eran los depositarios y hacedores de nuestro orgullo, por eso siempre les idolatramos, por eso nunca hubo una revolución a la inglesa, por eso el pueblo despreciaba Las Cortes y estaba con Fernando VII, por eso la democracia tardó mucho en penetrar en la mentalidad española, por eso un porcentaje amplio de la población tiene muy escaso interés por la democracia, y por eso siempre fue fácil el caciquismo y el voto comprado, por eso aún campean los caciques en amplias zonas de España. Un pueblo debe ser libre, y es acertado oponerse a los designios que otros hacen desde fuera -Napoleón-, pero tampoco supimos captar el olor de la libertad que se irradiaba desde Francia. Antes de la Revolución, en España ya lo tenían difícil los Ilustrados (Jovellanos) y quienes destilaban algunos pensamientos de libertad, parece como si nos sintiéramos a gusto uncidos siempre al carro. Las nuevas ideas que se extendían por Europa posibilitaron las Cortes de Cádiz de 1812, pero los españoles que quizás amaban las bridas, vitorearon a Fernando VII cuando decidió mearse en las Cortes. Cuando a finales del XIX parecía que nos enderezábamos, nos cargamos a Prim, y poco después A. de Saboya salió pitando, despavorido ante la insensatez manifiesta del pueblo. En España apenas hubo Ilustración. T. Munck y otros estudiosos del tema, apenas mencionan hechos de esta índole en España. Francisco Sanchez Blanco *La Ilustración en España*, defiende la idea de que sí hubo Ilustración, pero de poco calado, reducida a unos cuantos nombres (Jovellanos, Feijoo, Mayans), y con un propósito apenas reformista y nada rupturista ni revolucionario. Tan nimio fue el viento que llegó, que era común coincidir con Menéndez Pelayo en tachar al siglo de las Luces de "materialista y ateo", y proclamar con orgullo que España era la reserva espiritual de Occidente. Tuvieron que pasar cien años (1870) para que las ideas de libertad y emancipación crecieran en España. No es de extrañar, que Ortega expresara dudas sobre el hecho de que el español tuviera las ideas claras como pueblo, y que apreciara la inteligencia. Hablaba del intelecto raquítico de los españoles, el poco gusto por el pensar, en cambio tendríamos más afán por la voluntad y el "empujón bruto". Ortega: "el pueblo español detesta todo hombre ejemplar; cuando se deja conmover por alguien, se trata *invariablemente de algún personaje ruin e inferior*". Tortela refiere que escribía Machado: "Castilla miserable…. que desprecia cuanto ignora…"; "indica que les pasa algo parecido a los políticos españoles. En la universidad española al alumno que se esfuerza le llaman *pringado*, y el que *triunfa es el gracioso que solo dice tonterías*; en nuestra cultura triunfan los *pelotas y los mediocres*; España a partir del XVII siempre fue de segunda división en cultura". Si no apreciamos el pensar como medio de mejorar nuestras vidas, quiere decir que confiamos más en otras artes: la pillería. Menéndez Pidal apuntaba que el español muestra desinterés en el orden económico, descuida el trabajo productivo, contentándose con los primeros resultados. Era obvio que el español aborrecía el trabajo continuo y rutinario, por eso el español tiende a confiar más en la pillería como reza el refrán: "*más vale un adarme de favor que un quintal de justicia*". La sociedad está segura de que así funcionan las cosas, por eso los políticos o alcaldes se llaman unos a otros para colocar a su familiar. Probablemente es cierto que cada pueblo tiene los gobernantes que se merece. El hidalgo español iba por ahí aparentando su distinción, aunque no comiera en casa y sus hijos estuvieran famélicos. Nada más propio para el escenario del Lazarillo. Cuenta Lázaro en el quinto acto sus venturas con el buldero. En la Sagra de Toledo, su amo no lograba hacer negocio con las bulas, de modo que se compinchó con el alguacil, quien hizo teatro en la iglesia, fingiéndose poseído por el Demonio. Cuando todo los feligreses le acabaron las bulas, él también se sentía espantado por lo que creía haber visto, "más con ver después la risa y la burla que él y el aguacil llevaban y hacían del negocio, conocí como había sido industriado por el industrioso e inventivo de mi amo". Burlón, falso y aparentoso era el cura del 7 acto que se beneficia a la criada, pero la casó con Lázaro para guardar las apariencias. Pícaro era Lázaro tratando de beberle el vino con una paja, o haciendo que deslizara en su gaznate merced al agujerillo que había hecho en el culo del jarro; pícaros eran muchos necesitados en aquella España de necesidades. Pero el buldero era más que pícaro, representa la estafa y la corrupción, la maña de sacar provecho y engañar a muchos estrujando sus temores e ignorancia. El buldero era un pobrecillo al lado de muchos corruptos de la actual España. Picaros semejantes apreciamos en los relatos de la España de Quevedo *El Buscón*. En el capítulo III del primer libro nos narra:"el ermitaño dijo que no sabía el juego y pidió que se lo ensañáramos. Dejonos el bienaventurado hacer dos manos, y luego nos la dio tal que no dejó blanca en la mesa". En el capítulo VI: "¿Qué diré del mentir? Jamás se halla verdad en nuestra boca". Me suena esto, siempre se niega la mayor. En el libro tercero capítulo III, nos cuenta las habilidades de D.Cosme: "Mas todo fue nada para ver entrar a don Cosme cercado de muchachos con lamparones, cáncer y lepra, heridos y mancos, el cual se había hecho ensalmador con unas santiguaduras y oraciones que había aprendido de una vieja. Ganaba este por todos, porque si el que venía a curarse no traía bulto debajo de la capa, no sonaba dinero en faldriquera, o no piaban algunos capones, no había lugar. Tenía asolado medio reino. Hacía creer cuanto quería, porque no ha nacido tal artífice en el mentir; tanto, que aun por descuido no decía verdad. Hablaba del Niño Jesús,...traía todo ajuar de hipócrita: un rosario con unas cuentas frisonas, contaba tentaciones, besaba la tierra al entrar en la iglesia, llamábase indigno; no levantaba los ojos a las mujeres, pero las faldas sí. Juraba el nombre de Dios unas veces en vano y otras en vacío. Pues en lo que toca a mujeres, tenía seis hijos y preñadas dos santeras". Mal da que pensar de la seriedad en España, cuando los directores de publicidad han captado que el mensaje serio no se escucha en España; se atiende mejor el cachondeito, la broma y la gracia. El anuncio de ING, y el de 1,2,3 del banco Santander está hecho de esta manera. Siempre nos ha gustado más vivir de la picardía que del esfuerzo. Éramos pícaros, descuidados y un tanto incivilizados cuando accedió al trono Carlos III, quien quiso introducir España en la modernidad.

Su ministro Esquilache trató de lavar la cara y ofrecer luz acabando con la ocultación y la superstición, intentó acortar las largas capas que ocultaban de todo, el pueblo no lo aceptó -El Motín de Esquilache.

El ciudadano español de los siglos XV al XIX rara vez tuvo amor por el trabajo "vivir del trabajo no es oficio de nobles", la aspiración de cualquiera no era hacerse rico con la industria o el comercio, sino subir en la escala social y acceder a las capas nobles, dado que las profesiones más apetecidas eran las armas y el clero, dos formas de llenar la andorga sin trabajar. No hay que descuidar la mala semilla que sembraron los Reyes Católicos al favorecer tanto a los nobles en la adjudicación de tierras y eximirles de impuestos. En el siglo XVI, el trabajo manual era una maldición bíblica que deshonra al que lo ejerce (catolicismo: se valoraba la vida del asceta, y bienaventurados los pobres). El prototipo de español medio era el hidalgo (aparentoso y mísero) en tanto en Inglaterra lo era el *yoeman* y la *gentry*. La perversa idea de que el trabajo dignifica es propia de la moral protestante, de la que el español debía alejarse como alma que lleva el diablo. De modo que vinieron a la Península trabajadores extranjeros atraídos por los altos salarios. El viajero italiano Guicciardini escribía a finales del XV "Estiman vergonzoso el comercio; la gran pobreza del país no se debe a las cualidades del mismo sino a la vagancia de sus habitantes; mandan fuera las materias primas para que allí las industrialicen; viven en casas miserables y lo que tienen que gastar se lo gastan en ellos mesmos o en una mula llevando encima más de lo que queda en casa". Para poder entrar en la Universidad de Osuna debían probar que tenían en dos generaciones sangre de cristiano viejo y que ni sus padres o abuelos "habían tenido oficio baxo, vil y mecánico". La burguesía y las clases medias, deseosas de prosperar, consideraron que para lograr el prestigio social y la nobleza, lo primero que había que hacer era abandonar los oficios "viles", el trabajo manual y ciertas formas de comercio, e incluso borrarlos de la memoria familiar. En España la apariencia es la medida del triunfo: presumir aunque se pase hambre en casa. Un buen coche es una medida de triunfo. Así era el hidalgo español de 1600 presumido y arrogante, como nos recuerdan en Europa. Dicen que nos creemos que aún estamos en el siglo XVI; claro que nosotros decimos sentirnos unos quijotes que no nos valoramos. Apunta Tortela, que en España nos quedamos anclados durante mucho tiempo al falso esplender del siglo XVI, y aún pendemos un poco de aquel hilo quebradizo y deshilachado, cuando nos creíamos dueños y centro del mundo, aún nos cuesta reconocer la realidad. De otro modo, N. York Times dice algo similar: Madrid está en quiebra pero quiere los juegos; presumir de fastos comiendo pan duro.

La geografía y el clima hacen el carácter de los pueblos (al menos una parte). Si situamos a un hombre solitario en USA el 1 de Septiembre de 1800 a las afueras de un poblado y cerca de un bosque, éste se hará su cabaña como pueda, con o sin ayuda. Ese mismo hombre en la misma fecha en Hamburgo o Dinamarca o Noruega, presto se pone manos a la obra porque sabe que hace frío y llueve y las noches son duras; con ayuda o sin ella, trabajará con rapidez. El mismo hombre y en las mismas fechas en España no tendrá ninguna prisa, porque hace bueno y sabe que aún puede dormir muchos días al raso; y como no tienes prisa tampoco se molestará en pedir ayuda. En Escandinavia agradecerá la ayuda y luego la prestará. El clima ha influido para que se dé esa diferencia de carácter; en España somos despreocupados y tendentes a la improvisación; ese suele ser el carácter de los españoles. Nuestro clima benigno nos incita a la alegría y el jolgorio, y nos empuja a la calle y los bares (más que en media Europa); casi todo el año hace bueno en España, y eso invita a la diversión y la cháchara. Si somos expertos en juergas, es difícil que podemos ser los mejores pensando, ni los mejores ingenieros ni inventores. En una tertulia en la radio hablaban del pirateo de pelis, libros. Señalaba uno -y coincidían casi todos- que aquí funcionamos con la cultura del Lazarillo, y que aquí es arte y gracia burlar la ley, Hacienda, etc. Lo peor es que tienes la sensación de que no conoces a nadie que no haga alguna trampilla a Hacienda (si puede). Un representante de industriales en Andalucía, se quejaba de que hay mucho intrusismo en el sector de las reparaciones: hay mucho pintor, electricista, etc. que trabaja sin dar de alta ni pagar impuestos; éstos, se justificaban en la necesidad de sobrevivir. Decía el industrial que éstos hacen trabajos sin factura ni IVA, que todos somos responsables porque aceptamos esa costumbre, decía: "Quién no ha pagado alguna vez cosas sin IVA". Cualquiera se acaba sintiendo tonto si cree que puede defraudar algo y no lo hace, porque hay una percepción clara de que todo el mundo lo hace, de que la cuestión colectiva es para beneficiarse, no para aportar. "Lo mío mío, y lo tuyo de todos", ese es el sentimiento general. Vergüenza no, lo que da vergüenza es confesar que ese año no has sabido o logrado algún truquillo con Hacienda. En definitiva la costumbre de la corrupción española viene de lejos, y los motivos pueden resumirse en: el ambiente Lazarillo, los Reyes Católicos, la religión católica, la fascinación por el Imperio y las armas, y el clima.

En 2014 apareció el libro de Pradera sobre la corrupción. Efectívamente parece que el libro se terminó ayer. Todo lo que narra ocurría ayer y ocurre hoy (seguramente también mañana). Queda patente, que Pradera circunscribe la corrupción en gran medida a los partidos políticos y las instituciones. Pradera, nos remite al tardofranquismo y el siglo XIX para explicar la corrupción en España. Es común echar toda la culpa, al hándicap y el foso que nos generó el franquismo. La falta de libertad y de transparencia genera malas costumbres, pero mal haríamos si ahora ese pozo vale para todo lo escuro. Se pretende descargar ahí todas las culpas, y redimir de ese modo a la sociedad de casi cualquier responsabilidad personal. A decir de algunos, o de muchos, la sociedad siempre es buena y nunca es responsable de nada. Según esa versión, el franquismo nos sorbió el seso, nos nubló el cerebro y casi nos abdujo. Fácil ¿no? Sin embargo, de aquello hace 40 años, y además cuando se quiere, se menciona la gran rebeldía antifranquista. No comprendo por qué apenas se considera algunas circunstancias significativas de nuestra historia anterior a Franco, y al XIX. No me parece despreciable el hecho de que en España no hubo Ilustración (Sánchez Blanco cree que si, pero poca), ni el hecho de que el pueblo vitoreara a Fernando VII en contra de las Cortes "vivan las cadenas"; ni la circunstancia de que en España se apreciara a la Inquisición. Estoy con Tordera cuando apunta, que seguimos colgados del fino hilo de la grandeza del siglo XVI. Parece que olvidamos dónde se escribió El Lazarillo. Después de ver los innumerables casos como Gurtel, Wiffi, Filatelia, Gescartera, Púnica, Bankia, CAM, Nova Caixa…, me pregunto si Pradera seguiría circunscribiendo la corrupción al mismo cotarro, o si ampliaría el manto.

Vive y deja vivir. Las cosas están mal en España, por fallos de los políticos y por fallos de la sociedad. Y sobre todo por el clima general de corrupción. Pero no nos gusta que nos cansen con la perorata de la corrupción ni que nos mencionen de continuo el negro panorama, ese enfoque no casa con nuestra actitud despreocupada y vitalista. Y tampoco nos gustan las monsergas, los consejos y los reproches, la actitud moralizante, y que nos pongan freno a nuestras intenciones ventajistas y egoístas. "Es ese conformismo culpable el que ha hecho que la ética sea considerada hoy día como una monserga moralista que ni siquiera los más puros se plantean, a riesgo de que les tachen de románticos trasnochados o utópicos impenitentes" (Garzón en Reacciona). Llevamos mejor la filosofía que se resume en "cada uno a lo suyo", "no te metas en mi vida"; deja que yo me equivoque, deja que yo me arriesgue, "tu a lo tuyo"; en definitiva "vive y deja vivir". Si cuando tienes ocasión no te aprovechas, dirán que eres tonto, "ni come ni deja comer". El beneficio propio y el poder, eso es lo que importa. Montoro le decía a una diputada canaria "deja que España se hunda, que ya la levantaremos nosotros". A los españoles no nos importa el juego sucio, lo comprenden, quizás sea parte de nuestra idiosincrasia. Los corruptos nos cabrean, pero cansa la matraca diaria; los españoles queremos juerga y disfrute. Los listos lo saben, por eso se lo seguirán llevando

No sé si es muy ortodoxo pagar un vestido a plazos, una fiesta a plazos, etc. Nos hemos gastado alegremente lo que no tenemos -nos lo prestaban, claro la culpa es de los alemanes- sin importarnos lo que viniera después, porque entendemos mucho sobre una cosa que llamamos derechos, de los que no queremos que nos priven, ni queremos que nos hablen de responsabilidad; nos metemos alegremente en mitad del remolino y queremos que luego nos echen el salvavidas para salir. La gente se pregunta por qué se ha consentido todo esto. Se ha consentido porque Ortega no estaba muy equivocado (estamos más por el ímpetu que por el intelecto); la mayoría en España miramos el momento, y el después ya vendrá. Tenemos un problema de responsabilidad y de moral (Manuel Marín). Es muy probable que la ética en todas partes esté en declive, pero parece evidente que en España no somos entusiastas del comportamiento moral.

Hay quien piensa que hay que ver las cosas con unos cristales más coloridos. Pero recuerdo unas palabras de (El País Semanal) B. Bertolucci: "No puedo ser optimista, los italianos no aprovechamos la experiencia de la Tangentópolis para hacer examen de conciencia". "En Inglaterra la gente respeta las reglas (la calle limpia), y cuando uno no las respeta, le llaman la atención. Aquí todos tenemos otra mentalidad, nos vanagloriamos de no respetar las reglas". El gran problema es la desconfianza general, el hecho de que nadie cree en nadie, más allá de las palabras que se dicen y se oyen. Este hecho le lleva al individuo a darse cuenta de que está solo (con los suyos) en medio de la "pelea". Por lo tanto, cuando vienen bien dadas, los individuos tienden a coger todo cuanto pueden. La corrupción acontece en todos los ámbitos de la vida económica española. Donde hay una caja y ocasión de meter la mano o prebenda, es raro que no ocurra de ese modo, *y lo peor es que ya nadie cree* que no ocurra de ese modo. A veces la gente sabe o intuye que compañeros de al lado se lucran. Y quien aún no se está lucrando se hace preguntas en su conciencia, sobre todo si tiene ocasión de tentar o ser tentado.

Lo más importante de esta historia, es que el corrupto se agencia una buena excusa moral, porque llega un momento en que se hace la siguiente reflexión: si fulano y mengano se lucran, y si casi todos admiten que si la ocasión se diera de modo muy probable se dejarían tentar, por qué he de ser yo el incorruptible (es decir el tonto). Rawls decía que "En una sociedad bien ordenada todos aceptan y saben que los otros aceptan…". Kant creía que tendemos a obrar el bien porque suponemos que los demás actuarán de igual modo. Se dice, que en los Países Nórdicos, lo inusual es la burla respecto de la hacienda común, aquí es el chiste y el gracejo. ¿Qué ocurre cuando creemos que muchos tenderían a meter la mano? Pues que en nuestra cultura casi nadie cree que se pueda atajar la corrupción. Glaucón (lo menciona F. Fodd) ya conocía a los hombres de hoy, hace dos mil quinientos años: "Los débiles quieren creer en la justicia porque no les queda más remedio, y en cuanto pueden obran por detrás de la justicia". Glaucón sentenciaba: "Si una persona que dispusiera del poder de la invisibilidad se abstuviera de rapiñar los bienes ajenos, no sería admirado, sino que más bien sería considerado el más estúpido de los hombres".

Es cierto que la mayoría de los españoles no somos culpables de la crisis, no hemos hecho nada para empujar en esa dirección y no nos merecernos esto, los malos han sido los relacionados con la especulación, del 96 al 2007, los banqueros y los especuladores del ladrillo, ellos crearon la burbuja y hundieron el país. Estos últimos años parecía demostrado que subíamos peldaños en I. + D., nos estábamos posicionando correctamente en investigación, pero ahora todo ese campo queda muy recortado; porque los bancos, hundidos, recortan créditos y necesitan mucha ayuda estatal so pena de arrastrar toda la economía. La gran corrupción (no la de los pobres que no declaran algunas facturas de IVA, o que hacen cuatro chapuzas) nos ha metido en esta ciénaga. Con tanta avaricia estamos rindiendo crédito a Mandeville y sus ideas de desprecio sobre los pobres y el trabajo. Piden Cospedal y Rosell, que se meta la tijera en las prestaciones por desempleo, que este país no se puede permitir un sistema tan generoso.

A tener de los visto, parece cierto que no nos damos cuenta, y mira que parece fácil, somos angelitos ingenuos. Se trata, simple y llanamente, de llevárselo (no todos), cuanto puedan, durante el mayor tiempo posible. Marcos Benavent (corrupción de Imelsa) confesaba una vez que apareció transfigurado:"Yo era un yonki del dinero. Casi todo el mundo está en el dinero". Los políticos rara vez van a solucionar nada, muchos tratan de alargar esto cuanto puedan para seguir cogiendo. Los políticos no solucionan los problemas de los españoles porque no los comprenden, incluso me pregunto si les importan. No los comprenden porque viven ajenos a la realidad, ajenos al pueblo, a la escasez y recortes que sufren muchos ciudadanos. Ajenos a esa realidad porque viven en un mundo blindado por sus puestos seguros y buenos sueldos durante 20 años, solo ocupados en ellos mismos; ellos no notan la crisis, oyen y les cuentan, que otros la sufren. Suele decirse que los curas pueden dar pocas lecciones de sexo porque no lo conocen, del mismo modo los políticos no pueden aliviar las penurias de los ciudadanos porque no las conocen, no las palpan, no las sufren, ellos viven en el País de Alicia. Todos ellos cobran entre 4000 y 8000 euros al mes, por eso no se enteran. ¿Alguien cree que un diputado trabaja más que un español medio?, ¿alguien cree que un diputado es más listo que un español medio?, ¿Por qué un diputado ha de ganar más que un español medio? Pero se quejan de que están mal pagados, aunque nadie les pide que se reenganchen durante 20 años.

Si tuviera que resumir este capítulo, lo haría con una frase tan intelectualmente española, que reza de tal guisa: "Y tú más". ¿Solución? Se necesitarían muchas personas como la concejala de Ciutal Bella, el apoderado de Castrourdiales o la concejala de Boadilla. Pero España no es un buen sitio para hacerse el héroe. Vive y deja vivir.

Nuevo Paradigma: Corresponsabilidad

Dicen que se hunde el actual Sistema. Hay que conocer la Historia para vislumbrar cómo puede ser el futuro, lo decía Tortella: "Nuestra historia médica…son datos necesarios para comprender algunos porqués de nuestra actualidad. Nada se improvisa del todo, todo en buena medida son actos o pautas de comportamiento repetidos a través de la historia. Si estás muy borracho y quieres bailar, casi seguro te caerás. Se puede predecir, se sabe del movimiento del hombre y de la Historia porque así ha ocurrido muchas veces durante miles de años; por eso es útil conocer la historia; rara vez acontecen grandes cambios en la forma de actuar, más bien, se trata de una lenta evolución. Sabemos cosas de Roma, Grecia, Babilonia, Sumer, Egipto, porque están escritas, y no sabemos de modo fehaciente cosas sobre civilizaciones más antiguas; en este campo, hemos de guiarnos por indicios y reconstruir hipótesis y teorías a partir de restos ciertos de construcciones, y de útiles y orfebrería (paleología y antropología). Lo que tenemos en este caso son hipótesis y suposiciones, y tenemos que agarrarnos a ellas, porque no podemos decir que antes de la escritura o los signos no hubo nada. Si dejamos de lado el Génesis, y cualquier otro supuesto, como que los humanos vinieran en naves de Saturno o de Bilarem o de Mega 57, entonces hay que buscar aquí los orígenes a partir de la lógica evolucionista. Parece evidente que la historia humana se inicia en el simio. Langaney afirma que no descendemos del simio, *somos el simio.*

La actividad vital de los primates -o simios- se guía por los instintos: sobrevivir y reproducirse, lo cual incluye comer, sestear, jugar, etc. En toda organización que no sea meramente individual, sus miembros viven en grupos, y en todo grupo, hay órdenes o niveles naturales, producto de la fuerza, que a veces son cambiantes. La fuerza, el dominio, la primacía, es el lenguaje social que todo animal reconoce. Nosotros los humanos, reconocemos además el lenguaje derivado de la inteligencia y la cultura. A partir de una evolución lenta, pero de un desarrollo prolongando en todos los aspectos de la vida del homínido, y de la modificación de su morfología, todo ello posibilitará que domine la naturaleza, y será preciso que disponga de mejores formas de comunicación, entre otras razones para cazar mayores piezas, por lo cual, de algún modo la adaptación empuja a la aparición y desarrollo de más sonidos y del lenguaje. Cuando se dispone del lenguaje, pueden referirse a animales u objetos sin que estén presentes, eso es abstracción (memoria y pensamiento). El Homo Sapiens de hace 60 mil años piensa sobre la naturaleza y la representa (pinturas). Hasta ese momento -en torno al 30 o 10 mil-, los Sapiens se organizan en hordas o manadas en razón de sangre y herencia, y se guarecen en cuevas y territorios. En tanto las manadas no sean muy numerosas, no necesitan competir mucho por motivos de caza y territorio. Cada homo sentirá empatía hacia su horda, y probablemente todas las otras son ajenas a su empatía, son extrañas o rivales, poco menos que el gamo, el lobo o el bisonte; es posible por tanto que se atacaran, robaran, mataran y disputaran territorios, actos que harían durante miles de años. Hace 100 mil años, solo se podían atacar para robarse comida o matarse, no tenían otra cosa.

Pero en épocas más recientes (16 o 6 mil años), si una tribu vencía a otra podía robarles útiles, ganado, comida, hacer prisioneros y arrasar chozas y campos; es decir, que podía hacer mucho daño además de la muerte. En esta época ya hay objetos útiles y deseables, motivo para guerras, posterior venganza, y…"guerra permanente" (Hobbes). Esa situación es mala para la supervivencia, para los hombres, para las tribus. Alguien (o varios), un día percibe el error y el peligro y decide actuar: se impone. Consensua o impone (las dos hipótesis son plausibles, aun cuando no es lo mismo), una serie de leyes para que disminuyan las guerras, se va a institucionalizar la sociedad (contraria a la vida individual) sobre la base de unas leyes o normas, que son fórmulas de colaboración y prohibiciones, tendentes a evitar las guerras entre vecinos. El hombre libre de la naturaleza debe ceder parte de sus derechos para incorporarse a la esfera social[8]. El hombre había nacido libre, en estado natural. Lógicamente son hipótesis. Tras la unión de los individuos en el Contrato, estos conforman el estado civil; su conducta pasa pues de "guiarse por el instinto a regirse por la justicia, dando a sus acciones la moralidad de la que carecía en principio, y obrando en base a la razón" (Rousseau). El que lo desee, puede seguir siendo libre fuera del grupo social, toda vez que se vaya detrás de aquellas montañas. Este segundo hombre, es natural y más libre (es el hombre que imaginaba Rousseau) pero no dispone de ayuda ni de cooperación social. No creo que ningún "fuerte" ofreciera esas opciones hace 12 mil años, pero nos vale para observar la diferencia entre vida natural y vida social. El Fuerte impuso aquellas primeras normas, *Normas de Alta Calidad*. Esas normas (que disminuyen, no evitan las guerras), posibilitan cierta paz, por ende mayores posibilidades para el desarrollo, lo cual empuja en la dirección de la división del trabajo y la creación de objetos útiles y suntuarios. La relación de los hombres en medio de las normas, crea la civilización. Esas normas, indican el modo recto de comportamiento, son por tanto los orígenes de la moralidad y la sociedad civil.

A la civilización no se ha llegado mediante un proceso evolutivo y de lógico desarrollo determinista. Las herramientas modernas son la continuación de otras más rudimentarias, es el proceso lógico de avance técnico y evolución; pero la materia gris puede seguir un proceso distinto a las cosas. Lo que entendemos por civilización (normas y acuerdos de colaboración, o al menos de cierto respeto) no es algo que obedezca a meras leyes evolutivas (deterministas), aunque luego sí se desarrollara de modo progresivo. Alguien se dio cuenta que el hombre no pelea como sus ancestros los simios, los cuales a veces se hacen daño, pero con frecuencia una vez queda manifiesta la primacía, la pelea se acaba. El hombre establece una pelea muy distinta. Para empezar involucra a toda la tribu, utiliza herramientas de agresión y muerte, y con frecuencia la agresión solo acaba en la muerte; *y el recuerdo y la revancha posterior.* Es por tanto ya algo muy diferente, capaz de aniquilamiento. Nada implica que el hombre ya dotado de inteligencia, estuviera obligado por las leyes de la evolución y desarrollo a comprender esa circunstancia, de hecho alguna especie desapareció. Puede que guerrearan -sin freno- muchos miles de años, antes de que alguien, se percatara de modo lúcido de lo que estaba ocurriendo y de las posibles desastrosas consecuencias. Imagino que estos supuestos en absoluto son infalibles. De momento, me parece admisible seguir suponiendo que alguien (o varios) se percató de aquel exceso de violencia y lo frenó, por convicción o por imposición. Por tanto la civilización no se inicia a partir de un proceso evolutivo (o tal vez si). La civilización se inicia de pronto, porque alguien por la fuerza, impone la paz y unas normas donde solo había guerra y caos; a partir de entonces habrá normas, moral y sociedad. Aquellos seres humanos (de hace 8 o 14 mil años), no han cambiado en sus motivaciones más básicas; uno o unos fuertes, les han obligado a cambiar su forma de relación con los hombres (normas, paz) de otras tribus, pero en esencia el hombre sigue siendo el mismo ser individual anterior a las normas, no ha variado sus pensamientos internos, ni sus sentimientos, ni su fenotipo, cambia el modo externo de comportarse que debe adecuarse a unas normas que alguien impone. Nuestro hombre sigue obedeciendo a los mismos intereses vitales de hace 80 mil años, los mismos que el homínido de hace 400 mil años: egoísmo, conveniencia, y afán de dominio; esas orientaciones innatas (axiomáticas) del hombre, son casi imposibles de cambiar. Pero ahora, en el hombre de la pre-civilización, esas pautas naturales serán subordinadas al poder del "Poder" y de las Normas.   A partir de esas primeras normas de *Alta Calidad Moral,* el hombre sabrá lo que es acto bueno o malo respecto del otro, la razón y el comportamiento racional son la herramienta para analizar y decidir, antes de hacer con respecto de alguien. Ocurre, que el individuo tiene ante sí más motivos para el daño y el mal que los que tenía el Sapiens en el 100 mil a.c., se trata de: objetos deseables, la propiedad y la codicia. Pero éstos no son elementos imprescindibles para la supervivencia, luego no obedecen a razones innatas, sino que son consecuencia de la técnica, el progreso, la inteligencia y la civilización. Estoy sosteniendo que esos motivos (productos de la técnica y la cultura) para el mal, no estaban desde el

362

inicio del hombre (Paleolítico), sino desde el inicio civilizador (14-7 mil años), y si el hombre (racional) los ha creado, el hombre podría limitar los efectos perniciosos de esos útiles. La inteligencia nos ayudó a evolucionar, dominar la naturaleza, entender las conductas humanas y poder modificarlas, pero *nunca* nos permitió liberarnos de nuestros vicios ancestrales.

Como hemos visto, el mal en el hombre tiene dos fuentes: uno, es el de los motivos innatos, que se dan en todo animal: el egoísmo y el afán de dominio; dos, es el derivado de la inteligencia y la civilización: la codicia y la propiedad. *El primer manantial no es anegable, el segundo sí sería limitable.* El hombre sabe pues que tiene poder para obrar el bien o el mal, dependerá del uso que haga de su inteligencia racional, toda vez que damos por hecho que es libre y dispone de voluntad (Kant), no tanto como el hombre natural. A este hombre de la civilización, de la cultura y de la razón, le motivan los mismos intereses que al del siglo XXI, que se basan (como ya he señalado) en el egoísmo y afán de dominio ancestrales, y en los valores que surgieron en la civilización en derredor de la propiedad: avaricia, codicia, riqueza, en definitiva poder; *siempre ha sido así.* En aquellos inicios, la propiedad y la acumulación los consigue quien tiene poder, y a la vez esos valores se convierten en símbolos y herramientas de poder. El poder se manifestaba mediante fuerza física, astucia o inteligencia; conforme avanza la civilización el poder se transfiere más a la acumulación, quien tiene propiedad (dinero) tiene la fuerza del poder. En el siglo XV, Enrique IV estaba seguro de poder influir en la voluntad del Papa "le daremos más dinero. No es el amor ni otras monsergas lo que mueve el mundo, siempre es el dinero". Su válido Pacheco decía: "Honra y dinero, lo uno lleva a lo otro, y ambos crecen o se hunden juntos, en definitiva Poder".

En los inicios de la civilización, los fuertes se apoderaron de los objetos deseados (propiedad), de forma tal, que se impedía que la naturaleza estuviera a disposición de todos, pasó a ser poseída por pocos y no por todos. Antes, todos se alimentaban de la naturaleza y de la tierra, pero a partir de la apropiación, muchos no pudieron alimentarse de modo libre, motivo por el cual debieron aceptar otras fórmulas para sobrevivir: esclavos o siervos del trabajo. *El trabajo* (forzado o enajenado) pasará a ser el centro y explicación de toda la vida. Será preciso captar bien la enorme importancia que adquiere lo que llamamos trabajo, casi todo dependerá y girará en torno del trabajo, la existencia social humana no se concebirá sin el trabajo. Lo curioso es que la única razón del trabajo (enajenado) es alimentarnos. Los animales no trabajan más que el esfuerzo individual necesario para buscar alimento, y después tumbarse al sol. Eso mismo hacía el hombre. Pero cuando unos pocos se apoderan de los recursos, entonces deben negociar (ceder) con el fuerte el medio de comer: trabajar, es decir vender su esfuerzo y sudor para que otro te permita comer; esclavitud y pérdida de libertad. La libertad no la conquistamos, la libertad la tenía el hombre y la perdió, o se la arrebataron, y hasta hace dos siglos nunca hemos vuelto a ser libres.

*　　*　　*　　*　　*　　*　　*

En casi todas las sociedades, cuando las cosas parece que van bien, todo el ambiente se relaja y nadie vigila la marcha del país, y está mal visto ser agorero y fijarse mucho en los fallos. Esta disipación general, facilita el hecho de que algunos cometan tropelías y muchos se ocupen de meter la mano en el saco común. En cambio cuando las cosas están mal y hay una gran crisis, todo se mira con lupa, se examinan más los errores y se propician ajustes y leyes con el propósito de evitar (solo a veces se consigue) desfalcos, desmanes y derroches; se trata de abrir bien los ojos y esforzarse más. A veces, del caos, de la negación y de las grandes crisis, salen ideas nuevas y positivas, se trata del proceso de contradicción de la dialéctica; de tanto mal, saldrá algo bueno, quizás. Tras el crash del 29, se regularon muchas normas que tenían que ver con las inversiones irracionales y especulativas. Con los años de bonanza se fueron olvidando aquellos temores, y hacia los ochenta de nuevo se desreguló mucho aquel mercado, y volvieron los desmanes conocidos; por esta misma razón una vez más se vuelve a pedir regulación de los mercados.

Un mal análisis de la realidad solo puede conducir a la confusión y la frustración. Solo cuando hay un buen diagnóstico es posible curar. ¿Quién tiene un diagnóstico certero? Pero el buen diagnóstico, en absoluto garantiza la curación. El buen diagnóstico es demasiado poco.

En el capitulo precedente hemos examinado la corrupción. Aparte, la realidad económica está marcada por la sobreproducción de todo tipo de objetos de consumo, el paro, la pobreza, frustración y hambre. Hay casi 6 millones de parados en España. Lo incomprensible, quien sabe si es una

364

suerte, es que en España nadie se subleva, y pocos salen a manifestarse y mostrar su malestar. Qué es lo que ocurre, porque no se entiende, ¿acaso es falso el número de parados, y el millón de hogares donde nadie trabaja y que ya no reciben ayudas? Debe ser difícil entender el drama y ponerse en situación, ¿de qué se trata, de miedo, vergüenza? No quiero imaginarme que estemos en la estela de 1933, cuando en Occidente la gente se iba a las tapias de los arrabales a dejarse morir de hambre (*Vientres Helados*, historias que se cuentan en el libro de J. R. Diaz Espinosa *el Desempleo de Masas en la Gran Depresión*). Las cosas están tan mal en España, que muchos jóvenes bien preparados no encuentran nada y el 60% piensa que tendrá que buscarse la vida fuera, a la vez que muchos cuadros técnicos que sí logran acceder a las ocupaciones de corbata, se sienten mal remunerados. Hay profesionales de seguros y de banca con masters, y tres o cuatro años de experiencia, que apenas sobrepasan los 1600 euros. Esta situación genera frustración, convencidos como están, de que no era así antes, y de que no hay forma de subir en el escalafón y de lograr remuneraciones acordes a la preparación y el rendimiento. Muchos están pensando irse, convencidos de que aún les quedan otros diez años en torno de los 2000 euros, y ese no es el panorama que imaginaron cuando se lanzaron a la carrera y el master. El problema está en el modo en que direccionamos la vida, todo girando en torno del dinero y el sueldo, nada adquiere valor lejos de esos dos parámetros, y por tanto las posibilidades de bienestar se basa en conseguir buenos sueldos que te permiten buena vida. Si no cambia el paradigma, todo seguirá en torno a los buenos sueldos, y como en España no hay, pues esta será una generación de frustración.

Hay mucha hambre en el mundo (FAO), algunos quieren ponerle solución apelando a las conciencias mediante diversas campañas. Afirman con razón, que hay alimentos de sobra para todos, que solo se necesita la aportación de 1/10 de lo que se gasta en armamento, y que desde ese punto de vista es un crimen que las gentes mueran de hambre. Es sabido que muchos millones de niños trabajan en el mundo. No tiene solución. Solo la OCDE parece curada de esta enfermedad. Me da por suponer, que en buena parte del mundo aún no se han fortalecido los mecanismos mentales necesarios para comprender esas circunstancias, en razón de una escasa consolidación y comprensión de los derechos, y del escaso valor de la dignidad. En absoluto se puede ser optimista a este respecto. Fácilmente podemos coincidir en que la población está insensibilizada y los hombres de negocios más, que mueran algunos miles cada día enternece a muy pocos, por contra la industria del armamento hace muy ricos a unos cuantos mercaderes y traficantes, que a la vez reparten dádivas entre los políticos que toman decisiones. Todos los días vemos morir gente en directo en las guerras de los informativos, ¿acaso se nos quitan las ganas de comer? Desde hace mucho, no. Los grandes mercaderes controlan hasta la producción y los precios de los alimentos, nada van a cambiar; el 1% del que habla Stigliz lo controla todo, incluida la *"percepción"* sobre la realidad. Cuando yo era pequeño, ya pedían dinero en las iglesias para los negritos Combonianos, y todos los años se han muerto a miles, y se siguen muriendo. Mayor Zaragoza recuerda algunas frases de Kennedy, decía, que casi todo lo que parece imposible es posible, que las cosas difíciles son cambiables, superables y mejorables. Simplemente es una buena y bonita idea. Pero en el fondo, esas buenas ideas pocas veces se han plasmado en la realidad, el mundo no es el suyo, es el de Reagan y de Bush; el mundo siempre ha sido de unos pocos. Decía Keynes que en el 2030 viviríamos muy bien, y el problema sería como administrar el tiempo de ocio. La técnica produce tanto, que es claro que bastaría con cuatro horas, él debería tener razón, por qué no la tiene, porque no contó con la maldad y la inagotable avaricia humana.

Situados en el panorama de 2011, vemos como está Europa, convulsa (es una apreciación, otros verán las aguas calmadas) a causa de la corrupción, el desempleo y la miseria, que tiene atrapada a parte de la sociedad. Hemos comentado que la civilización se inicia merced a unas Normas de Alta Calidad que todos acaban entendiendo, y que respetan los principios básicos necesarios para que sea posible la supervivencia y el progreso. El aprendizaje social [9] (Rawls) puede examinarse desde varios enfoques. El que parte de Hume y Sidgwick tiene que ver con los premios o castigos. La "conducta injusta sería perjudicial para los demás y para la sociedad". De que aprendamos a notarlo de este modo desde pequeños, se "encargarían los padres, y otras personas con autoridad". Menciona también la postura optimista de Rousseau, Kant y Piaget sobre "el libre desarrollo de nuestras facultades intelectuales y emocionales innatas". A mí, me parece más convincente y realista la posición basada en el premio o castigo, creo que las primeras normas empezaron de este modo hace algunos miles de años. La civilización se basa en aquellas primeras *Normas de Alta Calidad*; sin ellas, solo estamos en la etapa anterior: guerra permanente (Hobbes). La primera norma para sobrevivir dice: *"si has de vivir, tienes derecho al alimento"*. En aquel entonces el alimento era libre para todos, solo había que recogerlo o cazarlo. Supongamos que está mal que el alimento no esté libre, pero al menos trabajas y comes. *Pero en muchas partes de Occidente no hay trabajo, hay hambre al lado de quienes revientan de gula.* Hoy día en Occidente, cuna de civilización y progreso, se están *quebrando* las normas sociales. En Oriente también, pero allí tienen otra concepción (sumisión), dado que nunca conocieron La Ilustración. No es solo que sí tenga sentido romper el "Contrato Social" con los gobernantes de media Europa, es que se está rompiendo lo más básico de la civilización, los acuerdos más elementales, las *Normas de Alta Calidad Moral.* Ninguna norma puede ser de rango superior o más prioritaria que el derecho a comer (actualmente derecho al trabajo), y no está garantizado. Si nos quitaron los campos y los frutales y no te permiten trabajar, *qué hay que hacer para comer.* A lo mejor parece divertido jugar al apocalipsis y lo catastrófico; no se trata de eso. Muchas cosas pueden empeorar, pero no se pueden pisotear las normas más básicas de supervivencia. Cuando reviso esta idea, aún me doy cuenta de que esa pintura tan oscura no se corresponde mucho con gran parte de Occidente, sí con el Sur, pero menos con el Norte. También es cierto que suele oírse que en esas sociedades no aguantarían tanto. El Norte aún está relativamente bien, aún cuando en casi todas las sociedades hay un sentimiento de que sus hijos vivirán peor.

No es agradable ni satisfactorio el panorama que tenemos delante. Primero recordemos, que esta gran crisis en absoluto afecta a todos, hay mucha gente que no se entera lo más mínimo. Afecta de modo directo a un 30%, y de modo relativo o por preocupación (dudas y miedos) a otro 40%. Bien, la realidad es la expuesta, no gusta, fastidia, inquieta, genera stress y resta bienestar. ¿Qué queremos y qué podemos hacer? Son dos preguntas muy unidas, y de difícil respuesta. Bueno la respuesta es muy sencilla, la solución muy difícil. Queremos vivir bien, queremos un cambio en el panorama social para que disminuya mucho el paro y no haya esa incomodidad social. Pero ¿cómo se hace?, expresar el deseo no es suficiente, de golpe no van a florecer tres millones de empleos. Si no aparece la forma de superar la crisis, ¿esperamos hasta que llegue el milagro comiéndonos los nudillos o proponemos cambios para intentar salir del pozo? Algunos cambios se oyen de boca de la CEOE y del actual gobierno: menos sueldo, más trabajo, menos derechos...y más paro. Hay quien ya apunta que seremos capaces de aguantar y aguantar, quejarnos...y aguantar. Los cambios para no cambiar nada, ya están, no hace falta tocarlos. ¿La sociedad quiere cambios significativos? Si se quiere cambiar, primero las ideas deben estar claras. Sobre qué cambiar. Si no hay forma de superar esta crisis, es porque el enfoque social presente se ha quedado angosto u obsoleto, hay que reexaminar acerca de cuáles son los valores que son (o eran) importantes en nuestra cultura. Habíamos visto que el actual modelo nos tiene sumergidos en la miseria, la desigualdad, el pesimismo y la frustración, porque partimos de un modelo de vida donde la idea de felicidad o bienestar se supone a partir de ganar un buen sueldo, lo cual empieza a parecer una quimera. Se puede cambiar de valores, hacia otro compendio de valores sociales donde el único rey no sea el dinero o disminuya su importancia, y donde el hombre social sepa valorar otras aptitudes. ¿Pero las personas querrían un modelo de vida dónde la diferencia, la riqueza y el dinero fueran menos principales? No lo creo. Se está contra el modelo presente, pero seguro que casi nadie se atreve -de modo claro- a proponer otro. Luego, volveremos sobre este posible cambio de valores. Antes quiero dar por sentado un principio (discutido; cada vez menos): el sistema social debe permitir diferencias de recompensa para el que se esfuerza y rinde. Este principio no es axiomático en la vida social, de hecho el kibutz es un modelo diferente, pero es un modelo al que le mueven los cimientos y que no quiere casi nadie; se precisa la mentalidad de "otro hombre" para que esos modelos triunfen. Quienes abogan por la igualdad con mayúsculas (se supone que Podemos lo propone) estarán en desacuerdo con las diferencias de recompensa. Sin embargo, se oyó a Iglesias decir que no le parecía mal recompensas salariales a los profesores mejores (baremos aún poco claros en torno a la implicación, rendimiento, etc.). El sistema basado en que el esfuerzo merece recompensa es bueno; lo que no es bueno, es que ese principio se corrompa con leyes tramposas y competencia amañada y parcialidad.

Ahora quiero examinar algo más tangible y cercano, y que afecta mucho a nuestras vidas, como es el capítulo de las relaciones de producción, en dos vertientes: derecho al trabajo, y relación empresario-trabajador. Ya hemos apuntado que para comer se nos obliga a trabajar, y que además no lo hay, paro.

El instinto de supervivencia de todo ser vivo empuja hacia el dominio y el afán de poder. En el mundo actual, la transformación social del dominio y poder se manifiesta en el poder de la producción, el mundo de las relaciones laborales, donde veremos que el fluido que subyace en esa relación, es de desconfianza y desconexión, ¿Por qué? Tal vez el problema estribe más lejos de la categoría empresarios-obreros, quizás la dificultad parta de la general concepción egoísta del hombre, en España muy proclive a la suspicacia. Si recordamos un poco nuestra historia alrededor del 1500, pronto viene a nuestra memoria *El Lazarilo de Tormes*, la picaresca española. Refleja bien la intención y el comportamiento general del español común: esforzarse poco e idear mucho, procurar aprovecharse, y cuidarse de que no le engañen; desconfianza absoluta. Disponemos de dos iconos sociales del ciudadano común: pícaros e hidalgos. Añádase, la regla católica que infundía la reprobación de la riqueza (para qué pues esmerarse en el trabajo), y el contexto general de corrupción, y el clima cálido. Todo ello solo pude proporcionar ciudadanos alegres y despreocupados, peleados con el trabajo, la rutina y el orden. No había en el español una conciencia en pro del trabajo, la mejora y el enriquecimiento, sino un gusto solaz por la molicie. Con su habitual sorna, un día contaba M. Angel Aguilar que en España el prestigio en una familia se mide por el número de generaciones que llevan sin trabajar. Esto del trabajo es una cosa que no está bien vista, remachaba. Seguro que hay apellidos que llevan 500 años sin dar ni palo, eso sí que tiene mérito. Con el menor esfuerzo posible vivían, unos de rentas, la mayoría de lo que arañaban al campo, y de lo que podían; la mentalidad heredada durante muchas generaciones era la molicie y la picardía. Con escasas variaciones en esa mentalidad, llegamos a 1900 y debimos uncirnos a la industria, a los jefes, a una rutina y unos horarios impuestos.

No se cambia de la noche a la mañana la herencia de 400 años, lógicamente nos hacemos al ritmo de la fábrica con desgana y desconfianza, con el sentimiento claro de que nos estaban obligando. Esa mentalidad respecto de la asunción forzada del jefe y del trabajo industrial, está en el subconsciente de todos los trabajadores y en el de todos los dueños, muchos de los cuales han sido empresarios durante muchas generaciones (no han conocido el otro lado, ni son capaces de hacer un esfuerzo por comprenderlo) y tienen interiorizada la visión de que el trabajador trabaja lo menos posible, no rinde lo contratado y lo que puede, y se da al escaqueo. Es tan general el esfuerzo nulo por ponerse en lugar del otro, que cuando un trabajador cambia de status social y accede al escalafón de jefe, se olvida de las dificultades de su medio anterior, y pronto interioriza la creencia de que sus trabajadores le estafan, del mismo modo que cuando un empresario se hunde y recala en la categoría de trabajador a sueldo, casi siempre acaba pensando que

369

el dueño se aprovecha de él y le explota. Hay una dualidad absoluta en este sentido, desde cada orilla se piensa mal de la otra orilla. A priori, es imposible discernir o diferenciar al malo, es evidente que más que fallar el obrero o el empresario, *es el hombre el que falla*, dado que esté en cualquiera de las dos categorías siempre ve al otro como adversario, la desconfianza es absoluta. El inconsciente de cinco siglos indica que cada uno va a lo suyo, que nadie se fía de nadie y que en cierta medida ésta es una sociedad de pícaros. Ese desencuentro y desconfianza permanente respecto del otro, hace que cada polo siempre desconfíe del otro polo, nunca hay un voto general de confianza. El empresario no sale de la nada, ni con frecuencia se hereda, es alguien que (en muchos casos) con pocos medios y disposición y talento, arriesgó y empujó hacia adelante; en este sentido tiene su mérito, porque estaba al lado de otros que no tuvieron ideas o esfuerzo, y se quedaron con el pájaro en mano. Aunque también es cierto que muchos consiguieron posición y beneficios con triquiñuelas (las malas leyes) y "amistades". Hay mucho desconocimiento e incomprensión mutuos. Ojalá, todo el mundo ejerciera algunos períodos en los dos bandos, para conocer su realidad y dificultades.

Distintos informes apuntan que en Estados Unidos, el 70% de los jóvenes quiere emprender un negocio, en España el 70% queremos ser funcionarios, nos falta ambición, iniciativa, voluntad, ganas. Cabe atribuir ese deseo de los españoles: a) la sensación de seguridad laboral que se le supone al funcionario, b) la sensación de maltrato y escasa valoración por parte de los empresarios, y deficiente retribución. No hay nada más antinatural que un dueño, un jefe, un amo; es la antítesis de la libertad; nadie quiere un amo, pero con frecuencia nos lo tenemos que tragar. En cierto modo los funcionarios no tienen amo, ni los sindicalistas, ni los políticos, por eso son envidiados a la par que vilipendiados. Andábamos examinando la desconfianza general que existe entre los dos polos de la relación laboral. Varias son las circunstancias que contribuyen a esa desconfianza: 1, Ocurre a veces que algunos trabajadores rinden de menos; 2, muchos empresarios remuneran de modo escaso y en ocasiones no ofrecen un buen trato; 3, es frecuente una incorrecta política de recursos humanos. Respecto del punto 2, remuneración, se constata que se paga mucho menos que en Europa, que se aprieta mucho en los salarios al trabajador, y que con la excusa de la crisis se le están menguando los emolumentos, por lo cual, el trabajador se siente maltratado, burlado, explotado y consciente de que no tiene alternativa, rara vez entiende que su retribución es justa; en semejantes condiciones es casi imposible que el trabajador se siente satisfecho y comprometido. "Una retribución justa es importante, sino los empleados piensan, se desaniman, no están incentivados, rinden los menos posible"[10]. "Si los individuos creen que el empleador les trata injustamente, se escaquean en el trabajo" (ibid 182). En cuanto al punto 3, recursos humanos, en las empresas medianas y pequeñas el error es mayúsculo, sólo prima el ordeno y mando. No es inusual que los encargados y cargos medios sean unos ineptos y los más pelotas de la plantilla, y cuando no, enchufados familiares del jefe o directivos, rara vez tienen más mérito que las circunstancias señaladas. En España, en una empresa, casi siempre lo tiene más fácil el pelota que el trabajador, se hacen meritos más viables como soplón que como trabajador aplicado; en los puestos de responsabilidad no están los mejores sino con frecuencia los mediocres y los que medran, solo preocupados de que no se cuestione su autoridad. Es común que los jefecillos con frecuencia maltraten al currito, le puteen, y casi nunca valoren su trabajo ni predisposición; se sienten satisfechos creyéndose importantes porque mandan algo y porque ganan más que el currito. Los jefes superiores conocen esos vicios, pero todo lo dejan correr con la excusa del principio de autoridad.

Se dice que en otros países hay mejores dotaciones de recursos humanos, y se valora de otra manera al personal, con más justicia y buen trato y escuchándole, aquí nunca se le escucha, solo se le ordena y reprende, es imposible la implicación positiva, es imposible altos índices de productividad; la culpa es de las relaciones humanas, los dueños y los cargos intermedios, la mentalidad insegura, individualista y desconfiada de cada bando. Los jefecillos por supuesto nunca escuchan al subalterno (parece que sí), solo están pendientes -y temerosos- de que otro pueda moverles el puesto, persiguen y fastidian al trabajador (sobre todo al que alguna vez se muestra en desacuerdo). En este punto, el trabajador sabe que tiene todas las de perder, los supuestos comités y legislación que deben velar por la democracia, la libertad de expresión y los derechos humanos en el trabajo, siempre son un asidero nulo o difícil para el trabajador, solo a salvo en ocasiones de una sentencia justa, que casi nunca es una solución para el trabajador (siempre vendido) porque con harta frecuencia la empresa puede optar por despido e indemnización, con lo que el trabajador se queda con frecuencia "tirado". Ese es el clima, algo semejante a terrorismo laboral, que se vive en bastantes empresas de este país. Es fácil suponer el ánimo entusiasta con que el trabajador acude todos los días a su centro de trabajo con el tubo de vaselina en el bolsillo. Hay muchos fallos en esta relación biunívoca de empresa-trabajador. Si el clima es el dibujado, puede entenderse por qué el trabajador a veces se escaquea, por qué rinde lo mínimo imprescindible, por qué ninguna razón le anima a sacar un punto más de su mente, ni a proponer ninguna idea, que por supuesto no será escuchada, "a ti se te paga para trabajar, no para pensar" se oye a veces. Los trabajadores a diario ven el despropósito con que se toman ciertas decisiones y se ejecutan malas praxis, sabiendo de antemano que solo te queda callar y obedecer, a la vez que contrastas tu exiguo salario con la manera en que los ineptos se lo llevan sin preocuparse en exceso por la deriva que va tomando la empresa; se puede hundir mañana, pero ellos se lo siguen llevando. En esas condiciones, la ilusión de cada día del trabajador no pasa de desear que la empresa siga, hacer lo menos posible, salir corriendo al final de la jornada y olvidarse del todo hasta el día siguiente. Creo que en las grandes empresas (automóvil) hay más adecuados medios de recursos humanos, y hay un mejor trato y respeto. Se oye que en otros países (Alemania y otros) hay un mejor clima de colaboración, y un trato más respetuoso, digno y valorado hacia el trabajador. No es posible superar la crisis si no hay una nueva entente y un entendimiento positivo. La relación normal entre las dos clases, ha sido siempre de frialdad, oposición y desconfianza, donde cada uno tira de su lado de la cuerda; así estamos siempre. Si cada uno tira para su lado no remaremos lo suficiente; hay que romper la desconfianza, establecer una nueva atmósfera y remar todos juntos (distinto a: trabajar más, y luego ya veremos), olvidarse de obtener ventaja y omitir que siempre hay ventajistas. Sin ese nuevo ambiente de comprensión no hay nada que hacer. La palabra clave es Compromiso de clases y Corresponsabilidad.

Derecho al trabajo. Lo expuesto, es el panorama real de las sociedades occidentales en cuanto a las relaciones de producción, de modo más nítido, de España. Es poco diferente en los otros países, porque el trabajador feliz e ilusionado apenas existe en el mundo, y porque la frustración, la crisis, la pobreza y las dificultades de consumo han pillado a todas las sociedades. El panorama es oscuro y feo; no nos gusta. ¿Qué se puede hacer en este terreno? La dificultad estriba, en que el presente y único modelo social (el que a la mayoría le gusta; es obvio) está centrado en el dinero, la riqueza, la codicia, el egoísmo, el hedonismo y el consumismo. Por razones que en este momento no me voy a parar a considerar, me estoy refiriendo solo al mundo occidental, sabiendo que sí hay otras culturas, otros enfoques y otras formas de pensamiento (cada vez menos), lejos de la cultura grecorromana. Es cierto que el citado modelo tampoco es único en nuestro mundo, pero sí es muy mayoritario, tanto que desde hace años hay concordancia en hablar de "pensamiento único". Los modelos en torno de la espiritualidad no me interesan; me gusta ser realista y racional; los paseos por las nubes me gusta controlarlos y ser consciente de que se trata de eso: pequeños sueños. La realidad social derivada del presente modelo genera, opulencia y despilfarro para unos pocos, bienestar para muchos, y escasez, frustración y calamidades para otros muchos, junto a un sentimiento de indignidad, postración, vencimiento y vacío; sin descartar la posibilidad de que esos ánimos entregados y adormecidos, explosionen como un volcán. Los frustrados, tienen derechos, a los que solo podrían acceder desde una cierta redistribución. Ya he expuesto el clima de desconfianza e imposible avance en el mundo presente de las relaciones laborales. Hay que considerar la inevitabilidad de cambiar el concepto y significado del trabajo y las relaciones de producción. Cambio a considerar, en tres direcciones:

1, trabajo como derecho

2, cambio en las relaciones de producción

3, reparto del tiempo de trabajo, r.t.t.

Respecto del punto 1, si se nos deja nacer y crecer, entonces nos deben permitir comer, y por ende trabajar. Solo los hijos de ricos o los que roban, pueden comer sin trabajar. La fórmula usual y conocida (porque hace miles de años dejamos de ser libres) es intercambiar productos o servicios, o vender la fuerza de trabajo a cambio de una remuneración que nos permita comprar productos con que alimentarnos. Quien no tiene un trabajo no tiene un salario, no puede comprar, no puede comer; en consecuencia se muere de hambre, o se convierte en un desecho que pierde su dignidad por recibir la limosna destinada a los inútiles, un remolino del que pocos salen. El hombre es ser en tanto que es, en tanto que elige, decide y ejerce su voluntad y su libertad (Kant). Quien se ve impelido y arrastrado al estigma de la caridad no es ser, temporalmente se halla en la tangente del ser. Si alguien elige el camino de la indignidad sobreviviendo agachado, recogiendo las limosnas y la caridad, allá él con su elección; lo que no es admisible y merece la rebelión del ser, es que el medio social te niegue el acceso libre y digno a la comida, es decir al trabajo. Se está confundiendo todo, con un todo vale. De pronto, valen todas las fórmulas menos la normal, aquella que decía que el hombre trabaja todos los días, y hace jornadas normales. Ahora hay trabajos de 15 a 25 horas a la semana, con su correspondiente salario menguado. Antes planificabas la vida, el crecimiento y la dignidad en torno a un trabajo-salario que te permitiría vivir, disfrutar y crear una familia. Si ahora es difícil encontrar un trabajo estable de jornada completa y remunerado, qué planes puede hacer una persona con su vida. Y dicen…que esto va para largo. ¿Cuándo un joven español podrá elaborarse un plan de vida? Qué es lo que somos, si hemos de sobrevivir sin ganarnos el sustento y sin dignidad para elegir. Una sociedad con 25% de parados *es una mala sociedad*, y peores sus dirigentes, es un fracaso como sociedad, no puede crear buenas personas, porque muchas necesitarán buscarse la vida del modo que puedan: bordeando la ley y la moral. En muchos puntos de España ya no se habla de trabajo, se da por hecho que hay que buscarse la vida. QUEREMOS TRABAJAR, este debería ser el grito unánime de todos los individuos sociales. Basta, de que dirigentes y políticos cacareen todo el día sobre el derecho al trabajo, no es una realidad y no parece que les preocupe más allá de llenarse la boca con bonitas promesas huecas. No comprendo por qué aceptamos no trabajar, por qué aceptamos la miseria, las migajas, el subsidio de supervivencia de 400 euros, por qué aceptamos la nada, la falta de perspectiva, la mera subsistencia. Debemos exigir dignidad y trabajo. ¿Hay algún derecho más básico que el trabajo? El trabajo debería ser un gran derecho efectivo y (obligatorio), recogido en el Preámbulo de toda Constitución, de una importancia superior a todos los demás importantes derechos básicos e inalienables. De qué sirve consagrar tanto la libertad si muchos tienen difícil el medio admisible de alimentarse. Coincidiremos, en que el problema principal está en el sustento. Todo es una quimera y una mentira si no hay trabajo. No podemos vivir, y menos dignamente si no tenemos medios de subsistencia , bienestar y consumo, y todo ello, hoy pasa solo por un sitio: *Trabajo, Derecho al Trabajo*, queremos y necesitamos trabajar, trabajo es la palabra clave que explica la supervivencia desde hace 3 o 4 mil años. El hombre que tiene dificultades para alimentarse no es libre. Hay un abanico cada vez más amplio de hombres en torno de los cuarenta años que ya llevan entre cuatro o cinco años en el paro, y se tirarán sin duda los siguientes cuatro o cinco de la misma manera, por causa del Sistema. Acaso debe ser esto como el Subsahara y sobrevivir a base de ayudas sin trabajar nunca. Qué pensiones van a cobrar muchos de estos ciudadanos dentro de 15 años, si apenas habrán cotizado; algunos parecen no darse cuenta. Es preciso conseguir que todo el mundo pueda trabajar, hay que hacer lo que sea menester, *cambiar las leyes* para que sea efectivo el derecho al trabajo, la razón de la sociedad y la dignidad del hombre dependen de que todo hombre pueda trabajar. No cambiará nada, nunca cambia nada fundamental, Lampedusa. La más elemental de las lógicas diría que nadie debe comer del sudor de otro, por la misma lógica todos han de tener acceso al trabajo, del mismo modo, que tienen acceso al aire y al agua. Alguien está engañando a alguien, si consigue comer sin trabajar. Acaso está escrito que su mísera y sufrida vida será compensada en "la otra vida".

Al inicio de 2014, Merkel sugiere que deben observarse políticas más sociales y menos permisivas en cuanto a ciertas relaciones de abuso por parte de la patronal respecto de algunas formas de contratación. Merkel puede proponer cualquier modelo porque tienen grandes cuotas de empleo, nosotros no, desde cualquier óptica que lo miremos. Enfocando la situación por el lado que queramos, lo que tenemos es poco empleo, ninguna propuesta entusiasta para generar mucho empleo, y por el contrario, lo que nos sobra en cualquiera de los escenarios, es desconfianza social general, y desconfianza mutua de las dos partes que necesitan entenderse. La palabra clave es *desconfianza,* que se alarga en conceptos como egoísmo e individualismo, nadie -de modo general- cree que otro pretenda ayudarle, es común creer que el que ofrece busca alguna ventaja que en su momento se querrá cobrar. Cuando la clave es la alta desconfianza, no hay forma de que todas las fuerzas se impliquen en la búsqueda de remedios, ni en el intento de soslayar las diferencias; estamos condenados a la alternancia de avanzar a empujones y atrancarnos en el barro. Solo hay una forma de que las ruedas avances ligeras y con paso firme: esforzarse todos en allanar el camino y arrimar el hombro contra el peso de la carga. Si hay muchos pillos o polizones, volverán a salirse las ruedas. Esto es pedir un voto por la confianza y la generosidad. ¿Cómo se consigue? Solo se consigue si todas las fuerzas vivas de la sociedad, se percatan de que no hay otro camino. ¿Difícil? En España demasiado. Si Beveridge hubiera sido español se tendría que haber exiliado, sino que le pregunten a Jovellanos. La idea anterior, significa que los empresarios habrían de comprender la necesidad de animar e implicar a sus trabajadores cediendo autoridad y permitiendo opinión y participación, en tanto que los trabajadores dejan de verse solo como explotados, y perciben la empresa como parte de su bienestar y de su futuro. En realidad estaríamos hablando de Cogestión, cosa que no gusta nada en casi todo el mundo y menos en España. Los sacrificios son posibles, cuando los de abajo están seguros que los de arriba caminan por el mismo sendero, no por otro con alfombras. Solo los muy tontos pueden cerrar los ojos al hecho de ver que se le baja la remuneración un 10% a la vez que el directivo se la sube un 8 o 17%. Si no avanzamos en esa dirección, solo nos queda "empleo chino", un modelo de bajos salarios que mantendría a amplias capas en la escasez aún cuando trabajen, similar a la realidad de pobreza y recortes sociales que hoy nos reprocha Europa.

Retomo el tema de las relaciones de producción. En la actualidad se trata de una situación laboral donde abunda el stress, mobing, bajas psicosomáticas, miedo: las malas leyes que permiten que te echen pagando, son un retroceso nítido en derecho laboral. Bueno, mañana te echarán sin pagarte, quizás con "un beso". Puede que trabajes y rindas correctamente, pero si a veces protestas y no doblas la cerviz, tienes muchas papeletas para acabar marcado y en la calle. No en todas partes está permitida esa dictadura. Ante ese clima de desánimo, es normal que merme la capacidad de producción, muchas horas con bajo rendimiento. Nos movemos en un ambiente congestionado que todos sufrimos y que queremos cambiar, un clima que no genera efluvios positivos. *Es imprescindible superar ese clima de desconfianza.* Para ello es necesario que toda la sociedad productiva sea consciente de esas rémoras, y *se implique* en la puesta en marcha de un nuevo modelo de cooperación laboral, superando la normal desconfianza. Antes de hacernos ilusiones y lanzarnos a un optimismo desbocado, debemos conocer bien el suelo que pisamos. Como casi todos los ciudadanos occidentales, nuestro modelo de felicidad es el consumismo. Perseguimos consumo y diversión (R. Simone), encantados de usar unas mentes más vacías y simples, que plenas y complejas, mentes siempre dispuestas a lo fácil y a dejarse mecer y guiar, dominadas por el atractivo de los innumerables inventos modernos y los max-media; pensar resulta agotador. En una parodia de los Simpson, se va la tele y dice Hommer: "¡qué horror!, que vuelva la imagen que empiezo a pensar". Una consecuencia de este "dejarse llevar", se traduce en que un porcentaje alto busca trabajos repetitivos, automáticos, de tareas simples, donde la mente apenas (mucho trabajador con cascos en los oídos) esté ocupada sino libre, vagando en los pensamientos propios. Aceptamos con agrado empleos menos remunerados y jornadas más largas, con tal que la tarea no requiera concentración ni esfuerzo mental ni responsabilidad, queremos divertirnos en el trabajo y chapar corriendo, marchar a su casa sin pensar nada más; y es obvio que las tareas repetitivas se pueden valorar y pagar poco. Ya nadie comparte aquella idea de que algunos trabajos alienan, es indiferente, vale con que te den un sueldo. Pero el modelo del trabajo repetitivo es mediocre y renta poco valor, la empresa que tiene una visión clara necesita mayor aportación mental, más implicación, mayor compromiso de todos; y remuneración en función de resultados y beneficios, y una valoración de la productividad individual. Todos los miembros de la nueva sociedad productiva deberán comprender este nuevo tiempo e implicarse en su desarrollo, habrá que olvidar que se es un mero número (escondido en el anonimato) que desarrolla su fuerza motriz, para eso están las máquinas; y el capitalista debe enterrar la idea de que es el dueño único que hace y deshace a su antojo, de ese modo nunca conseguirá que los trabajadores se impliquen y que los resultados superen los mínimos imprescindibles para sobrevivir, una empresa con esa dirección siempre debe cotizar a la baja. La empresa debe concienciarse de que debe ceder poder y responsabilidad a los trabajadores, que deben involucrarse y aceptar beneficios o recortes conforme a los resultados que entre todos (nada funcionará si no se entiende el concepto "entre todos") se logren; este planteamiento es parte de que se llama *Cogestión o Corresponsabilidad.*

Cogestión. Nuestro modelo tendrá que cambiar. En cierto modo lo consiguieron en Escandinavia, y hay una base filosófica interesante en algunas leyes sobre *Cogestión* en Alemania. Este país posee el modelo más característico en este sentido. Nació en 1905 sobre formación de comisiones obreras de patronos y trabajadores. La cogestión suele abarcar distintos niveles de asociación y gestión gerencial. Los trabajadores logran participar en muchas actuaciones y recibir información y opinión sobre muy diversos temas sobre todos de salud laboral y organización del trabajo, beneficios, y sobre contrataciones y despidos. La reforma más significativa y actual de Cogestión es la ley de 1976 de Alemania, que ofrece buenos resultados, limita huelgas y ofrece paz social. Mediante esta ley, el empleador tiene que oír al comité de empresa antes de cualquier despido, sino es ilegal (que ironía, casi como en España). En su ley de cogestión, lo que goza de más enjundia son los Consejos de Vigilancia, que se aplican en las grandes empresas. Está constituido por representantes de los trabajadores y de los propietarios de la empresa. En las formas más sencillas de cogestión, la patronal tiene siempre una mayoría en el consejo de vigilancia. Para las sociedades anónimas, y de responsabilidad limitada, la ley establece la composición paritaria. En caso de empate, el presidente tiene dos votos. La cogestión sirve de órgano de control, permite a los trabajadores acceder a informaciones y les proporciona una cierta influencia en alguna toma de decisiones. Los patronos alemanes manifiestan que en ningún otro país europeo los trabajadores tienen tantos derechos de codeterminación. Las leyes españolas siguen en parte el modelo de Alemania pero no son operativas. Fuera de Alemania es papel mojado. Manifiesta el alemán Jold Kiular (profesor de sociología en Oviedo), que en Alemania están funcionando bien gracias al modelo de cogestión; y que en España no hay tradición de codeterminación, y eso dificulta la armonía entre las partes; los trabajadores no se implican y los "empresarios desde luego no están para nada dispuestos a abrir la puerta a la participación de los trabajadores". En nuestro país el trabajador no exige la operatividad de la ley (miedo), y el empresario no hace ningún caso, y los sindicatos (pactistas, y desubicados) suelen callar y aceptan quizás en exceso las directrices de la empresa, y cada trabajador no tiene el menor interés, cada uno va a lo suyo, y solo piensa en cobrar su salario y marchar a casa cada tarde. Algún día, por fuerza, esto habrá de cambiar. El capitalismo salvaje que permite que en 2011 se hayan suicidado 780 trabajadores en Francia, no camina derecho. Podemos seguir con el "aquí mando yo"; así nos va. Las dos partes deberían mirarse a la cara y sentarse; nada va funcionar si ambas partes no son conscientes de esa desconfianza corrosiva, y no encuentran el medio de lograr un nuevo marco de confianza. Hay un desencuentro grande entre las partes que justifica la posición autista de cada bando. De este modo, nunca ningún trabajador tiene la sensación de estar trabajando de menos, y si lo percibiera, siempre encontrará poderosas razones para justificarse, como decirse que ayer trabajó mucho, o que otros trabajan menos. Lo mismo ocurre entre quienes pagan, siempre creen que pagan en exceso. Parte de la solución ha de estar en los baremos de rendimiento individual. Sería bueno que el mundo de la empresa mire el horizonte, actúe sin miedo, facilite la democracia laboral y reconozca una carta más amplia de derechos de los trabajadores, que anime a que éstos quieran desarrollar sus capacidades, estén interesados en colaborar, se sientan valorados, escuchados y recompensados. Los dueños de las empresas nunca muestran claridad sobre los números, por eso los empleados nunca se implican. Se sigue partiendo del convencimiento de que la empresa es patrimonio único del inversor, que manejará los números (contabilidad y ganancias) a su conveniencia. Creo que esas políticas en España siempre se pregonan con la boca pequeña, la empresa no se fía ni cede un ápice, y tampoco hay mucha voluntad ni confianza en el trabajador. La empresa debe conseguir que la dirijan los más capaces, no los enchufados ni los más pelotas. El trabajador debe percibir que se premia la implicación y el esfuerzo, no la disponibilidad para medrar y el chivateo. El trabajador debe aceptar la responsabilidad y participar en los riesgos y saberse partícipe en los beneficios. Debe poder opinar y votar, en la marcha de la empresa. Sería positivo que se encuentren fórmulas para que el trabajador sea socio de al menos 1/5 del valor de la empresa.

Mondragón. La cogestión de socios cooperativistas es el modelo de Mondragón que nació en 1955 en torno a ULGOR, cinco trabajadores socios fundadores. Se trata de un modelo de autogestión donde no hay patrón nítido, y donde todas las decisiones y planes de la cooperativa se deciden democráticamente. La primera cooperativa fue Fagor, luego Eroski y Caja Laboral, más adelante se constituyó una Universidad de apoyo a ese desarrollo industrial, y el grupo se expansión en las décadas siguientes por varios países. Esas cooperativas se sustentan en compromisos de solidaridad y funcionamiento democrático, tanto en la organización como en la dirección. Se impulsa la participación y la integración de las personas en la gestión, en los resultados y en la propiedad de las empresas. Promueven la formación e innovación desde el desarrollo de las capacidades humanas y tecnológicas. En cuanto a los salarios hay una solidaridad retributiva, de modo que la diferencia máxima entre socios trabajadores era de uno a tres. Se promueven valores de solidaridad que generen cohesión, compartidos por todos los que allí trabajan, tratando de encauzar la conducta individual y colectiva dentro del marco de las creencias cooperativas.

De pronto nos hemos enterado que Fagor se ha hundido, se oye hablar de mala gestión. Todos los trabajadores eran socios, tenían participaciones, dinero invertido. No se comprende, porque era su dinero. Se supone que todo socio vigila su parte, que todos participan, opinan y deciden respecto de qué se está haciendo y cómo. Pues parece ser que no. Por lo visto, tendemos a ser cómodos, y a imaginar que los demás lo van a hacer bien y que no debemos preocuparnos (buenismo). Con frecuencia no ocurre así, pero el principal y primer error es esa comodidad negligente que nos anima a desatender el deber de vigilar lo de todos, o al menos lo nuestro. Gestión de muchos, desidia de todos, ¿será cierto?

En línea con lo expuesto, una nueva concepción de las relaciones de producción debe posibilitar un adecuado clima de entendimiento y de confianza entre las partes. El Sistema para que sea eficiente y seguro en el tiempo, debe ofrecer perspectivas a todo el entramado social, evitando dejar en los desagües a un porcentaje significativo; debe ser más integrador, menos agresivo, más ofertante y más exigente, debe implicar a todo el tejido laboral, debe aceptar los derechos justos que se reclaman y exigir responsabilidad y el cumplimiento de deberes. El Sistema pretende conseguir que se vivan la producción y sus relaciones como algo de todos. Todos los miembros de una empresa deberían estar convencidos de que no hay ratas, y que el barco flota o se hunde con todos; hay que hacer buenos algunos chistes españoles: "cada uno a lo suyo", "sálvese el que pueda", "marica el último".

Al hablar del cambio en las relaciones de producción mencionaba 3 aspectos, aún nos falta zambullirnos en el tercero, r.t.t., aunque lo vamos a dejar para más adelante. Bien, supongamos que estamos en disposición legal de adoptar un nuevo marco de relaciones laborales, funcionando al amparo del modelo de cogestión y democracia laboral; en principio supondría un cambio muy importante de la esfera social. En ese momento parecerá que hemos cambiado mucho, pero en realidad no se puede cambiar, si lo que se pretende es reemplazar únicamente el modelo de relaciones de producción. Ese cambio solo es posible como parte de una transformación mucho mayor, porque si solucionamos la enquistada *desconfianza* introduciendo la cogestión, pero seguimos con seis (o cuatro) millones de parados, hemos hecho un pan como unas tortas; el modelo de cogestión no tiene sentido (ni posibilidades) si postergamos el primer aspecto: *derecho al trabajo.* Por tanto aún estamos a mitad de camino. El modelo de cogestión no puede funcionar de modo correcto si es impuesto por unas leyes, deberá ser comprendido, deseado y asumido, los protagonistas deberán trabajar a gusto en ese nuevo marco, y si es de este modo, nadie podrá aceptar cinco millones de parados; la dignidad exige que trabajen, ¿cómo lo hacemos?. Si la gran inversión no viene pronto, habría que cambiar. En la hipótesis aquí planteada, se precisaría un cambio de mentalidad social y de valores. Mucha hipótesis me parece.

Naturalmente aún mucha gente dirá que no hace falta cambiar los valores que gobiernan nuestra vida, que el problema es más simple, se trata solo de desempleo, y de ciclos económicos. Los ciclos giran (como su nombre indica), ya ha ocurrido otras veces, volverán los buenos tiempos, las etapas de crecimiento, y disminuirá el desempleo hasta los tres millones en España y el 6% en Europa, y todos estaremos felices y contentos en la nueva senda del consumismo. Efectivamente va ocurrir de ese modo, ya podemos suponer que el problema está solucionado. ¡Demasiado bonito!. Ahora se oye (lo dicen desde fuera) lo que muchos suponíamos y no se nos quería decir: que sí que disminuirá el desempleo, pero que en 2018 rondaremos el 19%. Si les escuchas, puedes ver que todo va mejorando. Como ves solo se trata de coyuntura y de ciclos (les gusta achacarlo todo a la coyuntura). Acaso hay una ley escrita y determinista sobre los ciclos; no tiene sentido pensar de ese modo, aún cuando los ciclos se han repetido más de una vez, nunca de modo idéntico. Cada vez las circunstancias de la economía mundial son más complejas, ya no fabrica solo la OCDE, fabrica el mundo entero (menos África) y solo consume una parte de él, claro que si los 7 mil millones consumieran al ritmo de Occidente no sé si habría recursos suficientes, siempre se dice que si todos los chinos se limpiaran el culo con papel no quedarían árboles. La capacidad de producción es enorme (Rifkin), y aumenta cada día por el envite de la técnica y de la inventiva, sin que disminuya la otra parte de la ecuación, las horas de trabajo, todo lo cual en principio genera mayores índices de sobrestock, o de ERES. Claro, queda la opción de los ludistas. Si descartamos ésta, y si no hubiera forma de disminuir el desempleo, entonces hemos de volver a considerar la cogestión, el derecho al trabajo y el *cambio de mentalidad y valores*. Habría que volver la vista hacia las personas y sus derechos, que deben caminar en el mismo plano que los deberes, y en la que casi nadie apuesta a vivir de subsidios, sino que todos quieren y deben trabajar y disponer de su dignidad.

Derechos y Responsabilidad. Hay que concebir una nueva forma de ver al otro, como un colaborador y no como un rival, alguien en quien confiar y a quien ayudar. Es un cambio demasiado grande, que requiere antes introspección, autoexamen individual y social, requiere una nueva conciencia y disposición de todos a favor de la sociedad, un ofrecimiento en pos de la comunidad. Estoy pensando en una nueva conciencia del Deber más que de los derechos. Decía Kennedy: "no te preguntes qué puede hacer América por ti, sino qué puedes hacer tú por América". Un nuevo clima de pensamiento social debe comenzar empujando en el carro de los deberes. Habría que probar a arrinconar el egoísmo y ofrecerse para todo, pensando en la sociedad y los demás, no en uno mismo, no en las ventajas o lisonjas que se puedan ir echando a las alforjas; el bienestar de la sociedad redundará en tu beneficio. Cuando nuestra mente empiece a caminar desde el lado de los Deberes, a partir de entonces podremos exigir derechos, porque hay que exigir derechos. *Exigimos poco y cumplimos menos.* Hay que hacerles comprender a los dirigentes, que hay una serie de derechos básicos e inalienables que exigimos se cumplan, que el primero es la vida y el segundo la dignidad, y en consecuencia los ciudadanos queremos una vida digna, que los dignatarios deben ser capaces de proporcionar, una vez que les estemos demostrando que la sociedad cumple su parte, se entrega y cumple sus *deberes* antes que exigir derechos. Nadie nos debe escatimar derechos si antes hemos arrimado el hombro con ilusión y convencimiento; mal hacemos si aceptamos que nuestros elegidos tengan los oídos duros. Nosotros lo somos todo, somos "el pueblo", somos "la voluntad", y en esas circunstancias debemos exigirles, o romper el Contrato, si no escuchan la voluntad y no atienden los derechos del pueblo. "Los pueblos que no se revuelven ante la pérdida de su libertad, es que no eran dignos de ella" -Rousseau-. No es ese el punto en el que estamos. Vivimos un momento social (largo momento) en que nuestra boca solo sabe pronunciar la palabra derechos, tartamudeamos si pretendemos articular la palabra deberes. No hay ningún cambio ni nuevo valor si no partimos del significado del *Deber.* Todo el mundo sabe de derechos, reclamaciones y exigencias; que nada exigimos, nos conformamos con el pataleo (y lamernos las heridas), en eso somos expertos (Lope "la cólera del español sentado"); en nuestra boca solo está pedir y exigir, naturalmente nadie nos presta atención ni nos escucha. ¿Por qué? Porque no exigimos que nos escuchen, porque no les obligamos a que nos escuchen, porque no les demostramos que tenemos razón en que nos escuchen; porque ofrecemos poco, porque no cumplimos, porque no vamos mostrando primero los deberes hechos. No acabo de comprender por qué los "concienciados" (digamos que los más listos y preparados) reclaman justicia y mejoras para los que peor están, cuando muchos de estos limitan su reclamación al pataleo desde el sofá. No estamos en 1950 para ceñirnos a la excusa de la escasa formación. A mí me gusta manejar mucho el concepto de "responsabilidad". Expone Savater (Amador) que "responsabilidad es saber que cada uno de mis actos me va construyendo, me va definiendo".

Hay muchas parcelas de la vida social que requieren cambios y derechos que no son efectivos. Consideremos solo, valga como ejemplo, el asunto de los desahucios, se diría que a todas luces injusto. Menos mal que aparecieron los jueces en escena. La presión de la calle no ha conseguido que los políticos abran los oídos. Basta que los jueces se pronuncien contra los desahucios para que los partidos pierdan el culo en tomar la delantera (durante unos meses). Los jueces sí viven esa realidad, con sus sentencias a diario, ven el sufrimiento y las vidas destrozadas de muchos; los políticos pasan de todo, no tienen necesidad de pringarse en el lodazal desde sus asientos mullidos forrados en piel de las gradas del Congreso donde acuden a echarse la siesta. Hay leyes y situaciones sociales que deberían cambiar; pero todo el mundo debe aportar su granito y asumir su responsabilidad. La juerga y la buena vida nos gusta a todos, pero hay que cumplir y ser *responsables*. No vale solo con reclamar una vida digna pidiendo ayudas, primero hay que implicarse, la sociedad necesita el hombro de todos. Reclamamos una ley contra los desahucios a los poderosos -gobernantes y bancos- pero estos no escuchan.

No escuchan porque no les convencemos, porque no les obligamos a abrir los ojos y ver que sí cumplimos. Alguna vez los ciudadanos se hacen responsables y respetables, exigen: con razón, con derecho, con consistencia, y el gobernante bravucón tiene que escuchar y atender al pueblo. Si pueden se darán la vuelta sin escucharnos, porque no les obligamos; porque quizás no somos capaces de demostrarles que si hemos cumplido. Si de verdad te crees que tienes derechos, ¡*Exígelos*!; este aserto quizás es la clave. El principal problema, es que en España se exige poco. Problema y solución, unidos en dos palabras: Exigencia, y Responsabilidad. Siempre es más cómodo el nihilismo o el pasotismo; el esfuerzo, el compromiso y la reflexión no gustan. Tenía razón Ortega, cuando hablaba del "poco gusto por el pensar", ni aprecio por los que piensan "el pueblo español detesta todo hombre ejemplar; cuando se deja conmover por alguien, se trata *invariablemente de algún personaje ruin e inferior*".

En Alemania no entienden (el economista Jurgen Donges) que en España se hayan vendido tantos Audis, etc, cuando tal vez sería más lógico coches de gama media como Seat, Renault, Citroen. Entiendo que no hay problema en que cada uno decida respecto de lo suyo como le dé la gana, si cada uno se siente responsable de sus decisiones y de sus "despilfarros". Pero tampoco es acertada la frase propalada "los españoles hemos vivido por encima de nuestras posibilidades". No es cierta para el caso de la mayoría, aunque en algún porcentaje sí lo es. La verdadera burbuja la han creado solo tres segmentos de la sociedad: los directivos de las grandes inmobiliarias, los directivos de los bancos, y muchos políticos que se han lucrado con todo esto, y unos ineptos responsables en el ministerio de economía ; que no nos culpen a todos. Como señala Wyoming los españoles cumplían y devolvían los créditos como los demás europeos cuando había trabajo. Cuando de golpe media economía se viene abajo, es muy difícil devolver créditos cuando se trata de sobrevivir. Aunque los corruptos se lo llevan, el papel del pueblo (porque no tiene el poder fáctico) debe consistir en demostrar que cumple, se implica y es responsable; y a partir de aquí *exigir y no ceder en el empeño,* - Gamonal-. Si nos desentendemos de los deberes y la responsabilidad, se lo ponemos fácil a los poderosos, les damos la excusa para no atender las peticiones de los necesitados, porque hay personas que solo están atentos a sus privilegios sin querer ver las dificultades que muchos están pasando. El desahuciado necesita ayuda, pero también debe ofrecer responsabilidad, porque los caraduras destruyen la confianza en los Estados de Bienestar. Si los pobretones primero ofrecemos hombro y compromiso, los ricos no tendrán más remedio que atender esos derechos. Un día oí comentar al doctor Kovacks (Mayo 2012) que la gente tiene que asumir sus responsabilidades. Decía: "A alguien hay que operarle de corazón. Pero si ese alguien está muy gordo, fuma y no hace ejercicio, él primero debe ser responsable y asumir un compromiso interno: debe dejar de fumar y hacer ejercicio, sino no vale la pena, incluso puede que se quede en el quirófano". Se desprende que hay que exigir derechos, pero antes hay que tener presente la idea del deber y la responsabilidad. Recuerdo que en 2011 había en alguna cadena de televisión un programa algunas noches que consistía en que un asesor se trasladaba a casas de personas sin vergüenza (mostraban sus impudicias financieras) para que les enseñaran a cuadrar las cuentas para llegar a fin de mes; claro así no puede ser. Hay mucha gente incapaz de saber cuánto gasta. Bien mirado, no hay problema, todo el mundo tiene derecho al diseño de sus vidas, siempre que partamos del principio americano: haz lo que quieras, pero que sepas que tú eres responsable. La palabra mágica es *Responsabilidad*, de la que andamos poco sobrados en la cultura mediterránea católica. Ese aspecto los americanos lo tienen más claro. Ronney (candidato republicano) perdía simpatías en Septiembre porque se le escapó que la mayoría de los negros y latinos votan por Obama debido a que les regala subsidios y derechos, y que contra eso no podía luchar. Es cierto que los americanos tienen una distinta concepción de la vida, de los derechos y de la responsabilidad, que tiene que ver el modo de vida de cientos de años y con la religión. Los americanos son la herencia del americano libre que se arriesgaba, luchaba y se responsabilizaba de su vida y decisiones, de un modo individual y en condiciones difíciles en el siglo XVIII y XIX. Casi no había Estado ni sociedad, apenas podía esperar ayuda, el que no pereció, creció en el esfuerzo tenaz y responsable y en medio de la libertad, con un colt. Es comprensible que no le agrade que le hablen de derechos colectivos a alguien que edificó su futuro en solitario en medio de la libertad; desde el primer momento eligió libertad y responsabilidad. Parten de un enfoque y supuesto ideal: que existe igualdad de oportunidades, y que todo el que se esfuerza, encuentra su fortuna. Solo es cierto en parte.

Ellos siguen entendiendo que eres un ser libre para acertar o equivocarte, elegir, trabajar o dormir, hacer lo que te plazca (a salvo de algunas leyes); solo te piden que dado que eliges (se supone que eliges), seas responsable. Ellos no comprenden (muchos de ellos) que el Estado les obligue a nada, ni a la sanidad, opinan que el que quiere se gasta su dinero en un seguro médico, y el que quiere se cura con whiski (película *Living las Vegas*), o lo derrocha en vicios y casinos y luego duerme en la calle. No es cierto que todo el que quiera tiene elección. Tampoco es tan mal principio el de la elección responsable (antes lo veía de otra forma); porque la clave de muchas cosas está en la *Elección Responsable*. La mayoría de los blancos americanos participan de esa idea y votan a quien la defiende. Se equilibra el voto porque los otros dos colectivos subvencionados votan mayoritariamente demócrata. Por supuesto debemos añadir que las posibilidades de desarrollo y triunfo de estos dos colectivos es muy inferior al de un WASP (blanco, anglosajón, protestante).

Como muchos saben, los americanos no aceptan ideas de reparto ni socialismo (T. Judt). Nadie odia tanto el socialismo como ellos, lo consideran contrario a su esencia. En cuanto el Papa dijo un par de cosas en contra del capitalismo, ha rugido el león, podría pensarse que son partidarios de la explotación; no es eso. Quienes sí nos mostramos partidarios de modelos políticos de igualdad, nos creemos por esta razón más éticos y mejores personas, decimos ser más solidarios y menos egoístas, parecería evidente dado que hablamos de igualdad. Menciona Judt[11] que G. Orwell constató que "lo que atrae a las personas corrientes hacia el socialismo es el hechizo de la igualdad". Sin embargo, esa es una posición social o política que no marca en grado elevado el modo de ser y del comportamiento particular respecto de los otros y de la sociedad. No queda claro en absoluto, que sea cierto que los partidarios de un modelo social tiendan a comportarse mejor que los del otro en cuanto a la relación social diaria. El comportamiento particular de cada uno es más complejo, y obedece a motivaciones profundas, convicción, educación, filosofías, etc. es decir, que obedece a distintos grados de egoísmo o de empatía. Los americanos -paradigma del individualismo- son tan egoístas o generosos como los franceses, los españoles, los suecos, etc.

Lo que estoy proponiendo en la exposición anterior, es un *cambio de valores: Corresponsabilidad y Derechos*. Los valores que cotizan en el mundo actual son: el dinero, la riqueza, el consumo, etc. Quizás el mundo debiera funcionar desde otros parámetros, lejos del crecimiento irracional y el consumismo, pero nadie que proponga una versión distinta al crecimiento será escuchado. Se oye a diario hablar de calentamiento, agotamiento de recursos, esquilmar los mares y el planeta, pero apenas tienen decibelios las voces que clamen por un modelo económico distinto al crecimiento; no digamos ya si alguien propone decrecimiento (Reichman). Estoy seguro de que la gente no elegiría ese cambio (los cambios no gustan, se les tiene miedo), salvo si un día las circunstancias le obligan. Sabemos que los gobiernos liberales solo proponen como receta el crecimiento: salarios más bajos y menos regulación laboral (que los jueces no se entrometan mucho), que nos mantiene siempre en el fondo del pozo. La otra versión es la de los gobiernos de izquierda. El gobierno de izquierda propone mayor reparto para solucionar la miseria de amplias capas de la sociedad. Puede hacerlo creando empleo estatal, concediendo más becas de comedor, libros, universidad, y puede cubrir más tiempo a los parados y emplear mucha gente para atender servicios sociales, más médicos, más profesores, etc.; de ese modo se crea más empleo y se las ha repartido un poco más de la tarta. ¿Cómo se ha hecho? Se ha hecho aumentando el gasto social, es decir con más deuda (global del Estado)…que cubren los bancos. En el enfoque de algunos, este mayor gasto social proporciona ingresos a una capa más amplia, que al poder gastarlo, de nuevo dinamizan la economía, y de este modo se podrán recaudar más impuestos. La idea es bonita, pero quizás solo bonita. Respecto del mayor endeudamiento algunos no ven problema: para eso están los bancos. Pero quien presta quiere que le devuelvan. Otra posibilidad sería recaudar más ingresos vía impuestos, o conseguir evitar la evasión. Esta fórmula la impedirán (casi siempre) de modo injusto los ricos; y la de la deuda, llegado a un punto es imposible que pueda seguir aumentando.

¿Hay alternativa? Sí, hay un modelo alternativo, con un enfoque en cierto modo muy distinto; *se llama Etica, se llama Generosidad y Reparto*. Pero no consta que las personas quieran esto. Casi nada es de verdad posible sin un cambio de alta magnitud en la Ética personal. En principio, podemos decir que la solución a la miseria solo está en el reparto: de riqueza, de subsidios o de horas de trabajo, en definitiva *Reparto*. Pero lo tiene que comprender y aceptarlo las dos partes de la sociedad, sino es imposible. Cómo se convence a la parte rica, y también a parte débil para que se implique en el Deber y algunos de sus miembros no busquen la picardía, el provecho y el escaqueo. Se necesita una nueva conciencia y una nueva ética, ¿cómo se logra? Es más fácil pensar que no es necesario ningún cambio porque el Capitalismo se recuperará, crecerá y volverá a ofrecer bienestar a casi todos, ya sabemos que ha ocurrido otras veces. ¿Siempre es igual? Pensemos por un momento que no ocurriera de ese modo. Si el Capitalismo no se recupera sino que se embarranca más, el panorama queda dibujado, y las soluciones son dos: 1, lo impensable; y 2, lo que nadie quiere pensar (la asunción de nuevos valores).

R.T.T. Hay una sensación -solo sensación- de que esto no puede seguir así, que el capitalismo está dando sus últimos estertores, pero nadie entre "esos 85 ricos"[12] opina de igual modo, y solo ellos mandan. Cabe pensar que se precisan nuevos valores y nueva concepción de la sociedad para atender las dignas necesidades de muchos, es decir, reparto y redistribución. Como ahora, dirán. No, más que ahora, basadas en una distinta concepción, más profunda. ¿Nuevos valores? Pero es que *pocos quieren la igualdad*. A la gente le gusta la diferencia porque confía (sueña) en que un día va a gozar de gran posición, la suerte, todo el mundo cree que llegará su momento de suerte. Dejando los sueños al lado, y puestos a considerar las opciones de reparto, de un verdadero reparto, ha de ser manifiesto que todos arriman el hombro, debe haber una complicidad de casi todo el pueblo; nunca funcionará nada si hay listillos que dicen sí, a la vez que están calculando la forma de obtener ventaja, "lo de todos es de todos, y lo mío, mío". El proyecto de Beveridge tenía esta filosofía de complicidad. A partir de ese supuesto, nos adentraríamos en una etapa en la que no se admite al pícaro. Si algún día ese planteamiento es claro y admitido; entonces estaremos hablando de r. t. t., es el tercer aspecto cuando mencionamos las relaciones de producción.

Toda persona ha de ser consciente de que para comer tiene obligación de trabajar, porque el alimento no viene solo a la boca; quien tiene obligación de trabajar debe tener el derecho y la posibilidad de trabajar, la sociedad y los poderes sociales debe proporcionar la oportunidad de cumplir esa obligación. Si algunos no trabajan, se entiende que comerán a través de la trampa o el robo, y otros (cada vez más) a través de las ayudas sociales que hacen inviable la hacienda de todo Estado con prolongados y altos niveles de desempleo. Cuando un número de personas [13] se compromete en una acción cooperativa, todos han de aportar. "No está permitido obtener ganancias del trabajo cooperativo de los demás sin haber cumplido con nuestra parte proporcional".

La sociedad tampoco podría aceptar la corrupción, ni la parcialidad, ni los visibles "fallos" sociales. No es aceptable la clase ociosa, no es admisible que personajes no productivos y de poco esfuerzo social, sean algunos de los que amasan mayor fortuna, no parece comprensible que algunos deportistas o gente de la farándula engorden sus cuentas por encima de los resultados que obtienen personal laboral de reconocido rendimiento y prestigio. Habría que superar la actual concepción del trabajo, resumible del siguiente modo: unos tienen trabajo y otros no, cada uno se apaña como puede, y cada uno trabaja mucho o poco, según cuanto quiere o puede. Quizás cualquier día sea obligado enterrar esa concepción, dado que todo el mundo necesita comer y por tanto trabajar. Tal vez sea preciso trabajar menos horas para trabajar todos; hace mucho tiempo que esta idea se puso sobre el tapete. Hay muchos estudios en ese sentido, y de hecho no es una práctica novedosa, muchos ERES consisten en esa reducción de la jornada de todos los trabajadores de una empresa en un intento de no despedir, en España son muchísimas las empresas que han aplicado ERES de reducción de jornada. Es lo que hacen en casi todas las firmas automovilísticas europeas y de manera amplía en Alemania, incluso los "minijobs" son otra modalidad de reducción de la jornada. Se recurre a esa práctica, pero no se acepta entrar de lleno en la idea de que sobran horas de trabajo, y que será preciso reducir la jornada oficial de modo general; hace ya 100 años que en España se instauró la jornada de ocho horas. Una cosa es la práctica de reducir la jornada, y otra considerar el derecho que a todos asiste de trabajar; ahora más que un derecho u obligación, parece un privilegio. *Mal anda el mundo si trabajar es un privilegio.*

La cuestión está en que toda la vida social se fundamenta en el trabajo y la remuneración, y sobre todo en España escasea mucho. Ahora es sabido que nuestro modelo era malo, y que nuestro entramado económico dispone de poca industria, parte de la cual se aniquiló durante el gobierno socialista en los ochenta, sustituyéndose años después por una legislación que favorecería la burbuja del ladrillo a final de siglo. De algún modo (menor salario, emigración, nuevas industrias, etc.) España (la China de Europa) en unos años bajará sus índices de desempleo (seguirá con guarismos mayores que la UE), pero Europa seguirá lejos del pleno empleo y deberá convivir con ajustes y tasas semejantes a las actuales, lo cual significa mucho gasto en ayudas sociales o merma continua de la calidad de vida mediante recortes, hecho que es importante no solo por el daño social, sino porque además esos recortes siempre son la posible mecha del hartazgo social. No se vislumbra que Occidente salga de la crisis, Alemania frena su crecimiento porque no tiene suficientes compradores; USA ha salido, mermando el crecimiento de Europa; suma cero. No se puede mantener al pueblo indefinidamente con la bota sobre el cuello. Ahora bien, de momento hay que repetir que estos problemas de miseria y desempleo masivo se dan en el Sur, no de modo significativo en el Norte, que capea mucho mejor el temporal. El Sur no hará ninguna revolución que no inicie el Norte, sus ciudadanos tienen una pachorra e idiosincrasia distintas. Si el alto índice de desempleo se convierte en una trampa estructural en la OCDE, quizás sea obligado que cunda el repensar la alternativa del reparto del empleo, r.t.t. Cada vez más, otros países periféricos producen los mismo que los europeos pero más barato (Fitoussi). Hace años apuntaba Rocard (socialista francés), que la única solución para crear empleo es reducir masivamente la jornada laboral. En Febrero 2012, desde el gobierno y la CEOE se nos repetía que la reforma laboral facilitaría la contratación masiva, pero parece más cierto que aunque la ayuden una empresa no recluta a quien no necesita (Rocard). Desde hace algunas décadas se han propuesto diferentes fórmulas de subsidios, como es la llamada Renta Mínima de Inserción, o Renta Mínima Garantizada o Renta Universal, la cual propone que a todo parado se le asignen unos ingresos mínimos. A. Gortz, A. Morón, Reichman[14] (también Gerardo Pisarello "la renta básica como nuevo derecho ciudadano") proponen entre otras esta fórmula; a mí no me convence, más que de modo parcial o coyuntural. También lo proponía Podemos, ahora de modo más tibio. En Suiza ha habido un breve debate aún más atrevido: establecer un salario mínimo universal suficiente (en torno a 2000 euros) para todo ciudadano, con independencia de su deseo o no de trabajar (algo un poco parecido propone Antón, 2000: derecho de ciudadanía). Gortz, propone un matiz diferente: que esa renta mínima universal esté ligada a la pretensión de incorporarse al mercado laboral. La rente mínima, con frecuencia, no deja de ser mas una limosna que se ha asignado en diversas épocas a personas sin derecho legal a la prestación por desempleo, que perciben esta ayuda insuficiente durante mucho tiempo. Ese tipo de rentas o subvenciones tienen dos efectos negativos: uno, que los perceptores se acostumbran al nivel de subsistencia de esa ayuda y muchos de ellos se acomodan (hay estudios y coincidencia en este sentido, por ejemplo en los estudios sobre pobreza en USA en los años 50); y dos, que esa ayuda solo les permite sobrevivir, lo cual le es cómodo al Estado porque se lava la conciencia manteniéndoles vivos de modo más barato y oportuno que acometiendo reformas profundas que posibilitaran un empleo digno para todos. La propuesta del Segundo Cheque (Gortz, Guy Aznar), consiste en que el Estado agrega un complemento dinerario a quienes no logran encontrar un trabajo de jornada completa. Hoy día en España hay una fórmula algo parecida, consistente en complementar la prestación por desempleo con un trabajo a tiempo parcial. Una tercera vía es el Despido Temporal Alternativo, muy similar al ERE, fórmula muy utilizada. El ERE reduce el cómputo global de horas de una empresa, de modo que de forma alternativa todos los trabajadores se quedan algunas semanas en sus casas percibiendo solo parte del salario; se evita despedir a mucha gente. Como se ha visto tras varios años de implantación de estas fórmulas y otras derivadas, el remedio no pasa de ser parcial, pero podría considerarse efectivo, si no fuera porque los índices de desempleo apenas menguan. Es desmoralizador que la fórmula de la Renta Mínima Garantizada sea aceptable (bienvenida) para un porcentaje significativo de la población. Todas esas medidas, y algunas otras semejantes, palían en cierto modo la pobreza que genera el desempleo, y todas ellas le salen caras al erario público, que debe recortar ayudas en todas las vertientes. Si el paro sigue creciendo, las haciendas no podrán cubrir las necesidades de todos, y tampoco se antoja viable que varios millones queden tirados en la calle sin trabajo y sin ayuda social ¿no comen? En España ese milagro parece que es cierto. La solución aparentemente fácil, consiste en darle la razón a Rocard, pasa por ofertar más empleos reduciendo la jornada laboral *r.t.t.,* y sin apenas reducción de salarios en los tramos inferiores. Obviamente implica reducir la jornada -y emolumentos- de todos quienes hacen 50 y 60 horas a la semana, es decir que estamos hablando de que parte de la sociedad se desprenda de cierto grado de codicia. ¿Imposible? Lo intentó Jospin en Francia, de modo que sus productos se encarecieron y fueron menos competitivos. El problema fue que sólo lo intentó ese gobierno, distinto hubiera sido si la medida fuera adoptada por todos los gobiernos de la OCDE, pero son muchos los intereses que se subyugan a la avaricia de los ricos y poderosos. Sin duda la implantación del reparto haría que surgieran problemas colaterales como el hecho de que de golpe cueste más la fabricación del producto, pero seguro que esos problemas se podrían encauzar, y además es posible que no haya otra alternativa. Naturalmente hay quien propone trabajar más (y ganar menos, D. Ferrán) para producir más barato y de ese modo vender más. Es la moto que nos han vendido desde el poder económico y el gobierno: flexiseguridad danesa (falso) y desregulación del empleo, para crear más empleo precario, de tal grado que los jóvenes son incapaces de edificar un plan de vida, dado que a los 28 años la mayoría trabaja entre 4 y 8 meses al año, percibiendo jornales escuálidos. Si producimos más, ahora tus sillas o lámparas o neumáticos son más baratas, y vendes más en el mercado internacional. Pero el otro país, y el otro, y el otro, pueden legislar también más horas de trabajo, y entonces lo que tenemos es más sobrestock que antes, es decir, más parada. Hay una circunstancia añadida (quien lo diría, negativa), con la reducción del tiempo de trabajo habría más tiempo de ocio, y mucha gente tiene dificultades para gastar las horas de ocio, se aburren. El ocio consiste en disponer de tiempo sin obligaciones, tiempo para ti, tiempo ajeno al trabajo, tiempo de disfrute, ejercicio de tu creatividad libre, cultura, crecimiento intelectual o esparcimiento. El ocio no obedece a ninguna receta concreta, solo a la mera disposición y deseo de disfrute de cada uno, para lo cual se necesita tiempo en primer término, y con frecuencia también dinero, porque en ocasiones el ocio en esta sociedad hay que comprarlo.

D. Riesman[15], analizó de modo acertado el tiempo de ocio en la sociedad USA de 1960. A partir del ocio descubre el aburrimiento. Riesman, entendió que el trabajador por entonces sí dispone de tiempo de ocio, pero muchos de ellos se aburrían, solo unos pocos eran capaces del ocio creativo, y aunque se hicieron intentos para mejorar la capacidad para planificar y disfrutar de ocio, se puso de manifiesto que todo iba empeorando. Muchas personas no sabían cómo emplear ese tiempo o no lograban diversidad de actuaciones, ni satisfacción con sus actos de tiempo libre; reconocían que su actitud era redundante, y que hacían poco más que pasar el día en los centros comerciales, consumir y ver la tele. Podía decirse que no querían más ocio, y que tanta libertad les abrumaba. En Suiza, con cultura y moral puritanas, en cierto modo siguen creyendo en la redención mediante el trabajo; calvinistas. No quieren pasar de cuatro a seis semanas de vacaciones, alegan que no sabrían qué hacer con tanto tiempo; no conocen el dicho español "tumbarse a la bartola".

Considerar el reparto del tiempo de trabajo (r.t.t) supone aceptar que todos han de trabajar entre 25 y 35 horas. En el momento presente, si trabajaran todos los posibles, y se aprovechara esas horas en casi todos los que trabajan, no sé si alguien duda de que valdría con 4 horas diarias. Se sabe desde hace siglos que la técnica y las máquinas producen más en menos horas, por eso los ludistas querían destruir las máquinas; no hay forma de detener esa lógica. Hay personas que trabajan 60 horas y naturalmente negocian retribuciones en base a esas amplias jornadas no especificadas, por ejemplo muchos ejecutivos. Solo en cierto modo, podría decirse que quien trabaja el doble, quita el puesto de trabajo de otro. Muchos bajarían encantados de 60 a 40 horas, pero lo que no les gusta es que les bajen de 6000 euros a 4000. Se puede reducir muy poco el sueldo de quien cobra 900 o 1200 euros, pero no sería traumático (por poner un ejemplo) que quien trabaja 50 horas lo dejé en 37 y rebaje sus emolumentos de 4000 euros hasta 2800; pero nadie de los bien posicionados querrán aceptar ese trato, porque el dinero es el rey, el que posibilita el consumo, la diferencia y la distinción, en definitiva el poder, que es lo que perseguimos desde hace 100 mil años. Los tratos o los grandes acuerdos, a veces les impone la necesidad o la visión del abismo. No es asumible que Enrica Mastrini -en Italia- se vea impulsada a ofrecer un riñón a cambio de un trabajo para su hijo. ¿Dónde vamos a llegar? Nada hará España en este capítulo que no lo esté proponiendo antes Europa, aunque aquí sigamos en índices de desempleo superiores al doble de Europa.

En el mundo de hoy, no es posible explicar la supervivencia ni la dignidad sin el trabajo, por tanto, no se concibe que esté vedado para una parte significativa de la sociedad. Acabará siendo necesario proteger el trabajo y declararlo bien primario, de interés nacional. Claro que el problema siempre ha estado en el desarrollo de las leyes y reglamentos, las malas leyes que pueden dejar vacíos los buenos principios. Si se lograra que un Preámbulo en la Constitución tenga categoría de Ley Superior, puede que entonces sí dirigiera el desarrollo de las leyes. Las leyes taimadas son las que permiten la corrupción e impiden la justicia. Por ejemplo una ley podría dictar que comprar a un juez se castigue con 10 años de cárcel y 1 millón de euros, o bien esa ley puede indicar que se castigue únicamente con una multa de 3000 a 40.000 euros. La primera formulación disuadiría a muchos, la segunda anima a la corrupción si se vislumbra de modo claro el supuesto beneficio. Vanderbilt y otros, opinaban que las leyes estaban para ser violadas (algún político gallego también). El cohecho puede castigarse con dureza o con laxitud, porque se hace de modo cándido muchos han puesto el cazo. Si elaboramos buenas constituciones sobre la base de buenos principios, y luego el desarrollo de las leyes deja senderos abiertos para el incumplimiento, estaremos convirtiendo en papel mojado los buenos principios.

Lo curioso (nada curioso) es que solo hay un modelo: crecimiento, y…dinero. Mitterrand intentó durante dos años avanzar por otro camino, pero se dio la vuelta. Hollande parecía querer proponer nuevas ideas, ya se ha rendido y se ha echado en brazos de los empresarios; su conciencia tal vez le pida otra cosa, pero no se atreve y no sabe. Ningún gobernante se atreve a decirle a los ciudadanos que se necesita un nuevo modelo, más ético y solidario, de reparto, más cálido en las relaciones humanas, y generoso. Nadie se atreve a decirle a su pueblo que cambie la lente y el enfoque.

Si ocurriera el cambio que hemos pintado en las líneas precedentes, estaríamos configurando una sociedad desconocida, fundamentada en unos ideales y valores diferentes a los actuales, renunciando… a que el poder, la riqueza y el dinero sean el único órgano rector de nuestras vidas. Ese cambio, enorme, mayúsculo, quizás se pudiera hacer, pero ¿la gente le quiere?. Sabemos que la *sociedad no quiere ese cambio*, quiere seguir con los valores actuales (todos sabemos cuáles son), a las personas les gusta la posibilidad de la diferencia, el sueño de la riqueza. Muchas gentes (por necesidad o por miedo) están dejando ciertos hábitos consumistas. Algunos creen que eso cambiará algo el modelo consumista o social. En absoluto. En cuanto vuelva el bienestar, rápidamente nos sumaremos al consumo; creo que apenas se aprende algo de los errores. Esos valores mencionados (iconos, y símbolos del consumo), nos permiten entender que el ser humano es un ser individual y egoísta (idea muchas veces repetida, y que enunciaron de modo certero Hobbes y Mandeville "un lobo para el hombre") que busca su felicidad, que él mismo entiende basada en la competencia, el dominio y el poder, hoy día propiedad, dinero y codicia. A partir de esas premisas, a partir de esas ideas claras en el inconsciente de casi toda persona, éste tiene claro que *"el otro"* apenas importa, y la sociedad (suma de otros) tampoco, y los valores relacionados con el otro (solidaridad, generosidad) menos. Pocos se atreven a mirar esta idea de frente, pero es así de cierta. Ese es el retrato (que todos reconocen) del hombre real. Aceptando esas ambiciones y motivaciones, la realidad social dibujada a base de escasez, frustración y penurias (para muchos), desigualdad y maldad, es la consecuencia lógica, es lo que podía haber, y es lo que hay (también hay progreso y bienestar para otros muchos). Tampoco hay que ser muy avispado para comprender que esa situación no debe empeorar mucho, ni puede alargase en el tiempo, porque conflictos mayores que los de Grecia podrían reproducirse en muchos puntos de Occidente; no son buenas las recetas que incendian el conflicto u obligan al suicidio. Judt, señala que la actual globalización acarrea mucho desempleo, y de larga duración. El considera inevitable una vuelta de muchos a la dependencia del Estado. Si el Estado "no se ocupa de esas capas[16] desprotegidas, más pronto o más tarde *volverán los conflictos*". No es mala la redistribución "si a causa de ella se aporta bienestar a un país y armonía, y disminuyen las tensiones que genera la envidia". Dicen, que en Dávos han captado que hay enorme desigualdad, y que ese hecho es peligroso. Charlan, comentan, y seis de cada diez coinciden en creer que los de abajo se van a enfadar. ¿Y qué hacemos?, se preguntan. Ahí ya no hay ningún acuerdo. Desean evitar que se enfaden mucho, pero no quieren poner la solución para que no se enfaden: mayor reparto. Eso no, cada uno quiere seguir llevándose todo lo que pueda. Solo estarán dispuestos a ceder cuando perciban que pueden perderlo todo, así ocurrió con los arcaicos nobles franceses del XVIII y la carcomida nobleza rusa del XIX, luego con rapidez se asimilan, a la espera de mejores tiempos.

Si no se vislumbran (aparecen) soluciones, todo sería negativo,… y quizás no quepa otra que imponer una solución interior (reflexión) y después social: modificación de los actuales valores hacia otros nuevos, que den importancia central a deseos distintos a la riqueza, el poder y la diferencia; valores en la línea de una consideración más positiva del *otro*, en la capacidad de alegrarse por *el otro*, empatía, considerar que el otro no es un rival sino un socio o amigo. Me suena raro, tal vez me esté equivocando. Visto lo anterior, se antoja muy difícil; realmente creo que no haremos nada. Es lo más probable. Pero si la situación se degrada y no hacemos nada, todos imaginamos cómo continúa la historia, hay varios caminos y todos malos. Dejarse morir en la calle, ya está ocurriendo. En Febrero 2013 se suicidaba un francés de 43 años en Nantes porque se le había agotado el subsidio. También se suicidaban unos jubilados españoles de Alcudia, o el alicantino de 55 años, iban a ser desahuciados.

¿Qué queremos los ciudadanos? Justicia, en sentido amplio. Con eso es suficiente. ¿Y qué es Justicia? Cualquiera entiende que lo justo es que lo bueno y lo malo, la abundancia y la escasez, se repartan. Si no del todo (nadie lo quiere del todo), en una medida *comprensible*. Decía Rawls que a "un individuo racional no le importan las diferencias, al menos cuando éstas no se consideren resultado de la injusticia y no superen ciertos límites". La receta no puede ser solo esperar y confiar, porque ya nadie confía, y salen escamas de tanto esperar. El pueblo puede aguantar y esperar si cree en sus gobernantes, si estos son creíbles, si ofrecen confianza, si muestras políticas justas. Solo puede ofrecer confianza el gobernante que muestra signos claros de moralidad, compromiso, reparto, *ajuste para todos*.

Refiere Savater (Ética para Amador) que él no tiene el atrevimiento de predicar en todo lastimero sobre los males de nuestro siglo. Dice que tiene sus opiniones, pero que él no es la ética. Su posición es tan respetable como la de cualquiera. No sé si debería entenderse que los males están ahí, y hay que dejarlos. Si son males, es porque consideramos que son actos o situaciones que hacen daño, es lógico pues intentar cambiarlos, limitarlos o controlarlos. Imagino que no deberíamos suponer que la injusticia y la miseria solo cubre a parte de los de abajo, y que las clases acomodadas pueden pasar de esas cagarrutas.

Si atendemos a nuestra historia ancestral, el hombre persigue afán de poder y dominio, en la cultura presente *propiedad y riqueza*. Pero la riqueza parece que no puede llegar a todo el mundo. En un mundo donde todo se mide por la comparación de bienes materiales y la exhibición, es imposible que no se genere envidia. A causa de la codicia (riquezas sobrantes, acumulación) surgió la envidia. Sartre cree que la escasez es la que ha determinado el curso de la historia humana. "La escasez ha hecho real el *homo homini lupus*". No, ha sido la codicia. Es sabido que hay suficientes recursos, solo que están mal repartidos; en todas las épocas estuvieron mal repartidos. De todos modos la envidia es la mayor causa del mal común, la codicia queda para unos cuantos. Todos tienen opción de cultivar la envidia, no todos tienen acceso a la práctica de la codicia. La envidia genera muchos tipos de acciones malas hacia o contra el afortunado, y genera mucho resquemor en el envidioso. Se dice que se tiene envidia sobre alguien en razón de sus dones naturales. No me parece la parte más significativa. Es difícil aceptar que unos pasen hambre cuando otros a dos manzanas derrochan lujo y exhibición, obtenido con leyes ventajistas y parciales, siempre se ha dicho que pocos se hacen millonarios trabajando. Señala Rawls, que una "buena justicia y un relativo reparto[17] genera menos envidia. La persona racional acepta las diferencias siempre que no excedan de ciertos límites y lógica, y mientras él no crea que las desigualdades existentes se basan en la injusticia". A partir de esa constatación, las excesivas diferencias de riqueza casi siempre concitan los peores deseos, y en los países donde hay mayores diferencias, más enorme es la miseria de casi todos; en estos casos abunda la maldad de las estructuras sociales, y es muy angosto el camino hacia la felicidad.

Es cierto que la lucha y el afán de poder es el signo distintivo del hombre desde tiempos ancestrales (filogénesis), también la razón (más reciente) y la capacidad de darnos cuenta de la vertiente aniquiladora. Por este motivo un día establecieron acuerdos, normas y valores. El carácter de las relaciones sociales, depende de cómo la sociedad y las personas diseñen la visión, el significado y el modo de relación con *"el otro"*. El otro, no es solo alguien que queda fuera de nuestra puerta, el significado global del concepto *"el otro"* ocupa un campo amplio en la vida de los individuos (salvo que vivas en un bosque), y es muy distinto si la sociedad y cada uno, entendemos "al otro" como aliado o como rival, como socio o como competencia.

Se pretende que Hobbes niega la moral en el alma humana[18]. Yo creo que él no apunta tanto, sino que expone que son el egoísmo, los vicios y el deseo de dominio, los motivos que más pesan en la decisión humana. Esta idea, dejaba poco recorrido a la bondad, a la lógica optimista, y cuestiona un tanto la creencia en un Dios benévolo. Esa visión semeja una visión oscura, tétrico, negativo. Parece lógico que muchos no estuvieran de acuerdo y buscaran otra línea de orientación respecto del pensamiento social. Debemos recordar que hasta 1730, podría decirse que no existe el hombre común, por tanto no existe el yo ni el otro, solo existe el rey y los nobles. Se empezará a hablar del hombre, del yo y del otro, a partir de Hutcheson, Smith, Hume y Rousseau (décadas antes, Locke también batallaba por las libertades). A la acción nos empuja la benevolencia, diría Hutcheson; Hume creía que la benevolencia era ingénita y natural en el alma humana. Como creencia está bien, pero no está claro que pudiera confirmarlo, tampoco lo contrario obviamente, pero hay ideas más propicias a ser creídas y expandidas que otras. El creía que hay un sentimiento en el hombre que le lleva a preferir las tendencias útiles a las perjudiciales. Yo no lo expresaría de ese modo, sino que apuntaría que no puede ser de otro modo que la resultante de acciones obtenga saldo positivo, de lo contrario no progresaríamos o nos habríamos extinguido, lo cual no clarifica la motivación última y oculta que pueda guiar la acción de cada hombre. Que existe el sentimiento de simpatía, en unos más que en otros, es inequívoco, como que algunos tienen alta disposición a la ambición y el egoísmo, también. Justifica -Hume- la creencia en la simpatía en el supuesto de que las almas (cerebro) de los hombres son análogas entre sí en cuanto a sentimientos, lo cual empujaría a buscar el bien ajeno. Es obvio que elevó el tiro en exceso. El hablará de "convenio" entre los hombres, armonía. Yo diría que la Historia ha dado sobradas lecciones de que por todas partes lo que se observa es imposición.

Mill (siguiendo a Bentham) también admite este principio, pero decide que junto a éste, hay en el hombre también como principio un deseo natural de estar en armonía. No es demostrable, pero es más "pacificador" creer que sí existe ese principio. Sencillamente Mill era un bonachón, y no admitía creer que veía como motores de la acción humana el egoísmo y la codicia, por eso daba vueltas a las ideas hasta creer encontrar motivaciones armoniosas (difusas) del comportamiento humano. Mill fía gran parte en las motivaciones armoniosas, y sin embargo -cita el filósofo Lain Entralgo- "es en las gentes casi siempre inferior -la armonía- como fuerza, a los sentimientos egoístas, y falta con mucha frecuencia". Admite pues, que campea más el egoísmo que la benevolencia. Por otra parte resulta paradójico su discurso benevolente en 1860; él conocía la mísera realidad de amplias capas de la sociedad inglesa, no era un cura con los ojos vendados. Entonces no se comprende bien su exceso de optimismo. O sí, si se piensa en el Positivismo. La industrialización de Europa estaba en pleno apogeo, lo cual cambiará radicalmente la forma de vivir. La idea de un progreso humano y social imposible de detener, galvaniza el entusiasmo general: dispondríamos de instrumentos para *solucionar todos los problemas*, a través de la ciencia y sus aplicaciones en la industria, y la educación. Se genera pues, una enorme borrachera de entusiasmo y optimismo. Los males sociales los había diagnosticado acertadamente el marxismo, pero el entusiasmo positivista cree que pronto desaparecerán, *porque sí*, porque creen que existe la lógica de la bondad;... porque nunca tomaron en serio a Hobbes, ni intentaron comprender las motivaciones *últimas* del hombre. Mill y otros muchos filósofos (Comte, Spencer, Moleschott, Haeckel, Duhring, E. Lass, Ardigo), prefirieron mirar para otro lado y depositar sus esperanzas en la gracia de la técnica y la benevolencia, de la que hablara Hutcheson. El ayer parece que es hoy, lo del optimismo positivista, lo sigo oyendo todos los días: creceremos al 2, 2,5%, se crearán tantos millones de empleo, todos viviremos mejor y tendremos mayor acceso al consumo. No ocurre de ese modo, pero siempre se repite la misma cantinela, sencillamente porque los tontos de siempre nos lo creemos.

Lo que pretenden todas las filosofías es explicar el conocimiento, el conocimiento de la realidad. El marxismo capta el conocimiento mediante la dialéctica (de Hegel), dándole la vuelta; y apoyándose en la creencia roussoniana del hombre bueno. El positivismo se nutre de la ciencia y del socialismo utópico, Comte se formó junto a Saint Simón: buenas intenciones pequeño-burguesas, caridad y reformismo cristiano. No vieron el choque entre clases que veía Marx. Marx cree que la *avaricia no tiene solución* y que hay que destruir la avaricia de los ricos. El Positivismo cree que la avaricia se *irá amortiguando ella sola*. Parece que no.

El Otro. El conocimiento del otro se explica a partir de Kant. Kant dirá que el hombre es sujeto sensible y persona moral. Anuncia poder conocer al sujeto sensible en su condición de homo *phaenomeno*n. El otro o sujeto, sería un objeto, sensible a las categorías a priori. Conoceré su apariencia, pero lo que constituye "el otro como persona quedará oculto a mi mirada". El yo y el otro, recobra fuerza de primera categoría a partir de Hegel, quien también se embarca en el conocimiento del otro: "yo soy yo pasando por el otro". El conocimiento del otro no puede ser una aprehensión unilateral, sino recíproca; no existe el yo sin el otro. El otro es un momento necesario para la plena constitución del yo; es la realidad del otro la que hace posible mi propio conocimiento y conciencia. El solipsismo es éticamente imposible (Fichte).

A partir de aquí se hablará mucho "del yo", "el otro", nosotros, y sociedad, digamos que cobra fuerza como una especie de optimismo cósmico. Ocurre de igual modo con los filósofos de la primera mitad del XX (Volkelt, Max Scheler, Martín Buber, Ortega, Heidegger, Jaspers,etc.), cuando analizan el conocimiento del yo, y del otro; todo parece a favor del conocimiento, la relación y la interdependencia del yo y del otro; el yo se reconoce en el otro (espejo), admite y abraza al otro, la realidad lo es a partir del otro, el yo se sabe insuficiente e incompleto sin "el otro"; todo pues juega como un voto de confianza a favor del otro. No hay yo sin algo que no sea otro, ni hay conciencia que no sea conciencia de. El yo existe porque existe el tu, existe el otro, la realidad la cotejo contra la opinión del otro. Desde esta idea del yo compartido se pasa mucho al nosotros, habría una gran interrelación entre el yo y el nosotros, ahora (1910-40) el nosotros -sociedad- parece muy importante, pero no quedó demostrado que el yo esté muy interesado en el nosotros. Si volvemos la vista a Hobbes y a la Historia, no parece cierto. El nosotros no es el yo, más bien es el "tu", es casi un vosotros, un vosotros condescendiente o educado, porque el verdadero nosotros, que es nuestra familia, en cierto modo se engloba en el yo. El nosotros es ese grupo con el que compartimos circunstancias, pero que en verdad es poco más que el tu, y mucho menos que "el yo". En 1924 escribía Ortega: ¿A qué tipo de hombre pertenece el actual? (Entralgo). Aún cabe esa pregunta, aunque yo respondería que al de siempre, al del año 500, 400 a/c, 6000 a/c, al de siempre, al que quiere más para sí y menos para los demás, al que se guía por el afán de dominio. Dice Ortega que en la sociedad burguesa se imponía la suspicacia y la desconfianza; es obvio que seguimos igual. Si seguimos la estela de Nietzsche (Ibid 238), queda claro que nos relacionamos con la naturaleza, y con el hombre. Pero con la naturaleza no hablamos, ni nos examina, el hombre sí, escribía: "Nos sentimos tan tranquilos y cómodos en la pura naturaleza porque ésta no tiene opinión sobre nosotros"; el hombre sí, "el otro" sí. El otro me aparece originariamente como el que vive en reciprocidad conmigo, es mi reciprocante, alguien tan listo, tan bueno, tan malo, y tan tal, como yo; controlo y soy controlado, alerta, suspicacia, desconfianza.

El otro tiene una intimidad semejante a la mía, por eso podemos hablar de "alter ego", "otro yo". Pero siguiendo las ideas de Ortega y de Husserl, el cuerpo del otro me es presente pero "la intimidad del otro no me es, y no puede serme presente, tan solo puede serme com-presente". Kant ya percibió que el otro queda oculto a mi mirada. Semejante, pero a la vez oculta, y por tanto (digo yo) proclive a la desconfianza, por eso, el otro más que ser alter ego, será "tu", el que no es yo, el que está enfrente, el que a veces me es contrario. No somos como la media naranja oculta, que la giramos y la vemos, la intimidad del otro nunca se hace patente ni presente ante mí, el otro es el puro no-yo, lo inaccesible como tal. "Y como la intimidad com-presente del otro, del alter, es por lo pronto semejante a la mía, el otro es para mí, en cierto modo, alter ego" (Ibid 240). No. Semejante sí en apariencia, pero su intimidad (sus pensamientos) es oculta a mi mirada. Lo ideal para el yo, es que el otro sea como yo, la perfección siempre está en el yo (Narciso), el errado siempre es el otro (Ibid 145). "Del prójimo espero siempre en última instancia que no seas tú, que seas como yo...la amistad y el amor viven de esta creencia y esta esperanza". Esta idea es como aquella en que decía Kant que tendemos a obrar bien porque suponemos que los demás hacen lo mismo. Si somos buenos, esperamos que el prójimo sea bueno, por eso no se hunde del todo la sociedad y a veces creemos en la amistad. El otro es mi replicante, pero a la vez es desconocimiento, no es nuestro yo, no está cerca de nuestro yo. Por eso el hombre de hoy, como el ayer, solo piensa en la satisfacción del yo (Hobbes), apenas piensa en repartir y compartir porque duda de la generosidad del otro. No es solo que todo ser se ocupa de sí, sino que además nadie sabe lo que piensa el otro, veo mi espejo -el otro- pero no puedo penetrar dentro de él. Por fuerza se instaura la duda, y trata de asegurarse para uno mismo (tratar de obtener ventajas) por cualesquiera de los medios que aparecen en la naturaleza: fuerza, astucia; se pretende el dominio y el poder, porque se desconfía del otro, porque se desconoce la intimidad del otro. Sabemos del otro, le vemos, pensamos que es un ser pensante como nosotros y viviente, que hace acciones casi todas semejantes a yo, por tanto en cierto modo le conozco, es mi reflejo, es el otro, y yo tomo conciencia de mi yo porque me veo en el espejo del otro, yo existo en tanto que existe el otro; el yo necesita del otro en la sociedad. Un Robinson, no necesita del otro, pero cuando aparece Viernes, ya sí necesita del otro, las acciones, vivencias y pensamientos del yo no pueden no considerar en absoluto la realidad del otro. Luego sé del otro que es semejante a mi yo. Pero no tengo el menor acceso a los pensamientos y la intimidad del otro, por tanto no conozco al otro, y puedo dudar del otro. ...mi amigo, o mi enemigo, dice Ortega. El otro a veces es el desconocido, el rival, el lado oscuro, el Darth Vader, el Hyde (Stevenson). No podemos entrar en la intimidad del otro, lo expone Husserl. Conocemos el 90% de nosotros y no conocemos la mayoría del otro, en cierto modo esa es una frustración, por tanto confiamos en nosotros, dudamos del otro, nos reubicamos en torno del yo, rehuimos y rechazamos en torno del otro, un mundo nos es conocido, el otro no. Es cierto que lo objetivo y la realidad del yo no existen sin el otro (reciprocante, espejo), pero nada indica que el otro sea otro yo, alter ego. Quiero que el otro sea como yo, pero no puede ser, yo soy para mí, el otro es para sí, por tanto puede que el deseo y los motivos del otro sean contrarios a mí; puede ser mi competencia y rival, porque yo soy para mí, y él es para sí. El yo nace frente al tu "como un culatazo que nos da el terrible descubrimiento del tu, que tiene la insolencia de ser el otro". Me enfrento con el tu, "no me es, tus ideas y convicciones no me son, las veo como ajenas y a veces contrarias a mí; hay anti-yos", Ortega[19]. Parece quedar claro que el objeto y la compresión de la realidad por parte del yo, no lo es si no consideramos la necesidad del tu, del otro. El yo, y el otro son partes igual de necesarias de la realidad social. Pero para mí queda claro que "el otro" no es "alter ego", sino más bien "tu". Siempre estuvo claro que el otro se ocupa más de él que de mí; yo me ocupo más de mí que de él. Yo puedo conocer mi intimidad, nunca puedo conocer la intimidad del otro (solo suponer, y acertar o errar), el otro puede ser mi amigo, o mi enemigo; simplemente, siempre me es extraño. Un día Camps era el alter ego de Rajoy. Más adelante nadie pone la mano en el fuego por nadie. Parece evidente que no existe el alter ego, solo existe el yoísmo. Que le pregunten a Husserl, por el alter ego en la universidad de Friburgo.

Una reflexión seria sobre el yo -y el otro- explica muchas cosas de la relación social. El error (buenismo) está en suponer que el otro es el alter ego. En absoluto. El otro es el tu, el él, algo distinto (y a veces contrario) al yo, en ocasiones rivalidad. Y todo esto, "el yo" lo tiene claro. El "alter ego" es una noción falsa, el alter ego no existe. Lo normal es que el otro sea desconocimiento, desconfianza, rivalidad. El planteamiento bonachón es el mismo que el que hacía Smith, Hume, etc. El otro no es el alter ego-otro yo, sino su yo, yo de él. El optimismo de la sociedad y de las relaciones sociales está fundado en el alter ego y el nosotros, pero el alter ego no existe. Porque la realidad social no se asienta en la consideración del alter ego, toda la Historia ha sido como ha sido, y es. El bueno sería el hombre de Rousseau, *pero no existe el hombre de Rousseau, sino el de Hobbes.* El hombre tiende a dominar, y solo le frena la duda o la fuerza contraria, o lo que imagina como grave peligro inminente. Dado su gran deseo de dominio, tiende a olvidar fácilmente los grandes desastres, cuando están muy lejos en el tiempo le parecen imposibles, en consecuencia es capaz de echarse a rodar por la pendiente. Solo le frena la tragedia o el recuerdo cercano. En absoluto me parece que el hombre este hecho para la armonía (Mill). Dada la duda anterior, el hombre a través de los siglos aprendió respecto de la prudencia, prevención, desconfianza. Donde hay desconfianza se impone el para mí, contrario al para ti y para ellos. Reforzar el para mi, se traduce en afán de poder, dominio, codicia, en definitiva egoísmo, eso exactamente es lo que decía Hobbes; y es lo que encontró en 1990 Milliband. Me pregunto, de dónde saca la gente la creencia de que el otro nos importa más allá de lo políticamente correcto. Después de examinar o pensar un momento el montón de cosas que ahora no es necesario enumerar (corrupción), quién es el tonto que se cree que el otro importa.

Visto lo anterior, me pregunto: ¿Dónde están las bases racionales consistentes, para ser optimistas respecto de la ética: el yo y el otro? ¿Dónde situar la esperanza? Cabe pensar que 2000 años de comprensión de las vivencias (más evolución, más técnica, más inteligencia) y de la realidad, permiten que la inteligencia del hombre capte lo que ocurre con la desconfianza y los deseos de dominio desenfrenados. La inteligencia permite entender la conveniencia de lograr ciertos cambios y de domesticar la desconfianza. Por esta razón, puede imponerse la necesidad de reestudiar la relación del yo con el otro, y de otorgar mecanismos que frenen la desconfianza y que establezcan reglas que permitan una mayor confianza hacia el otro. La Inteligencia puede permitir que al otro se le conciba menos como tú y más como socio o amigo. Cuando los sentimientos sean menos de competencia y más de empatía y solidaridad, todo sería posible.

"El ser humano debe ayudarse[20], ser más huésped y menos forastero. Porque todos somos a la vez el forastero recibido en casa ajena y el anfitrión que le aloja y debe preocuparse por su bienestar. Desde que nacemos dependemos de la hospitalidad que otros quieren darnos. Nosotros también debemos atender a quienes han llegado después, tu también la necesitaste y la obtuviste; si no la obtuviste, recuerda que querías obtenerla y trata al otro como tu deseabas ser tratado". "El ser humanos no puede entenderse a sí mismo si te desinteresas del resto de tus semejantes.... No vale la indiferencia, porque la humanidad del otro siempre compromete la mía". Estamos construyendo sociedades frías, deshilachadas, de sujetos individuales, solitarios (inmersos en la comunicación amorfa del plástico de las máquinas), individuos-dinero que se creen felices si pueden consumir, individuos que no saben llorar, y que han olvidado el calor de una mano en el hombro. Jared Diamond, autor del libro *El Mundo Hasta Ayer*, cuenta que en la sociedad americana, antes sus viejos vivían cerca y los hijos les llevaban la compra. Ahora muchos hijos viven muy lejos de sus padres, y los viejos envejecen y se ven solos. "La soledad para las personas mayores es un problema en USA".

Es lo que hay. Nadie razonable puede esperar en el mundo de actuales valores, que la miseria, la explotación y la maldad desaparezcan. Contentos o descontentos, la realidad es esta, y lo es porque el ser humano lo quiere (en cierto modo) de esa manera. ¿Es imposible cambiar? No, no lo es; no lo es porque el hombre es algo muy superior (inteligencia) al imperio de los instintos, es un ser en el ejercicio de la razón (cerebro de 1500g), lo cual supone posibilidad de comprender y decidir sobre las circunstancias y el orden de sus vidas y de la sociedad. Pero para cambiar se tiene que concebir la necesidad del cambio, y desear cambiar. No hay que considerar los dos millones de años del homínido, pero sí los 100 mil años del Homo Sapiens. Durante toda esta Historia, el hombre ha basado su conducta en el dominio y el poder, ¿puede desear cambiar esa base de conducta hacia otra basada en la igualdad y la generosidad? Esa es la pregunta, y de la respuesta depende _todo_.

El problema de nuestra sociedad se llama frustración. Frustración por no poder acceder a los buenos sueldos, al bienestar, a las vacaciones, a la vivienda, a la play; frustración por ser un consumidor defectuoso. La causa de ser un consumidor defectuoso está en el paro; y éste en las deficientes estructuras de producción, poder y sociales. Esas estructuras no son de hace 20 años, son las que impuso el capitalismo hace dos siglos, y las que asignó la etapa de los Reyes Católicos al apropiarse de todas tierras (similar en toda Europa). _En buena medida la frustración es la causa del mal_, y son las estructuras sociales el manantial de la frustración. ¿Se pueden cambiar y mejorar las estructuras sociales? En teoría sí, Rawls cree que sí (antes Marx y otros muchos). Cambiémoslas (argumentan desde un lado) y todo quedará solucionado (Kenes no lo cree). Presenté este planteamiento al principio. La historia nos ha permitido ver que sí se cambiaron las estructuras sociales y de poder, sin que se evitara la frustración ni la infelicidad, algo siempre falla, luego debe haber algo más. Ya expuse que el mal en el hombre tiene dos fuentes: uno, es el de los motivos innatos, que se dan en todo animal y en el hombre desde hace millones de años, se trata del egoísmo y el afán de dominio; y dos, es el derivado de la inteligencia y la civilización, que se resumen en la codicia y

403

la propiedad; los primeros son más profundos. Los cambios impuestos en las estructuras sociales no inciden (salvo a muy largo plazo) sobre las estructuras cerebrales innatas (filogénesis), de manera tal que la conciencia profunda sigue gobernada por los motivos egoístas. Lo cual no indica que sean imposibles los cambios en el cerebro y en el modo de actuar de las personas. En Rusia los cambios ocurrieron de golpe (en la revolución), siendo muy pocos los cerebros capaces de comprender las características del nuevo hombre necesario. Si la mente elige (cultura, socialización) concebir al hombre desde una perspectiva distinta al egoísmo, pequeños cambios mentales serían posibles. De modo que no necesitamos horadar los cimientos más atávicos, nos bastaría con potenciar la interacción sociocultural desde la empatía e incidir (previa conciencia y elección) sobre las actuales estructuras de reparto de la propiedad y la riqueza, sin necesidad de robar ni expoliar ninguna hacienda justa, nos basta con querer establecer unos buenos y fuertes principios de justicia, conformados a prueba de ventajistas y hacedores de leyes parciales. Rawls cree en esta concepción a partir de los supuestos de educación de buenos principios sociales. Podría decirse que en los Países Nórdicos, la continuación en los buenos principios, está propiciando comportamientos sociales morales, o algo lejanos de la corrupción que es moneda común en otras latitudes.

Nuestro modelo social actual y de valores está conformado en torno al *Paradigma Liberal*, concepción filosófica y política que se impuso a finales del XVIII, en función de los aportes de Locke, los ilustrados ingleses, políticos como Disraeli y Glandstone, e influencias de la ilustración francesa y americana. En síntesis, este paradigma consagra la propiedad, ofreciendo seguridad legal sobre ella; y la libertad de iniciativa y de empresa, sobre el supuesto (menguado) de una justicia que vela por la libertad y por la igualdad. Esos primeros fundamentos teóricos están bien, lo que ocurre es que luego viene el desarrollo de las leyes (taimadas). Leyes, que no dificultaban las prácticas ilegítimas de muchos avispados o corruptos que se auparon por encima de ellas, porque la justa competencia y la libertad de mercado casi nunca fueron tales, y los poderosos se libran de la justicia y el castigo. Ese paradigma no ha auspiciado los desmanes, pero bajo el epíteto de la libertad de acción y elección, consagra las leyes que han favorecido las enormes diferencias en el mundo, ofertando a muchos, tan solo la miseria. Libertad, es la palabra mágica y el ideal de toda sociedad e individuo. Todas las leyes de los

Estados se conforman tendiendo a la "libertad", todos los focos se centran en la libertad, y se descuidan otros símbolos de igual magnitud. No solo igual, sino que sin ellos, la libertad queda embellecida, pero falseada. Los ciudadanos no pueden gozar de auténtica libertad si antes no hay verdadera justicia, porque una justicia menguada dificulta la legítima y libre competencia y el acceso a la libre expresión. Pero justicia no puede haber si no hay igualdad (no absoluta) ante la ley y ante los medios de estructura social, que permitirían opciones de competencia para todos. No pueden competir en igualdad el jornalero o trabajador con el cacique rico o con el empresario que puede repartir dádivas, o lograr la sonrisa de sus vecinos bajo cuerda. Hay un anuncio en las paredes del Metro, dos balanzas "Sin igualdad, no hay justicia".

Justicia como Imparcialidad. Es momento de aparcar el paradigma liberal, y de sustituirle por otro que tenga en mayor estima al hombre, no solo al hombre poderoso. El Utilitarismo (cap. III), que es la versión moral del liberalismo político se guiaba por el principio de mayor felicidad, pero a partir de la felicidad del agente, un sistema que prima el egoísmo y el individualismo; en realidad santificaba el principio de las mayorías (y de los poderosos) olvidando los derechos del resto, tanto que con frecuencia se le reconocía como un sistema no apto como guía de la moral. Es preciso un paradigma que siendo más igualitario, ofrezca posibilidades reales de bienestar a casi todos, o al menos, que todos puedan participar en la elaboración del proyecto de gobierno social. El paradigma que propone J. Rawls *Justicia como Imparcialidad* facilita desde el *velo de la ignorancia* que todos los hombres puedan acertar o equivocarse en el designio de sus vidas. Decía Kant que los auténticos principios morales tienen que ser principios universalizables: máximas que adoptarían agentes sin conocer nada sobre deseos o preferencias; razón y abstracción buscando el bien por encima de los hechos o conocimientos concretos. No se trata de que las constituciones se elaboren con grupos de ciudadanos tapados por un velo (el modelo está explicado en el capt. III), lo que traduce el planteamiento es elegir los mejores principios sin conocer las ventajas de quienes participan en la elaboración. La buena Constitución Americana de 1800 en Filadelfia, la elaboraron *solo 50 sabios (ricos)*, muchos de cuyos miembros participaban del convencimiento de que el pueblo cuanto más lejos del gobierno, mejor. El modelo de Rawls de *"Justicia como Imparcialidad"* no es un tratado de estudio sobre la maldad, pero dado que el núcleo de su obra trata sobre cómo configurar una sociedad más

405

justa, es fácil derivar que sus propuestas tienen el propósito de disminuir el mal. Lo que apunta Rawls, es que una sociedad tiene posibilidades de ser justa si logra hacer de la *imparcialidad el principio rector*, porque las leyes no justas ni imparciales han facilitado esta sociedad tan desigual, que proporciona no solo ricos (no importa) sino muchos pobres y miseria. Una sociedad justa tiene que poseer estructuras sociales justas, donde no es deseable ni correcto que todo el poder esté en unas pocas manos, y donde debe ser posible que todos se beneficien del crecimiento social, y donde se halle la manera de favorecer a quienes han sido menos afortunados por los dones naturales. Los dos principios básicos de su Justicia como Imparcialidad, que espera serán aceptados por[21] todos los participantes, *son el principio de igual Libertad y el principio de Desigualdad Económica compensada*. El primero, le enuncia de la siguiente manera: "Cada persona ha de tener un derecho igual al esquema más extenso de libertades básicas que sea compatible con un esquema semejante de libertades para los demás". El segundo, enuncia, que "las desigualdades sociales y económicas habrán de ser conformadas de modo tal, que a la vez que se espera que sean ventajosas para todos, se vinculen a cargos y empleos asequibles *para todos*" (ibid 68). Posibilidades para todos e igualdad de oportunidades; pero en pocos países del mundo hay algo semejante a esta idea.

Todos los políticos en el actual arco parlamentario de Occidente repiten dos mantras: Libertad, y Economía de mercado. Esta segunda propuesta, quiere señalar la libertad de empresa y esfuerzo, la lógica recompensa, y el derecho a la diferencia a partir de distintos esfuerzos y bajo la premisa de competencia libre y limpia (bueno, esto en teoría). Eso exactamente propone Rawls, y algo más, que será la diferencia de color y significativa. Rawls no le pone trabas a la libertad, propone la mayor de las posibles, tanta, que no sea intercambiable por nada. Pero, su obsesión e ilusión *es la justicia*, por eso le pone frenos a la Desigualdad. El cree que la acertada o abusiva estructura básica de la sociedad, es el pilar sobre el que se asienta todo el desarrollo y crecimiento posterior, en línea recta o por senderos intrincados, por eso sus propuestas van en la línea de ordenar bien esa estructura básica. Una sociedad (Ibid 410) bien ordenada "es aquella en la que todos aceptan y saben que los otros aceptan los mismos principios de la justicia, y las instituciones sociales básicas satisfacen, y se sabe que satisfacen estos principios". Es una gran idea cuando todos aceptan y parten de ese convencimiento. Para ello propone que en esa estructura *no haya grandes diferencias*, y que haya redistribución a favor de los menos dotados para que se amortigüen las desigualdades, porque las grandes desigualdades hacen injusta una sociedad, malos a sus miembros, y *mala la vida* que en esa sociedad se desarrolla. En cambio el paradigma liberal lo fía todo al principio de libertad (manipulable), y no se inmiscuye en la estructura social ni pone límites a las grandes diferencias económicas. El modelo de redistribución de Rawls aporta mayor igualdad, de lo cual se infiere mayor bienestar para los de abajo y por tanto menos motivos para la envidia, a la vez que exige compromiso y conciencia del deber. Lo que él propuso, no era tan nuevo, de hecho, él renuncia a atribuirse méritos (que sí los tiene) de originalidad, él se reconoce deudor de muchos, entre otros de Rousseau y Kant. Antes que él, El Estado de Bienestar ponía en pie un modelo algo similar, Rossvelt, Beveridge, Europa, en especial los Estados Nórdicos. El va más allá que los meros parches de subsidios o ayudas sociales, él propone reparto justo, sobre leyes justas elegidas sin ventajas (velo). Logra justificar las razones por las que son buenas esas políticas distributivas, y expone unos argumentos incontestables (sí se han contestado, pero su modelo sigue siendo victorioso) de porqué los seres humanos en condiciones de imparcialidad e ignorancia elegirían los principios que él propone. Con el concepto *maximin*, define la elección de los principios. En la elección de los principios básicos, partimos del supuesto de que nadie queremos los peores resultados para nosotros, y son los que tratamos de evitar en la elección. Queremos los mejores principios posibles, eligiendo y asignando a partir de la situación más desfavorecida. Rawls: debemos jerarquizar las alternativas conforme a sus peores resultados posibles. En una sociedad justa (nunca del todo) habría menos motivos para la disputa, el rencor y la venganza, de lo cual no debe extraerse la conclusión de que desaparecería la maldad, pero sí sería más fácil limitar la maldad de tipo social.

Rawls publicó su libro en 1971, desde posiciones no ajenas a la ética y al marxismo, cuando aún era muy pujante el socialismo, la pretensión de igualdad, y la desaparición de las clases. Cualquier propuesta que se saliera de este ideario era tachada de conservadora o liberal, no se admitía ningún proyecto que no procediera de la ortodoxia marxista, se le descalificó a él y a su modelo, por liberal y desigualitario, con el argumento de que no tocaba las rentas de los ricos, los cuales reparten las migajas que rebosan de la mesa. Pocos han reconocido el enorme esfuerzo que se precisa para atreverse a escribir esas ideas en USA, donde le tachaban de socialista y marxista. Llovieron modelos de justicia social apoyados en su planteamiento, que parecían añadir algún punto de vista nuevo, poco, siempre inferior al original. El suyo, tal vez sea, el mejor proyecto de igualdad desde Marx, y el más posible y realista. Aquella descalificación y encasillamiento ha cambiado poco aún hoy para los pensadores progresistas, que le siguen calificando de liberal, indicando que postula una igualdad de corte débil. Prefieren adherirse a los añadidos de A.K. Sen (capacidades) y otros igualitaristas, que no mejoran en nada sustancial su modelo. No me parece que Rawls proponga un modelo de igualdad de débil calado, aún así cabría preguntarse: ¿acaso alguien -más allá de un porcentaje menor- quiere un sociedad igualitaria?. Modelos y propuestas más igualitarias las hay. La primera la de Marx "a cada uno según sus necesidades", la de la URSS de 1919, la del Kibut. En cierto modo todas han fracasado o se han diluido. Su propuesta de igualdad es lo máximo a lo que se puede aspirar hoy, y su modelo no impide avances en la línea del modelo sueco de los setenta. Ya quisiera hoy día Occidente acercarse a ese modelo, que por cierto era un modelo de desigualdad y de clases (al que algunos muy marxistas, últimamente aprecian). La propuesta de Rawls permite una amplia redistribución y no pone frenos a una fiscalidad progresiva (tanta como la sociedad proponga). Como reconoce Antón (sociólogo. 2013), el modelo de Rawls permite combatir la injusticia de que cada vez a los pobres les vaya peor. Pero Antón tiene claro que el modelo de Rawls debe calificarle de liberal. En su libro *Trabajo y Globalización*[22], en relación a la justicia distributiva de Rawls, escribe lo que sigue: "Así, una lectura del tercer principio de la justicia, sería el deber de defender la legitimación del capitalismo como el mejor modelo conocido de creación de riqueza, aunque también genere una profunda desigualdad a nivel mundial o en la propia sociedad americana. En este contexto se permitiría repartir una parte de la gran acumulación de rentas hacia los desfavorecidos, ya que, aunque la parte más grandes se reparta a los poderosos, se estaría dentro de los límites de la justicia, según el segundo principio; es la conexión con el liberalismo social. Se puede justificar esa dependencia…nos topamos con el derecho a la propiedad privada. En consecuencia, la subordinación a este primer principio supone que no se puede atentar —disminuir- las rentas de las clases medias o ricas para favorecer esa redistribución a las clases más desfavorecidas; solo es admisible una redistribución que favorezca a ambas partes. De acuerdo a ese principio se pueden formular las políticas redistributivas sin perjudicados, es decir sin quitar nada a las clases medias, ya que se atacaría su derecho básico a la propiedad, y sin dar demasiado a los pobres, ya que se correría una

408

desigualdad, considerada necesaria para la reproducción de la riqueza. Además la fiscalidad se impondría, sobre todo, a través de impuestos indirectos, por lo que se defiende un tipo de impuestos sobre cosas, no sobre personas; o bien, cuando las personas perjudicadas estén en segundo plano, por ejemplo, como el impuesto sobre la productividad o sobre el consumo. Por otro lado, las medidas de protección a los sectores vulnerables o de discriminación positiva hacia los más desfavorecidos se deberían modificar por programas más igualitarios y universales, para toda la población, pobres y ricos; así serían más justos según Rawls". Como vamos a ver con citas directas de Rawls, él propone algo muy diferente. Su segundo principio de justicia (p.67) dice: "Las desigualdades sociales y económicas...ventajosas para todos...cargos asequibles para todos". Y lo primero es el primer principio, pero que nada es absoluto e inmutable, y puede haber variaciones para perseguir el bien (Ibid 40). Libertades, que defienden "ciertos tipos de propiedad, libertad contractual, laissez-faire...no son básicas...no están protegidas por la prioridad del primer principio". En la página 69 señala: "La injusticia consistirá en las desigualdades que no benefician a todos". Que el directivo de una empresa en crisis gane mucho y se suba el sueldo otro 20% es injusto porque perjudica a otros, los que están en las escalas inferiores, si en esa ocasión sufren recorte de sueldo.

Rawls analiza (Ibid 72) tres sistemas de distribución: libertad natural, igualdad liberal, y igualdad democrática. En los tres casos, se fija en el principio de eficacia: una configuración es eficiente (Paretto), si es posible cambiarla de modo que beneficie a algunas personas sin que al mismo tiempo perjudique a otras. En varios tipos de distribución, y en la que se llamaría de libertad natural, suele ocurrir que la cantidad de bienes (Ibid 74) es fija "por lo que se supone que mientras una persona gana la otra pierde". No hay maná, ni magia para todos. Pero él está dispuesto a mantener "que en la justicia como imparcialidad, los principios de la *justicia tienen prioridad* sobre las consideraciones de eficacia"; dice que si algo no es justo, no sirve que sea eficaz". "...lo que hemos sabido todo el tiempo, que el principio de eficacia no puede servir por sí solo como concepción de la justicia". En la estructura básica (Ibid 76) lo que "sí puede alterarse es la distribución de ingresos y riquezas...". En la página 79 indica: "Vale la pena recordar la importancia que tiene *impedir la acumulación excesiva* de propiedades y de riqueza y mantener la justa igualdad de oportunidades educativas para todos". Lo anterior, permite fórmulas como el segundo cheque, o el impuesto negativo, que permiten que un gobierno favorezca a los desfavorecidos a través de la redistribución. De entre los varios principios de distribución, él se inclina por el principio de diferencia, que permite redistribuir a favor de los pobres. Con este principio postula el beneficio común (Ibid 107) y la fraternidad (solidaridad): los de arriba aceptan que mejoren más los de abajo "no querer tener mayores ventajas a menos que esto sea en beneficio de quienes están peor situados".

Considerando las expectativas (Ibid 84) que en el plano económico suelen tener los aventajados, dirá que "un esquema es injusto cuando una o más de las mayores expectativas son excesivas. Si esas expectativas disminuyesen, la situación de los menos favorecidos mejoraría". Si los mejor colocados apenas aportan, "...el que la diferencia entre ricos y pobres sea aún mayor viola tanto el principio de la mutua ventaja como la igualdad democrática". Es bueno que la justicia sea congruente con la eficacia, "pero si la estructura básica es injusta, estos principios *autorizarán cambios* que pudieran reducir las expectativas de algunos de los mejor situados". "La justicia tiene primacía frente a la eficacia y exige algunos cambios aún cuando no fueran eficientes". La intención de la posición original "es establecer... principios justos". "De alguna manera tenemos que anular los efectos de las contingencias especificas que ponen a los hombres en situaciones desiguales...propio provecho". Esta propuesta postula en contra de los ricos y a favor de la nivelación. "...prioridad de la justicia (Ibid 245) sobre la eficacia...los deseos que no pueden ser satisfechos sin violar un esquema justo, carecen de valor".

La injusticia y la desigualdad es lo más natural, arguyen algunos. No, dirá Rawls (Ibid 104): "A la luz de estas observaciones...rechazar la afirmación de que la ordenación de las instituciones siempre es defectuosa...talentos naturales...y que esta injusticia se trasmite siempre a los acuerdos humanos. Es una excusa para tolerar la injusticia". También Judt señala que la desigualdad [23] es mala en todos los sentidos, y socaba la confianza de las sociedades. Rawls: "La distribución natural no es justa ni injusta, lo es el modo en que las instituciones actúan respecto de estos hechos". Ese posicionamiento de natural injusticia es el que defienden Davis y Moore (subcapítulo: fin de la historia). Se desprende de lo antedicho, que no es justo hacer políticas que favorezcan a los ricos igual que a los pobres.

Respecto de la igualdad de oportunidades (Rawls 260), señala que instituciones como la educación, la cultura, etc. "son estas instituciones las que se ponen en peligro cuando las desigualdades de riqueza rebasan un cierto límite". "Los impuestos y las ramas de distribución han de procurar que no se traspase ese cierto límite. Naturalmente el límite de ese punto es asunto de decisión política…". "Un impuesto proporcional sobre el gasto puede ser una parte del mejor esquema impositivo". "Qué tipo de impuestos se aplique, son problemas (Ibid 261) de juicio político, y no parte de la teoría de la justicia". "El objetivo de la (Ibid 262) función distributiva, no es maximizar el balance neto de satisfacción, sino establecer instituciones básicas justas". "Todas las pruebas (Ibid 458) abogan a favor de la igualdad". Todo el tiempo trataba a favor de la igualdad, aunque reconoce las muchas divergencias y limitaciones.

Ya hemos dicho que los unos le criticaron por liberal, y los otros le tacharon de socialista y colectivista que sacrificaba la libertad. En cierto modo se sintió obligado a aclararse, y fruto de esa incomodidad en parte vio la luz años después, *Liberalismo Político*. Dicen los marxistas, que aquí ya quedó más patente su autentico talante liberal. Se le reprocha que su propuesta de justicia y distribución equitativa (la más alta) no incluya alguna garantía para salvar esas diferencias económicas, notables, que dejan tirados a los menos favorecidos. Rechaza el reproche en base a no mermar las ventajas de la eficacia. Él, siempre es partidario de la herramienta de la fiscalidad (tanta como la política decida). Pienso que puede ser *insuficiente*. Algunos dirán (los pocos que lo decían ya no lo dicen) que para que haya buena justicia, debe haber apropiación colectiva de los medios de producción y distribución, y la máxima igualdad. El autor se reafirma en permitir la desigualdad social, aunque ofrece un planteamiento teórico que limita, cuanto los ciudadanos quieran el nivel de diferencias. Rawls no impide ni demoniza el socialismo, ni dice que ese sistema sea peor o menos efectivo que el liberalismo. Argumenta razones (acertadas o no) basadas en la libertad, por las que ve más efectivo el liberalismo que el sistema socialista.

Hay coincidencia en que en el XIX había más explotación que libertad. Como ahora dicen que sí hay libertad, nos venden la idea de que cada uno es responsable de su elección, esfuerzo y logros, de modo que los ricos no tienen responsabilidad alguna en que 2000 millones pasen hambre. Ya hemos apuntado que los 85 más ricos del mundo poseen tanta riqueza como los 3500 millones más pobres. Nos indignamos, nos cabreamos, inasumible, lo vamos a romper todo; no, no va pasar nada. No estoy seguro de que el actual panorama sea menos ignominioso que el del otro siglo. Aquello era indigno e insalubre,

411

laceraba las conciencias; ahora todo es más almibarado con el decorado de la libertad, es el nuevo truco, cuyo resultado es casi peor. Cuando piensas en esos 85, para qué crees que sirve la libertad. Ahora sí, ahora es más bonito, el obrero tiene derecho a reunirse con otros cuatro o quinientos y llamar ladrón a alguno que se lo ha llevado dejándoles en la calle, o puede manifestarse libremente contra las políticas que le ponen la bota en el cuello, puede gritar ante los juzgados o ante la sede de los partidos. ¿Y qué? El caramelito, con que poco nos conformamos. Pues que ese es el placebo: ya tienes tu libertad. Pero en verdad muchos somos tan esclavos como en el XIX, porque solo tenemos libertad para gritar.

$$* \quad * \quad * \quad * \quad *$$

¿Qué se puede hacer?

¿Puede el mundo cambiar el actual rumbo del mundo? Se precisaría un cambio en la importancia de los valores, un cambio de *modelo social*. Seguro que el arquetipo ya está inventado, basta con adherirse a un modelo que fundamente la acción humana en la ética y la justicia (de entrada ya significa minorar las desigualdades), y que aporte buenos principios al ordenamiento de la sociedad. Pero ocurre que los ricos no desean un modelo de relativa igualdad, ellos son los listos (configuran la *percepción* social, Stiglitz) y pondrán miles de trabas a todo intento, y los de abajo somos poco listos, y además soñamos con hacernos ricos, soñamos con la diferencia. El modelo de Rawls defiende los citados principios, junto a la libertad y la iniciativa, que tanto gusta en Occidente. Como hemos visto, su planteamiento está en la antítesis de la presente realidad. Rawls propone ética, pero los poderosos están más de acuerdo con Mandeville. Se precisa un nuevo paradigma, donde haya un viraje de valores desde la codicia y el frio egoísmo, hacia valores más cálidos y humanos. En el programa Salvados (Junio de 2012), Paco Álvarez, indica que el modelo social actual se basa en lucro, beneficio, competitividad; y que quizás haya que cambiarlo hacia otro modelo basado en el bien común, bienestar, cooperación; es lo que llama *"economía del bien común"*. Cristóbal (mismo programa), el empresario de la cooperativa La Fagera (la proporción de salarios es de 1 a 6) subraya, que para que fuera posible el funcionamiento de la "economía del bien común" se necesitaría un gran cambio en las mentes, "lo cual entra en la esfera de lo milagroso", pero se anima a creer que otro modelo distinto a la riqueza es posible. "Yo tengo una buena vida, vivo mejor que un multimillonario porque me sobra parte de lo que gano, vivir es barato" añadía. Paco Álvarez, añade, que no se nace para ganar dinero, *nos lo enseñan,* y eso se ha de poder cambiar. Esta es parte de la clave: si hemos aprendido a valorar el dinero, podríamos aprender a valorarlo menos, y a valorar más otras cosas. No nos engañemos, no es tan fácil. En cierto modo el dinero tiene cientos de miles de años. El dinero no es más que el símbolo del poder; hace 200 mil años se imponía el fuerte, hoy poco ha cambiado, se impone el fuerte, solo que al fuerte se le mide por la fuerza económica (dinero) en vez de fuerza física.

De momento, todo está perdido en cuanto a la honradez y la ética en el actual orden mundial. Se aprecia que la corrupción campea en todo el mundo, solo hay que ver como se añade a la lista muchos políticos chinos. ¿Qué fue de las enseñanzas de comedimiento de Confucio? Todo queda en nada ante la presión del dinero y la codicia, todo se ha desbocado, se ha salido de madre, se ha roto todo el sentido puritano que gobernaba el trabajo y el esfuerzo, y direccionaba el sentido de la vida humana. Nada queda de pasadas directrices respecto del trabajo honrado, la riqueza ganada, el honor. Todo lo que la gente normal entendía por ética, se han dado cuenta de que ahora no tiene cabida, ni comprensión, ni lógica, por tanto no se puede hablar de ello.

El alma humana corrompida por el dinero y la codicia. En distintas medidas, es así en todo el mundo. ¿Se puede hacer algo? Para que en el mundo pueda haber *casi-felicidad* social, tiene que haber buenas instituciones sociales. Para que haya buenas instituciones sociales, tiene que imperar la imparcialidad y la no corrupción. El gran problema de todas las sociedades es la parcialidad, el amiguismo, las leyes trucadas y la corrupción. Lo saben todos los analistas sociales de todas las partes del mundo. En USA, en 1800, vislumbraron los peligros de que algunos sectores pudieran tener excesivo poder, para tratar de impedirlo idearon el sistema constitucional de *"contrapesos y balanzas"*. Aquello fue útil para el ejercicio político, no en cambio para gobernar la iniciativa económica, porque a pesar de lo que dijeran las leyes sobre derechos e imparcialidad, el Ferrocarril hizo cuanto quiso, y personajes como Vanderbilt y Rockefeller, lo mismo. Dado que conocemos el hándicap de la parcialidad y la corrupción, deberíamos encontrar los contrapesos o antídotos adecuados. La mejor manera de evitar la corrupción y el amiguismo, está en la constante *renovación* de personas: limitación del ejercicio político; un máximo de cuatro

413

años. En 2013 varios partidos de izquierdas se atrevían con esas propuestas, nadie sabe qué fue de aquello. Sin buenas reglas o antídotos, no puede haber buenas instituciones sociales.

A lo mejor esta crisis nos anima a pensar y logramos hacer reflexiones profundas que nos permitan comprender que algunos cambios son posibles, y tal vez necesarios. En definitiva, el cuadro rawlsiano es una posible puerta de entrada hacia un nuevo marco (imprescindible) de relaciones sociales más cercano a la empatía. Rawls, que está convencido de las bondades y posibilidades de la justicia, de la buena justicia social, cree que las personas son proclives a ser mejores personas si viven en un ambiente favorecedor y de estímulo, un ambiente social basado en buenas y justas leyes; cree que las buenas leyes animan a las personas a desarrollar mejores conductas. "Casi todas las doctrinas tradicionales sostienen que la naturaleza humana es de tal condición que adquirimos un deseo de actuar justamente, cuando hemos vivido en el marco de unas instituciones justas y nos hemos beneficiado de ellas"[24]. Este es un enfoque muy optimista de Rawls, aunque no parece del todo descabellado. Me viene a la mente los Paises Nórdicos. En un sentido más oscuro, debemos recordar que las malas leyes no favorecen buenos comportamientos, sino que confieren un clima de permisividad a las malas actuaciones. Por ejemplo, en India, han violado y destrozado el cuerpo de una mujer en un autobús en Diciembre de 2015 (acciones similares ocurren muchos días, allí). Además el cuerpo de ella y de su acompañante tirados desnudos en mitad de la calle, eran vistos por los viandantes sin pararse a interesarse. Los dos sucesos son consecuencia de las malas leyes racistas y discriminatorias (cultura) de ese país. La mala ley resta valor a la mujer, y confunde sobre la permisividad de trato respecto de ellas; la mala ley enquistada en ese alma social durante siglos favorece que la gente no se implique ni se preocupe por lo que no es "el mismo", por eso no auxiliaron a los desnudos en la calle. Otras leyes más democráticas y justas cambiarían la mentalidad de esas gentes, y ocurrirían en mucha menor medida esos hechos. Defraudar en la percepción de desempleo se persigue como delito penal, en cambio defraudar hasta 120.000 euros tiene consideración de sanción administrativa. Sin duda es una mala ley que no ayuda en la conciencia cívica. Las buenas leyes animan al correcto comportamiento y propician beneficios, y el pueblo se acostumbra a ese actuar correcto.

Siempre no, pero desde hace muchos siglos han estado mal vistos los homosexuales en todas partes, en España también. Aunque el contexto social era más permisivo hacia el 2000, una nueva ley impuso una concepción más permisiva sobre la orientación de cada uno, contra el sentir aún de muchos. La sociedad se acopló fácilmente sin grandes chirridos, y la ley de no discriminación favoreció el normal desenvolvimiento de los gays; una buena ley favoreció el maduro comportamiento de la sociedad española en este campo. Semejante ley la hay en Holanda y algunos otros países. Por poner otro ejemplo señalaré que en algunos barrios de Madrid las calles solían estar limpias, a consecuencia de una buena labor de recogida de basuras y de limpieza. El hecho de que las calles se vieran limpias animaba a los vecinos a que rara vez soltaran cosas por la calle. En los últimos meses ha disminuido mucho el ejercicio de limpieza municipal (recortes) de tal modo que las calles empiezan a estar sucias y llenas de hojas y otras materias. La sensación ya es de suciedad, hecho que disuade a los ciudadanos de comportamientos cívicos, ahora es más fácil soltar el papel o el plástico que te estorba en la mano. En este caso, la mala actuación administrativa anima al mal comportamiento ciudadano. Las buenas leyes favorecen un mejor comportamiento (se cree). Siguiendo este principio de Rawls, podríamos tener buenas sociedades a partir de buenas leyes. ¡Qué bonito!, parece fácil. De todos modos, las buenas leyes es algo malo para muchos; no todos los poderosos (el 1%) quieren buenas y justas leyes y sociedades; ellos serán el polizón y el saboteador, no interesan los buenos legisladores, no interesan los buenos líderes capaces de elevar buenas propuestas sociales. Hay dos principios claros en el mundo competitivo: no todos pueden ser ricos; la mejor jugada es el monopolio (Stiglitz). Si casi todos fuéramos casi ricos, entonces los ricos también tendrían que trabajar; "menuda mierda de vida", dirán entonces, se acabaron los criados. Algunos (los 85), impedirán que los planteamientos de Rawls se hagan realidad, lo llevan haciendo todo el siglo XX, cada vez que logran condenar la igualdad como una quimera. Ese 1% se encarga de convencer a todo el mundo de que no hay alternativa y de que el Sistema está bien como está. El gran problema es ese 1%, pero quiero creer que cierta inteligencia general pueda empujar la gran bola cuesta arriba. A decir verdad, creo que las *buenas leyes son la única posibilidad* del ser humano, aunque cueste mucho tiempo y esfuerzo irlas asentando. Lincoln (con su labor titánica y contra el pensamiento de muchos) logró acabar con la esclavitud, fue una buena ley, pero llevó mucho tiempo desde que se inició esa lucha en Inglaterra hacia 1780 por parte de los evangelistas. El problema de la vivienda (art. 37) algún día será un derecho mayor, y también el asunto capital del derecho al trabajo, pero costará ingentes esfuerzos. Si se logró abolir la esclavitud, por qué no se habrían de lograr otras conquistas.

Europa disponía de un bagaje de valores más entroncado en la idea de comunidad y solidaridad en la primera mitad del siglo XX, pero vino América y su Plan Marshall y se fue produciendo la colonización mediante sus empresas y su cultura hegemónica de hamburguesa y coca cola. América es el paradigma del individualismo, y nos lo han insertado poco a poco a través del consumismo. América aporta la sobrevaloración del individualismo y la cultura del progreso personal. En buena medida el inductor filosófico de esa actitud es el Utilitarismo, que se adapta como un guante a la idiosincrasia americana. Igualdad de oportunidades reza la filosofía americana, aunque con frecuencia no es tal, como señalaba Rawls " Los hombres nacidos en posiciones sociales diferentes, tienen diferentes expectativas de vida… circunstancias económicas y sociales…, esto es así en razón de que las instituciones de una sociedad favorecen ciertas posiciones iniciales frente a otras, (status). Estas son desigualdades especialmente profundas, que si no se amortiguan, y en según qué sistema político y social se dejan en manos del libre azar, ejercen una influencia decisiva en la elección, posibilidades y camino que pueden seguir las personas, mermando mucho la entusiasta idea de oportunidades e imparcialidad". Es evidente que las enormes desigualdades en la estructura social socavan la pretendida imparcialidad, y con ello la justicia y posterior libertad. Lo que tenemos en el presente entre las manos es un sistema social de frustración y desigualdad que hace aguas. P. Krugman [25] menciona un reportaje de The New York Times, donde se explicaba que "la desigualdad extrema es destructiva". Mostraba que lo de la igualdad de oportunidades siempre es mentira "en la práctica, sin embargo los hijos de los ricos se benefician de oportunidades y relaciones inaccesibles… la brecha entre la ideología meritocrática de la sociedad y su realidad cada vez más oligárquica, está teniendo un efecto profundamente desmoralizador". "Mientras la gran mayoría de la sociedad estadunidense (Krugman) vive aún en una economía deprimida, los ricos han recuperado casi todas sus pérdidas,…el 95% de la recuperación ha ido al bolsillo de ese 1%". "Año tras año nos vamos apartando de nuestros ideales. Los privilegios heredados están desplazando a la igualdad de oportunidades". Roberto Savio apunta, que algunas perspectivas indicarían que en 2040 Inglaterra habrá retrocedido hasta la época victoriana.

En una reciente entrevista[26] (el exdiputado M. Milian (P.P.) indicaba que se necesita un cambio, no solo de los políticos, sino un cambio moral de la sociedad; que se *han perdido los valores*. Creo que no se han perdido. La mayoría de los cinco o seis valores fundamentales que eran importantes para las personas hace veinte años, siguen siendo los mismos; lo que ocurre -*muy importante*- es que ha *cambiado la jerarquía y el grado*. Uno de esos cinco o siete valores, era el dinero, y lo sigue siendo, pero ahora el *dinero pesa más del 50%* de la cesta de valores, el afán de dinero lo ha penetrado todo. Recuperar valores, significa, que el dinero valga un 20-30%, y que suban los otros valores: el honor, la imagen, la amistad, la generosidad, el gusto por las cosas bien hechas, la consideración del otro, etc. No obstante, otros muchos creen que el capitalismo es un sistema tan fuerte como siempre, y como suele decirse "el menos malo", por lo cual no le auguran riesgo de fenecer, se reinventa siempre. Lo cierto es que tenemos un hombre con 1500 c.c capaz de dominar la naturaleza y de comprender, y *tal vez de cambiar*. Cambiar desde unos valores a otros, mudando cuatro o cinco vectores importantes del desarrollo social: relaciones de producción, reparto del trabajo, cogestión y corresponsabilidad. Y todo ello, podemos hacerlo dentro de un nuevo paradigma social que propone redistribución y justicia social, limitando el enriquecimiento, y que recupera la revalorización ética como fundamento. Pero Rawls no propone la igualdad ni el igualitarismo ni el socialismo, reconoce el derecho y la conveniencia de esperar y obtener buenos frutos de los adecuados esfuerzos. Decía Rousseau que la sociedad debe (p.86 del Contrato) tender a la igualdad, pero no absoluta. Ningún ciudadano debe ser "tan rico para comprar a otro, ni ninguno lo bastante pobre para verse forzado a venderse". Rawls es partidario de que haya diferencias (atenuadas).

Empatía. Tiene un gran paralelismo con el altruismo, y también un significado semejante al de simpatía, pero yo lo entiendo algo diferente. Nos es simpático alguien que nos cae bien, alguien que de modo interno tiene algunas coincidencias emocionales con nosotros, y que nos parece que hace las cosas de modo sencillo y agradable, que suele favorecer las relaciones y poner un rostro positivo a la vida. Pero entiendo que la empatía es algo más. Un dicho anuncia: "no conocerás a alguien *hasta que te pongas sus zapatos*", otro pensamiento reflexiona: "no conocerás a alguien hasta que te *pongas en su lugar y sientas como él*". Empatía es la capacidad de sentirte cerca de los sentimientos

417

de otro, especialmente cuando el otro está afligido; la empatía te acerca y te posiciona para sentir y ayudarle. Las gentes de más empatía son buenas personas, el mundo iría mejor con más empatía, pero mucha empatía confunde. Las situaciones de aflicción de un cercano disparan nuestro índice de empatía, como el miedo dispara la adrenalina; no estamos en buena situación de juicio cuando estamos afectados por la empatía, en esas circunstancias somos vulnerables y más buenos, y queremos más a todo el mundo, y sin embargo un día después nos damos cuenta de que pensamos de modo menos afectuoso. Mucha empatía es perjudicial porque nos nubla, y entorpece el discernimiento, dificulta el juicio y la objetividad. En un momento de discusión (novela: *el Despertar de la Señorita Prim*) en base al hecho de que se ha ido la señorita Mott, la señorita Prim le pregunta al hombre del sillón: ¿Tiene usted algo en contra de la sensibilidad? Nada en absoluto, es una cualidad maravillosa, pero no es el instrumento adecuado para pensar. Las personas con mucha empatía son presa fácil de pícaros y aprovechados. A veces en alguna tertulia se le oye a algún escritor soltar reflexiones de esta guisa: yo no puedo ser feliz sin hacer un poco feliz a otros; yo no puedo hacer daño a otro sin hacerme un poco daño a mí mismo. El pensamiento es bonito, pero ilusorio, por desgracia está en la tangente de la esfera social.

Altruismo. Es la satisfacción de hacer un esfuerzo por otro sin esperar recibir recompensa. De este "don" apenas queda nada, hasta tal punto que muchos aseguran que detrás de una buena acción siempre hay interés (Mandeville). Esta idea la desmiente Mathieu Ricard (budismo), quien sostiene que hay muchos casos de altruismo verdadero. Pone algunos ejemplos claros. Recuerda que en la II G mundial, cuando los nazis, hubo mucha gente que ocultó judíos sin conocerlos, corrieron con los riesgos, y otras veces les ayudaban a escapar, eso es verdadero altruismo. Cree que el mundo de hoy se rige mucho por la avaricia y maldad, y que el altruismo podría solucionar todos esos problemas de esquizofrenia social. La dificultad siempre está en el podría. Si el podría fuera más que un condicional, el mundo sería más feliz y la vida más fácil; pero el podría no baja a tierra, suele estar en el aire. El cerebro de Mathieu se niega a aceptar que la mayoría de la gente no opta por esa solución, quieren vivir en un mundo de codicia, por eso el mundo es como es. El altruismo es una alta decisión de calidad moral, es una especial elección, consiste en hacer algo (un esfuerzo) por alguien sin esperar nada a cambio ni ventaja, y en ocasiones sabiendo de posibles riesgos al realizar esa acción a favor de alguien. Durante la II G. Mundial, algunos

418

vecinos callaron y escondieron a dos hermanas judías en Udine[27]. Cuando se sintieron libres, quisieron pagar los favores. "A ustedes no puedo cobrarles", les confesaba un tendero por la comida que les había llevado durante semanas. Hay más historias, como el caso del empresario alemán Schidler o el embajador español en Hungria. Sin duda que siempre hay personas altruistas, cada vez más rara avis. Creo que en unas décadas el altruismo será un concepto residual, solo conocido por libros y películas. En 2011, tres hombres han sido acusados por no prestar ayuda a un amigo que se estaba ahogando. P.S. (una mujer)[28] tiene dos chavales casi adultos africanos en acogida, sabiendo de todas las pegas administrativas y de la nueva ley que les puede sancionar. Eso sí es un corazón generoso, pero de eso apenas hay, sin ninguna duda cada día menos.

El altruismo, sin ser lo mismo, tiene bastante relación con la solidaridad (se identifica con la fraternidad, lema de la Revolución). José L. Cuerda decía [29] que sí cree en la solidaridad como concepto general, pero que en estos momentos puntuales no es un sentimiento asentado en la sociedad. Contraponiéndola a la caridad, dirá que ésta no es precisa si existe justicia. Señala que es visible mucha injusticia, pero que no movemos un dedo. Judt[30] indica que aceptamos fácil la solidaridad del Sistema con los necesitados cuando la economía va como un tiro y el Estado con su Hacienda parece capaz de llegar a todos, pero nos contraría cuando la economía está deprimida "…los hijos de la depresión no estaban familiarizados de forma directa con las anteriores circunstancias… y por tanto les indignaba el coste" (Ibid 144). Cuando avanza la crisis y disminuyen los recursos del Estado, la Hacienda necesita nutrirse mediante más presión fiscal sobre las clases medias y entonces ya la solidaridad nos resulta más molesta. Empieza a valorarse solo el subjetivismo individual (Ibid 92) y todo desemboca en un relativismo moral y estético: "Si algo es bueno para mí, no me atañe a mi averiguar si también lo es para alguien más". Un estudio de opinión parece revelar que la mayoría de los franceses ve la amabilidad con desconfianza, osea que la gente duda que exista la bondad. Paloma Rosado, autora de la *Revolución de la Fraternidad* sostiene que la empatía y el altruismo generan felicidad en el ser humano. Subraya que el pesimismo es malo, queda bien, pero no es bueno. Cuerda en cambio defiende el pesimismo, argumenta que las cosas están mal. "Un sabio decía que *solo los pesimistas intervienen para mejorar la sociedad*". El optimismo bonachón no es bueno, perjudica, adormece las conciencias, e impide el movimiento y el empuje. Joan Mayo autor de *el Mundo que Viene*, enuncia que la fraternidad es una chorrada, la cuestión está en la justicia social.

El biólogo E.O. Wilson, postula que las sociedades que practican la eusocialidad (condición social verdadera) tienen más posibilidades de progresar. En su visión, el cuidado del nido (homínidos, hormigas, etc.) favorece la eusocialidad, lo cual auspicia el comportamiento altruista como actuación de grupo, y de modo individual pero referenciado al grupo, aún cuando especifica que el hombre nació *egoísta*[31]. Confirma que en la evolución, los grupos altruistas ganan a los grupos de individuos egoístas (Ibid 283). Centró su estudio evolutivo sobre todo en hormigas y termitas, y concluyó que se sacrificaban de manera altruista por el grupo, idea confusa toda vez que afirma que las obreras son fenotipos de la reina, son robots que ella ha creado a su imagen; eran pues instintos necesarios de adaptación y supervivencia (Ibid 173). Creo que todos coincidimos en que altruismo no es eso. Cree que en el hombre hubo evolución de progreso por el altruismo de grupos, en el sentido de que el sacrificio de unos miembros siempre repercute efectos positivos en ellos mismos a través de lo que son grados de parentesco: hermanos, sobrinos, etc. (Ibid 134). Eso no es altruismo, es selección de parentesco. Altruismo es acometer acciones favorables a otro (ajeno a tu sangre), sabiendo del riesgo personal, sin esperar ninguna recompensa posterior. Dice: "Todas las personas normales son capaces de verdadero altruismo". Sí, otra cosa es que se dé poco, pero sin duda acontece en ocasiones. Por ejemplo en las guerras siempre hay altruistas (al menos en las películas). Altruismo son las donaciones de sangre, pero en la sanidad madrileña quieren cambiar el modelo para que deje de ser un acto generoso, pretender lograr desterrar esos valores, que la gente no sepa de esos significados, que todo se pese en dinero, conveniencia y egoísmo, de ese modo se olvidan los valores solidarios. A finales de 2013 Lasquetty quería cambiar el modelo de prestación de trabajo de los médicos de Madrid, alegando que el actual sistema no incentiva, dice más o menos que el altruismo no es una buena idea. Si se destierra la idea de solidaridad, todos perdemos. No, todos no, algunos harán negocio con ello.

En el fondo, gran parte de lo que hemos tratado *es ideología*. La ideología está más viva que nunca, aunque muchas veces la han querido muerta; les gusta hablar de la administración de las cosas (similar al concepto preferentismo, del Utilitarismo). Ideología es lo que yo propongo, ideología es el liberalismo y el socialismo, ideología es todo intento de negar la ideología, ideología es la pretensión del sumun bonum, ideología es todo. Se ha impuesto el pensamiento único, y parecía que la ideología estaba enterrada, pero no es posible porque la ideología es ética, que es la forma de entender y expresar la relación de las personas con la sociedad. *¿Qué debo hacer?*, esa es la pregunta maestra. Una sociedad funciona bien cuando funciona de modo ético, cuando sus miembros se portan con amplia frecuencia eligiendo el modo correcto y escuchando a su conciencia. Decía Kant que tendemos a actuar bien confiando en que los demás harán lo mismo. El problema es cuando actuamos bien y los demás no, entonces nos reconocemos en el grupo de "tontos". Creemos que la gente debe actuar de modo ético o moral, es decir ejecutando el acto correcto, pero cuál es y cómo reconocer el acto correcto. La respuesta (se decía) siempre es particular, personal, subjetiva. Los filósofos no cognitivistas y la filosofía analítica, enfatizaban su postura señalando que es imposible conocer sobre el acto correcto, dado que estaríamos negociando con juicios, sentimientos y emociones, ellos proponen arrinconarla en el baúl de los trastos viejos. De qué hablar pues en nuestro mundo si no podemos hablar de ética. Hay que volver los ojos hacia la ética, hay que devolverla al escalafón superior. La moral y el significado del correcto actuar estaban quedando arrinconados. Se ha rescatado la ética en el último medio siglo merced a nuevos esfuerzos en cuanto a la validación y más amplia consideración de los enunciados, intentando no encorsetarlos en las mediciones de las ciencias puras (p.140), por tanto podemos volver a repetir el sentimiento de Wittgenstein: el mundo no es nada sin ética. La ética es válida a partir de dos postulados: la experiencia axiológica (Kutschera), y las Normas de Alta Calidad, que le aportan a esta disciplina validación y significado. Hemos expuesta esta afirmación capítulos atrás.

Creo que podemos coincidir en cuatro o cinco postulados: la cultura y la civilización existen porque un día (en un plazo corto, o evolucionando en el tiempo) se inventaron e impusieron unas *primeras normas*; la civilización se alejó de la destrucción, y progresó, porque a partir de entonces el mundo siempre se ha gobernado (con mayor aceptación o rechazo) por *normas*, unas normas que las personas aprendimos (filogénesis) y que sirvieron como guía de la acción correcta en cuanto a la relación y trato con los otros. Desde muy pequeños empezamos a aprender sobre bueno y malo, "eso no se hace" oímos con 6 o 14 meses; es imposible entender la relación con los demás (socialización) si no es partiendo de las normas: reglas de conducta y prohibiciones. Así pues, la ética de algún modo siempre está presente en nuestras vidas. Pero vivimos momentos de desaire de la ética, cada vez hacemos menos caso a la moral, nos saltamos más las normas, las respetamos menos para posicionarnos más en el lado de la conveniencia; se diría, con pocas dudas, que el mundo actual es menos ético, que el ser humano cada día hace más ahínco en su elección egoísta en detrimento de la consideración de los derechos de los otros y de la valoración de la acción correcta. El otro importa poco, casi diría nada. Es exactamente lo que tenemos en Occidente: crisis social, a causa de la economía y los valores fundamentados en el egoísmo y el dinero.

Anhelamos y perseguimos una vida feliz, aún cuando tengamos algunas dudas de qué o cuánto es la felicidad. La felicidad personal de la que somos capaces, en su forma prosaica se centra en el bienestar, un concepto amplio que incluye la superación de las miserias y el acceso a una serie de comodidades y satisfacciones, y el logro de una relativa satisfacción y tranquilidad mental. La felicidad de la persona no es posible sin una cierta serenidad o armonía social, que ha de estar basada en una serie de valores de comportamiento (social). Si seguimos a Savater (*Ética para Amador*) la buena vida tiene que ver con las relaciones satisfactorias que establecemos con los demás, tiene que ver con la amistad, con sentirse útil y a la vez ayudado, tiene que ver con la confianza, y menos con el dinero. Entiende, que el ciudadano Kane al final de su vida (película) se sentía vacío e infeliz, a pesar de que lo tenía y de que había logrado comprarlo todo. Sería un buen ejemplo de lo que es todo y a la vez nada. Es placentero pensar así algunos ratos. Pero casi nadie piensa de ese modo. Actitudes como las de Kane se repiten todos los días, en las novelas, en las películas y en la vida real, personajes como el Gefco de W. Street o Madows, ninguno de ellos se ha arrepentido, Gefco decía: "Si quieres un amigo cómprate un perro". Hay quien comenta que los personajes reales como el *Lobo de W. Street* son despiadados e infelices, que esa es una canallada de vida, prefieren seguir creyendo en el calor humano y la amistad. Pero el tipo de vida de ese tiburón es envidiable y deseable para muchos, y limitando un poco las estridencias, esa es la vida ansiada por la que muchos firmarían raudos un pacto, cual Fausto. Como Kane, muchos lo compran todo, y nunca se rasgan las vestiduras para pensarlo, viven así 60 años y luego mueren, y no escriben un epitafio arrepintiéndose de algo, y lamentando no haber tenido más amigos de verdad ni pidiendo perdón por el daño que han hecho a otros más débiles. Ya sabemos qué valores gobiernan nuestro mundo, no son los mismos o de las mismas dimensiones que hace 40 años, los actuales tienen un tinte más egoísta, y parece que no nos va bien, que abunda

422

el descontento e insatisfacción. Se puede cambiar desde esa bolsa *de valores V1 a otra cesta de valores V2,* donde apenas cambien los ingredientes, pero sí las proporciones. Una cesta donde disminuya la importancia de la fuerza, el dinero, la riqueza y la codicia, y adquiera más peso el calor de las personas, una cesta donde ponderen más alto la generosidad, el honor, la solidaridad, la empatía y el altruismo, y otros valores de "olor" similar. En este punto es fundamental la visión que tengamos "del otro". Solemos ver al otro como rival, podríamos verle como socio y aliado. Nada podremos cambiar si no modificamos esa visión. Si las personas quieren, el mundo puede cambiar. Lo que no se puede es querer que el mundo cambie y no hacer nada, excepto desear que nos llegue cada mes más dinero y bienestar. Eso no es así. Si quieres cambio hay que ponerse a fabricar el cambio, hay que paladear las letras de la palabra ética. Si esos cambios en el interior del cerebro personal no se van dando, todos los cambios políticos que se pongan sobre la mesa harán muy poco por un cambio significativo. Yo mismo pienso que eso solo es un bonito deseo.

Casi todas nuestras respuestas son aprendidas mediante la socialización. Pero todo no se nos puede enseñar en la vida, nos enseñan lo más básico y fundamental. No es muy importante que un niño con 8 años sepa atarse bien los cordones de las botas ni que acierte a la primera a ponerse la camiseta del derecho o abotonarse la camisa o coger correctamente el cuchillo de cortar carne. Pero un niño de 8 años sí sabe (casi todos) interactuar, jugar y disfrutar con otros niños, y sabe que la bici o el balón con el que están jugando es del otro niño y es quien se lo llevará al irse a casa, igual que sabe que si le gusta más el bocadillo de chocolate del otro niño no tiene que quitárselo y darle el suyo de chope. No son comportamientos o respuestas axiomáticas, en el sentido de que sean heredadas, sino en tanto que son conductas aprendidas, enseñadas por los padres y adultos, en cualquier pueblo de la tierra; son conductas básicas de comportamiento, por eso nos las han enseñado (estamos hablando del poder de la inteligencia) desde pequeñitos, porque son necesarias para poder convivir y sobrevivir. En definitiva, hay una serie de conductas primordiales que constituyen la base de nuestra socialización y cultura, son generalizaciones o desarrollos de las primeras normas (acuerdos o imposiciones), son el fermento de la civilización, y son por tanto Normas de Alta Calidad.

En definitiva estoy sugiriendo un giro hacia la Ética, hacia la enfatización

423

de los valores de *la cesta V2*. Digamos, que se necesitaría una especie de carnet de ciudadanos éticos. Pero nadie puede otorgar el tal carnet, ni nadie nos puede examinar en esta parcela. ¿Qué significa esto? Pues que debería haber un cambio y compromiso interior y propio, de las personas. Una filosofía que dice: quiero ayudar y no quiero ventajas. ¿Cuál es el problema? Que ese tipo de hombre no ha nacido, aunque Rousseau (y después el marxismo) quiso creer -y nos hablo- del hombre *bueno y nuevo*. Estaríamos hablando de utopía. Utopías ha habido en todos los momentos de la historia. El filósofo J.J.Tamayo (2012), recopila exhustivamente una amplia diversidad de teorías y proyectos utópicos, cuyo propósito siempre era acercarse a la vida feliz. *El hombre no quiere ser nuevo ni bueno.* Preguntemos a cualquier hombre si prefiere hacer buenas obras o dedicarse a los vicios, ¿cuántos hay de los primeros? Casi todo el mundo quiere poder y dinero, ¿pará qué sino se quiere el poder y el dinero? No es imprescindible ponerse en la piel de los ejecutivos de W. Street. Si lo anterior es cierto, el socialismo avanzado o comunismo estaba destinado al fracaso. El socialismo o comunismo, no consiste en que de pronto todo es del Estado y hay empleo y dinero para todos, y ya no hay ricos. Si la idea era así de menguada, obviamente fracasó. El comunismo es una conciencia y actitud ética general, donde las personas piensan más en dar que en recibir. ¿Verdad, que nadie conoce a esas personas? Aquella maravillosa teoría no es imposible, pero se necesita otro hombre, que aún no se vislumbra. No es suficiente que haya unos pocos. Alguien podrá agarrarse al optimismo y argumentar que el mundo o el hombre están cambiando porque opciones socialistas son elegidas en el Sur de Europa. El mundo también es Inglaterra, Francia, etc. En Inglaterra arrasó Cameron, y en Francia amplios porcentajes de obreros y estudiantes, votan Frente Nacional. Yo he cuestionado que pueda haber comunismo o socialismo avanzado. Hay que tener presente algo que ya casi todos admiten: no es mala la diferencia de recompensa en función de esfuerzo y merecimientos (se puede revisar esta idea en subcapítulos 25,27 y 29). Si partimos de esa base, ya aceptada por casi todos, siempre habrá algunas diferencias y no habrá igualdad absoluta (que algunos sí demandan), lo cual significa que no habrá comunismo. Llegados a ese punto, queda pensar en el modelo más igualitario que admite las diferencias: El Estado de Bienestar Escandinavo de los setenta. Ese modelo (socialismo a medias) permite tanta redistribución fiscal como los ciudadanos (elecciones) legislen.

Dándole la vuelta a Hegel, Marx decía, con mucha razón, que las estructuras económicas y las relaciones de producción determinan la ideología y formas de pensamiento de los distintos grupos sociales. Cambios en las estructuras sociales, pueden producir cambios en el pensamiento y en los modos de comportamiento; mejores estructuras sociales (cambios políticos) propician mejores hombres. Los cambios políticos ocurrieron (revoluciones y socialismo del Este), pero no hubo mayor justicia ni mejores hombres, solo cambiaron los explotadores. Yo sostengo, que dado que el hombre filogenéticamente se guía por el egoísmo y afán de poder, siempre tiende para sí y a la rapiña (Langaney), entendida hoy como codicia y explotación. Por eso, aunque cambiaron las estructuras sociales, no cambió la esencia del hombre. Antes del cambio, el hombre precisa desear cambiar (elección ética). Esto aún no ha ocurrido. Pero Rawls, en cierto modo refuerza la posición de Marx, al indicar que"…adquirimos un deseo de actuar justamente, cuando hemos vivido en el marco de unas instituciones justas y nos hemos beneficiado de ellas". Cuando leo esta frase siempre pienso en Escandinavia. Si las estructuras sociales mejoran, nuestro comportamiento puede mejorar. No obstante, debemos recordar que el humanismo en Dinamarca se inició en 1770, con el Despotismo Ilustrado, antes de Marx. Y además tiene que ver con una tradición anterior al enfoque roussoniano, como es el pietismo, la colaboración humana propiciada por el clima adverso y el pegamento social que anima la ley *Jante*.

Todo el que dedica un tiempo a pensar y escribir sobre estas cuestiones, es porque le preocupan, quiere exorcizar el mal, y le gustaría poder cambiarlo, o contribuir a diseccionarlo y encontrar un camino por el que se pueda pasar del mundo de las tinieblas al de la luz. Para algunos, no hay forma de sustraerse a estas inquietudes. Pero este no es el mundo de Narnia, tras la puerta del armario no está el mundo de colores y las hadas buenas. Se impone abrir los ojos y mirar la realidad. El mundo real se dibuja desde la competencia, la persecución del poder, la insolidaridad, el egoísmo y la codicia; y la persecución de esas metas deja mucho lastre en el camino, muchas calamidades y mucho sufrimiento irracional. En Julio de 2013 el Papa pide perdón "por una sociedad que está anestesiada ante el dolor"; es decir que le es indiferente la maldad que sufren las personas. Decía Kekes que son muchas las causas del mal. No, ya lo creo que no. No son muchas (siempre hay que seguir el rastro del dinero), las causas profundas están señaladas, son resumibles en: Afán de Poder, tradúzcase por riqueza, dinero. De los alrededores del poder y el dinero se derivan la envidia, la frustración, el resentimiento, la venganza, etc. Suelo recordar cómo R. Milliband que era un soñador (no es malo), se sentía desconcertado al estudiar la realidad de barbarie y sangre que propició en siglo XX. Sin embargo él seguía creyendo en el hombre. En una línea de pensamiento, creo similar, hoy el joven columnista británico Owens Jones representa el espíritu irreductible y optimista que nunca decae. Yo me pregunto por qué hay que darse cabezazos contra la realidad y seguir creyendo que el hombre puede elegir la generosidad y la justicia, en vez de la diferencia. Durante un minuto podríamos recordar el caso de la madre ruandesa obligada a ser violada por su propio hijo de 12 años , el caso de los ojos que les arrancaban a los civiles en la guerra de los Balcanes, lo del niño judío (Las Benébolas), y tantas y tantas otras atrocidades. El hombre debería pararse, pensar otro minuto hacia adentro y decirse "esto no puede volver a pasar". Pero pasa, y pasa, y pasará; porque el hombre por causa de ser el ser más inteligente, es el ser más malo de la naturaleza, auténticas fieras. El abogado de A. Puerta (en el programa Salvados) refería que "Éste quería vivir, pero que se topó con una sociedad ávida de venganza y de espectáculo que se lo impedía, nos convertimos en hienas".

Un problema importante en el diagnóstico social es el "buenismo". Se trata de un optimismo bobalicón y sin fundamento que nubla los ojos de la mente de mucha gente. En absoluto quiero utilizar este término en la acepción sociopolítica que actualmente le confieren desde sectores liberales, que critican la asistencia y reparto a los sectores más desfavorecidos, en el sentido de que se trata de un sistema perverso por ineficaz y que perjudica la estabilidad del país. Yo utilizo el término en clave de crítica social, contra el conformismo, pretendo criticar el adormecimiento del espíritu y el nihilismo. Un porcentaje amplio de personas sigue deseando creer que siguen teniendo fuerza valores como generosidad o altruismo, prefieren ser positivos y optimistas, el pesimismo cansa, agota, acogota, nos estanca, … mejor creer en un halo de bondad. Mill, y los positivistas, hacían lo mismo. Pero ese intento de optimismo porque sí, es perjudicial. La visión del buenismo se basa en suponer que hay una intención natural y lógica hacia la prevalencia del bien (algo parecido a la benevolencia que mencionaban Cumberland y Pufendorf), creer que las cosas por mera lógica interna poco a poco irán

426

mejorando, ¡tol mundo eh güeno!. El buenismo sujeta los brazos y acomoda las mentes.

Las 400 páginas anteriores nos muestran la esquizofrenia del ser humano: Jekill y Hyde. El dilema es crudo: si el hombre es malvado y egoísta (Hobbes) no hay solución. ¿Entonces por qué ser optimistas? Se necesitaría un hombre que no base la acción de su vida en la competencia y el afán de dominio (poder, propiedad, dinero) sino en el placer de la generosidad y la confianza, en definitiva alta valoración del otro. ¿Cómo se consigue? No es posible atravesar un bosque de pinos que está ardiendo. Del mismo modo no es posible cambiar el cerebro humano (comportamientos aprendidos, y subconsciente) conformado en base a las motivaciones señaladas desde hace veinte mil años, o cien mil (depende del enfoque), en cincuenta años. La paz (entiéndase de modo amplio) humana contraria a la guerra, precisa que el hombre disponga de "otros deseos". Ese cambio de deseos, ha de ocurrir en el cerebro, y como ya hemos visto, el cerebro se ha ido conformando en base a la historia del comportamiento humano, y esta historia ha sido la guerra (la rapiña, dice Langaney), dicho de modo más suave: la competencia y el deseo de dominar, con todo lo que ello implica. Decíamos páginas atrás, que hay dos fuentes del mal en el hombre: la una, la de los motivos innatos, casi inmodificables; la otra, son los vicios derivados de la civilización y la cultura (producto de la inteligencia). Siempre caben algunos peros al supuesto de que no hay solución. Primero, que nadie quiere oír vaticinios tenebrosos, todo el mundo quiere algo de optimismo y esperanza, luego esa puerta se ha de quedar abierta, el mero hecho de estar vivos obliga a la esperanza y permite la posibilidad del cambio. Segundo, aunque es claro que el hombre es egoísta, también se habla de otra variedad de egoísmo: egoísmo inteligente o racional - dicen-, el cual puede evitar el colapso. La II G. Mundial fue lo más cercano a la hecatombe, después mentes inteligentes pensaron en la ONU como amortiguador de catástrofes. La situación de extrema desigualdad e injusticia presente, quizás empuje a algún gran cambio, cambio en el modo de reparto y de relación entre los hombres. No debe descartarse la gran capacidad de la inteligencia humana como motor de modificación y cambio de estructuras y realidades, no hay una herencia maligna que nos tenga encadenados, el hombre es ambivalente respecto del bien y el mal, y tiene capacidad para inclinar la balanza en ambos sentidos. Rawls también creía que el hombre puede mejorar por el contacto social, la relación entre hombres, y el efecto positivo que tienen las buenas leyes en las costumbres.

Hay un sentimiento en las izquierdas y entre quienes se juzgan progresistas, de que la situación socio-económica en España (en cierta medida en toda Europa) está muy mal, el ambiente general es tóxico, y esto no podrá continuar del mismo modo mucho más tiempo (nadie sabe cuánto es mucho tiempo más). Decía Josep Fontana (veterano historiador) que antes había una alternativa concreta, un paradigma (socialista) en el que muchos creían, de modo que todo parecía más fácil, solo había que agarrarse y mirar hacia adelante. Aquello se hundió, y no queda ninguna referencia nítida ni concreta. Pero el pueblo nunca se rinde del todo, y de algún modo buscará y encontrará esa alternativa, decía.

Desde el año 50 al 70 se habló mucho de la responsabilidad del pueblo alemán en el hecho de seguir los dictados de Hitler. Las masas siempre dirán que no hicieron nada. Es más, mientras todo va bien, se le jalea, alaba y se está con el líder a muerte, distinto es cuando la suerte se tuerce, que le pregunten a Milosevic. La masa con frecuencia se ha comportado más como materia inerte que como suma de seres pensantes; parece una mole que se mueve de modo lento en zigzag, adelante y atrás, como si ella misma no tuviera vida, ni guía, ni dirección, parece una gran bola que alguien debe mover, la masa quiere beneficiarse pero no quiere identificarse.

En todas las épocas las masas han cubierto los campos con la sangre de sus cuerpos, obedeciendo las disposiciones que establecían los líderes, en Grecia, en Roma, en las Cruzadas, en los Tercios Castellanos, en todas las guerras y en todas las revoluciones. Hamilthon creía que el pueblo (las masas) cuanto menos se entrometieran en política, mejor. Como él, pensaba Cobbet, Mil, y todos los demás. No muy diferente pensaba Marx y los líderes socialistas, que preconizaban la vanguardia revolucionaria. Siempre se ha creído que unos pocos eran más listos, y estos debían dirigir el empujón que debían efectuar las masas: obedientes, conducidas y aborregadas. Los líderes del SPD (Kautsky y sus camaradas) sabían en 1890 cuando debía hacerse la revolución de la igualdad para el mundo, solo que cada vez lo sabían más tarde. Los líderes parecen haber sido la solución hasta hace dos o tres décadas. Pero como señala Fontana, aquellos se hundió y no queda referencia nítida ni concreta. De pronto, todo se ha venido abajo, no queda nada en que creer ni a lo que agarrarse, excepto el individualismo. Si la sociedad quiere sociedad (más que individualismo) deberá buscar la forma de acometer los problemas. Las dificultades y la merma de calidad de vida es de todos, o de muchos, y han de ser todos, los que capten la situación y se impliquen, no podrá valer sentarse a esperar que venga algún líder (o mesías) a poner la solución encima de la mesa. Como hemos visto, con frecuencia los líderes vienen a guardarse lo que hay sobre la mesa. Algunos creen que sí, que los nuevos líderes del Sur de Europa nos llevarán a la Arcadia. No se trata de que las ideas o propuestas surjan a la vez en la mente de miles de personas, sino de que una vez alumbradas las ideas, estas se expongan y conozcan, debatan y se aprehendan por las masas. Las masas han de conquistar el espacio que han cedido, o que nunca se aprestaron a conseguir. Las masas no podrán seguir siendo la fuerza rodante que otros ponen en marcha, sino que han de convertirse en sujeto pensante y actuante. Ya han visto que es común que los líderes se ocupen más de sí mismos que de las masas. Las posibilidades están solo en la masa. No se necesita el 100% de la masa, pero se necesita el 53, o el 44, o el 62, proporciones e implicación muy superiores a las de antes. El "grial" se llama Implicación y Responsabilidad. Las conquistas, mejoras, o bienestar, no van a llegar si solo empuja el 10 o 20%. Mejora social significativa, solo puede haber si la hace la masa de modo consciente, la misión de la masa no ha de ser tanto colaborar, como hacer; el pueblo debate, decide, se pone al frente y hace; y lo que sale es su producto, su orgullo y su obra. La masa no se esconde y señala a los líderes, los líderes son la masa, Fuenteovejuna.

Decía Rousseau: "Despojarse de la libertad equivale a despojarse del ser moral". La libertad es la herramienta que nos permite el ejercicio de la voluntad. Seguimos enfrascados en el centro de la ética: *Qué debo hacer, cuál es la acción correcta.* No debemos esperar encontrar normas fijas y nítidas en forma de respuesta ante cada acción. No está establecido cómo debemos actuar si acudimos a un ágape que organiza una ONG para recaudar fondos; la diversidad y voluntad de respuestas pueden ser admisibles. Imaginemos un paisano que camina por las afueras de un pueblo del Norte al caer la tarde, y de pronto ve dos lobos que vienen hacia él. A cien metros la escena la ven otros dos paisanos, cogen unos palos y corren a auxiliarle. Esa ha sido su suerte. Un chaval juega en el borde de un río de aguas bravas, calcula mal y cae. Grita y corre hacia allí un adulto que alarga una rama o una soga; ha tenido suerte, podrá contarlo. La actuación respecto de la ONG no es primordial, las otras dos sí, en ellas va la vida. Podemos no acertar o errar (podrás rectificar) en el modo de actuar en el primer caso, pero solo hay una forma de actuación correcta en los otros dos, fórmula idéntica durante miles de años. No está escrito en ningún sitio este modo de proceder, pero todo el mundo sabe que es el único correcto; es una respuesta de *experiencia axiológica*. No es instintiva; instintivo es llorar cuando de niños tenemos hambre, y la reacción fisiológica de adrenalina si al doblar una calle nos topamos con un león o con una navaja al cuello. La diversidad de situaciones es infinita, seguimos sin encontrar respuestas seguras para saber cómo actuar. Nunca encontraremos respuestas de manual para todo. Nadie ni ninguna ley, nos va a concretar qué hacer en cada caso. No habrá tratado que nos diga qué hacer si cuando voy por la calle llueve y resulta que llevo paraguas y veo una señora mayor que camina despacio y se va mojando, cualquiera que sea mi respuesta en este caso no es primordial. Ninguna ley me va a indicar qué debo hacer si delante de un paso de cebra estamos solos un ciego y yo. Ninguna norma me va a indicar de modo exacto que debo hacer en mi puesto de fruta con algunas manzanas que tengo un poco picadas. Nadie más que mi conciencia me va a señalar mi actitud respecto del billete de 50 euros que veo se le cae a una señora mayor al pagar el pescado, puedo esconderlo pisándolo con el pie. Tal vez tengo prisa cuando noto que alguien delante de mí parece que se marea y se cae; y tal vez tengo prisa cuando un coche se sale en una curva y no lo ve nadie más que yo. No hay normas escritas para esos casos (sí en el último). No me serviría leerme toda la Constitución de USA o de Alemania o la Declaración de Derechos del Hombre o la de España, ni la República de Platón ni todos los libros de ética, ningún libro sabio me va a rescatar de mis dudas respecto de la acción concreta. Unas serán respuestas a comportamientos poco significativos, las segundas requieren un examen y actitud de mayor enjundia. Qué puedo entonces hacer, cómo resolver mi angustia, ¿mediante el azar? No. Se necesita una elección inteligente, solo con el azar no sobreviviríamos. Necesito una elección con un fin, por eso tenemos 1500 c/c.; debo elegir para sobrevivir, para mejorar, para progresar; por eso al menos el 51% deben ser respuestas positivas. Hay que recordar las primeras normas de socialización: intersubjetivas, axiomáticas y empíricas (cap. III), aquellos enunciados normativos de *Alta Calidad*. Ya, pero, ¿cuáles son las respuestas buenas o positivas si no están en ningún libro? La respuesta está en la Razón, en la lógica humanista y en el *sentido común*; herramientas que todo ser humano tenemos disponibles, en nuestra mano (voluntad) está el utilizarlas bien. Ningún ser dispone de una herramienta como nuestro razonamiento; el razonamiento permite alcanzarlo todo. Decía Holmes (juez del T. S. de USA): "Una sentencia vale lo que valen sus razonamientos"; no viene mucho al caso, pero quiero postular la fuerza y el valor del razonamiento. Sigue sin ser fácil, porque razón y sentido común, a veces parece que escasean. Si aún no hemos encontrado el camino, probemos con lo más elemental y simple: los 50 euros están en el suelo, nadie los ha visto, puedo pisarlos, dejar caer un euro y cogerlos. Puede ser así de fácil. Si no quieres engañarte, no recurras al Utilitarismo. Respóndete : qué me gustaría que ocurriera si un día se me caen a mí y no me doy cuenta. Que nadie se empecine en que la respuesta es difícil. Es así de simple, otra cosa es que no nos dé la gana verlo. Cristianos o no, el mensaje de Jesús (Mill hace referencia) era ese, creo que el de Sto. Tomás también (no quieras para otro lo que no quieras para ti). Desde un prisma más filosófico, ético, y en torno de la teoría del conocimiento podemos apoyarnos en Rawls y *"el velo de la ignorancia"*, o en Kant y sus *máximas universalizables*: "Obra según la máxima que al mismo tiempo puedas querer se convierta en ley universal"; otra reformulación más conocida es la fórmula del fin en sí mismo: "Trata a la humanidad como a tu propia persona". En definitiva, un comportamiento es correcto cuando lo que decides tiene en cuenta tu interés y el de los demás; cuando tu enfoque no es eminentemente egoísta. Esas fórmulas siempre te abren la puerta de la conciencia y del conocimiento; otra cosa es no quererlo ver. Cómo saber si será una acción correcta o incorrecta. Porque no nos gustaría que nos lo hicieran a nosotros. Entonces ¿por qué se hace? Respuesta: porque a veces otros intereses concretos imponen su voluntad desoyendo la conciencia y el juicio correcto. En estos casos, el superyó (conciencia) cede casi siempre ante los dictados del yo (egoísmo, conveniencia).

Hemos mencionado líneas y páginas atrás los conceptos de: *altruismo, empatía, generosidad, solidaridad, compasión.* ¿Cómo debe comportarse el hombre, cuál sería la virtud más deseable y elegible, cuál sería la actitud ética correcta? El altruismo es bueno, pero una actitud muy altruista por parte de muchos haría inviable el funcionamiento social, toda vez que nos chocaríamos de tanto preocuparnos los unos por los otros; tiene sentido cierta proporción de egoísmo, y el hecho de cada uno se cuide primero de uno mismo. Lo mismo ocurriría con la empatía. Cierta proporción (¿cuánta?, las medidas solo las conocía Bentham) de esos valores es buena, el defecto o exceso en grado alto de esas virtudes es lo que distorsiona el buen funcionamiento social. Una sociedad con personas generosas y solidarias, hace mejor sociedad y más felices a sus miembros, pero las proporciones extremas hacen una mala sociedad, o por el contrario la adormecen y la estancan, con el consiguiente peligro de que sus miembros dejan de mostrarse vigilantes e interesados. En lo que conocemos, el hombre necesita estímulos (recompensas). Por último, advirtamos que la compasión es buena, humaniza a los hombres, pero deja un regusto de indignidad y debilidad, impropio de los derechos de igualdad, parece un acto de condescendencia. Entonces, qué actitud adoptar. Veíamos en el capítulo III que Ross, nos hablaba de las dificultades para discernir el acto correcto o evidente. Yo diría que la que se basa en cumplir las normas de modo consciente y satisfecho. Señalaba Rawls, que una sociedad "bien ordenada es aquella en la que todos aceptan y saben que los otros aceptan los mismos principios de la justicia", Kant menciona las ya citadas máximas universalizables y añadía que tendemos a obrar bien, bajo el supuesto de que los demás harán lo mismo. Si lo piensas no se necesita mucho más, es un principio suficiente, capaz de generar satisfacción y paz ética. En definitiva eso es la ética, el comportamiento correcto de acuerdo a unas normas, sobre el supuesto de buena voluntad y mejor acierto posible. En consecuencia la actuación correcta la podemos examinar desde tres vértices:

1, ética particular: trata de la acción correcta en el plano particular o privado, "ponte en lugar del otro", Kant y sus máximas .

2, ética social: atañe a la actuación de cada uno para con la pluralidad o sociedad: deberes, responsabilidad y derechos.

3, ética política: las buenas leyes sociales, la justicia como imparcialidad.

La Ética lo abarca todo. Leyes y comportamiento guiados por la ética pueden favorecer mayores grados de bienestar y sosiego; en la mano del hombre está esa posibilidad. Al final, ¿qué hemos puesto encima de la mesa? Nada. Solo un puñado de buenas intenciones, que sirven de muy poco porque a muchos no le interesa el mañana, sino el ahora, y la codicia como móvil de toda acción.

Siempre prefería el mensaje de Rousseau al de Hobbes. Siempre quise creer que era más acertada la visión optimista del primero, que el pesimismo del segundo. Tenía que ser cierto que el hombre fuera y naciera bueno (o neutro), su accidente era que le corrompía la errada sociedad; de este modo podemos enmendar y limitar los males del mundo; el progreso y la educación han hecho mucho bueno por el hombre. Hobbes condenaba al hombre al fracaso y las tinieblas, con aquel enfoque que se ceñía a repetir que el hombre siempre era egoísta, malvado y guerrero. Disfrutamos de bienestar y de libertad gracias a Rousseau y a Locke y a tantos otros; pero Rousseau expresó por primera vez o como nadie (*El Emilio*), la confianza en las bondades de la naturaleza, en el progreso del hombre, y en la educación como herramienta para el enderezamiento del espíritu. Rousseau nos enseño la esencia del hombre y su valía, nos liberó de las cadenas, nos expuso la importancia de ser, y nos mostró el camino de los derechos del hombre y de la sublevación frente al despotismo. Debemos mucho a Rousseau y a la Ilustración. No saben bien de esta importancia en otras latitudes del mundo donde aún no valoran los cimientos intelectuales de la libertad, de modo que en muchas partes el hombre se ha puesto en pie pero no se ha puesto derecho. Desde hace tiempo hay mucho progreso técnico, a la vez que poco progreso humano, el mal sigue igual de crecido que siempre; cómo es posible. Al final, me he convencido de que Hobbes tenía en este particular más razón que Rousseau. Hobbes no dice tanto que el hombre es malo, como que el hombre es egoísta e inclinado a los vicios; en tanto que Rousseau señala que el hombre es bueno en el estado de naturaleza y que por tanto, tiende a la benevolencia y a obrar el bien, tendencia que se estropea en el medio social. No podemos eliminar ni evitar la sociedad, pero podríamos (en teoría) cambiarla. Pero se hizo, y no funcionó. No funcionó por diversas circunstancias. También cabría pensar, que en última instancia no funcionó porque el hombre no es benevolente sino egoísta y codicioso. *"El hombre es un lobo para el hombre"*. No nos libramos del egoísmo, no nos libramos de la maldad. No podemos hacer un mundo de buenos porque el hombre bueno no existe; en el mundo hay maldad porque el hombre siempre ha tratado de dominar. Cabe reseñar que el optimismo de Rousseau se oscurecía conforme maduraba, al considerar que la riqueza y la codicia se habían apoderado del corazón del hombre.

Yo no considero que el bien y el mal en el mundo y en el hombre, se expliquen solo desde las posiciones contrarias de Hobbes o bien de Rousseu.

Yo creo en la ambivalencia, y no considero que el comportamiento esté predeterminado por razones de herencia o biología, sino que opino, que en razón de la interacción social y de la inteligencia se dan todas las posibilidades para variar el mayor o menor grado de bien y de mal. Pero admitiendo esas posibilidades, me parece acertado señalar que las motivaciones conductuales profundas son las que señalaba Hobbes, y que aunque el potencial de variación es cierto, es inequívoco que no se aprecian alteraciones sustantivas respecto del bien y del mal porque el hombre (entendido de modo genérico) no parece interesado en esos cambios (cree encontrar más beneficios en la actual situación). La persona no parece estar dispuesta a sentir y asumir la responsabilidad. Para que se dé cita más bien y menos mal, el individuo tiene que querer, es un ejercicio de conciencia y voluntad, debe implicarse, es decir que precisa encaminarse en la senda de la Responsabilidad y los Deberes y debe apremiarse a exigir cambios, mejoras humanas y un mayor comportamiento ético (general, de todos). Se trataría de aminorar esas diferencia estructurales, pero por lo visto no hay forma de conseguirlo. No se consiguen, porque el ser humano siempre persigue lo mismo: poder y diferencias. Aún así sigo admitiendo la capacidad de incidencia de las interrelaciones sociales. El optimismo natural nos empuja a creer de este modo, pero la realidad nunca ha demostrado que valores distintos al egoísmo (excepto casos aislados como Gandi y algún Mandela) dirijan las motivaciones de la mayoría de las personas.

El hombre sabe que dispone de potencial para variar e influir en más actos buenos o malos, otra cosa es que lo quiera hacer. Cuando se hace el mal (a sabiendas) es porque se supone o se espera un beneficio de esa acción, luego hay veces que por cálculo egoísta a alguien le conviene hacer malas acciones (Keles). Hacer buenas acciones, a veces significa renunciar al beneficio derivado de una mala acción, es por tanto cuestión de entender cada situación concreta, y de voluntad; luego las personas pueden mejorar, el punto está en que muchas veces no quieren hacerlo, porque sus motivaciones más profundas giran todas en torno del egoísmo: la ganancia, la codicia, la conveniencia y el placer personal. Esas motivaciones suelen generar malas acciones, en tanto que chocan con los deseos y derechos de otros sujetos. No se trata de Hobbes, esto es más antiguo que Hobbes. Langanay recuerda que seguimos deseando la rapiña como hace miles de años.

No obstante, aún queda algún agarradero para el optimismo. Pensemos en las conductas -en cierto modo más éticas- de algunas sociedades del Norte. A partir de la Ilustración, esperábamos un mundo mejor. Se suponía que se lograría, porque el conocimiento y la educación proporcionarían más ciencia y técnica, y empujarían para que sugieran hombres mejores. La ecuación parecía lógica, pero no ha ocurrido de ese modo. Se diría que los hombres son igual de egoístas que el modelo que pintara Hobbes. Entonces Rousseau se equivocó de pleno, su lógica era infundada. Tal vez no del todo. Rousseau fundaba sus esperanzas y la lógica de sus argumentos, en el poder lento de la educación. Rawls, roussoniano y kantiano él, está convencido de "… que adquirimos un deseo de actuar justamente, cuando hemos vivido en el marco de unas instituciones justas y nos hemos beneficiado de ellas". Ahora echemos un vistazo a dos Europas. Hay cierta coincidencia en que en el Sur hay menos ética y progreso social. Si miramos un momento el Norte, suele haber coincidencia en que hay una mayor ética social y general (entre otros comportamientos, menos corrupción). Por ejemplo, en Dinamarca tienen dificultades para recordar un nombre que metiera la mano en la caja. Parece evidente (aparte del aporte que pueda significar para la moral y las costumbres la distinta concepción de la religión) que un distinto interés e intensidad por la educación, explican buena parte del distinto comportamiento social. Digamos que las creencias de Rousseau, se plasman en algunas sociedades del Norte.

Todo lo anterior tenía un único propósito: conocer al hombre y el medio en que interacciona. Lo que afecta el bienestar de nuestras vidas son los buenos actos y los malos, no el hecho de que una nave aterrizara en la Luna, ni la forma en que Borgia se relacionaba con sus mancebas, ni el por qué unos senadores asesinaron a Cesar, aunque es cierto que muchos sucesos de la Historia han ido conformando las relaciones de sociedad y las normas por las que nos guiamos, motivo por el cual hemos querido conocer sobre el hombre, sus cimientos y las primeras normas. Llegando al punto final, solo podemos concluir que seguimos inmersos en medio del mal, el cual sería limitable mediante la práctica de poner en marcha una modificación de valores desde la ética, pero no aparecen signos claros en el horizonte de que tal hecho alguna vez se inicie, más al contrario, parece que los valores contrarios a la ética se van apoderando de todo el entramado social y del comportamiento. Si yo tuviera que responder, diría que quiero ser optimista, pero estoy con los "realistas"; quiero creer en las posibilidades del "cambio", pero la realidad coarta mis deseos.

¿Cuáles son las posibilidades?

Pienso que la realidad solo se puede ver bajo este prisma social, asimétrico y un tanto oscuro. Si la crisis es sistémica y no asoma un final, y degenera de modo más incisivo el clima social, al final, creo que hay 3 escenarios posibles:

1, Que Occidente sepa llegado el momento de decidirse en torno a una opción de reparto y ética. Significa la necesidad de entender y configurar un nuevo paradigma de convivencia. Ello supondría un cambio significativo, y aún debemos recordar, que ese modelo de ayuda y generosidad no es el que las personas prefieren.

2, Podemos quedarnos sentados viendo como empeoran y se complican las relaciones de convivencia, y se optan por mayores individualismos y nacionalismos, por miedos y rearmes, donde cada nación o grupo trata de proteger solo lo suyo y amurallarse contra los demás. En esa circunstancia, todo el mundo lo va viendo venir y nadie hace nada. El clima podría generar en circunstancias que ya hemos vivido.

3, No hacer nada, aparentar que se hacen muchas cosas pero sin permitir ningún cambio sustancial, de modo que por inacción todo se va pudriendo.

Como siempre, nos inclinaremos por la opción tercera. Aunque puede haber una cuarta, aún mejor.

4, Negar la evidencia. Entrar primero en un estado de depresión general y luego de euforia: soñar que las cosas se arreglarán solas, que todo mejorará. Y esperar, a que nos estalle en plena cara.

¿Solución?

Todas las posibilidades están en la Inteligencia, en los 1500 g. de sustancia gris. No estamos condenados de antemano. Ya hemos comentado que todas las perspectivas están abiertas si el hombre quiere virar un tanto sobre los valores, y agarrarse a los asideros de la responsabilidad y la ética.

Siempre todo es posible: lo mejor, y lo peor.

Wittgenstein, rechazaba hablar de ética. Al final reconocerá que el mundo no es nada sin ética.

Es de Ética, de lo que hay que hablar.

NOTAS.

Capítulo I: BREVE HISTORIA DE OCCIDENTE

1, J. kekes "las raíces del mal", p. 223 Ed. Ateneo. B. Aires 2006

2, T. Eagleton "sobre el mal", p. 144. Península, Barcelona, 2010.

3, H. Eco "El nombre de la Rosa" Ed. Akal 1990

4, H. Eco."El nombre de la Rosa". Ed Akal 1990

5. H. Eco. "El nombre de la Rosa". Ed. Alal. 1990

6. Lynch, J. "Monarquía e Imperio" p. 172. Ed. elpais. 2007

7. Himmellfarb,G: "La idea de pobreza. Inglaterra a…"pag.162. FCE 1988

8. Brigs, Asa: "Historia social de Inglaterra". p. 289 Ed. Alianza 1994

9. Allen, R. C: Revolución en los campos". Ed. Univ. de Salamanca 2004.

10 Lynch, J.: " Monarquía e Imperio: el reinado de CarlosV"., p.62

11 Lynch, J: Monarquía e Imperio… p.303

12. Lynch, J: Monarquía e Imperio… p. 354

13. Hinmelfarb G.: "La idea de pobreza. Inglaterra…" FCE. p. 172

14. Mornet D.: "El Pensamiento Francés en XVIII". p.162. Ed.Encuentro.

15. Mornet "El pensamiento Frances en el siglo XVIII" p. 128

16. Mornet "El Pensamiento Frances…" p. 143

17.   Mornet "El Pensamiento Frances...."   p. 151

18.   Mornet "El Pensamiento Frances..."   p. 155

19. Mornet   "El Pensamiento Francés..."   p. 166

20.   Rousseau: "Discurso sobre las artes y las ciencias". Ed. Porrua Mexico

21. Rousseau; "El Contrato Social". P.24 Ed. Edaf.   Madrid 1978

22. Rousseau: "El Contrato Social". p. 31

23, Hobbes ; " El Leviatan" p.102   FCE. Mexico 1996

24. Hobbes "El Leviatan"   p. 137

25. Rousseau "El Contrato Social".   p. 29

26. Rousseau "El Contrato Social"   p. 37

27. Rousseau "El Contrato Social"   p. 44

28. Rousseau "El Contrato Social"   p.162

29   Rousseau "El Contrato Social"   p. 135

30   Himmelfarb: "La idea de pobreza. Inglaterra..." FCE

31. Colomer J: "El Utilitarismo. Una teoría de la elección". Ed. Montesinos

32.   J.S. Mill: "El Utilitarismo. Un sistema de la lógica". Ed. Alianza 2007

33   E. Canales: "La Inglaterra Victoriana". P.71 Ed. Akal, Madrid 1999

34   Trevelyan Macauly: "Historia Social de Inglaterra". FCE 1984. p496

35   Himmfelfarb   . "La idea de pobreza. Inglaterra..." p. 41

36 Thompson E. "La formación de la clase obrera en Ingl. " Ed.   Critica

37 Himmelfarb "la idea de la pobreza..."p. 280, Ed. Crítica, Barc.1989

38 Himmelfarb "La idea de pobreza. Inglaterra a ..." p186

39 Himmelfarb "La idea de pobreza. Inglaterra a…"   p. 243

40 Himmelfarb "La idea de pobreza…"   p. 264

41 Himmelfarb "La idea de pobreza…"   p.156

42 Himmelfarb "La idea de pobreza…"   p. 270

43 Himmelfarb "La idea de pobreza…"   p. 415

44 Himmelfarb "La idea de pobreza…"   p.295, 299

45 Tompson: "La Formación de la clase…". Ed. Crítica

46 Himmelfarab "La idea de pobreza…"   p. 218

47 Elster J. "Una introducción a Marx" Ed Siglo XXI, p.93

48 Bloom H. "La religión americana" Taurus 2009

49 Faulkner "Vida del pueblo norteamericano" FCC 1941, p.42-3

50 Faulkner "Vida del pueblo…"   p. 108

51 W. P. Adams "Los Estados Unidos de América" p.156 Siglo XXi

52 Franco Martinelli "Historia de los E. U. de América" Siglo XXI p.11

53 W. P. Adams   : "Los E. Unidos de América", Ed. Siglo XXI. p. 147

54 Fr. Martinelli: Historia de los E. U. de América" . P. 242, 179

55 Corial "el taller y el cronómetro". Siglo XXi 1989 , p. 37

56 Patterson J: "La lucha contra la pobreza…" Mtº. Trabajo, p. 41 Madrid

57 Galbraith " la sociedad opulenta" p. 73 Ariel 1984

58.- Coriat, B. "el taller y el cronómetro", p. 41. Siglo XXI 1982

59.- "Historia Grafica del XX. los Locos Años Veinte" .p. 51. Ed. Castel

60.- W. P. Adams "Los Estados Unidos de América", Siglo XXI. P.282

61.- W.Adams "Los Estados Unidos de América". p. 312

62.- Veblen T. "Teoría de la Clase Ociosa". p.17. FCE 1992

63. Bauman Z.: Trabajo consumismo y nuevos pobres" Ed Gedisa, p.66

64.- Bauman "Trabajo, consumismo... " p. 70

65.- Malraux Clara: "la Cilización de los Kibbuts",p.53. Ed. Labor. Barc.

66.- Malraux: " La Civilización de los Kibbuts" p.114. Barcelona 1968

67. elpaís dominical día 20/1/2013

68.- Bendix, R. "Clase, Status y Poder" p. 172. Fundación Foessa,1973

69.- J. Stiglitz "el Precio de la Desigualdad" p. 129. Taurus 2012

70.- Bendix: "Clase , Status y Poder". p. 208

Capítulo II : PENSAMEINTO UNICO

1.- Reichman J. "El socialismo solo puede llegar en..." Catarata, p.177

2.- M Lewis " el Póquer del Mentiroso". Ariel p. 49

3.- M. Lewis "el Póquer del Mentiroso. Ed Ariel 1990

4.- M. Lewis "el Póquer del Mentiroso. Ed Ariel 1990 p. 106

5.- Kekes,J. "Las raíces del mal" Ateneo. 2006, P.73

6.- Stiglitz "El precio de la desigualdad" p.126, Taurus 2011

7.-V. Llosa 31/7/2011 el país

8.- W.P.Adams " Los Estados Unidos de A. " Siglo XXi. p.302

9.- Z. Bauman " Trabajo, consumismo y nuevos pobres". p. 64-7

10.- Mayor Z. "Reacciona". Art de N. Escolar. Aguilar 2011

11.- Mayor Z.F. "Reacciona". Art. de Garzón

12.- Ser , junio 2012

13.- Ser. julio de 2012

14.- comentario en las ondas de D. Lleida

15.- Lo exponía la comentarista política Mercedes Gallizo en la radio

16.- Cadena Ser junio 2012

17.- Patty Smith. Rockera, en el 20 minutos

Capítulo III: UTILITARISMO

1.- Bermudo J.M. " Eficacia y Justicia". Ed Harsori. P. 162

2.-Farrell D. "Utilitarismo, ética y política". Abedda Parrot. P 35

3.- Bermudo "Eficacia y Justicia". Harsori p. 34

4.-Farrell " Utilitarismo, ética y política". p. 22

5.- Farrell "Utilitarismo, ética y política" p.91

6.- Mill J.S. "Utilitarismo. Sobre la libertad" , p.88. Aguilar.

7.- Bermudo "Eficacia y Justicia" p. 203

8.- Colomer J.M. " Utilitarismo. Una teoría… " Ed Montesinos p.135

9.- Bermudo "Eficacia y Justicia". p. 126

10.- Colomer: "El Utilitarismo. Una teoría de la…" Ed Montesinos 1987

11.- Bermudo "Eficacia y Justicia"   p. 77

12.- Colomer: "Utilitarismo. Una teoría…   "   p.80

13.- Bermudo "Eficacia y justicia "   p.222

14.- G. Reale y d. Antiseri "Ha. Del Penst. Filosófico, III" Herder.,p. 601

15.- Kutschera F.V. "Fundamentos de Ética" Catedra, Madrid 2006, p.80

16.-   Kutschera   "Fundamentos de Ética"   "

17.- Bermudo "Eficacia y Justicia" .   p. 180

18.- J. Rawls "Teoría de la Justicia" FCE   p. 17-20

19.-   Rawls "Teoria de la Justicia"   p35

20.-   Rawls. "Teoría de la Justicia"   p. 13

Capítulo IV: MALDAD

1.- Langenay A. " la historia más bella del hombre". P 17, Anagrama 1999

2.- Wilson E.O. "La conquista social de la tierra" Bebate, 2012; p. 41

3.- Langenay "La historia más bella del hombre", p.80

4.- Langaney " La historia más bella del hombre" p.155

5.- Langaney " La historia…" p. 90

6.- Wilson E.O."la Conquista Social de la Tierra" .p 101. Debate 2002

7.- Langaney "La Historia más… ". p. 140

8.- Wilson: "la Conquista Social…". p. 298

9.- revista Nat. Geogph.   Junio 2011

10.- Lagenay: "La Historia más bella…".   p. 136

11.- Lageney:" La historia más …"   p.155

12.- Wilson: "la Conquista… "   p. 58 y 94

13.- Lagenay: "la Hstoria más…"   p.80

14.- Wilson: "la Conquista….   p.27

15.- Hobbes " El Leviatan".   FCE   1996

16.- Hobbes "El Leviatan"   p. 118

17.- Langaney A." la historia más bella del hombre"p. 164. Anagrama 1999

18.- Milliband R."Socialismo para una época de excépticismo".Sistema

19.- Eaglethon T.   "Sobre el Mal", p. 144. Península 2010

20.- Milliband: "Socialismo…   "   p.82

21.- filósofo Manuel Delgado, cadena Ser, Diciembre 2011

22.- Lagenay "la historia más bella del hombre", p. 136

23   Rousseau " El Contrato Social"   p. 47

24.- Reichman J. " El socialismo solo puede llegar .." Catarata. P 206

25.- Instituto Max Planck

26.- Zimbardo Pf. "El efecto Lucifer"   p.36. Paidos 2008

27.- Kekes "Las raíces del mal"   p.18

28.- Kekes "Las raíces del mal"   p.71

29.- Kekes "Las raíces del mal"   p. 95

30.- Kekes "Las raíces del mal"   p.109

31.- Bernstein R. "El Mal Radical" p.84. Ed: Lilmond 2005, B. Aires

32.- Kekes: las Raices del Mal p.221

33.- Bernstein: el Mal Radical   p.259

34.- Kekes " las raíces del mal"   p. 260

35.-Bernstein " el Mal Radical p.199

36.- Food Ph. "Bondad Natural   Paidos 2002

37 Kekes: Las Raices...   p.168

38.- Kekes "Las raíces del mal".   p.282

39.- Bernstein : "el Mal Radical"   p.241

40.- Kekes: "Las raíces del mal"   p.327

41.- Kekes: "las raíces del mal"p. 347

42.- Kekes J. "Las Raices del mal"   p. 354

43.-Este caso ocurrió en España en Septiembre de 2012

44.-Eagleton T.: "Sobre el Mal". FCE,   p.105

45.- Kekes J: "Las Raíces del Mal"p.118, Ed. Ateneo

46.- Kekes J.   Las Raices del Mal   p.129

47.- Kenes   "Las Raices del Mal   p. 131

Capítulo V: NUEVO PARADIGMA

1.- Veblen T. "Teoría de la clase ociosa". FCE 1992

2.- Suplemento de El País, 19 de Diciembre de 2010.

3.- Stiglitz " el Precio de la Desigualdad" ,p.78. Taurus 2010

4.- Stiglitz J. "el Precio de la Desigualdad"   p.99

5.- I. Escolar en "Reacciona". p.116. Aguilar 2012

6.- Savater F. "Etica para Amador"   , p.114, Ariel 1993

7.- Tortella, es economista e historiador. Enero de 2013

8.- Rousseau "El Contrato Social" p.36; Edaf

9.- Rawls "Teoría de la Justicia" p.414; FCE 2006 Mexico

10.- Stiglitz "el Precio de la desigualdad...."   p.68

11.- Judt T. "Algo va Mal"   Taurus   p.217

12.- A principios de 2014 se ha publicado que los 85 más ricos del mundo acumulan igual riqueza que la mitad de la población mundial.

13.- Rawls "Teoría de la Justicia"   p.113

14.- Reichman J. "El socialismo puede llegar solo en bicicleta". Catarata

15.- Riesman D: "Abundancia, para qué" p.155-6, FCE 1965

16.- Judt   "Algo va Mal"Taurus   p.163

17.- Rawls "Teoría de la Justicia"   p.141

18.- Entralgo Lain P.: "Teoría y Realidad del Otro" p.56; Alianza 1983

19 Entralgo   "Teoría y Realidad... " "   p.243

20.- Savater "Ética para Amador"   p.140

21.- Rawls: "Teoría de la Justicia"   p.67

22.-Antón A. "Trabajo, derechos sociales y Globalización, p.246. Talassa

23.- Judt   "Algo va Mal".   p. 176

24.- Rawls "Teoría de la Justicia"   p.412

25.- elpais, septiembre 2013

26.- Salvados, 10 de Junio de 2012

27.- Bernstein R. "El Mal Radical", p.242 . Ed: Lilmond 2005

28.- La cadena Ser, en Enero de 2013

29.- Le oí un día en una entrevista.

30.- Judt "Algo va mal" p.99

31.-Wilson:"La Conquista Social de la Tirra". Debate 2012 p.32, 283

BIBLIOGRAFIA

Adams W.P. : *Historia...Estados Unidos de America.* Siglo XXI 1979

Allen R.C.: *la Revolución agrícola en los campos.* Salamanca 2004

Antón M. Antonio: *Trabajo, Derechos Sociales y Globalización...* Talasa

Antón M. Antonio: *Reestructuración del Estado de Bienestar,* Talassa 2009

Artal, Rosa M. *Salmones y Percebes.* Temas de Hoy 2013

Ayer A.J. *La Filosofía del Siglo XX* Critica 1983

Aznar Guy: *Trabajar menos para trabajar todos.* Ed: Hoac 1994

Bauman Zygmunt : *Trabajo, consumismo y nuevos pobres .* Gedisa

Beleña Angel: *Obligación y consecuencialismo en los moralistas británicos.* Tesis

Bentham J.: *Obras selectas de J. Bentham*

Bendix Reinhard: *Clase, status y poder.* Euramerica. Madrid 1972

Bernstein R.: *El mal radical.* Ed: Lilmond 2005

Bermudo J.M.: *Eficacia y Justicia.* Ed Horsori

Birnbaum Norman: *la crisis de la sociedad industrial".* Amorrortu 1970

Bocock R. *El Consumo"* Talasa 1993

Bosch Aurora: *Historia de los USA.* Critica 2005

Bronner Stephen: *Reivindicación de la Ilustración.* Akal 2014

Brigs Asa: *Ha. Social de Inglaterra.* Al Universidad 1994
449

Canales E.: *la Inglaterra Victoriana.* AKal 1999

Cañeque C. *Dios en América. Una aproximación...* Península 1988

Carr E.H.: *La Revolución Rusa.* Alianza 2009

Chomsky Chomsky N *Cómo nos venden la moto* Ed. Icaria

Chomsky Chomsky N *25 años de neoliberalismo* Barcelona, Hacer 2008

Colomer J.: *"El Utilitarismo. Una teoría de la ...".* Ed Montesinos 1987

Corial B.: *"El taller y el Cronómetro".* Siglo XXI. 1989

Diamond J. *"El mundo hasta Ayer",* ed. Debate

Diez J. Carlos:*"Hay vida después de la Crisis".* Plaza y Janes 2013

Diez Espinosa J.: *"el desempleo de masas en la gran depresión".* Valladolid 2006

Eagleton T.: *"sobre el mal".* Península 2010

Eco H.: *"el nombre de la Rosa".* Ed. Lumen 1984

Ekaizer E. *"Indecentes".* Espasa 2012

Entralgo L. Pedro: *Teoría y Realidad del Otro.* A. Universidad 1983

Elster J. *"una Introducción a C. Marx".* Siglo XXi 1991

Estefanía: *"contra el pensamiento único"* Taurus 1997

Faulkner : *"Vida del pueblo Norteamericano"* FCE, 1945

Farrell D.: *Utilitarismo, Etica y Polítca.* Abeledo Perrot. B. Aires

Ferguson N.: *"Civilización. Occidente y el resto"* Debate, 2012

Fitoussi J. P.: *"El debate prohibido".* Paidos 1996

Food Ph. : *"Bondad Natural"*. Paidos 2002

Galbraith: *"La sociedad opulenta".* Ariel 1984

Gargarella : *Los Fundamentos legales de la desigualdad.* Siglo XXI, 2005

Gouberto P. *Historia de Francia.* Critica 1987

Hare R.M. *El lenguaje de la moral.* Unvd Mexico 1975

Hilari Arnau: *Qué es el Utilitarismo.* Revista Universitas 39. BCN 1993

Hinmelfarb G.: *La idea de pobreza. Inglaterra a principios de la...* FCE. 1988

Hobbes T. *El Leviatán.* FCE 1996

Hubbard W.H.: *Hº social y económica de Europa en el siglo xx,* Alianza U .

Judt T. : *Algo va mal.* Taurus 2011

Kekes J.: *Las Raices del Mal.* Ateneo 2006

Kutchera F. V.: *Fundamentos de Etica.* Catedra 2006

Langaney A.: *La historia más bella del hombre.* Anagrama, Barcelona 1999

Lara Peinado F: *el nacimiento de la civilización.* Grupo 16, 1994

Levinas E. : *Entre nosotros. Ensayo para pensar el otro .* Pre-textos 2001

Lewis M. : *El Poquer del Mentiroso .* Arirl 1990

Littel J. : *Las Benevolas .* RBA Libros 2007

Lynch J.: *Monarquía e Imperio* ElPais 2007

Lorenz K.; *Sobre la agresión, el pretendido mal.* Siglo XXI 1978

Luckmnn T. *el fenómeno religioso.* C.E. Andaluces. 2008

451

Malinowski : *Crimen y costumbre en la sociedad salvaje*. Ariel 1991

Malraux Clara: *la Civilización de los Kibutzs*. Labor 1968

Martinelli Franco: *Historia de los E. U. de América* Ed Siglo XXI

Marx : *El Manifiesto Comunista*

Marx : *El capital*

Mati J.: *En los Estados Unidos. Periodismo de 1881 a 1892*. Allca XX. 2003

Mayor Z. y otros: *Reacciona*. Aguilar

Melani Klein: *No logo. El poder de las marcas* Paidos 2001

Mérida Mora: *Iglesia y religión en USA y Canada*. Taurus 2009

Mill J.S.: *Utilitarismo; Sobre la libertad, Autobiografía.*

Milliband R. *Socialismo para una época de excepticismo*. Ed. Sistema 1994

Moore G.E. *Ensayos Eticos*. Paidos 1993

Mornet D.: *el pensamiento francés en el siglo XVIII*. Encuentro 1988

Hobbes: *El Leviatan*. FCE

Ollin Erick: *Clases* Siglo XXi 1996

Pagden Anthony: *La Ilustración y sus enemigos*. Ed Península 2002

Patterson J. : *La Lucha contra la Pobreza en Estados Unidos*. Mº Trabajo, 1993

Porsnhev B. : *Historia de los movimientos sociales*. Siglo XXI 1978

Rawls J. *Teoría de la Justicia* FCE

Reichman J.: *El Socialismo solo puede llegar en Bicicleta*. Catarata 2012

Riesman D: *Abundancia, para qué.* FCE 1965

Rifkin, J.: *El fin del Trabajo.* Paidos 1996

Ritzer G: *la Mcdonalización de la sociedad* Ariel 1996

Rousseau: *El Contrato Social, El Emidio, Orígenes de la desigualdad*

Savater F.: *Etica para Amador.* Ariel 1993

Sehm Samuel: *Monte Miseria.* Anagrama

Silveira P. J. Rawls y la justicia distributiva Ed. Campo de ideas 2003 Mad.

Stevenson C.L: *Etica y Lenguaje* Paidos

Siglitz Joseph: *El precio de la desigualdad.* Taurus 2010

Smith : *Investigación ...de la Riqueza de las Naciones.* FCE 1992

Tamayo J.José: *Invitación a la Utopía.* Trotta 2012

Todd A. *las revoluciones de 1789-1917* Alianza Editorial

Tompson E.P.: *la formación de la clase obrera en Inglaterra.* Critica 1989

Trevelyan G. Macauly: *Historia Social de Inglaterra.* FCE 1984

Veblen T. : *Teoría de la Clase Ociosa.* Alianza 2008

Wilson . O. : *La Conquista Social de la Tierra.* Debate

Wolfe A. *la maldad política.* Gutember 2013

Zimbardo Ph: *El Efecto Lucifer.* Paidos 2008

BIOGRAFÍA

Pedro Luis Gómez Muñoz nació en Segovia en 1958.

Se licenció en Filosofía y Letras (Psicología) en la Universidad

Autónoma de Madrid en 1981.

Trbajador de Correos y Telégrafos.

NOTA DEL AUTOR

Amigo lector: parece que están de moda las reseñas. Ahora todo son modas, aunque he de admitir que tienen su utilidad y valor, al menos para el escritor, quizás también algo como guía para el lector. Si has llegado hasta aquí, quizás desees hacer una reseña en la página de Amazón, te doy las gracias.

Si haces la reseña y/o quieres manifestarme alguna opinión, puedes hacerlo a mi correo electrónico:

lobohobbes@gmail.com